普通高等院校"十三五"规划教材

财务管理学

FINANCIAL MANAGEMENT

杨　蕊　黄　淼　赵艳丽◎主　编
吴可夫　高　炜　王晓光　柯小霞◎副主编
马庆波　王　莲　聂建平　邹晓琴◎参　编

清华大学出版社
北　京

内容简介

本书由 14 章组成，主要包括总论、财务管理的价值观念、财务分析、长期筹资、短期融资、资本成本与资本结构、项目投资决策、证券投资决策、营运资本管理、利润分配及股利政策、预算管理、财务控制、企业价值评估及国际财务管理等内容。

本书以扎实理论、突出应用为目标，从企业财务管理的基本要求出发，在内容组织上以财务决策为核心，以资金管理过程为主线；在体系编排上采用新的体例；在编写风格上更重视基础知识的阐述，而不是公式的列示。本书融入思维引导元素，更加贴近教学需求；将最新的贴近财务管理实际的案例纳入各章，以培养学生运用所学知识解决实际问题的能力。本书在编写时力求简明扼要、通俗易懂。

本书既可作为普通高等院校财务管理、会计等相关专业的教材，也可供社会上从事财务会计相关工作的人员参考。

本书封面贴有清华大学出版社防伪标签，无标签者不得销售。
版权所有，侵权必究。举报：010-62782989，beiqinquan@tup.tsinghua.edu.cn。

图书在版编目(CIP)数据

财务管理学／杨蕊，黄淼，赵艳丽主编 .—北京：清华大学出版社，2017(2023.7重印)
(普通高等院校"十三五"规划教材)
ISBN 978-7-302-47716-7

Ⅰ.①财… Ⅱ.①杨… ②黄… ③赵… Ⅲ.①财务管理-高等学校-教材 Ⅳ.①F275

中国版本图书馆 CIP 数据核字(2017)第 159209 号

责任编辑：刘志彬
封面设计：汉风唐韵
责任校对：宋玉莲
责任印制：杨　艳

出版发行：清华大学出版社
　　网　　址：http://www.tup.com.cn, http://www.wqbook.com
　　地　　址：北京清华大学学研大厦 A 座　　邮　编：100084
　　社 总 机：010-83470000　　邮　购：010-62786544
　　投稿与读者服务：010-62776969，c-service@tup.tsinghua.edu.cn
　　质量反馈：010-62772015，zhiliang@tup.tsinghua.edu.cn
印 装 者：三河市人民印务有限公司
经　　销：全国新华书店
开　　本：185mm×260mm　　印　张：19.5　　字　数：489 千字
版　　次：2017 年 8 月第 1 版　　印　次：2023 年 7 月第 9 次印刷
定　　价：55.00 元

产品编号：074541-02

前　言

财务管理是企业管理的重要部分，以现代公司制企业为对象，以投资、融资、股利分配和日常现金流管理为核心的财务管理仍在支撑着企业的核心优势，公司价值最大化的理念并没有改变。对资本的取得、运用、收益分配等财务问题进行介绍和研究，依然是企业财务管理的主要内容。会计重在核算，财务管理重在决策。

本书围绕财务管理的整体框架，根据《企业会计准则》《企业财务通则》和《中华人民共和国企业所得税法》等法律法规，从企业财务管理的基本要求出发，在参照中级会计职称考试"财务管理"科目和注册会计师考试"财务与成本管理"科目相关内容的基础上编写而成，可作为指导考生学习之用。

本书与其他同类型书籍相比，具有以下几个特点：

（1）内容上体现了知识点与案例相结合的特点。针对教材中知识点众多、难以记忆的问题，本书在编写的过程中，尽量把考点用分类图或者表格来表示，让读者一目了然，易于记忆。

（2）与时俱进，吸收财务管理领域的最新研究成果。本书将最新的贴近财务管理的仿真实训案例、参考案例纳入其中，以培养学生运用所学知识解决实际问题的能力和素养。

（3）同步演练，有的放矢。本书每章最后有一套练习题，并附有答案和解析等资源可供索取，供考生自学检验巩固学习成果，以使考生能尽快适应考场，在真正的考试过程中有的放矢，顺利通关。

本书在编写过程中参考了大量国内外相关资料，吸收和借鉴了同行相关最新研究成果，谨向有关作者表示深深的感谢和敬意。由于编者水平有限，书中难免出现疏漏，恳请广大读者批评指正，并将意见及时反馈给我们，以便再次修订时加以完善。

编　者
2017 年 4 月

目　录

第一章　总　论 ... 1
　学习目标 ... 1
　第一节　财务管理概述 ... 1
　第二节　财务管理目标 ... 4
　第三节　财务管理环境 ... 9
　第四节　财务管理原则 ... 14
　思考题 ... 17
　练习题 ... 17
　案例分析 ... 19

第二章　财务管理的价值观念 ... 21
　学习目标 ... 21
　第一节　货币的时间价值 ... 21
　第二节　风险与报酬 ... 33
　思考题 ... 41
　练习题 ... 42
　案例分析 ... 44

第三章　财务分析 ... 46
　学习目标 ... 46
　第一节　财务分析概述 ... 46
　第二节　基本财务比率的计算与分析 ... 53
　第三节　财务综合分析 ... 71
　思考题 ... 76
　练习题 ... 77
　案例分析 ... 81

第四章　长期筹资 ... 85
　学习目标 ... 85
　第一节　筹资概述 ... 85

第二节　权益性资本的筹集 ………………………………………………………… 88
　　第三节　长期负债筹资 …………………………………………………………… 92
　　第四节　混合筹资 ………………………………………………………………… 98
　　思考题 …………………………………………………………………………… 100
　　练习题 …………………………………………………………………………… 101
　　案例分析 ………………………………………………………………………… 102

第五章　短期融资　104

　　学习目标 ………………………………………………………………………… 104
　　第一节　商业信用筹资 …………………………………………………………… 104
　　第二节　短期银行贷款 …………………………………………………………… 106
　　第三节　商业票据 ………………………………………………………………… 108
　　第四节　短期抵押贷款融资 ……………………………………………………… 109
　　思考题 …………………………………………………………………………… 110
　　练习题 …………………………………………………………………………… 111
　　案例分析 ………………………………………………………………………… 113

第六章　资本成本与资本结构　114

　　学习目标 ………………………………………………………………………… 114
　　第一节　资本成本 ………………………………………………………………… 114
　　第二节　杠杆利益与风险的测量 ………………………………………………… 118
　　第三节　资本结构决策分析 ……………………………………………………… 121
　　思考题 …………………………………………………………………………… 124
　　练习题 …………………………………………………………………………… 124
　　案例分析 ………………………………………………………………………… 127

第七章　项目投资决策　129

　　学习目标 ………………………………………………………………………… 129
　　第一节　项目投资的类型和特点 ………………………………………………… 129
　　第二节　现金流量及其计算 ……………………………………………………… 131
　　第三节　投资决策分析 …………………………………………………………… 139
　　思考题 …………………………………………………………………………… 147
　　练习题 …………………………………………………………………………… 147
　　案例分析 ………………………………………………………………………… 150

第八章　证券投资决策　153

　　学习目标 ………………………………………………………………………… 153
　　第一节　证券投资概述 …………………………………………………………… 153

第二节	债券投资	156
第三节	股票投资	160
第四节	基金投资	165
第五节	证券投资组合	169
思考题		174
练习题		174
案例分析		177

第九章　营运资本管理　　178

学习目标		178
第一节	企业的短期资产管理	178
第二节	现金和有价证券管理	181
第三节	应收账款管理	189
第四节	存货管理	199
思考题		206
练习题		206
案例分析		210

第十章　利润分配及股利政策　　213

学习目标		213
第一节	利润及其分配程序	213
第二节	股利及其分配	216
第三节	股利政策	219
第四节	股票分割与回购	225
思考题		228
练习题		228
案例分析		230

第十一章　预算管理　　232

学习目标		232
第一节	全面预算体系	232
第二节	财务预算的编制方法	235
第三节	现金预算的编制	240
第四节	财务报表预算的编制	246
思考题		248
练习题		248
案例分析		253

第十二章 财务控制 254

- 学习目标 ... 254
- 第一节 财务控制概述 ... 254
- 第二节 责任中心的财务控制 ... 258
- 第三节 责任报告与业绩考核 ... 261
- 思考题 ... 263
- 练习题 ... 263
- 案例分析 ... 266

第十三章 企业价值评估 269

- 学习目标 ... 269
- 第一节 企业价值评估概述 ... 269
- 第二节 折现现金流量模型估价 ... 271
- 第三节 相关估价法 ... 273
- 思考题 ... 277
- 练习题 ... 277
- 案例分析 ... 280

第十四章 国际财务管理 281

- 学习目标 ... 281
- 第一节 外汇市场和外汇风险 ... 281
- 第二节 国际融资管理 ... 284
- 第三节 国际投资管理 ... 288
- 第四节 国际营运资本管理 ... 290
- 思考题 ... 292
- 练习题 ... 292

附 录 295

- 附录A 复利现值系数表（PVIF表） ... 295
- 附录B 复利终值系数表（FVIF表） ... 298
- 附录C 年金现值系数表（PVIFA表） ... 300
- 附录D 年金终值系数表（FVIFA表） ... 302

参考文献 ... 304

第一章 总论

学习目标

明确财务管理的概念；熟悉财务管理的原则与内容；掌握财务管理的各种目标；了解财务管理的不同环境。

第一节 财务管理概述

在现代市场经济社会中，企业生产经营规模不断扩大，经济关系日趋复杂，竞争也日趋激烈，财务管理更成为企业生存和发展的重要环节。财务管理是以企业价值最大化为目标所开展的一系列财务活动，包括筹资、投资、资金的运营、利润分配等财务管理活动。市场经济越发展，财务管理越重要。

一、财务管理的概念

财务管理是对企业财务活动所进行的管理。企业财务活动首先表现为企业再生产过程中的资金运动，它是一种客观存在的经济现象，其存在的客观基础是商品经济。

在商品经济条件下，商品是使用价值和价值的统一体，具有两重性。与此相联系，企业的再生产过程也具有两重性：一方面它表现为使用价值的生产和交换过程，即劳动者利用劳动手段作用于劳动对象，生产出产品并进行交换；另一方面则表现为价值的形成和实现过程，即将生产过程中已消耗的生产资料价值和劳动者支出的必要劳动价值转移到产品价值中，创造出新价值，并通过销售活动，最早实现产品的价值。使用价值的生产和交换过程是有形的，是商品的实物运动过程；而价值的形成和实现过程则是无形的，是商品物资的价值运动过程。这种价值运动过程用货币形式表现出来，就是企业再生产过程中的资金运动。至于资金，则是企业再生产过程中商品物资的货币表现。

在社会主义市场经济条件下，企业的生产经营过程同样既要以使用价值形式实现，又要以价值形式实现。企业进行生产经营活动，必须具有人力、物力、货币资金、信息等各项生产经营要素。随着生产经营活动的展开，这些要素必然发生运动，从而形成企业的资金运动。此外，在现代企业中，往往要独立进行金融市场业务，买卖有价证券，在这一过程中也必然发生资金运动。这些资金运动构成了企业生产经营活动的一个特定方面，即企业财务活动。企业在进行各项财务活动时，必然要与各方面发生财务关系。财务管理就是组织企业财务活动，处理企业与各方面财务关系的一项经济管理工作，是企业管理的重要组成部分。

总之，财务管理的概念可以定义为：它是根据财经法规制度，按照财务管理的原则，组织企业财务活动，处理财务关系的一项综合性的管理工作。

二、财务管理的特点

▶ 1. 综合性

现代企业制度下的企业管理是一个由生产管理、营销管理、质量管理、技术管理、设备管理、人事管理、财务管理、物资管理等诸多子系统构成的复杂系统。企业管理在实行分工、分权的过程中形成了一系列专业管理，有的侧重于价值的管理，有的侧重于使用价值的管理，有的侧重于劳动要素的管理，有的侧重于信息的管理。社会经济的发展，要求财务管理主要是运用价值形式对经营活动实施管理。通过价值形式，把企业的一切物质条件、经营过程和经营结果都合理地加以规划和控制，达到企业效益不断提高、财富不断增加的目的。因此，财务管理是一项综合性的管理工作。

▶ 2. 广泛性

在企业中，一切涉及资金的收支活动，都与财务管理有关。事实上，财务管理活动涉及企业生产、供应、销售等各个环节，企业内部各部门与资金不发生联系的现象是很少见的。因此，财务管理的触角，常常伸向企业经营的各个角落。每一个部门都会通过资金的使用与财务部门发生联系。每一个部门也都要在合理使用资金、节约资金支出等方面接受财务部门的指导，受到财务制度的约束，以此来保证企业经济效益的提高。

▶ 3. 灵敏性

在现代企业制度下，企业成为面向市场的独立法人实体和市场竞争主体，在企业管理中，决策是否得当，经营是否合理，技术是否先进，产销是否顺畅，都可迅速地在财务指标中得到反映。例如，如果企业生产的产品适销对路，质量优良可靠，则可带动生产发展，实现产销两旺，资金周转加快，盈利能力增强，这一切都可以通过各种财务指标迅速反映出来。这也说明，财务管理工作既有独立性，又受整个管理工作的制约。财务部门应通过自己的工作，向企业领导及时通报有关财务指标的变化情况，以便把各部门的工作都纳入提高经济效益的轨道，努力实现财务管理的目标。企业经营管理的目标为经济效益最大化，这是由现代企业制度要求投入资本实现保值增值所决定的，也是由社会主义现代化建设的根本要求所决定的。

综上所述，企业的财务管理以价值管理为核心，具有综合性、广泛性、灵敏性的特点。

三、财务关系

企业资金投放在投资活动、资金运营活动、筹资活动和分配活动中，与企业各个方面有着广泛的财务关系。

▶ 1. 企业与投资者之间的财务关系

这主要是指企业的投资者向企业投入资金，企业向其投资者支付投资报酬所形成的经济关系。企业的投资者，即所有者，主要包括国家、法人和个人。企业的所有者要按照投资合同、协议、章程的约定履行出资义务以便及时形成企业的资本，同时参与或监督企业经营、参与企业剩余权益分配并承担一定的风险，管理企业利用资本进行营运，对出资者有承担资本保值、增值的责任，实现利润后，应该按照出资比例或合同、章程的规定，向其所有者支付报酬。一般而言，所有者的出资不同，他们各自对企业承担的责任也不同，享有的权利和利益也不相同。因此，企业与所有者之间的关系是风险共担和以资本保值、增值为核心的剩余权益分配关系。

▶ 2. 企业与债权人之间的财务关系

这主要是指企业根据生产经营的需要向债权人借入资金，并按借款合同的规定按时支付利息和归还本金所形成的经济关系。企业除利用资本金进行经营活动外，还要借入一定数量的资金，以便降低企业资金成本，扩大企业经营规模。企业的债权人主要有：债券持有人、贷款机构、商业信用提供者、其他出借资金给企业的单位和个人。企业利用债权人的资金，要按约定的利息率，及时向债权人支付利息；债务到期时，要合理调度资金，按时向债权人归还本金。因此，企业与债权人之间的关系是建立在契约之上的债权债务关系。

▶ 3. 企业与其被投资单位的财务关系

这主要是指企业将其闲置资金以购买股票或直接投资的形式向其他企业投资所形成的经济关系，体现所有权性质的投资与受资的财务关系。随着经济体制改革的深化和横向经济的发展，这种关系将会越来越广泛。企业向其他单位投资，应按约定履行出资义务，参与被投资单位的利润分配。企业投资的最终目的是取得收益，但预期收益能否实现也存在投资风险。

▶ 4. 企业同其债务人的财务关系

企业与债务人之间的财务关系是指企业将其资金以购买债券、提供借款或商业信用等形式给其他单位使用所形成的经济利益关系。企业将资金借出后，有权要求其债务人按约定条件支付利息和归还本金。企业同其债务人的关系体现的是债权与债务关系。

▶ 5. 企业内部各单位的财务关系

企业内部各单位之间的财务关系是指企业内部各单位之间在生产经营各环节中相互提供产品或劳务所形成的经济利益关系。企业在实行内部经济责任制和经济核算制的条件下，企业各部门、各级单位之间既是一个统一的整体，又是具有各自权责范围和相对独立经济利益的单位。这种在企业内部形成的资金结算关系，体现出企业内部各单位之间的利益关系。

▶ 6. 企业与政府之间的财务关系

企业与政府之间的财务关系是指企业依法向国家税务机关交纳税款所形成的经济利益关系。这是指政府作为社会管理者，通过收缴各种税款的方式与企业形成的经济关系。政府作为社会管理者，担负着维持社会正常秩序、保卫国家安全、组织和管理社会活动等任务，行使政府行政职能，政府依据这一身份，无偿参与企业利润的分配，企业必须按照税法规定向中央和地方政府缴纳各种税款。

▶ 7. 企业与职工之间的财务关系

这主要是指企业向职工支付劳动报酬的过程中所形成的经济关系。职工是企业的劳动者，他们向企业提供人力资本，以其自身提供的劳动作为参加企业分配的依据。企业根据劳动者劳动情况，用其所得向职工支付工资、津贴和奖金，并按规定提取公积金。这种企业与职工之间的财务关系，体现了职工和企业在劳动成果上的分配关系。

上述财务关系广泛存在于企业财务活动中，体现了企业财务活动的实质，从而构成了企业财务管理的另一重要内容，即通过正确处理和协调企业与各有关方面的财务关系，努力实现企业与其他各种财务活动者之间经济利益的协调。

第二节 财务管理目标

一、企业财务管理目标的含义和种类

企业财务管理目标是企业财务管理工作，尤其是财务决策所依据的最高准则，是企业财务活动所要达到的最终目标。它是评价企业理财活动是否合理有效的基本标准，是企业财务管理工作的行为导向，是财务人员工作实践的出发点和归宿。财务管理目标制约着财务工作运行的基本特征和发展方向，是财务运行的一种驱动力。不同的财务管理目标，会产生不同的财务管理运行机制。因此，科学地设置财务管理目标，对优化理财行为、实现财务管理的良性循环具有重要的意义。

关于公司目标的表达，主要有以下几种观点。

▶ 1. 利润最大化

利润最大化目标就是假定企业财务管理以实现利润最大为目标。以利润最大化作为财务管理目标，其主要原因有三：一是人类从事生产经营活动的目的是创造更多的剩余产品，在市场经济条件下，剩余产品的多少可以用利润这个指标来衡量；二是在自由竞争的资本市场中，资本的使用权最终属于获利最多的企业；三是只有每个企业都最大限度地创造利润，整个社会的财富才可能实现最大化，从而带来社会的发展和进步。

利润最大化目标的主要优点是，企业追求利润最大化，就必须讲求经济效益，加强管理，改进技术，提高劳动生产率，降低产品成本。

但是，以利润最大化作为财务管理目标存在以下缺陷：

(1) 没有考虑利润实现时间和资金时间价值。比如，现在 100 万元的利润与 10 年以后同等数量的利润相比其价值是不一样的，10 年间还会有时间价值的增加，而且这一数值会随着贴现率的不同而有所不同。

(2) 没有考虑风险问题。不同行业具有不同的风险，同等利润值在不同行业中的意义也不同。比如，风险比较高的高科技产业和风险较低的制造业企业无法简单比较。

(3) 没有反映创造的利润与投入资本之间的关系。假设 A、B 两个项目都于当年获得了 200 万元利润，并且取得的都是现金收入。但是，如果 A 项目只需投资 200 万元，而 B 项目需要投资 400 万元，显然 A 项目更好一点。如果单看利润指标则反映不出这样的问题。

(4)可能导致企业短期财务倾向，影响企业长远发展。由于利润指标通常按年计算，因此，企业决策也往往会服务于年度指标的完成或实现。

(5)利润最大化是基于历史的角度，反映的是企业过去某一期间的盈利水平，并不能反映企业未来的盈利能力。

(6)利润额的确定受会计政策的影响比较大，即利润额是一个受人为因素影响较大的会计指标。

将利润最大化作为企业财务管理的目标，只是对经济效益浅层次的认识，存在一定的片面性。所以，现代财务管理理论认为，利润最大化并不是财务管理的最优目标。

▶ 2. 每股收益最大化

所有者作为企业的投资者，其投资目标是取得资本收益，具体表现为净利润与出资额或股份数(普通股)的对比关系，这种关系可以用每股收益这一指标来反映。每股收益是指归属于普通股东的净利润与发行在外的普通股股数的比值，它的大小反映了投资者投入资本获得回报的能力。

每股收益最大化的目标将企业实现的利润额同投入的资本或股本数进行对比，能够说明企业的盈利水平，可以在不同资本规模的企业或同一企业不同期间之间进行对比，揭示其盈余水平的差异。

每股收益最大化观点存在以下缺陷：

(1)没有考虑每股收益取得的时间。

(2)没有考虑每股收益的风险。

(3)不能避免企业的短期行为。

▶ 3. 股东财富最大化

股东财富最大化的目标强调股东创办公司的目的是增加财富，企业要为股东创造价值。如果企业不能为股东创造价值，股东就不会为企业提供权益资本。没有了权益资本，企业也就不存在了。因此，企业要为股东创造价值。

股东财富最大化是指企业财务管理以实现股东财富最大化为目标。在上市公司，股东财富是由其所拥有的股票数量和股票市场价格两方面决定的。在股票数量一定时，股票价格达到最高，股东财富也就达到最大。

与利润最大化相比，股东财富最大化有其优点：

(1)股东财富最大化目标考虑了风险因素，因为风险的高低会对股票价格产生重要影响。

(2)股东财富最大化在一定程度上能够克服企业在追求利润上的短期行为，因为不仅目前的利润会影响股票价格，预期未来的利润对股票价格也会产生重要影响。

(3)股东财富最大化目标反映了资本与报酬之间的关系。因为股票价格是对每股股份的一个标价，反映的是单位投入资本的市场价格。

但应该看到，以股东财富最大化为目标也存在以下缺陷：

(1)它只适用于上市公司，对非上市公司则很难适用。上市公司可以通过股价来衡量股东财富，而非上市公司的股东财富无法用股票价格来反映，使用净资产指标也有一定的局限性。

(2)它只强调股东的利益，而对企业其他关系人的利益重视不够，容易激化与其他利益相关者的矛盾。公司有众多的利益相关者，股东只是利益集团的一方，过分强调股东财富会激化矛盾，影响公司长期稳定的发展。

(3)股票价格受多种因素的影响，特别是企业外部的因素，有些还有可能是非正常因素。股价不能完全准确地反映企业财务管理状况，如有的公司处于破产的边缘，但由于可能存在某些机会，其股票价格可能还在走高。

▶ 4. 企业价值最大化

企业价值最大化是指企业财务管理行为以实现企业的价值最大为目标。企业的价值可以理解为企业所有者权益和债权人权益的市场价值，或者是企业所能够创造的预计未来现金流量的现值。它要求企业通过采用最优的财务政策，充分考虑资金的时间价值和风险与报酬的关系，在保证企业长期稳定发展的基础上使企业总价值达到最大。

以企业价值最大化作为财务管理目标具有以下优点：

(1) 考虑了报酬的取得时间，并用时间价值的原理进行了计量。
(2) 考虑了风险与报酬的关系。
(3) 能克服企业在追求利润上的短期行为。
(4) 有利于社会资源的合理配置。

但应该看到，企业价值最大化也有以下缺陷：

(1) 对于上市公司，虽可通过股票价格的变动解释企业的价值，但股价是受多种因素影响的，特别是即期市场上的股价不一定能够直接揭示企业的获利能力，只有长期趋势才能显示这一点。

(2) 为了控制或稳定购销关系，不少现代企业采用环形控制的方式，相互持股。法人股东对股票市价的敏感程度远不及个人股东，对价值最大化目标没有足够的兴趣。

(3) 对于非上市企业，只有对企业进行专门的评估才能确定其真正的价值。但在评估企业资产时，由于评估标准和评估方式的不同，评估结果不易做到客观和准确，这也导致企业价值确定存在困难。

▶ 5. 相关者利益最大化

现代企业是多边契约关系的总和，要确立科学的财务管理目标，就必须考虑哪些利益关系会对企业发展产生影响。市场经济中，股东作为企业的所有者，在企业中承担着最大的权利义务、风险和报酬，但是债权人、员工、企业经营者、客户、供应商和政府也为企业承担着风险，因此，在确定企业财务管理目标时，不能忽视这些相关利益群体的利益。

相关者利益最大化是企业财务管理最理想的目标，但是鉴于该目标过于理想化且操作难度大，本书仍然采用企业价值最大化作为财务管理的目标。

二、财务管理目标与利益冲突

▶ 1. 所有者和经营者的利益冲突与协调

所有者的目标是使自己的财富最大化，要求经营者以最大的努力去完成整个目标。经营者也是最大合理效用的追求者，其行为目标与委托人不完全一致，其主要要求是：

(1) 增加报酬，包括物质和非物质的报酬，如工资、奖金，提供荣誉和社会地位等。
(2) 增加闲暇时间，包括较少的工作时间、工作时间里较多的空闲和有效工作时间中较小的劳动强度等。
(3) 避免风险。经营者努力工作可能得不到应有的报酬，他们的行为和结果之间有不确定性，经营者总是力图避免这种风险，要求付出一分劳动便得到一分报酬。

经营者的利益与股东的利益不完全一致，经营者有可能为了自身的利益而背离股东的利益。这种背离表现在以下两个方面：

（1）道德风险。经营者为了自己的目标，不是尽最大力量去实现企业的目标。他们没有必要为提高股价而冒险，股价上涨的好处将归于股东。他们不做什么错事，只是不十分卖力，以获得自己更多的闲暇时间。这样做不构成法律和行政责任问题，而只是道德层面上的问题，所以很难追究他们的责任。

（2）逆向选择。经营者为了自己的目标而背离股东的目标。例如，装修豪华的办公室、购置高档汽车等；借口工作需要乱花股东的钱；蓄意操纵股票价格，自己借款买回，导致所有者财富受损。

为了协调这一利益冲突，通常可采取以下方式解决：

（1）解聘。如果管理层出现严重的工作失误，或者有严重的违反法律法规的情况，可能会被股东大会解聘，这是一种通过所有者约束经营者的方法。所有者对经营者予以监督，如果经营者绩效不佳，就解聘经营者；经营者为了不被解聘就需要努力工作，为实现财务管理目标服务。但这是一种极端的做法，并不能从根本上解决问题。

（2）接收。这是一种通过市场约束经营者的办法。如果经营者决策失误，经营不力，绩效不佳，该企业就可能被其他企业强行接收或吞并，相应地经营者也会被解聘。经营者为了避免这种接收，必须采取一切措施提高企业的价值或股票市价。

（3）激励。激励就是将经营者的报酬与其绩效直接挂钩，以使经营者自觉采取能提高所有者财富的措施。激励通常有以下两种方式：

第一，股票期权。它是允许经营者以约定的价格购买一定数量的本企业股票，股票的市场价格高于约定价格的部分就是经营者所得的报酬。经营者为了获得更大的股票涨价益处，就必然采取能够提高股价的措施，从而增加所有者财富。

第二，绩效股。它是企业应用每股收益、资产收益率等指标来评价经营者绩效，并视其绩效大小给予经营者数量不等的股票作为报酬。如果经营者绩效未能达到规定目标，经营者将丧失原先持有的部分绩效股。这种方式不仅使经营者为了多得绩效而不断采取措施提高公司的经营业绩，而且使经营者为了使每股市价最大化，采取各种措施使股票市价稳定上升，从而增加所有者财富。

▶ **2. 所有者和债权人的利益冲突与协调**

当企业向债权人借入资金后，两者之间就形成了一种委托代理关系，所有者的目标可能与债权人期望实现的目标发生矛盾。债权人把资金交给企业后，其主要目的是到期收回本金，并获得约定的利息收入；公司借入资金的目的是用它来扩大生产经营，投放于有风险的项目。

首先，所有者可能不经债权人同意，把借款投资于比债权人预期风险高的项目。因为高风险的项目一旦成功，额外的利润就会被所有者独享；但若失败，债权人就要与所有者共同负担由此而造成的损失。

其次，所有者可能在未征得现有债权人同意的情况下发行新债，致使企业的负债比重上升，企业破产的可能性增加。如果企业破产，原债权人和新债权人要共同分配破产财产，致使原债权人的风险增加，蒙受损失。

所有者与债权人的上述冲突，可以通过以下方式解决：

（1）限制性借债。即债权人在借款合同中加入限制性的条款，如规定资金的用途、规定不得发行新债或发行新债的数额、借款的担保条款、借款的条件等。

（2）收回借款或停止借款。即当债权人发现所有者有侵蚀其权益的行为时，拒绝进一步合作，采取不再提供新的借款、提前收回借款或要求高出正常利率很多的高额利率等措施。

三、企业的社会责任

企业的社会责任是指企业在谋求所有者或股东权益最大化之外所负有的维护和增进社会利益的义务。具体来说，企业的社会责任主要包括以下内容。

▶ 1. 对员工的责任

企业要为员工提供合理的薪金和安全的工作环境，否则员工就没有积极性，劳动生产率就会下降，影响企业的盈利，最终将损害股东的利益。按我国公司法的规定，企业对员工承担的责任有：

（1）保护员工的合法权益，依法签订劳动合同，参加社会保险。
（2）提供安全健康的工作环境，加强劳动保护，实现安全生产。
（3）建立公司职工的职业教育和岗位培训制度，不断提高职工的素质和能力。
（4）完善工会、职工董事和职工监事制度，培养良好的企业文化。

▶ 2. 对债权人的责任

债权人是企业的重要利益关系人，企业应根据合同的约定以及法律的规定对债权人承担相应的义务，保障债权人的合法权益。这种义务既是公司的义务，也可视为公司应承担的责任。公司对债权人承担的社会责任主要有：

（1）按照法律、法规和公司章程的规定，真实、准确、完整、及时地披露公司信息。
（2）诚实守信，不滥用公司人格。
（3）主动偿债，不无故拖欠。
（4）确保交易安全，切实履行合法订立的合同。

▶ 3. 对消费者的责任

公司的价值实现，在很大程度上取决于消费者的选择。企业要为消费者提供合格的产品和优质的服务，否则就会面临失去消费者和遭遇诉讼的危险，这必然会提高企业的成本，最终也将会损害股东的利益。企业对消费者承担的社会责任主要有：

（1）确保产品质量，保障消费安全。
（2）诚实守信，确保消费者的知情权。
（3）提供完善的售后服务，及时为消费者排忧解难。

▶ 4. 对社会公益的责任

企业对社会公益的责任主要涉及慈善、社区等。企业对慈善事业的社会责任是指承担扶贫济困和发展慈善事业的责任，表现为企业对不确定的社会群体（尤指弱势群体）进行帮助。捐赠是其最主要的表现形式，受捐赠的对象主要有社会福利院、医疗服务机构、教育事业、贫困地区、特殊困难人群等。此外，还包括招聘残疾人、生活困难的人、缺乏就业竞争力的人到企业工作，以及举办与公司经营相关的公益社会教育宣传活动等。

▶ 5. 对环境和资源的责任

企业对环境和资源的社会责任可以概括为两大方面：一是承担可持续发展与节约资源的责任；二是承担保护环境和维护自然和谐的责任。

此外，企业还有义务和责任遵从政府的管理、接受政府的监督。企业要在政府的指引下合法经营、自觉履行法律规定的义务，同时尽可能地为政府献计献策、分担社会压力、支持政府的各项事业。

一般而言，一个利润或投资报酬率处于较低水平的公司，在激烈竞争的环境下，是难以承担增加其额外成本的社会责任的。而对那些利润超常的公司而言，可以适当地承担，而且有的也确已承担一定的社会责任。因此，对利润超常的公司来说，适当地从事一些社会公益活动，有助于提高公司的知名度，促进其业务活动的开展，进而使股价升高。

第三节 财务管理环境

财务管理环境又称理财环境，是指对企业财务活动和财务管理产生影响作用的企业内外各种条件的统称。财务管理环境是企业财务决策难以改变的外部约束条件，企业财务决策更多的是适应它们的要求和变化。

一、财务管理的外部环境

财务管理的外部环境是指企业外部影响财务活动的各种要素，主要包括技术环境、经济环境、金融环境、法律环境等。

（一）技术环境

财务管理的技术环境，是指财务管理得以实现的技术手段和技术条件，它决定着财务管理的效率和效果。目前，我国进行财务管理所依据的会计信息是会计系统所提供的，占企业经济信息的60%~70%。在企业内部，会计信息主要是提供给管理层决策使用；而在企业外部，会计信息则主要是为企业的投资者、债权人等提供服务。

目前，我国正全面推进会计信息化工作，建立健全会计信息化法规体系和会计信息化标准体系，全力打造会计信息化队伍，基本实现大型企事业单位会计信息化与经营管理信息化的融合，进一步提升企事业单位的管理水平和风险防范能力，做到数出一门、资源共享，便于不同信息使用者获取、分析和利用，进行投资和相关决策；基本实现大型会计师事务所采用信息化手段对客户的财务报告和内部控制进行审计，进一步提升社会审计质量和效率；基本实现政府会计管理和会计监督的信息化，进一步提升会计管理水平和监管效能；通过全面推进会计信息化工作，使我国的会计信息化达到或接近世界先进水平。我国企业会计信息化的全面推进，必将促使企业财务管理的技术环境进一步完善和优化。

（二）经济环境

影响财务管理的经济环境因素主要有经济周期、经济发展水平和宏观经济政策等。

▶ 1. 经济周期

市场经济条件下，经济发展与运行带有一定的波动性，大体上经历复苏、繁荣、衰退和萧条几个阶段的循环，这种循环叫作经济周期。我国的经济发展与运行也呈现出特有的周期特征，存在一定的经济波动。过去曾多次出现经济超高速增长，发展过快，而不得不进行治理整顿或宏观调控的情况。鉴于经济周期影响的严重性，财务学者探讨了企业在经济周期中的经营理财策略。现摘其要点归纳如表1-1所示。

表 1-1　经济周期中的经营理财策略

复苏阶段	繁荣阶段	衰退阶段	萧条阶段
1. 增加厂房设备	1. 扩充厂房设备	1. 停止扩张	1. 建立投资标准
2. 实行长期租赁	2. 继续建立存货	2. 出售多余设备	2. 保持市场份额
3. 建立存货	3. 提高产品价格	3. 停止不利产品	3. 压缩管理费用
4. 开发新产品	4. 开展营销规划	4. 停止长期采购	4. 放弃次要利益
5. 增加劳动力	5. 增加劳动力	5. 削减存货	5. 削减存货
		6. 停止扩招雇员	6. 裁减雇员

一般而言，在复苏阶段，社会购买力逐步提高，企业应及时确定合适的投资机会，开发新产品，采取增加存货和放松信用条件的应收账款管理政策等理财策略，为企业今后的发展奠定基础。在繁荣阶段，市场需求旺盛，企业应采取扩张的财政策略，如扩大生产规模，增加投资，增添机器设备、存货和劳动力，这就要求财务人员迅速筹集所需要的资金。在衰退阶段，企业应收缩规模，减少风险投资，投资无风险资产，以获得稳定的报酬。在萧条阶段，企业应维持现有的规模，并设置新的投资标准，适当考虑一些低风险的投资机会。总之，面对周期性的经济波动，财务人员必须预测经济变化情况，适当调整财务政策。

▶ 2. 经济发展水平

近年来，我国的国民经济保持持续高速的增长，各项建设方兴未艾。这不仅给企业扩大规模、调整方向、打开市场，以及拓宽财务活动的领域带来了机遇，同时，由于高速发展中的资金短缺将长期存在，又给企业财务管理带来严峻的挑战。因此，企业财务管理工作者必须积极探索与经济发展水平相适应的财务管理模式。

▶ 3. 宏观经济政策

我国经济体制改革的目标是建立社会主义市场经济体制，以进一步解放和发展生产力。在这个目标的指导下，我国对传统的财税体制、金融体制、外汇体制、外贸体制、计划体制、价格体制、投资体制、社会保障制度等进行改革。所有这些改革措施，都深刻地影响着我国的经济生活，也深刻地影响着我国企业的发展和财务活动的运行。如金融政策中货币的发行量、信贷规模都能影响企业投资的资金来源和投资的预期收益；财税政策会影响企业的资金结构和投资项目的选择等；价格政策能影响资金的投向和投资的回收期及预期收益；会计准则的改革会影响会计要素的计量，进而对企业财务活动的事前预测、事中决策，以及事后评价产生影响等。可见，经济政策对企业财务的影响是非常大的，这就要求企业财务人员必须把握经济政策，更好地为企业的经营理财活动服务。

(三) 金融环境

企业总是需要资金从事投资和经营活动。而资金的取得，除自有资金外，主要从金融机构和金融市场取得。金融政策的变化必然影响企业的筹资、投资和资金运营活动。所以，金融环境是影响企业财务管理的主要环境因素之一。

▶ 1. 金融机构

社会资金从资金供应者手中转移到资金需求者手中，大多要通过金融机构。金融机构包括银行业金融机构和非银行的金融机构。

(1) 银行业金融机构。银行业金融机构是指经营银行存款、放款、汇兑、储蓄等金融业务，承担信用中介的金融机构。银行的主要职能是充当信用中介、充当企业之间的支付中介、提供信用工具、充当投资手段和充当国民经济的宏观调控手段。

中国人民银行是我国的中央银行，它代表政府管理全国的金融机构和金融活动，经营国库。其主要职责是制定和实施货币政策，保持货币币值稳定；依法对金融机构进行监督管理，维持金融业的合法、稳定；维持支付和清算系统的正常进行；持有、管理、经营国家外汇储备和黄金储备；代理国库和其他与政府有关的金融业务；代表政府从事有关国际金融活动。

我国银行主要包括各种商业银行和政策性银行。商业银行包括国有商业银行（如中国工商银行、中国农业银行、中国银行和中国建设银行）和其他股份制商业银行（如交通银行、广东发展银行、招商银行、光大银行等）；国家政策性银行主要包括中国进出口银行、国家开发银行等。

(2) 非银行的金融机构。非银行的金融机构主要有保险公司、信托投资公司、证券机构、财务公司等。保险公司主要经营保险业务，包括财产保险、责任保险、保证保险和人身保险。目前，我国保险公司的资金运用被严格限制在银行存款、政府债券、金融债券和投资基金范围内。

信托投资公司主要是以受托人的身份代人理财。其主要业务有经营资金和财务委托、代理资产保管、金融租赁、经济咨询及投资等。

证券机构是从事证券业务的机构，包括证券公司、证券交易所、登记结算公司。

财务公司通常类似于投资银行。我国的财务公司是由企业集团内部各成员单位入股，向社会募集中长期资金，为企业提供服务的金融股份有限公司。

▶ 2. 金融工具

金融工具是能够证明债权债务关系或所有权关系并据以进行货币资金交易的合法凭证，它对于交易双方所应承担的义务与享有的权利均具有法律效力。金融工具一般具有期限性、流动性、风险性和收益性四个基本特征。

(1) 期限性是指金融工具一般规定了偿还期，也就是规定了债务人必须全部归还本金之前所经历的时间。

(2) 流动性是指金融工具在必要时迅速转变为现金而不致遭受损失的能力。

(3) 风险性是指购买金融工具的本金和预定收益遭受损失的可能性，一般包括信用风险和市场风险两个方面。

(4) 收益性是指持有金融工具所能够带来的一定收益。金融工具按期限不同可分为货币市场工具和资本市场工具，前者主要有商业票据、国库券、可转让大额定期存单、回购协议等，后者主要是股票和债券等。

▶ 3. 金融市场

(1) 金融市场的概念。金融市场是指资金供应者和资金需求者双方通过金融工具进行交易的场所。金融市场可以是有形的市场，如银行、证券交易所等；也可以是无形的市场，如利用计算机、电传、电话等设施，通过经纪人进行资金融通活动。

(2) 金融市场的功能。金融市场的主要功能有五项：转化储蓄为投资；改善社会经济福利；提供多种金融工具并加速流动，使中短期资金凝结为长期资金；提高金融体系竞争性和效率；引导资金流向。

（3）金融市场的要素。金融市场的要素主要有：

① 市场主体，即参与金融市场交易活动而形成买卖双方的个体经济单位。

② 金融工具，即借以进行金融交易的工具，一般包括债券债务凭证和所有权凭证。

③ 交易价格，反映的是在一定时期内转让货币资金使用权的报酬。

④ 组织方式，即金融市场交易采用的方式。

（4）金融市场的意义。从企业财务管理角度来看，金融市场作为资金融通的场所，是企业向社会筹集资金必不可少的条件。财务管理人员必须熟悉金融市场的各种类型和管理规则，有效地利用金融市场来组织资金的筹措和进行资本投资等活动。

（5）金融市场的种类。金融市场按组织方式的不同可划分为两部分：一是有组织的、集中的场内交易市场，即证券交易所，它是证券交易的主体和核心；二是非组织化的、分散的场外交易市场，它是证券交易所的必要补充。本书主要介绍第一部分市场的分类。

金融市场按期限划分为短期金融市场和长期金融市场。短期金融市场又称货币市场，指以期限一年以内的金融工具为媒介，进行短期资金融通的市场。其主要特点有：交易期限短；交易的目的是满足短期资金周转的需要；所交易的金融工具有较强的货币性。

长期金融市场是指以期限一年以上的金融工具为媒介，进行长期性资金交易活动的市场，又称资本市场。其主要特点有：交易的主要目的是满足长期投资性资金的供求需要；收益较高而流动性较差；资金借贷量大；价格变动幅度大。

金融市场按证券交易的方式和次数分为初级市场和次级市场。初级市场，也称一级市场或发现市场，是指新发行的市场，这类市场使预先存在的交易成为可能。次级市场，也称二级市场或流通市场，是指现有金融资产的交易场所。初级市场可以理解为"新货市场"，次级市场可以理解为"旧货市场"。

金融市场按金融工具的属性分为基础性金融市场和金融衍生品市场。基础性金融市场是指以基础性金融产品为交易对象的金融市场，如商业票据、企业债券、企业股票的交易市场；金融衍生品市场是指以金融衍生品为交易对象的金融市场。所谓金融衍生品，是指一种金融合约，其价值取决于一种或多种基础资产或指数，合约的基本种类包括远期、期货、掉期、期权，以及具有远期、期货、掉期和期权中一种或多种特征的结构化金融工具。

除上述分类外，金融市场还可以按交割方式分为现货市场、期货市场和期权市场；按交易对象分为票据市场、证券市场、衍生工具市场、外汇市场、黄金市场等；按交易双方在地理上的距离划分为地方性的、全国性的、区域性的金融市场和国际市场。

▶ 4. 利率及其测算

利率是利息率的简称，是衡量资金增值量的基本单位，即资金的增量同投入资金的价值之比。市场利率指金融资产的收益率，作为资金价格的一般表现形态，体现了金融市场的价格机制，其高低取决于市场上资金的供求关系。利率可以按照不同的标准进行分类：按利率的基本确定方式，分为基准利率与套算利率；按利率是否包含通货膨胀因素，分为名义利率与实际利率；按利率变动与市场的关系，分为市场利率与官定利率；按利率在借贷期内是否作调整，分为固定利率与浮动利率；按金融机构存款与贷款业务，分为存款利率与贷款利率。利率的期限结构，是指债务证券的收益率与债券到期期限之间的关系结构，即短期利率与长期利率之间的关系结构。

利率在企业财务决策和资金分配方面非常重要，测算利率的构成就非常必要。一般而言,资金的利率由三部分构成:纯利率、通货膨胀补偿、风险报酬,其中风险报酬又分为违约风险报酬、流动性风险报酬、期限风险报酬,公式为

$$K=K_0+IP+DP+LP+MP \tag{1-1}$$

其中:K,指利率;K_0(纯利率),指在没有风险和没有通货膨胀情况下的均衡点利率,通常以无通货膨胀情况下的无风险证券的利率来代表;IP(通货膨胀补偿),指在未来存在通货膨胀预期的情况下,资金的供应者必然要求提高利率水平以补偿其购买力损失;DP(违约风险报酬),其中违约风险是指借款人无法按时支付利息或偿还本金而给投资人带来的风险;LP(流动性风险报酬),其中流动性是指某项资产迅速转化为现金的可能性;MP(期限风险报酬),其中期限风险指一项负债到期日越长,不确定因素越多,债权人承担的风险也就越大。

(四)法律环境

▶ 1. 法律环境的范畴

在市场经济条件下,越来越多的经济活动和经济关系的准则用法律形式固定下来。法律环境是指企业与外部发生经济关系时应遵守的有关法律、法规和规章制度,主要包括公司法、证券法、金融法、证券交易法、经济合同法、税法、企业财务通则、内部控制基本规范等。市场经济是法制经济,企业的一些经济活动总是在一定的法律规范内进行。法律既约束企业的非法经济行为,也为企业从事各种合法经济活动提供保护。

国家相关法律法规按照对财务管理内容的影响情况可以分为如下几类:

(1)影响企业筹资的各种法规。主要有公司法、证券法、金融法、证券交易法、合同法等,这些法规可以从不同方面规范或制约企业的筹资活动。

(2)影响企业投资的各种法规。主要有证券交易法、公司法、企业财务通则等,这些法规从不同角度规范企业的投资活动。

(3)影响企业收益分配的各种法规。主要有税法、公司法、企业财务通则等,这些法规从不同方面对企业收益分配进行了规范。

▶ 2. 法律环境对企业财务管理的影响

法律环境对企业财务管理的影响是多方面的,影响范围包括企业组织形式、公司治理结构、投融资活动、日常经营、收益分配等。比如我国的公司法规定,企业可以采用独资、合伙、公司制等企业组织形式。企业组织形式不同,业主(股东)权利责任、企业投融资、收益分配、纳税、信息披露等不同,公司治理结构也不同。上述不同种类的法律、法规,分别从不同方面约束企业的经济行为,对企业财务管理产生影响。

二、财务管理的内部环境

财务管理的内部环境是指企业内部影响财务活动的各种要素,主要有销售环境、采购环境、生产环境等。

▶ 1. 销售环境

企业所处的销售环境,按其竞争程度可分为以下四种。

(1)完全竞争市场。这种市场中,生产者、消费者众多,商品差异不大,企业不能控制市场价格,只能接受市场形成的价格。

(2)不完全竞争市场。在这种市场中,同一商品有许多厂家生产,但型号、规格、质量有较大差异,一些名牌企业可以在一定程度上影响销售市场。

（3）寡头垄断市场。这是由少数几个厂家控制的市场，这些企业对产品供应数量、销售价格起着举足轻重的影响作用。

（4）完全垄断市场。又称独占市场。某些关系国计民生或具有战略意义的行业，由政府组建企业或实行专卖，这种独家经营企业可以在国家宏观指导下决定商品的数量和价格。

销售环境对企业财务管理具有重要的影响：面对完全竞争市场的企业，因产品价格和销售量容易出现波动，风险较大，因而要慎重利用债务资金；面对完全垄断市场的企业，产品销售顺畅，价格波动不大，利润稳定，风险较小，资金占有量相对较少，可较多地利用债务资金；而面对不完全竞争市场和寡头垄断市场的企业，应在产品开发、推销、售后服务等方面投入较多的资金，尽快创出名牌产品。

▶ 2. 采购环境

采购环境是指企业在市场上采购物资时涉及采购数量和采购价格的有关条件。企业采购环境按物资供应是否充裕可分为稳定的采购环境和波动的采购环境。前者材料资源相对比较充足，运输条件比较正常，能保证企业生产经营的经常性需要。企业可以少储备物资，不过多占用资金。后者物质相对比较紧缺，运输不太正常，有时不能如期供货。为此企业要设置物资的保险储备，占用较多资金。采购环境还可按采购价格的变动趋势，分为价格可能上升的采购环境、价格平稳的采购环境和价格可能下降的采购环境。对价格可能上涨的物资，企业应提前进货，投入较多的资金；而对价格可能下降的物资，则可在保证生产需要的情况下推迟采购，节约资金。

▶ 3. 生产环境

生产环境是指主要由人力资源、技术资源所构成的生产条件和企业产品的寿命周期。就生产条件而言，企业可分为劳动密集型、技术密集型和资源开发型企业。劳动密集型企业所需工资费用较多，长期资金的占用则较少；技术密集型企业需要使用较多的先进设备，而所用人力较少，企业需要筹集较多的长期资金；至于资源开发型企业则需要投入大量资金用于勘探、开采，资金回收期较长。

产品的寿命周期通常分为试产期、成长期、成熟期、衰退期四个阶段。无论是就整个企业而言，还是就个别产品而言，在寿命周期的不同阶段，收入多少、成本高低、收益大小、资金周转快慢都有很大差异。企业进行财务决策，不仅要针对现实所处的阶段采取适当的措施，而且要瞻前顾后，有预见性地投资，使企业的市场经营不断更新换代，经常保持旺盛的生命力。

第四节 财务管理原则

财务管理原则是企业组织财务活动、处理财务关系的准则，它是从企业财务管理的实践经验中概括出来的、体现理财活动规律性的行为规范，是对财务管理的基本要求。

企业财务管理，必须按照社会主义市场经济体制和现代企业制度的要求，讲求生财、聚财、用财之道，认真贯彻下列原则。

一、资源合理配置原则

企业财务管理是对企业全部资金的管理,而资金运用的结果则形成企业各种各样的物质资源,各种物质资源总是要有一定的比例关系。资源配置是指资源的稀缺性决定了任何一个社会都必须通过一定的方式把有限的资源合理分配到社会的各个领域中去,以实现资源的最佳利用,即用最少的资源耗费,生产出最适用的商品和劳务,获取最佳的效益。

企业物质资源的配置情况是资金运动的结果,同时它又是通过资金结构表现出来的。从一定时点的静态来看,企业有各种各样的资金结构。在资金占用方面,有对外投资和对内投资的构成比例,有固定资产和流动资产的构成比例,有有形资产和无形资产的构成比例,有货币性资金和非货币性资金的构成比例,有材料、在产品、产成品的构成比例等。资金来源方面,有债务资金和权益资金的构成比例,有长期负债和短期负债的构成比例等。

按照系统论的观点,组成系统的各个要素的构成比例,是决定一个系统功能状况的最基本的条件。系统的组成要素之间存在一定的内在联系,系统的结构一旦形成就会对环境产生整体效应,或是有效地改变环境,或是产生不利的影响。财务活动这个系统中也是如此:资金配置合理,从而资源构成比例适当,就能保证生产经营活动顺畅运行,并由此取得最佳的经济效益,否则就会危及购、产、销活动的协调,甚至影响企业的兴衰。因此,资金合理配置是企业持续、高效经营的必不可少的条件。

各种资金形态的并存性和继起性,是企业资金运动的一项重要规律。只有把企业的资金按合理的比例配置在生产经营的各个阶段上,才能保证资金活动的继起和各种形态资金占用的适度,才能保证生产经营活动的顺畅运行。如果企业库存产品长期积压,应收账款不能收回,而又未能采取有力的调节措施,则生产经营必然发生困难;如果企业不优先保证业务内部的资金需要,而把资金大量用于对外长期投资,则企业主营业务的开拓和发展必然受到影响。通过合理运用资金实现企业资源的优化配置,从财务管理来看就是合理安排企业各种资金结构的问题。企业进行资本结构决策、投资组合决策、存货管理决策、收益分配比例决策等都必须贯彻这一原则。

二、收支积极平衡原则

在财务管理中,不仅要保持各种资金存量的协调平衡,而且要经常关注资金流量的动态协调平衡。所谓收支积极平衡,就是要求资金收支不仅在一定期间总量上求得平衡,而且在每一个时点上要协调平衡。资金收支在每一时点上的平衡,是资金循环过程得以周而复始进行的条件。

资金收支的平衡,归根到底取决于购产销活动的平衡。企业既要搞好生产过程的组织管理工作,又要抓好生产资料的采购和产品的销售,要购产销一起抓,克服任何一种片面性。只有坚持生产和流通的统一,使企业的购产销三个环节互相衔接、保持平衡,企业资金的周转才能正常进行,并取得应有的经济效益。

资金收支平衡不能采用消极的办法来实现,而要采用积极的办法解决收支中存在的矛盾。要做到收支平衡,首先要开源节流,增收节支。节支是要节约那些应该压缩、可以压缩的费用,而对那些在创收上有决定作用的支出则必须全力保证;增收是要增加那些能带来经济效益的营业收入,至于采取拼设备、拼人力、不惜工本、不顾质量而一味追求短期收入的做法则是不可取的。其次要在发达的金融市场条件下通过短期筹资和投资来调剂资金的余缺。在一定时期内，资金收入不敷支出时，应及时采取办理借款、发行短期债券等方式融通资金；而当资金收入比较充裕时，则可适时归还债务，进行短期证券投资。总之，在组织资金收支平衡问题上，既要量入为出，根据现有的财力来安排各项开支，又要量出为入，对于关键的生产经营支出开辟财源，积极予以支持，这样，才能取得理想的经济效益。收支积极平衡原则不仅适用于现金收支计划的编制，它对于证券投资决策、筹资决策等也都有重要的指导意义。

三、成本效益原则

成本效益原则是指在会计信息供给与需求不平衡的状况下，会计信息供给花费的成本和由此而产生需求之间要保持适当的比例，保证会计信息供给所花费的代价不能超过由此而获得的效益，否则应降低会计信息供给的成本。

在企业财务管理中，既要关心资金的存量和流量，更要关心资金的增量。企业资金的增量即资金的增值额，是由营业利润或投资收益形成的，因此，对于形成资金增量的成本与收益这两方面的因素必须认真进行分析和权衡。成本效益原则，就是要对经济活动中的所费与所得进行分析比较，对经济行为的得失进行衡量，使成本与收益得到最优的结合以求获取最多的盈利。

讲求经济效益，要求以尽可能少的劳动垫付和劳动消耗，创造出尽可能多和尽可能好的劳动成果，以满足社会不断增长的物质和文化生活需要，在社会主义市场经济条件下，这种劳动占用、劳动消耗和劳动成果的计算和比较，是通过以货币表现的财务指标来进行的。从总体上来看，劳动占用和劳动消耗的货币表现是资金占用和成本费用，劳动成果的货币表现是营业收入和利润。所以，实行成本效益原则，能够提高企业经济效益，使投资者权益最大化，它是由企业的理财目标决定的。

四、收益均衡原则

在市场经济的激烈竞争中，进行财务活动不可避免地要遇到风险，财务活动中的风险是指获得预期财务成果的不确定性。企业要想获得收益，就不能回避风险，可以说风险中包含收益，挑战中存在机遇。企业进行财务管理不能只顾追求收益，不考虑发生损失的可能。收益风险均衡原则，要求企业对每一项财务活动，全面分析其收益性和安全性，按照收益和风险适当均衡的要求来决定采取何种行动方案，在实践中趋利避害，提高收益。

在财务活动中，低风险只能获得低收益，高风险则往往可能得到高收益。例如，在流动资产管理方面，持有较多的现金，可以提高企业偿债能力，减少债务风险。但是银行存款的利息很低，而库存现金则完全没有收益。在筹资方面，发行债券与发行股票相比，由于利率固定且利息可在成本费用中列支，对企业留存利润影响较小，可以提高权益资本的利息，承担较大的风险。无论是对投资者还是对受资者来说，都要求收益与风险相适应，风险越大，则要求的收益也越高。只是不同的经营者对风险的态度有所不同，有人宁愿收益稳妥一些，而不愿冒较大的风险，有人则甘愿冒较大的风险，以便利用机遇谋求巨额利润。无论人们的心理状态是稳健还是进取，都应当对决策项目的风险和收益做出全面的分析和权衡，以便选择最有利的方案。特别是要注意把风险大、收益高的项目，同风险小、收益低的项目适当地搭配起来，分散风险，使风险与收益平衡，做到既降低风险，又能得到较高的收益，还要尽可能回避风险，化风险为机遇，在危机中找对策，以提高企业的经济效益。

五、分级分口管理原则

在规模较大的现代化企业中，对财务活动必须实行分级分口管理。所谓分级分口管理，就是在企业总部领导的前提下，合理安排各级单位和各职能部门的权责关系，充分调动各级各部门的积极性。统一领导下的分级分口管理，是民主集中制在财务管理中的具体运用。

以工业企业为例，企业通常分为厂部、车间、班组等三级，厂部和车间设立若干职能机构或职能人员。在财务管理上实行统一领导、分级分口管理，就是要按照管理物资同管理资金相结合、使用资金同管理资金相结合、管理责任同管理权限相结合的要求，合理安排企业内部各单位在资金、成本、收入等管理上的权责关系。厂部是企业行政工作的指挥中心，企业财务管理的主要权力集中在厂部。同时，要对车间、班组、仓库等单位给予一定的权限，建立财务分级管理责任制。企业的各项财务指标要逐级分解落实到各级单位，各级单位要核算其直接费用、资金占用等财务指标，定期进行考核，对经济效益好的单位给予物质奖励。

财务部门是组织和推动全厂财务管理工作的主管部门，而供产销等部门则直接负责各项生产经营活动，使各项资金和物资发生各项生产耗费，参与创造和实现生产成果。要在加强财务部门集中管理的同时，实行各职能部门的分口管理，按其业务范围规定财务管理的职责和权限，核定指标，定期进行考核。这样，就可以调动各级各部门管理财务的积极性。

思考题

1. 简述财务管理的概念及特点。
2. 财务管理的关系有哪些？它们对财务管理有什么作用？
3. 试述财务管理目标的优缺点。
4. 试从财务管理的基本内容角度分析财务目标。
5. 简述财务管理的原则，以及各原则的特点。
6. 试述财务管理的主要内容。
7. 财务管理的环境因素有哪些？它们对企业理财产生哪些影响？
8. 利率由哪些因素构成？如何测算？

练习题

一、单选题

1. 不能满足既考虑避免企业追求短期行为，又考虑风险因素的财务管理目标是（　　）。
   A. 利润最大化　　　　　　　　　　B. 股东财富最大化
   C. 企业价值最大化　　　　　　　　D. 相关者利益最大化

2. 下列关于财务管理"引导原则"的表述中，错误的是(　　)。
   A. 引导原则可以帮你找到最优方案
   B. 引导原则可以帮你避免最差行动
   C. 引导原则可能让你重复别人的错误
   D. 引导原则可以帮你节约信息处理成本

3. 利润最大化目标的优点是(　　)。
   A. 反映企业创造剩余产品的多少
   B. 反映企业创造利润与投入资本的关系
   C. 反映企业所承受的风险程度
   D. 反映企业取得收益的时间价值因素

4. 从财务管理的角度来看，企业价值指的是(　　)。
   A. 企业的成本价值 　　　　　　　　B. 企业的会计收益
   C. 企业所能创造的预计未来现金流量的现值 D. 企业所有者权益的账面价值

5. 下列各项中，符合企业相关者利益最大化财务管理目标要求的是(　　)。
   A. 强调股东的首要地位　　　　　　B. 强调债权人的首要地位
   C. 强调员工的首要地位　　　　　　D. 强调经营者的首要地位

6. 某上市公司针对经常出现中小股东质询管理层的情况，拟采取措施协调所有者与经营者之间的矛盾。下列各项中，不能实现上述目的是(　　)。
   A. 停止借款　　　　　　　　　　　B. 解聘总经理
   C. 加强对经营者的监督　　　　　　D. 将经营者的报酬与其绩效挂钩

7. 下列各项中，不能协调所有者与债权人之间矛盾的方式是(　　)。
   A. 市场对公司强行接收或吞并　　　B. 债权人通过合同实施限制性借款
   C. 债权人停止借款　　　　　　　　D. 债权人收回借款

8. (　　)是财务管理的核心，其成功与否直接关系到企业的兴衰成败。
   A. 财务决策　　　　　　　　　　　B. 财务控制
   C. 财务预算　　　　　　　　　　　D. 财务预测

9. 企业财务管理体制是明确企业各财务层级财务权限、责任和利益的制度，其核心问题是(　　)。
   A. 如何进行财务决策　　　　　　　B. 如何进行财务分析
   C. 如何配置财务管理权限　　　　　D. 如何实施财务控制

10. 某企业将财务决策权与管理权完全下放到各所属单位，各所属单位只需对一些决策结果报请企业总部备案即可的财务管理体制是(　　)。
    A. 集权型　　　　　　　　　　　　B. 分权型
    C. 集权与分权相结合型　　　　　　D. 集权与分权相制约型

二、多选题
1. 企业财务活动包括(　　)。
   A. 筹资活动　　B. 投资活动　　C. 资金营运活动　　D. 分配活动

2. 企业财务关系包括(　　)。
   A. 企业与政府之间的财务关系　　　B. 企业与受资者之间的财务关系
   C. 企业内部各单位之间的财务关系　D. 企业与职工之间的财务关系

3. 企业价值最大化目标的优点有（　　）。
   A. 考虑了资金的时间价值　　　　　　B. 考虑了投资的风险价值
   C. 反映了企业资产保值增值的要求　　D. 直接揭示了企业的获利能力
4. 在不存在通货膨胀的情况下，利率的组成因素包括（　　）。
   A. 通货膨胀补偿率　　　　　　　　　B. 违约风险报酬率
   C. 期限风险报酬率　　　　　　　　　D. 流动性风险报酬率
5. 按照财务管理内容，财务管理目标体现为（　　）。
   A. 筹资管理目标　　　　　　　　　　B. 投资及资产运用管理目标
   C. 生产部门确定的成本降低目标　　　D. 利润及其分配管理

三、判断题

1. 以利润最大化作为财务管理目标，有利于企业资源的合理配置，有利于企业整体经济效益的提高。（　　）
2. 相关者利益最大化目标是指保证股东、经营者、债权人三方面关系人的利益最大化。（　　）
3. 在协调所有者与经营者利益冲突的方法中，解聘是一种通过所有者来约束经营者的方法。（　　）
4. 财务计划是财务战略的具体化，是财务预算的分解和落实。（　　）
5. 集权与分权相结合型财务管理体制下，企业的主要管理权限集中于企业总部，各所属单位执行企业总部的各项指令。（　　）
6. 集权过度会使各所属单位缺乏主动性、积极性，丧失活力，也可能因为决策程序相对复杂而失去适应市场的弹性，丧失市场机会。（　　）
7. 企业各所属单位之间的业务联系越分散，就越有必要采用相对集中的财务管理体制；反之，则相反。（　　）
8. 集权与分权相结合型财务体制下，通常企业总部应做到制度统一、资金集中、信息集成和人员委派，因此在制度制定权、收益分配权等方面应实行集中管理。（　　）
9. 财务管理的技术环境，是指财务管理得以实现的技术手段和技术条件，它决定着财务管理的效率和效果。（　　）
10. 货币市场是指以期限在一年以上的金融工具为媒介，进行长期资金融通的市场，包括同业拆借市场、票据市场、大额定期存单市场和短期债券市场。（　　）

案例分析

在《财富》杂志的某一份年度调查报告中，可口可乐(Coca-Cola)被评选为最令人赞赏的公司。其他与之激烈竞争的公司包括宝洁(P&G)、鲁布美得(Rubbermaid)和强生(Johnson& Johnson)。然而，在管理质量、产品质量、长期投资价值、公司资产运用和财务坚实性这几类项目中，可口可乐公司均名列前三名。在其他三类项目，即吸引投资、开发与留住人才、创新和社区与环境责任方面，它未能获得如此高的排名。但是总体而言，可口可乐公司的排名是最高的，从而取代了以前的优胜者鲁布美得(Rubbermaid)公司。

该公司在可乐、雪碧、芬达、Hi-C果汁和其他名称上的品牌权益毋庸置疑。该公司成功地脱离开了低价格的、用销售商标销售的可乐，并通过这种方式增加了市场份额。出于对保持品牌形象的一贯重视，可口可乐公司重新引入了老式的玻璃瓶。由于可口可乐在罐装公司拥有控股权，母公司可以集中精力于最熟悉的事务。最近，该罐装公司正在世界范围内进行一项收购其他罐装商的计划。通过这种方式，母公司就能更好地参与快速增长的海外软饮料市场。

最受人赞赏的公司并不能保证有很好的股票价格表现，但在可口可乐公司的案例中，这两者是紧密联系的。在前10年里，股东的复利年报酬率（股利和资本利得）是29.3％，这与代表股票市场组合的标准普尔500种股票指数14.9％的报酬率形成鲜明对照。显然，该公司在为股东创造价值方面是非常成功的。价值创造贯穿财务管理的全部内容。

问题：结合可口可乐公司的运作、作者的评价及企业发展的阶段等因素，讨论说明企业财务管理的目标，并分析如何实现企业的财务管理目标。

第二章 财务管理的价值观念

学习目标

了解货币时间价值的概念；掌握货币时间价值的计算；熟悉单项资产及投资组合的风险和报酬；掌握资本资产定价模型。

第一节 货币的时间价值

一、货币时间价值的概念

▶ 1. 货币时间价值的含义

货币时间价值，是指货币经历一定时间的投资和再投资所增加的价值。

在商品经济中，有这样一种现象：即现在的1元钱和1年后的1元钱其经济价值不相等，或者说其经济效用不同。现在的1元钱，比1年后的1元钱的经济价值要大一些，即使不存在通货膨胀也是如此。为什么会这样呢？例如，将现在的1元钱存入银行，一年后可得到1.10元（假设存款利率为10%）。这1元钱经过1年时间的投资增加了0.10元，这就是货币的时间价值。在实务中，人们习惯使用相对数字表示货币的时间价值，即用增加价值占投入货币的份数来表示。例如，前述货币的时间价值为10%。

货币投入生产经营后，其数额随着时间的持续而不断增加，这是一种客观的经济现象。企业资金循环的起点是投入货币资金，企业用它来购买所需的资源，然后生产出新的产品，产品出售时得到的货币量大于最初投入的货币量。资金的循环以及由此实现的货币增值，需要或多或少的时间，每完成一次循环，货币就增加一定数额，周转的次数越多增值额度越大。由此，随着时间的延续，货币总量在循环和周转中按几何级数增长，形成了货币时间价值。

▶ 2. 货币时间价值的实质

西方经济学者把货币的时间价值作为财务管理的一个基本概念无疑是正确的。但是对货币时间价值是怎样产生的、其来源是什么、应该如何合理计算等问题,他们并未正确地加以解释。英国经济学家凯恩斯从资本家和消费者心理出发,高估现在货币的价值,低估未来货币的价值,从而认为时间价值主要取决于流动偏好、消费倾向、边际效用等心理因素。在这种思想指导下,"时间利息论"者认为,时间价值产生于人们对现有货币的评价高于对未来货币的评价,它是价值时差的贴水;"流动偏好论"者认为,时间价值是放弃流动偏好的报酬;"节欲论"者则认为,时间价值是货币所有者不将货币用于生活费所得的报酬。虽然表述不尽相同,但归结起来就是说,货币所有者要进行投资,就必须牺牲现时的消费,因此要求对其推迟消费的耐心给予报酬,货币时间价值就是对货币所有者推迟消费的报酬。

西方经济学者的这种观点,只是说明一些表面现象,并没有揭示出货币时间价值的实质,既不全面,又不确切。因此,要从货币时间价值的产生原因、真正来源等方面进行科学的分析。

(1) 要正确理解货币时间价值的产生原因。西方的经济学者未能回答这个问题。如果说推迟消费就能获得报酬,那么资金所有者把钱闲置不用或者埋入地下保存是否能得到报酬呢?显然不能。马克思认为,货币只有作为资本投入生产和流通后才能增值。马克思指出:"作为资本的货币的流通本身就是目的,因为只是在这个不断更新的运动中才有价值的增加。""如果把它从流通中取出来,那它就凝固为贮藏货币,即使藏到世界末日,也不会增加分毫。"因此,并不是所有的货币都有时间价值,只有把货币作为资金投入生产经营活动才能产生时间价值。时间价值是在生产经营活动中产生的,不作为资金投入生产经营过程的货币,是没有时间价值可言的。

我们还要看到,在市场经济条件下,货币的时间价值实际上是资金的时间价值。而西方的一些观点却又限制了生产经营中时间价值发生作用的范围。从现象上看,只有当货币资金流入、流出时才有可能计算时间价值。但在事实上,当货币资金用以购买原材料或固定资产以后,时间价值依然要发挥作用。原材料积压,企业就会因延误原材料使用时间而丧失一定的价值;设备利用率提高,企业就会因为充分利用设备工时而获得更多的价值。可见,具有这种时间价值的,不仅是货币资金,而且还有物质形态的资金。全部生产经营中的资金都具有时间价值,这是资金运动的一种客观规律性。

(2) 要正确认识货币时间价值的真正来源。西方的经济学者没有揭示这一重要问题。按照他们的观点,似乎时间、耐心都能创造价值,这显然是没有科学根据的。马克思没有用"时间价值"这一概念,但正是他揭示这种所谓"耐心的报酬"就是剩余价值。在发达商品经济条件下,商品流通的运动形式是 G—W—G′。这一运动的特点是始点和终点都是货币,没有质的区别。马克思指出,G—W—G′过程之所以有内容,不是因为两者有质的区别(两者都是货币),而只是因为它们有量的不同。最后从流通中取出的货币,多于起初投入的货币,因此,这个过程的完整形式是 G—W—G′。其中的 $G' = G + \Delta G$,即等于原预付货币额加上一个增值额。把这个增值额或超过原价值的余额叫作剩余价值。可见,原预付价值不仅在流通中保存下来,而且在流通中改变了自己的价值量,加上了一个剩余价值,或者说增值了。上面分析的是流通过程的价值运动形式,如果把生产过程和流通过程结合起来分析,货币运动的全过程则是 G—W⋯P⋯W′—G′。由此可以看出,处于终点的 G′ 是 W′ 实现的结果,而 W′ 即包含增值额在内的全部价值,是在生产过程中形成的,其中增值部分是工人创造的剩余价值。因此,时间价值不能由时间创造,也不可能由耐心创造，而只能由工人的劳动创造，时间价值的真正来源是工人创造的剩余价值。

二、复利终值和现值

利息的计算有单利和复利两种方法。单利是指一定期间内只根据本金计算利息，当期产生的利息不作为下一期的本金，不重复计算利息。例如，本金为1 000元、年利率为3.6%的5年期单利定期存款，到期时的利息收入为180元，每年的利息收入为36元(1 000×3.6%)。而复利则是不仅本金要计算利息，利息也要计算利息，即通常所说的"利滚利"。复利的概念充分体现了货币时间价值的含义，因为资金可以再投资，而且理性的投资者总是尽可能快地将资金投入合适的方向，以赚取收益。在讨论资金的价值时，一般都按复利计算。

▶ 1. 复利终值

复利终值(future value，FV)是指现在的特定资金按复利计算一定时间后的价值，或者说是现在的一定本金在将来一定时间按复利计算的本金和利息之和。

复利终值计算公式为

$$FV_n = PV \cdot (1+i)^n \tag{2-1}$$

其中：FV_n 表示复利终值；PV 表示复利现值(资金当期的价值)；i 表示利率；n 表示计息期数；$(1+i)^n$ 表示复利终值系数(future value interest factor，FVIF，可以写成 $FVIF_{i,n}$)，则复利终值的计算公式也可以写为

$$FV_n = PV \cdot (1+i)^n = PV \cdot FVIF_{i,n} \tag{2-2}$$

[例2-1] 将1 000元钱存入银行，利率为8%，按复利计算，3年后的终值应为

$$FV_3 = PV(1+i)^3 = 1\,000 \times (1+8\%)^3 = 1\,260(元)$$

为了简化计算，可编制复利终值系数表(见本书附录A)，表2-1是其中的一部分。

表2-1 复利终值系数表(精确到小数点后3位)

时间(n) \ 利率(i)	5.00%	6.00%	7.00%	8.00%	9.00%	10.00%
1	1.050	1.060	1.070	1.080	1.090	1.100
2	1.103	1.124	1.145	1.166	1.188	1.210
3	1.158	1.191	1.225	1.260	1.295	1.331
4	1.216	1.262	1.311	1.360	1.412	1.464
5	1.276	1.338	1.403	1.469	1.539	1.611
6	1.340	1.419	1.501	1.587	1.667	1.772
7	1.407	1.504	1.606	1.714	1.828	1.949
8	1.477	1.594	1.718	1.851	1.993	2.144
9	1.551	1.689	1.838	1.999	2.172	2.385
10	1.629	1.791	1.967	2.159	2.367	2.594

通过查复利终值表，例2-1可计算为

$$FV_3 = 1\,000 \times (1+8\%)^3 = 1\,000 \times FVIF_{8\%,3} = 1\,260(元)$$

▶ 2. 复利现值

复利现值(present value，PV)是指未来年份收到或支付的现金在当前的价值。由终值

求现值,称为贴现,贴现时使用的利率称为贴现率。

现值的计算公式可由终值的计算公式导出。

由式(2-1)可以得到

$$PV=\frac{FV_n}{(1+i)^n}=FV_n \cdot \frac{1}{(1+i)^n} \qquad (2-3)$$

式(2-3)中的 $\frac{1}{(1+i)^n}$ 称为复利现值系数或贴现系数(present value interest factor,PVIF),可以写成 $PVIF_{i,n}$,则复利现值的计算公式也可表示为

$$PV=FV_n \cdot PVIF_{i,n} \qquad (2-4)$$

为了简化计算,也可以用复利现值系数表(见本书附录B),表2-2是其中一部分。

表2-2 复利现值系数表

利率(i) 时间(n)	5.00%	6.00%	7.00%	8.00%	9.00%	10.00%
1	0.952	0.943	0.935	0.926	0.917	0.909
2	0.907	0.890	0.873	0.857	0.842	0.826
3	0.864	0.840	0.816	0.749	0.772	0.751
4	0.823	0.792	0.763	0.735	0.708	0.683
5	0.784	0.747	0.713	0.681	0.650	0.621
6	0.746	0.705	0.666	0.630	0.596	0.564
7	0.711	0.665	0.623	0.583	0.547	0.513
8	0.677	0.627	0.582	0.540	0.502	0.467
9	0.645	0.592	0.544	0.500	0.460	0.424
10	0.641	0.558	0.508	0.463	0.422	0.386

[例2-2] 若计划在5年以后得到1 000元,年利率为7%,复利计息,则现在应存金额为

$$PV=\frac{FV_n}{(1+i)^n}=FV_n \cdot \frac{1}{(1+i)^n}=1\,000 \times \frac{1}{(1+7\%)^5}=713(元)$$

或查复利现值系数表计算如下:

$$PV=FV_n \cdot PVIF_{7\%,5}=1\,000 \times 0.713=713(元)$$

三、年金终值和现值

年金(annuity)是指一定时期内每期相等金额的系列收付款项。折旧、利息、租金、保险费等均表现为年金的形式。年金按付款方式,可分为后付年金(普通年金)、先付年金(即付年金)、延期年金和永续年金。

▶ 1. 后付年金的终值和现值

后付年金(ordinary annuity)是指从第一期开始,在一定时期内,每期期末有等额收付款项的年金。在现实经济生活中这种年金最为常见,故也称为普通年金。

(1)后付年金终值。后付年金终值犹如零存整取的本利和,它是一定时期内每期期末等额收付款项的复利终值之和。

设 A 代表年金数额,i 代表利率,n 代表计息期数,FVA_n 代表年金终值,则后付年

金终值的计算可用图 2-1 来说明。

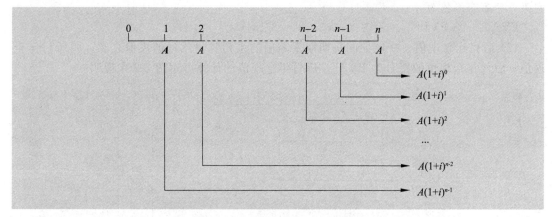

图 2-1 后付年金终值计算示意图

由图 2-1 可知，后付年金终值的计算公式为

$$\begin{aligned}
\text{FVA}_n &= A(1+i)^0 + A(1+i)^1 + A(1+i)^2 + \cdots + A(1+i)^{n-2} + A(1+i)^{n-1} \\
&= A\left[(1+i)^0 + (1+i)^1 + (1+i)^2 + \cdots + (1+i)^{n-2} + (1+i)^{n-1}\right] \\
&= A\sum_{t=1}^{n}(1+i)^{t-1}
\end{aligned} \tag{2-5}$$

式(2-5)中，$\sum_{t=1}^{n}(1+i)^{t-1}$ 叫年金终值系数或年金复利系数，它可以写成 $\text{FVIFA}_{i,n}$ 或者 $\text{ACF}_{i,n}$，则后付年金终值的计算公式也可以表示为

$$\text{FVA}_n = A \cdot \text{FVIFA}_{i,n} = A \cdot \text{ACF}_{i,n} \tag{2-6}$$

为了简化计算，也可以利用年金终值系数表(见本书附录 C)，表中各期年金终值系数可按下列公式计算：

$$\begin{aligned}
\text{FVIFA}_{i,n} &= (1+i)^0 + (1+i)^1 + (1+i)^2 + \cdots + (1+i)^{n-2} + (1+i)^{n-1} \\
&= \frac{(1+i)^n - 1}{i}
\end{aligned} \tag{2-7}$$

表 2-3 为年金终值系数表的一部分。

表 2-3 年金终值系数表

时间(n) \ 利率(i)	5.00%	6.00%	7.00%	8.00%	9.00%	10.00%
1	1.000	1.000	1.000	1.000	1.000	1.000
2	2.050	2.060	2.070	2.080	2.090	2.100
3	3.153	3.184	3.215	3.246	3.278	3.310
4	4.310	4.375	4.440	4.506	4.573	4.641
5	5.526	5.637	5.751	5.867	5.985	6.105
6	6.802	6.975	7.153	7.336	7.523	7.716
7	8.142	8.394	8.654	8.923	9.200	9.487
8	9.549	9.897	10.260	10.637	11.028	11.436
9	11.027	11.491	11.978	12.488	13.020	13.579
10	12.587	13.181	13.816	14.487	15.193	15.937

[**例 2-3**] 王先生在 3 年中每年年底存入银行 1 000 元，年存款利率为 6%，复利计息，则第 3 年年金终值为

$$FVA_3 = A \cdot FVIFA_{6\%,3} = 1\,000 \times 3.184 = 3\,184(元)$$

（2）后付年金现值。一定期间每期期末等额的系列收付款项的现值之和，叫后付年金现值。后付年金现值的符号为 PVA_n，后付年金现值的计算可用图 2-2 来说明。

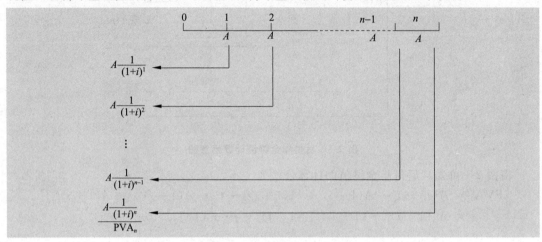

图 2-2 后付年金现值的计算

由图 2-2 可知，后付年金现值的计算公式为

$$PVA_n = A\frac{1}{(1+i)^1} + A\frac{1}{(1+i)^2} + \cdots + A\frac{1}{(1+i)^{n-1}} + A\frac{1}{(1+i)^n}$$

$$= A\sum_{t=1}^{n}\frac{1}{(1+i)^t} \tag{2-8}$$

式 (2-8) 中，$\sum_{t=1}^{n}\frac{1}{(1+i)^t}$ 叫年金现值系数，可简写为 $PVIFA_{i,n}$ 或 $ADF_{i,n}$，则后付年金现值的计算公式可以表示为

$$PVA_n = A \cdot PVIFA_{i,n} = A \cdot ADF_{i,n} \tag{2-9}$$

为了简化计算，也可以利用年金现值系数表（见本书附录 D），表 2-4 是其中一部分。

表 2-4 年金现值系数表

利率(i) 时间(n)	5.00%	6.00%	7.00%	8.00%	9.00%	10.00%
1	0.952	0.943	0.935	0.926	0.917	0.909
2	1.859	1.833	1.808	1.783	1.759	1.736
3	2.723	2.673	2.624	2.577	2.531	2.487
4	3.546	3.465	3.387	3.312	3.240	3.170
5	4.329	4.212	4.100	3.993	3.890	3.791
6	5.076	4.917	4.767	4.623	4.486	4.355
7	5.786	5.582	5.389	5.206	5.033	4.868
8	6.463	6.210	5.971	5.747	5.535	5.335
9	7.108	6.802	6.515	6.247	5.995	5.759
10	7.722	7.360	7.360	6.710	6.418	6.145

表中各年年金现值系数可按下列公式计算：

$$\text{PVIFA}_{i,n} = \frac{1}{(1+i)^1} + \frac{1}{(1+i)^2} + \frac{1}{(1+i)^3} + \cdots + \frac{1}{(1+i)^{n-1}} + \frac{1}{(1+i)^n}$$

$$= \frac{1 - \frac{1}{(1+i)^n}}{i} = \frac{1-(1+i)^{-n}}{i} \tag{2-10}$$

[例2-4] 现存入一笔钱，准备5年中每年年末得到100元，如果利率为9%，则现在应存入的钱数为

$$\text{PVA}_5 = A \cdot \text{PVIFA}_{9\%,5} = 100 \times 3.890 = 389(元)$$

▶ 2. 先付年金终值和现值

先付年金(annuity due)是指从第一期开始，在一定时期内，每期期初等额的系列收付款项。先付年金与后付年金的区别仅在于付款时间不同。由于后付年金是最常用的，因此，年金终值和现值的系数表是按后付年金编制的，为了便于计算和查表，利用后付年金系数表计算先付年金的终值和现值时，可在后付年金的基础上用终值和现值的计算公式进行调整。

(1) 先付年金终值。n期先付年金终值和n期后付年金终值之间的关系可用图2-3说明。

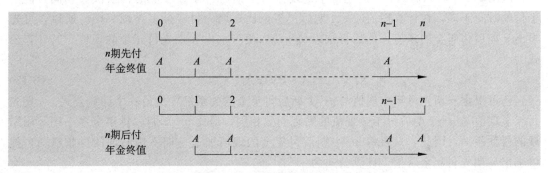

图2-3 先付年金终值和后付年金终值的关系

从图2-3可以看出，n期先付年金终值与n期后付年金终值的付款次数相同，但由于付款时间不同，n期先付年金终值比n期后付年金终值多计算一期利息。所以，可先求出n期后付年金的终值，然后再乘以$(1+i)$，便可求出n期先付年金的终值。其计算公式为

$$\text{XFVA}_n = A \cdot \text{FVIFA}_{i,n} \cdot (1+i) \tag{2-11}$$

此外，还可根据n期先付年金终值与$n+1$期后付年金终值的关系推导出另一个计算公式。n期先付年金与$n+1$期后付年金的计息期数相同，但比$n+1$期后付年金少付一次款，因此，只要将$n+1$期后付年金的终值减去一期付款额A，便可求出n期先付年金终值，计算公式为

$$\text{XFVA}_n = A \cdot \text{FVIFA}_{i,n+1} - A = A(\text{FVIFA}_{i,n+1} - 1) \tag{2-12}$$

[例2-5] 小明每年年初存入银行1 000元，银行年存款利率为8%，则第10年年末的本利和应为

$$\text{XFVA}_{10} = 1\,000 \times \text{FVIFA}_{8\%,10} \times (1+8\%) = 1\,000 \times 14.487 \times 1.08 = 15\,646(元)$$

或者

$$\text{XFVA}_{10} = 1\,000 \times (\text{FVIFA}_{8\%,11} - 1) = 1\,000 \times (16.645 - 1) = 15\,645(元)$$

(2) 先付年金现值。n 期先付年金现值与 n 期后付年金现值的关系可用图 2-4 加以说明。

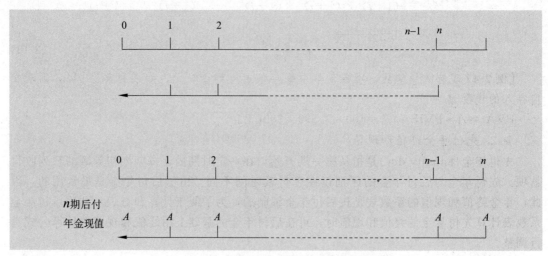

图 2-4　先付年金现值与后付年金现值的关系

从图 2-4 中可以看出，n 期先付年金现值与 n 期后付年金现值的付款次数相同，但由于付款时间不同，在计算现值时，n 期后付年金比 n 期先付年金多贴现一期。所以，可先求出 n 期后付年金的现值，然后再乘以 (1+i)，便可求出 n 期先付年金的现值。其计算公式为

$$\text{XPVA}_n = A \cdot \text{PVIFA}_{i,n} \cdot (1+i) \tag{2-13}$$

还可根据 n 期先付年金现值与 n−1 期后付年金的关系推导出另一个计算公式。n 期先付年金现值与 n−1 期后付年金现值的贴现期数相同，但比 n−1 期后付年金多一期不用贴现的付款额 A，因此，只要将 n−1 期后付年金的现值加上一期不用贴现的付款额 A，便可求出 n 期先付年金现值，计算公式为

$$\text{XPVA}_n = A \cdot \text{PVIFA}_{i,n-1} + A = A(\text{PVIFA}_{i,n-1} + 1) \tag{2-14}$$

[例 2-6] 光明企业租用一套设备，在 10 年中每年年初要支付租金 5 000 元，年利率为 8%，则这些租金的现值为

$$\text{XPVA}_{10} = 5\,000 \times \text{PVIFA}_{8\%,10} \times (1+8\%) = 5\,000 \times 6.71 \times 1.08 = 36\,234 (元)$$

或者

$$\text{XPVA}_{10} = 5\,000 \times (\text{PVIFA}_{8\%,9} + 1) = 5\,000 \times (6.247 + 1) = 36\,235 (元)$$

▶ 3. 延期年金现值的计算

延期年金 (deferred annuity) 又称递延年金，是指在最初若干期没有收付款项的情况下，后面若干期有等额的系列收付款项的年金。假定最初有 m 期没有收付款项，后面 n 期每年有等额的系列收付款项，则此延期年金的现值即为后 n 期年金先贴现至 m 期期初，再贴现至第一期期初的现值。可以用图 2-5 说明。

从图 2-5 中可以看出，先求出延期年金在 n 期期初 (m 期期末) 的现值，再将其作为终值贴现至 m 期的期初，便可求出延期年金的现值。其计算公式为

$$V_0 = A \cdot \text{PVIFA}_{i,n} \cdot \text{PVIF}_{i,m} \tag{2-15}$$

延期年金现值还可用另外一种方法计算，即先求出 m+n 期后付年金现值，减去没有

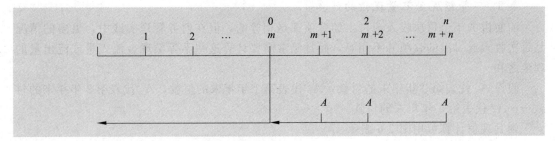

图 2-5 延期年金现值的计算

付款的前 m 期后付年金现值，两者之差便是延期 m 期的 n 期后付年金现值。其计算公式为

$$V_0 = A \cdot \text{PVIFA}_{i,m+n} - A \cdot \text{PVIFA}_{i,m} \tag{2-16}$$

或者

$$V_0 = A \cdot (\text{PVIFA}_{i,m+n} - \text{PVIFA}_{i,m}) \tag{2-17}$$

[例2-7] 甲公司向银行借入一笔款项，银行贷款的年利率为8%，银行规定前10年不需还本付息，但第11~20年每年年末偿还本息1 000元，则这笔款项的现值应是

$$V_0 = 1\,000 \times \text{PVIFA}_{8\%,10} \times \text{PVIF}_{8\%,10} = 1\,000 \times 6.710 \times 0.463 = 3\,107(元)$$

或者

$$V_0 = 1\,000 \times (\text{PVIFA}_{8\%,20} - \text{PVIFA}_{8\%,10}) = 1\,000 \times (9.818 - 6.710) = 3\,108(元)$$

▶ **4. 永续年金现值的计算**

永续年金(perpetual annuity)是指期限为无穷的年金。英国和加拿大有一种国债就是没有到期日的债券，这种债券的利息可以视为永续年金。绝大多数优先股因为有固定的股利而又无到期日，因而其股利也可以视为永续年金。另外，期限长、利率高的年金现值，可以按永续年金现值的计算公式计算其近似值。

永续年金现值的计算公式为

$$V_0 = A \cdot \frac{1}{i} \tag{2-18}$$

推导过程如下：

根据年金现值系数的计算公式 $\text{PVIFA}_{i,n} = \dfrac{1 - \dfrac{1}{(1+i)^n}}{i}$

当 $n \to \infty$ 时，$\dfrac{1}{(1+i)^n} \to 0$，故 $V_0 = A \cdot \dfrac{1}{i}$。

[例2-8] 一项每年年底的收入为1 000元的永续年金投资，年利率为6%，其现值为

$$V_0 = 1\,000 \times \frac{1}{6\%} \approx 16\,667(元)$$

四、时间价值计算中的几个特殊问题

以上介绍的都是时间价值中的几个基本原理，现对时间价值计算中的几个特殊问题加以说明。

1. 不等额现金流量现值的计算

前面讲的年金每次收入或付出的款项都是相等的,但在财务管理实践中,更多的情况是每次收入或付出的款项并不相等,而且经常需要计算这些不等额现金流入量或流出量的现值之和。

假设 A_0 代表第 0 年年末的付款,A_1 代表第 1 年年末的付款,A_2 代表第 2 年年末的付款……A_n 代表第 n 年年末的付款。

则其现值计算可用图 2-6 表示。

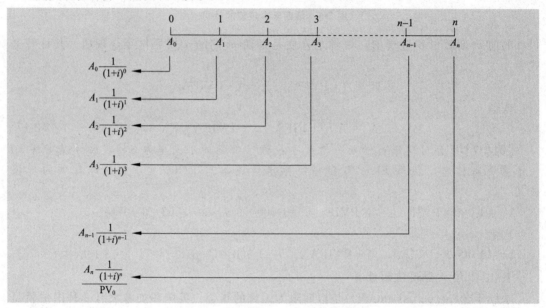

图 2-6 不等额现金流量现值的计算

由图 2-6 可知

$$PV_0 = A_0 \frac{1}{(1+i)^0} + A_1 \frac{1}{(1+i)^1} + A_2 \frac{1}{(1+i)^2} + \cdots + A_{n-1} \frac{1}{(1+i)^{n-1}} + A_n \frac{1}{(1+i)^n}$$

$$= \sum_{t=0}^{n} A_t \frac{1}{(1+i)^t} \tag{2-19}$$

[例 2-9] 第 4 年年末的现金流量如表 2-5 所示。

表 2-5 第 4 年年末的现金流量表　　　　　　　　　　　　　　　　单位:元

年份(t)	0	1	2	3	4
现金流量	500	1 000	100	2 000	3 000

若贴现率为 5%,则此项不等额存款的现值为

$$\begin{aligned} PV_0 &= A_0 \frac{1}{(1+i)^0} + A_1 \frac{1}{(1+i)^1} + A_2 \frac{1}{(1+i)^2} + A_3 \frac{1}{(1+i)^3} + A_4 \frac{1}{(1+i)^4} \\ &= 500 \times PVIF_{5\%,0} + 1\,000 \times PVIF_{5\%,1} + 100 \times PVIF_{5\%,2} + 2\,000 \times PVIF_{5\%,3} \\ &\quad + 3\,000 \times PVIF_{5\%,4} \\ &= 500 \times 1.000 + 1\,000 \times 0.952 + 100 \times 0.907 + 2\,000 \\ &\quad \times 0.864 + 3\,000 \times 0.823 = 5\,739.7 (元) \end{aligned}$$

2. 年金和不等额现金流量混合情况下的现值

在年金和不等额现金流量混合的情况下，不能用年金计算的部分，则用复利公式计算，然后与年金计算部分加总，便得出年金和不等额现金流量混合情况下的现值。

[例 2-10] 某现金流量如表 2-6 所示，贴现率为 10%，试计算该项付款的现值。

表 2-6　某现金流量表　　　　　　　　　　　　　　　　　单位：元

年份(t)	现金流量
1	3 000
2	3 000
3	3 000
4	2 000
5	2 000
6	2 000
7	2 000
8	2 000
9	1 000

在这个例子中，第 1~3 年为等额付款，可求 3 年期的年金现值，第 4~8 年也为等额付款，可求 8 年期的年金现值，但要扣除前 3 年的年金现值（即延期年金现值），第 9 年的现金流量可计算其复利现值。该项不等额的序列付款现值可按下列公式采取算式法计算：

$$PV_0 = 3\,000 \times PVIFA_{10\%,3} + 2\,000 \times (PVIFA_{10\%,8} - PVIFA_{10\%,3}) + 1\,000 \times PVIF_{10\%,9}$$
$$= 3\,000 \times 2.487 + 2\,000 \times (5.355 - 2.487) + 1\,000 \times 0.424$$
$$= 13\,621(元)$$

3. 贴现率的计算

在前面计算现值和终值时，都假定利率是给定的，但在财务管理中，经常会遇到已知计息期数、终值和现值，求贴现率的问题。一般来说，计算贴现率可以分为两步：第一步求出换算系数；第二步根据换算系数和有关系数表求贴现率。根据前述有关公式，复利终值、复利现值、年金终值和年金现值的换算系数分别用下列公式计算：

$$FVIF_{i,n} = \frac{FV_n}{PV} \tag{2-20}$$

$$PVIF_{i,n} = \frac{PV}{FV_n} \tag{2-21}$$

$$FVIFA_{i,n} = \frac{FVA_n}{A} \tag{2-22}$$

$$PVIFA_{i,n} = \frac{PVA_n}{A} \tag{2-23}$$

[例 2-11] 把 100 元存入银行，10 年后可获本利和 259.4 元，则银行存款的利率为

$$PVIF_{i,10} = \frac{100}{259.4} = 0.386$$

查复利现值系数表,与10年相对应的贴现率中,10%的系数为0.386,因此,利率应为10%。

[**例 2-12**] 现在向银行存入5 000元,在利率为多少时,才能保证在今后10年中每年得到750元?

解:$\text{PVIFA}_{i,10} = \dfrac{5\,000}{750} = 6.667$

查年金现值系数表,当利率为8%时,系数为6.710;当利率为9%时,系数为6.418。所以利率应在8%~9%,假设x为超过8%的利率,用插值法计算的值如下:

利率			年金现值系数		
8%			6.710		
?	x%	1%	6.667	0.043	0.292
9%			6.418		

$\dfrac{X}{1} = \dfrac{0.043}{0.292}$

$X = 0.147$

则

$i = 8\% + 0.147\% = 8.147\%$

▶ **4. 计息期短于一年的时间价值的计算**

终值和现值通常是按年来计算的,但在有些时候,也会遇到计息期短于一年的情况。例如,债券利息一般每半年支付一次,股利有时每季支付一次,这就出现了以半年、1季度、1个月甚至以天为期间的计息期。与计息期对应的一个概念是复利计息频数,即利息在一年中累计复利多少次。

前面探讨的都是以年为单位的计息期,即复利计息频数为一次,当计息期短于1年,而利率又是年利率时,计息期数和计息利率均应按下式进行换算:

$$r = \dfrac{i}{m} \tag{2-24}$$

$$t = m \cdot n \tag{2-25}$$

其中:r表示期利率;i表示年利率;m表示每年的复利计息频数;n表示年数;t表示换算后的计息期数。

[**例 2-13**] 某人准备在第5年年末获得1 000元的收入,年利率为10%。试计算:
(1)每年计息一次,则现在应存入多少钱?
(2)每半年计息一次,现在应存入多少钱?

解:如果每年计息一次,即$n=5$,$i=10\%$,$\text{FV}_5=1\,000$,则
$\text{PV} = \text{FV}_5 \cdot \text{PVIF}_{i,n} = 1\,000 \times \text{PVIF}_{10\%,5} = 1\,000 \times 0.621 = 621(元)$

如果每半年计息一次,即$m=2$,则

$r = \dfrac{i}{m} = \dfrac{10\%}{2} = 5\%$

$t = m \cdot n = 5 \times 2 = 10$

$\text{PV} = \text{FV}_{10} \cdot \text{PVIF}_{5\%,10} = 1\,000 \times 0.614 = 614(元)$

第二节 风险与报酬

一、风险和报酬的含义

▶ 1. 风险的含义

风险(risk)是非常重要的财务概念。任何决策都有风险，这使得风险观念在理财中具有普遍的意义。风险最简单的定义是："风险是发生财务损失的可能性。"发生损失的可能性越大，风险越大。它可以用不同结果出现的概率来描述。结果可能是好的，也可能是坏的，坏结果出现的概率越大，就认为风险越大。这个定义非常接近日常生活中使用的普遍概念，主要强调风险可能带来的损失，与危险的含义类似。

在对风险进行深入研究以后人们发现，风险不仅可以带来超出预期的损失，也可能带来超出预期的收益。于是，出现了一个更正式的定义："风险是预期结果的不确定性。"风险不仅包括负面效应的不确定性，还包括正面效应的不确定性。

公司的财务决策几乎都是在包含风险和不确定的情况下做出的。离开了风险，就无法正确评价公司收益的高低。风险是客观存在的，按风险的程度，可以把公司的财务决策分为三种类型。

(1) 确定性决策。决策者对未来的情况是完全确定的或已知的决策，称为确定性决策。例如，投资者将 10 万元投资于利率为 10% 的短期国库券，由于国家实力雄厚，到期得到 10% 的收益几乎是肯定的，因此，一般认为这种决策为确定性决策。

(2) 风险性决策。决策者对未来的情况不能完全确定，但不确定性出现的可能性——概率的具体分布是已知或可以估计的，这种情况下的决策称为风险性决策。

(3) 不确定性决策。决策者对未来的情况不仅不能完全确定，而且对不确定性可能出现的概率也不清楚，这种情况下的决策为不确定性决策。如投资于煤炭开发工程，若开发顺利可获得 100% 的收益率，但若找不到理想的煤层则发生亏损；至于能否找到理想的煤层，获利与亏损的可能性各有多少事先很难预料，这种投资就属于不确定性投资。

从理论上讲，不确定性是无法计量的，但在财务管理中，通常为不确定性规定一些主观概率，以便进行定量分析。不确定性规定了主观概率以后，与风险就十分近似了。因此，在公司财务管理中，对风险与不确定性并不作严格区分，当谈到风险时，可能是风险，更可能是不确定性。

▶ 2. 报酬的含义

报酬(return)为投资者提供了一种恰当地描述投资项目财务绩效的方式。投资者之所以愿意投资，是因为其获得的报酬率足够高，能够补偿其可察觉的投资风险。很明显，如果投资高科技公司的预期报酬率与短期国库券一样，那么几乎没有投资者愿意投资。

二、单项资产的风险与报酬

▶ 1. 概率

在经济活动中，某一事件在相同的条件下可能发生也可能不发生，这类事件称为随机事件。概率就是用来表示随机事件发生可能性大小的数值。通常，把必然发生的事件的概率定为 1，把不可能发生的事件的概率定为 0，而一般随机事件的概率是介于 0 与 1 之间的一个数。概率越大就表示该事件发生的可能性越大。

[例 2-14] 顺达公司和诚然公司股票的预期报酬率分布如表 2-7 所示。

表 2-7　顺达公司和诚然公司股票的预期报酬率分布

市场需求类型	各类需求发生概率	各类需求状况下股票预期报酬率/%	
		顺达公司	诚然公司
繁荣	0.3	100	20
正常	0.4	15	15
衰退	0.3	−70	10
合计	1.0		

▶ 2. 计算预期报酬率

预期报酬率(期望报酬率)是表明各种可能的结果集中趋势的指标，它是将各种可能的结果与其所对应的发生概率相乘，并将乘积相加，则得到各种结果的加权平均数。

期望报酬率的计算公式为

$$\overline{K} = P_1 K_1 + P_2 K_2 + \cdots + P_n K_n = \sum_{i=1}^{n} P_i K_i \qquad (2\text{-}26)$$

其中：K_i 表示第 i 种可能结果；P_i 表示第 i 种结果的概率；n 表示所有可能结果的数目；$\overline{K}$ 表示期望报酬率。

顺达公司的期望报酬率为

$\overline{K} = P_1 K_1 + P_2 K_2 + P_3 K_3 = 0.3 \times 100\% + 0.4 \times 15\% + 0.3 \times (-70\%) = 15\%$

诚然公司的期望报酬率为

$\overline{K} = P_1 K_1 + P_2 K_2 + P_3 K_3 = 0.3 \times 20\% + 0.4 \times 15\% + 0.3 \times 10\% = 15\%$

将报酬率用图表示，可以了解到各种可能结果的变动情况，如图 2-7 中柱状图所示。各条柱的高度表示给定结果发生的可能性。顺达公司各种可能报酬率的范围在 −70%～100%，而期望报酬率为 15%；诚然公司的期望报酬率同样为 15%，但其波动范围狭窄得多。

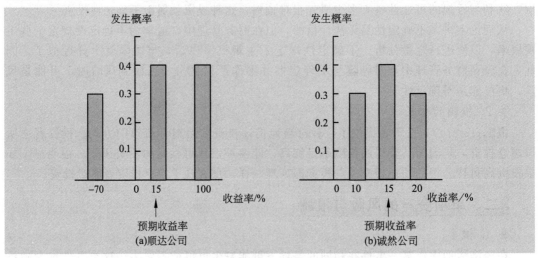

图 2-7　顺达公司和诚然公司预期报酬率的概率分布

如果随机变量（如报酬率）只取有限值，并且对应于这些值有确定的概率，则称随机变量是离散型分布。上面的例子就属于离散型分布，它只涉及三种情况：繁荣、正常、衰退。事实上，需求量可以分布在极度衰退与极度繁荣之间，且有无数种可能。如果时间与精力允许找出每种可能的需求水平对应的概率（概率之和应当等于1），并找到每种需求水平下的股票报酬率，那么同样也能够得到一个类似于表2-7的表格，只不过各列将包括更多条目。如例2-14一样，该表同样也能计算出期望报酬率，且能够得到一条描绘概率与结果近似关系的连续性曲线，如图2-8所示。

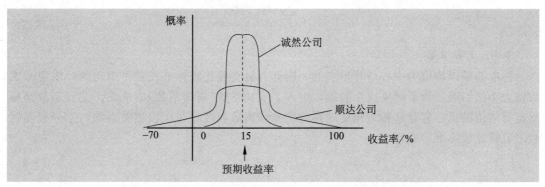

图 2-8 顺达公司和诚然公司预期报酬率的连续概率分布

概率分布图越集中、越尖，那么实际结果接近预期值的可能性越大，其背离预期报酬的可能性则越小。由此，概率分布越集中，股票对应的风险越小。比起顺达公司，诚然公司股票报酬的概率分布相对更为集中，因此其实际报酬将更接近15％的期望报酬。

▶ **3. 计算标准差**

利用概率分布的概念能够对风险进行衡量，即期望报酬的概率分布越集中，则该投资的风险越小。据此定义可知，诚然公司比顺达公司具有更小的风险，因为其实际报酬背离其期望报酬的可能性更小。

为了能准确度量风险的大小，我们引入标准差这一度量概率分布密度的指标。标准差越小，概率分布越集中，同时，相应的风险也就越小。标准差的具体计算过程如下：

$$\overline{K} = P_1 K_1 + P_2 K_2 + \cdots + P_n K_n = \sum_{i=1}^{n} P_i K_i$$

$\sigma_i = K_i - \overline{K}$（每个可能的收益率 K_i 减去预期收益率 $\overline{K}$ 得到一组相对于 $\overline{K}$ 的离差） (2-27)

$$\sigma^2 = \sum_{i=1}^{n}(K_i - \overline{K})^2 P_i \tag{2-28}$$

$$\sigma = \sqrt{\sum_{i=1}^{n}(K_i - \overline{K})^2 P_i} \tag{2-29}$$

其中：σ^2 表示方差；σ 表示标准差。

实际上，标准差是偏离预期值的离差的加权平均值，其度量了实际值偏离预期值的程度。

例2-14中，顺达公司的标准差为

$$\sigma = \sqrt{(100\% - 15\%)^2 \times 0.30 + (15\% - 15\%)^2 \times 0.40 + (-70\% - 15\%)^2 \times 0.30}$$
$$= 65.84\%$$

诚然公司的标准差为

$$\sigma = \sqrt{(20\% - 15\%)^2 \times 0.30 + (15\% - 15\%)^2 \times 0.40 + (10\% - 15\%)^2 \times 0.30} = 3.87\%$$

顺达公司的标准差更大,说明其报酬率的离差程度更大,即无法实现期望报酬的可能性更大。由此可以判断,当单独持有时,顺达公司的股票比诚然公司的股票风险更大。

前例描述了利用已知概率分布的数据计算均值与标准差的过程,但在实际决策中,更普遍的情况是已知过去一段时期内的收益数据,即历史数据,此时收益率的标准差可利用如下公式估算:

$$\sigma = \sqrt{\frac{\sum_{i=1}^{n}(K_i - \overline{K})^2}{n-1}} \tag{2-30}$$

▶ 4. 变异系数

标准差是以均值为中心计算出来的,因而有时直接比较标准差是不准确的,需要考虑均值大小的影响。为了解决这个问题,引入了变异系数(离散系数)的概念。变异系数是标准差与均值的比,它是从相对角度观察的差异和离散程度,在比较相关事物的差异程度时较之直接比较标准差要好些。

$$CV = \frac{\sigma}{\overline{K}} \tag{2-31}$$

其中:CV 表示变异系数;σ 表示标准差;$\overline{K}$ 表示期望值。

变异系数度量了单位报酬的风险,为项目的选择提供了更有意义的比较基础。由于例 2-14 中顺达公司与诚然公司的期望报酬相同,故并无必要计算变异系数。当期望报酬率相等时,标准差较大的顺达公司的变异系数应当较大。事实上,顺达公司的变异系数为 4.39(即 65.84/15),而诚然公司的变异系数为 0.26(即 3.87/15)。可见,依此标准,顺达公司的风险约是诚然公司的 17 倍。

[**例 2-15**] A 证券的期望报酬率是 10%,标准差是 12%;B 证券的期望报酬率是 18%,标准差是 20%。

A 证券的变异系数为

CV = 12%/10% = 1.20

B 证券的变异系数为

CV = 20%/18% = 1.11

直接从标准差看,B 证券的离散程度较大,能否说 B 证券的风险比 A 证券大呢?不能轻易下这个结论,因为 B 证券的平均报酬率较大。如果以各自的平均报酬率为基础观察,A 证券的标准差是其均值的 1.20 倍,而 B 证券的标准差是其均值的 1.11 倍,B 证券的相对风险较小。这就是说,A 证券的绝对风险较小,但相对风险较大,B 证券与此相反。

▶ 5. 风险规避与必要报酬

假设通过辛勤工作你积攒了 10 万元,有两个项目可以投资。第一个项目是购买利率为 5% 的短期国库券,第一年年末将能够获得确定的 0.5 万元收益。第二个项目是购买 A 公司的股票。如果 A 公司的研发计划进展顺利,则你投入的 10 万元将增值到 21 万元,而如果 A 公司研发失败,股票价值将跌至 0 元,你将血本无归。如果预测 A 公司研发成功与失败的概率各占 50%,则股票投资的预期价值为 0.5×0+0.5×21=10.5 万元,扣除 10 万元的初始投资成本,预期收益为 0.5 万元,即预期收益率为 5%。

两个项目的期望报酬率一样,你会选择哪一个呢?相信只要你是理性投资者,就会选择第一个项目。此时，你表现出风险规避。多数投资者都是风险规避投资者，且毫无疑问，普通投资者用自己辛辛苦苦赚来的钱去投资时都持风险规避态度。

对于证券价格与报酬率，风险规避意味着什么呢？答案是，在其他条件不变时，证券的风险越高，其价格便越低，从而必要报酬率越高。为了说明风险规避是如何影响证券价格的，再次考虑例2-14中诚然公司与顺达公司的股票。假设每只股票的售价均为每股30元，且预期收益率均为15%。由于投资者都是风险规避者，在此条件下投资者通常更偏好诚然公司的股票。由此判断，顺达公司的股东将会出售所持股份并将资金投入诚然公司。买方压力将抬高诚然公司的股价，而卖方压力则相应会导致顺达公司股价下跌。

这些价格变化将导致两只证券期望报酬率的变动。例如，使诚然公司的股价从30元/股升至45元/股，而顺达公司的股价由30元/股跌至15元/股。这将导致诚然公司的预期收益率降为10%，而顺达公司的预期收益率则会升到30%，两者收益率的差(30%-10%=20%)，即是投资者对顺达公司股票较诚然公司股票的额外风险而要求的额外补偿，即风险溢价。

三、投资组合的风险与报酬

投资组合理论认为，若干种证券组成的投资组合，其收益是这些证券收益的加权平均数，但是其风险不是这些证券风险的加权平均风险，投资组合能降低风险。

这里的"证券"是"资产"的代名词，它可以是任何产生现金流的东西，例如，一项生产性实物资产、一条生产线或者是一个企业。

▶ 1. 证券组合的期望报酬率

两种或两种以上的证券的组合，其期望报酬率可以直接表示为

$$R_P = \sum_{j=1}^{m} r_j A_j \tag{2-32}$$

其中：R_P 表示证券组合的期望报酬率；r_j 是第 j 种证券的预期报酬率；A_j 是第 j 种证券在全部投资额中的比重；m 是组合中的证券种类总数。

▶ 2. 证券组合的风险

投资组合风险按是否可以分散，可以分为可分散风险和不可分散风险。

（1）可分散风险（diversifiable risk）。又称非系统性风险或者公司特别风险，是指某些因素对个别证券造成经济损失的可能性。如某个公司产品更新迟缓、在市场竞争中失败等。这种风险可通过证券持有的多样化来抵消。多买几家公司的股票，有些公司的股票报酬上升，另一些公司的股票报酬下降，就可将风险抵消。例如，某公司所购A股票和B股票构成一个证券组合，每种股票各占50%，它们的报酬率和风险的情况见表2-8。

表2-8 某公司所购股票的报酬率和风险　　　　　　　　　单位:%

年度(t)	K_A(A股票)	K_B(B股票)	K_P(A、B股票的组合)
20×7	40	-10	15
20×8	-10	40	15
20×9	35	-5	15
20×0	-5	35	15
20×1	15	15	15
平均报酬率(K)	15	15	15
标准离差(σ)	22.6	22.6	0

从表 2-8 中可以看出，如果分别持有两种股票，都有很大风险，但如果把它们组合成一个证券组合，则可能没有风险。

A 股票和 B 股票之所以能结合起来组成一个无风险的证券组合，是因为其报酬率的变化方向正好相反，即当 A 股票的报酬率下降时，B 股票的报酬率正好上升；而当 A 股票的报酬率上升时，则 B 股票的报酬率正好下降。A 股票和 B 股票的关系称为完全负相关。其相关系数 $r=-1.0$。上面这个例子当然是就阶段而言的，在实际生活中两种股票之间不可能出现这种绝对的负相关关系，但此例表示了负相关的典型状态。

与完全负相关相反的是完全正相关，其系数 $r=1.0$。两个完全正相关的股票的报酬将一起上升或下降，这样的两种股票组成的证券组合，不可能抵消风险。

报据以上分析可知，当两种股票完全负相关时，同时持有两种股票，所有的非系统性风险都可以分散掉；当两种股票完全正相关时，分散持有股票则不能抵减风险。实际上，大部分股票都是正相关，但却并不是完全正相关。一般来说，随机选取两种股票，其相关系数为 0.6 左右的最多，而在绝大多数情况下，两种股票的相关系数往往位于 0.5～0.7。在这种情况下，把两种股票组合成证券组合有可能抵减风险，但不能完全消除风险。如果股票种类较多，则能分散掉大部分风险；而当股票种类足够多时，则几乎能把所有的非系统性风险分散掉。

(2) 不可分散风险(nondiversifiable risk)。又称系统性风险或市场风险，是指由于某些因素给市场上所有的证券都带来经济损失的可能性。如宏观经济状况的变化、国家税法的变化、国家财政政策和货币政策的变化、世界能源状况的改变等，都会使股票报酬发生变动。这些风险影响到所有的证券，不可能通过证券组合分散掉。即使投资者持有的是收益水平及变动情况相当分散的证券组合，也将遭受这种风险。对投资者来说，这种风险是无法消除的。但是，这种风险对不同的企业、不同证券也有不同影响。在西方国家，对于这种风险大小的程度，通常是用 β 系数来衡量的。其简化计算公式如下：

$$\beta = \frac{某种证券的风险报酬率}{证券市场上所有证券平均的风险报酬率} \tag{2-33}$$

作为整体的股票市场组合的 β 系数为 1，如果某种股票的风险情况与整个股票市场的风险情况一致，则其 β 系数也等于 1；如果某种股票 β 的系数大于 1，说明其风险程度大于整个市场风险；如果某种股票的 β 系数小于 1，说明其风险程度小于整个市场风险。

以上介绍了单只股票 β 系数的相关情况。证券组合的 β 系数是单个证券 β 系数的加权平均，权数为各种股票在证券组合中所占的比重。其计算公式为

$$\beta_P = \sum_{i=1}^{n} \chi_i \beta_i \tag{2-34}$$

其中：β_P 表示证券组合的 β 系数；χ_i 表示证券组合中第 i 种股票所占的比重；β_i 表示第 i 种股票的 β 系数；n 表示证券组合中包含的股票数量。

综上所述，一种股票的风险由两部分组成，包括可分散风险和不可分散风险。可分散风险可以通过证券组合来消除或减少；股票的不可分散风险由市场变动而产生，它对所有股票都有影响，不能通过证券组合来消除。不可分散风险是通过 β 系数来测量的，几项标准的 β 值如下：

$\beta=0.5$，说明该股票的风险只有整个市场股票风险的一半；

$\beta=1.0$，说明该股票的风险等于整个市场股票的风险；

$\beta=2$,说明该股票的风险是整个市场股票风险的两倍。

▶ 3. 证券组合的风险报酬

投资者进行证券组合投资与进行单项投资一样,都要求对承担的风险进行补偿,股票的风险越大,要求的报酬越高。但是,与单项投资不同,证券组合投资要求补偿的风险只是市场风险,而不要求对可分散风险进行补偿。如果可分散风险的补偿存在,善于科学地进行投资组合的投资者将会购买这部分股票,并抬高其价格,其最后的报酬率只反映市场风险。因此,证券组合的风险报酬是投资者因承担不可分散风险而要求的,超过时间价值的那部分额外报酬,可用下列公式计算:

$$R_P = \beta_P(R_M - R_F) \quad (2-35)$$

其中:R_P表示证券组合的风险报酬率;β_P表示证券组合的β系数;R_M表示所有股票的平均报酬率,也就是由市场上所有股票组成的证券组合的报酬率,简称市场报酬率;R_F表示无风险报酬率,一般用政府公债的利率来衡量。

[例 2-16] 大益公司持有由 A、B、C 三种股票构成的证券组合,它们的 β 系数分别是 3.0、1.0 和 0.5,它们在证券组合中所占的比重分别为 60%、30% 和 10%,股票市场的平均报酬率为 14%,无风险报酬率为 10%,试确定这种证券组合的风险报酬率。

解:确定证券组合的 β 系数:

$\beta_P = 60\% \times 3.0 + 30\% \times 1.0 + 10\% \times 0.5 = 2.15$

计算该证券组合的风险报酬率:

$R_P = \beta_P(R_M - R_F) = 2.15 \times (14\% - 10\%) = 8.6\%$

计算出风险报酬率后,可根据投资额和风险报酬计算出风险报酬额。

从以上计算可以看出,调整各种证券在证券组合中的比重,可以改变证券组合的风险、风险报酬率和风险报酬额。

同时还可以看出,在其他因素不变的情况下,风险报酬取决于证券组合的 β 系数。β 系数越大,风险报酬越大;反之,风险报酬越小。

四、资本资产定价模型

1964 年,威廉·夏普(William Sharp)根据投资组合理论提出了资本资产定价模型(CAPM)。资本资产定价模型,是财务学形成和发展过程中最重要的里程碑。它第一次使人们可以量化市场的风险程度,并且能够对风险进行具体定价。

资本资产定价模型的研究对象,是充分组合情况下风险与必要报酬率之间的均衡关系。资本资产定价模型可以回答如下不容回避的问题:为了补偿某一特定程度的风险,投资者应该获得多大的收益率。在前面的讨论中,我们将风险定义为预期报酬率的不确定性;然后根据投资理论将风险区分为系统风险和非系统风险,知道了最高点分散化的资本市场里只有系统风险,并且会得到相应的回报。

市场的预期报酬是无风险资产的报酬率加上因市场组合的内在风险所需的补偿,用公式表示为

$$R_M = R_F + R_P \quad (2-36)$$

其中:R_M表示市场的预期报酬;R_F表示无风险资产的报酬率;R_P表示投资者因持有市场组合而要求的风险溢价。

因为股票具有风险,所以预期报酬与实际报酬往往不同,某一时期市场的实际报酬可能

低于无风险资产的报酬,甚至出现负值。但投资者要求风险与报酬均衡,所以风险溢价一般都假定为正值。实际操作中通常用过去风险溢价的平均值作为未来风险溢价的最佳估计值。

在构造证券投资组合并计算它们的报酬率之后,资本资产定价模型(capital asset pricing model,CAPM)可以进一步测算投资组合中每一种证券的收益率。资本资产定价模型建立在一系列严格假设基础之上:

(1) 所有投资者都关注单一持有期。通过基于每个投资组合的预期报酬率和标准差在可选择的投资组合中选择,他们都寻求最终财富效用的最大化。

(2) 所有投资者都可以以给定的无风险利率无限制地借入或借出资金,卖空任何资产均没有限制。

(3) 投资者对预期报酬率、方差以及任何资产的协方差评价一致,即投资者有相同的期望。

(4) 所有资产都是无限可分的,并有完美的流动性(即在任何价格均可交易)。

(5) 没有交易费用。

(6) 没有税收。

(7) 所有投资者都是价格接受者(即假设单个投资者的买卖行为不会影响股价)。

(8) 所有资产的数量都是确定的。

资本资产定价模型的一般形式为

$$R_i = R_F + \beta_i(R_M - R_F) \tag{2-37}$$

其中:R_i 表示第 i 种股票或第 i 种证券组合的必要报酬率;R_F 表示无风险报酬率;β_i 表示第 i 种股票或第 i 种证券组合的 β 系数;R_M 表示所有股票或所有证券的平均报酬率。

[例 2-17] 某公司股票的 β 系数为 2.0,无风险利率为 6%,市场上所有股票的平均报酬率为 10%。那么,该公司股票的报酬率应为

$$R_i = R_F + \beta_i(R_M - R_F) = 6\% + 2.0 \times (10\% - 6\%) = 14\%$$

资产定价模型通常可以用图形来表示,该直线又叫证券市场线(security market line,SML)。它说明必要报酬率 R 与不可分散风险 β 系数之间的关系,如图 2-9 所示。

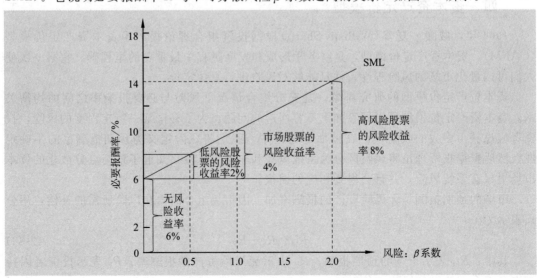

图 2-9 证券市场线:β 值与必要报酬率

证券市场线的含义如下:
(1) 纵轴为必要报酬率,横轴则是以 β 值表示的风险。
(2) 无风险证券的 $\beta=0$,故 R_F 称为证券市场线在纵轴的截距。
(3) 证券市场线的斜率表示经济系统中风险厌恶感的程度。一般来说,投资者对风险的厌恶感越强,证券市场线的斜率越大,对风险资产所要求的风险补偿越大,风险资产的必要报酬率越高。
(4) 无风险报酬率为6%,β 系数不同的股票有不同的风险报酬率。当 $\beta=0.5$ 时,风险报酬率为2%;当 $\beta=1.0$ 时,风险报酬率为4%;当 $\beta=2.0$ 时,风险报酬率为8%。也就是说,β 值越高,要求的风险报酬率越高,在无风险报酬率不变的情况下,必要报酬率也就越高。

证券市场线(SML)反映了投资者回避风险的程度——直线越陡峭,投资者越回避风险。也就是说,在同样的风险水平上,要求的报酬更高;或者在同样的报酬水平上,要求的风险更小。如果投资者不回避风险,当 R_F 为6%时,各种证券的报酬率也是6%,这样,证券市场线将是水平的,当风险回避增加时,风险报酬率随之增加,证券市场线的斜率也变大。

从证券市场线可以看出,投资者要求的收益率不仅取决于市场风险,而且还取决于无风险利率(证券市场线的截距)和市场风险补偿程度(证券市场线的斜率)。由于这些因素始终处于变动之中,所以证券市场线也不会一成不变。预计通货膨胀提高时,无风险利率会随之提高,进而导致证券市场线的向上平移。风险厌恶感的加强,会提高证券市场线的斜率。

此外,需要注意的是,必要报酬率也称最低要求报酬率,是指准确反映预期未来现金流量风险的报酬率,必要报酬率是风险投资的机会成本;期望报酬率则是使净现值为零的报酬率。期望报酬率和必要报酬率的关系,决定了投资者的行为。以股票投资为例,当期望报酬率大于必要报酬率时,表明投资会有超额回报,投资者应购入股票;期望报酬率小于必要报酬率时,表明投资无法获得应有回报,投资者应卖出股票;当期望报酬率等于必要报酬率时,表明投资获得与所承担风险相应的回报,投资者可选择采取或不采取行动。在完全的资本市场上,投资的期望报酬率等于必要报酬率。

思考题

1. 什么是货币时间价值?货币时间价值的大小是如何衡量的?
2. 试举例说明货币时间价值在财务管理中的重要作用。
3. 什么是风险?风险可以分为哪些类别?
4. 为什么说在企业经营和财务活动中风险是不可避免的?
5. 什么是投资风险报酬?投资风险报酬是如何衡量的?
6. 分析说明债权价值的影响因素。
7. 债权投资和股票投资有何不同?
8. 债权估值和股票估值有哪些主要的估值模型?

练习题

一、单选题

1. 在利息不断资本化的条件下,资金时间价值的计算基础应采用( )。
   A. 单利　　　　　B. 复利　　　　　C. 年金　　　　　D. 普通年金

2. 预付年金现值系数与普通现值系数的不同之处在于( )。
   A. 期数要减1　　　　　　　　　　　B. 系数要加1
   C. 期数要加1,系数要减1　　　　　　D. 期数要减1,系数要加1

3. 从企业本身来看,按风险形成的原因可将企业特别风险进一步分为( )和财务风险。
   A. 检查风险　　　B. 固有风险　　　C. 经营风险　　　D. 筹资风险

4. 在期望值相同的情况下,标准离差越小的方案,其风险( )。
   A. 越大　　　　　B. 越小　　　　　C. 两者无关　　　D. 无法判断

5. 对于多方案择优,决策者的行动准则应是( )。
   A. 权衡期望收益与风险,而且还要视决策者对风险的态度而定
   B. 选择高收益项目
   C. 选择高风险高收益项目
   D. 选择低风险低收益项目

6. 企业采用融资租赁方式租入一台设备,设备价值100万元,租期5年,设定折现率为10%。则每年年初支付的等额租金是( )万元。
   A. 20　　　　　B. 26.98　　　　C. 23.98　　　　D. 16.38

7. 当复利的计息期短于一年时,实际利率的计算公式为( )。
   A. $i=r/m$　　　　　　　　　　　B. $i=1+r/m$
   C. $i=(1+r/m)^m$　　　　　　　　D. $i=(1+r/m)^m-1$

8. 年利率为10%,半年复利一次,其实际利率是( )。
   A. 5%　　　　　B. 10%　　　　C. 10.25%　　　　D. 12.5%

9. 下列表述正确的是( )。
   A. 递延年金终值与递延期无关,其计算方法与普通年金终值的计算方法相同
   B. 递延年金终值与递延期无关,其计算方法与普通年金终值的计算方法不同
   C. 递延年金终值与递延期有关,其计算方法与普通年金终值的计算方法相同
   D. 递延年金终值与递延期有关,其计算方法与普通年金终值的计算方法不同

10. 如果两个投资项目的期望值相同,但其概率分布不同,则( )。
    A. 标准差相同　　　　　　　　　　B. 风险相同
    C. 风险报酬相同　　　　　　　　　D. 风险不同

二、多选题

1. 企业因从外部借入资金产生的风险叫作( )。
   A. 经营风险　　　B. 商业风险　　　C. 财务风险　　　D. 筹资风险

2. 下列说法正确的是( )。
   A. 风险越大,获得的风险报酬应该越高
   B. 有风险就会有损失,二者是相伴而生的

C. 风险是无法预测和控制的，其概率也不可预测
D. 由于举债给企业带来的风险属于财务风险

3. 下列关于普通年金现值正确的表述为（　　）。
A. 普通年金现值是指为在每期期末取得相等金额的款项，现在所需要投入的金额
B. 普通年金现值是指未来一定时间的特定资金按复利计算的现值
C. 普通年金现值是一定时期内每期期末等额收付款项的复利现值之和
D. 普通年金现值是指为在一定时期内每期期初取得相等金额的款项，现在所需要投入的金额

4. 风险与报酬的关系可表述为（　　）。
A. 风险与报酬成比例
B. 风险与报酬成反比
C. 风险越大要求的收益越高
D. 风险越小要求的收益越高

5. 下列属于导致企业经营风险的因素包括（　　）。
A. 市场销售带来的风险
B. 生产成本因素产生的风险
C. 原材料供应地的政治经济情况变动带来的风险
D. 生产组织不合理带来的风险

6. 某公司向银行借入12 000元，借款期为3年，每年的还本付息额为4 600元，则借款利率（　　）。
A. 小于6%
B. 大于8%
C. 大于7%
D. 小于8%

三、判断题

1. 先付年金与后付年金的区别仅在于付款时间不同。（　　）
2. 递延年金现值的大小与递延期无关，故计算方法和普通年金现值是一样的。（　　）
3. 在利率和计息期相同的条件下，复利终值系数和复利现值系数互为倒数，年金终值系数和年金现值系数互为倒数。（　　）
4. 资金时间价值，根源于其在再生产过程中的运动，是资金在周转使用中产生的。（　　）
5. 资金时间价值包括利率和风险报酬率。（　　）
6. 根据风险与收益对等的原理，高风险的投资项目必然会获得高收益。（　　）
7. 经营风险在所有企业都存在，而财务风险只是在有借入资金的企业才有。（　　）
8. 从财务角度来讲，风险主要是指达到预期报酬的可能性。（　　）
9. 通货膨胀属于系统风险，新产品开发失败属于非系统风险。（　　）
10. 当利率大于零，计息期一定的情况下，年金现值系数一定大于1。（　　）

四、计算题

1. 某企业5年后需偿还40 000元债务，如果每年年末存款一次，年利率为10%。
要求：计算每年年末应存入现金多少元，可以到期一次还本付息。

2. 某人现在存入银行一笔现金，计划从第5年开始每年年末从银行提取现金4 000元，连续提取8年，年利率为6%。
要求：计算此人现在应存入银行多少元。

3. 某企业集团准备对外投资，现有三家公司可供选择，分别为甲公司、乙公司和丙公司，这三家公司的年预期收益及其概率的资料如表2-9所示。

表 2-9　甲、乙、丙三家公司的相关资料

市场状况	概　率	年预期收益/万元		
		甲公司	乙公司	丙公司
良好	0.3	40	50	80
一般	0.5	20	20	10
较差	0.2	5	−5	−25

要求：假定你是该企业集团的决策者，请依据风险与收益原理做出选择。

4. 某企业 2010 年年初投资于某项目，该项目 2013 年年初完工投产，从 2013 年至 2016 年每年年末获得收益 100 000 元，假定年利率为 10%，请用两种方法计算各年收益于 2010 年年初的现值。

5. 某公司拟购置一处房产，房主提出两种付款方案：

(1) 从现在起，每年年初支付 20 万元，连续支付 10 次，共 200 万元。

(2) 从第 5 年开始，每年年初支付 25 万元，连续支付 10 次，共 250 万元。

假设该公司的资金成本率（即最低报酬率）为 10%，你认为该公司应选择哪个方案。

案例分析

莱曼租赁有限公司的创始人汉克·福特需要立即筹措一笔资金。他的业务就是购进旧车，再把它们租给在春假里游览南佛罗里达州的大学生们。他的租赁业务必须快速扩张，以阻止其他竞争者的进入。他希望在 1991 年在戴特纳海岸开设两个新租赁点。为此，莱曼租赁有限公司需要 250 万美元来发展新租赁点及购入一批能使用的汽车。

福特的私人助理康恩特姆女士建议他向当地的一家贷款中介机构 MFNI 公司筹措公司所需要的资金。他建议公司以 3 年期的年金归还贷款，每年支付 100 万美元。第一次在获得贷款的一年后归还，以后在每年的相同日期归还。康恩特姆女士说，如果 MFNI 公司同意 10% 的年利率，公司将获得总额为 248.69 万美元的贷款。她还解释道，第一年贷款的利息费用是 24.869 万美元；支付了首期的 100 万美元后，贷款本金将减少，减少的数额就是 100 万美元和应付利息费用之间的差额。

康恩特姆女士还向福特先生建议了另一备选方案。她想公司可以发行 2 500 份面值为 100 万美元、利率为 10%、每年付息一次的债券。债券本金 250 万美元则到第 3 年年末一次支付。

问题：

(1) 康恩特姆女士如何知道如果 MFNI 公司同意 10% 的年利率，公司将获得总额为 250 万美元的贷款？

(2) 假设康恩特姆女士是对的，且 MFNI 公司同意公司的还款计划，则在获得贷款的当日，公司的欠款额是多少？一年后未付给 MFNI 公司 100 万美元时，公司的欠款是多少？一年后付给 MFNI 公司 100 万美元时，公司的负债又是多少？

(3) 计算借款第 2 年及第 3 年公司的利息费用，以及第 2 年及第 3 年年末支付 100 万美元后公司的债务数额。MFNI 公司要求 10% 的年利率的确切含义是什么？

(4) 康恩特姆女士告诉福特先生她对 MFNI 公司可接受的利率的估计可能有误。这一

利率将在8%~12%变动。在8%~12%的情况下，如果莱曼租赁有限公司提供每年100万美元的3年期的年金，MFNI公司将给莱曼租赁有限公司多少贷款？

（5）如果莱曼租赁有限公司决定按康恩特姆女士提出的备选方案发行债券，且投资人确实只要求10%的投资报酬率，公司通过出售债券可以得到多少钱？在签发债券的当日，是否所有资金都是公司的负债？为什么？

（6）按备选方案，莱曼租赁有限公司在第1年年末支付利息时，公司的负债是多少？支付利息后呢？第2年年末及第3年年末呢？

（7）按备选方案，当投资人期望的报酬率为8%时，票面利率为10%的债券的溢价是多少？对每年的利息费用有何影响？如果投资人要求的是12%的利率呢？

第三章 财务分析

> **学习目标**
>
> 能够正确运用比率分析法对企业偿债能力、营运能力、盈利能力和发展能力进行分析，并运用企业财务综合分析方法对企业的财务状况进行全面分析。

第一节 财务分析概述

一、财务分析的作用

财务分析（financial analysis）是以企业的财务报告等会计资料为基础，对企业的财务状况和经营成果进行分析和评价的一种方法。财务分析是财务管理的重要方法之一，它是对企业一定期间的财务活动的总结，为企业进行下一步的财务预测和财务决策提供依据。因此，财务分析在企业的财务管理工作中具有重要的作用。

（1）通过财务分析，可以评价企业一定时期的财务状况，揭示企业生产经营活动中存在的问题，总结财务管理工作的经验教训，为企业生产经营决策和财务决策提供重要的依据。

（2）通过财务分析，可以为投资者、债权人和其他有关部门和人员提供系统的、完整的财务分析资料，便于他们更加深入地了解企业的财务状况、经营成果和现金流量情况，为他们做出经济决策提供依据。

（3）通过财务分析，可以检查企业内部各职能部门和单位完成财务计划指标的情况，考核各部门和单位的工作业绩，以便揭示管理中存在的问题，总结经验教训，提高管理水平。

二、财务分析的目的

对企业进行财务分析所依据的资料是客观的，但是，不同的人员所关心问题的侧重点不同，因此，进行财务分析的目的也各不相同。企业经营管理者，必须全面了解企业的生产经营状况和财务状况，所以他们进行财务分析的目的和要求是全面了解企业的经营和财务状况；企业投资者的利益与企业的经营成果密切相关，他们更关心企业的资本盈利能力、企业生产经营的前景和投资风险；而企业的债权人则主要关心企业能否按期还本付息，他们一般侧重于分析企业的偿债能力。综合起来，进行财务分析主要出于以下目的。

▶ 1. 评价企业的偿债能力

通过对企业的财务报告等会计资料进行分析，可以了解企业资产的流动性、负债水平以及偿还债务的能力。从而评价企业的财务状况和经营风险，为企业经营管理者、投资者和债权人提供财务信息。

▶ 2. 评价企业的资产管理水平

企业的生产经营过程就是利用资产取得收益的过程。资产是企业生产经营活动的经济资源，资产的管理水平直接影响到企业的收益，它体现了企业的整体素质。进行财务分析，可以了解到企业资产的保值和增值情况，分析企业资产的管理水平、资金周转状况、现金流量情况等，为评价企业的经营管理水平提供依据。

▶ 3. 评价企业的获利能力

获取利润是企业的主要经营目标之一，它也反映了企业的综合素质。企业要生存和发展，就必须争取获得较高的利润，才能在竞争中立于不败之地。投资者和债权人都十分关心企业的获利能力，获利能力强可以提高企业偿还债务的能力，提高企业的信誉。对企业获利能力的分析不能仅看其获取利润的绝对数，还应分析其相对指标，这些都可以通过财务分析来实现。

▶ 4. 判断企业的发展趋势

无论是企业的经营管理者，还是投资者、债权人，都会关注企业的发展趋势，这关系到他们的切身利益。通过对企业进行财务分析，可以判断出企业的发展趋势，预测企业的经营前景，从而为企业经营管理者和投资者进行经营决策和投资决策提供重要的依据，避免决策失误给其带来重大的经济损失。

三、财务分析的基础

根据我国的企业会计准则，财务报表的格式按照一般企业、商业银行、保险公司、证券公司等企业类型分别做出不同的规定。本书主要以资产负债表、利润表和现金流量表为财务分析的基础。

▶ 1. 资产负债表

资产负债表是反映企业在某一特定日期的财务状况的财务报表。它以"资产＝负债＋所有者或股东权益"这一会计等式为依据，按照一定的分类标准和次序，将资产、负债、所有者权益交易科目分为"资产"和"负债及所有者或股东权益"两大块，以特定日期的静态企业情况为基准，浓缩成一张报表。资产负债表的结构详见表3-1。

从资产负债表的结构来看，它主要包括资产、负债与所有者权益或股东权益三大类项目。资产负债表的左方反映企业的资产状况，资产按其流动性从大到小来分项列示，顺次为流动资产、长期投资、固定资产、无形资产、递延资产和其他资产等。资产负债表的右方反映企业的负债与所有者权益状况，它说明了企业资金的来源情况，即有多少来源于债权人，有多少来源于企业所有者的投资。

表 3-1 和丰公司资产负债表

2016 年 12 月 31 日　　　　　　　　　　　　　　　　　　　　　　　　　单位：万元

资产	年末余额	年初余额	负债和所有者或股东权益	年末余额	年初余额
流动资产：			流动负债：		
货币资金	44	25	短期借款	60	55
交易性金融资产	6	12	交易性金融负债	28	10
应收票据	14	11	应付票据	5	4
应收账款	398	199	应付账款	100	100
预付款项	22	4	预收款项	10	4
应收利息	0	0	应付职工薪酬	2	1
应收股利	0	0	应缴税费	5	4
其他应收款	12	22	应付利息	12	16
存货	119	326	应付股利	0	0
一年内到期的非流动资产	77	11	其他应付款	25	22
其他流动资产	8	0	一年内到期的非流动负债	0	0
流动资产合计	700	610	其他流动负债	53	14
非流动资产：			流动负债合计	300	230
可供出售金融资产	0	45	非流动负债：		
持有至到期投资	0	0	长期借款	450	255
长期应收款	0	0	应付债券	240	260
长期股权投资	30	0	长期应付款	50	60
投资性房地产	20	20	专项应付款	0	0
固定资产	1 215	955	预计负债	0	0
在建工程	15	35	递延所得税负债	0	0
工程物资	0	0	其他非流动负债	0	15
固定资产清理	0	12	非流动负债合计	740	590
生产性生物资产	9	0	负债合计	1 040	820
油气资产	0	0	所有者权益：		
无形资产	6	8	股本	100	100
开发支出	0	0	资本公积	10	10
商誉	0	0	减：库存股	0	0
长期待摊费用	5	15	盈余公积	60	40
递延所得税资产	0	0	未分配利润	790	730
其他非流动资产	0	0	所有者权益合计	960	880
非流动资产合计	1 300	1 090			
资产总计	2 000	1 700	负债及所有者权益总计	2 000	1 700

资产负债表是进行财务分析的一张重要财务报表，它提供了企业的资产结构、资产流动性、资金来源状况、负债水平以及负债结构等财务信息。分析者通过对资产负债表的分析，可以了解企业的偿债能力、资金营运能力等财务状况，为债权人、投资者以及企业管理者提供决策依据。

▶ 2. 利润表

利润表也称损益表,是反映企业在一定期间生产经营成果的财务报表。利润表是以"利润＝收入－费用"这一会计等式为依据编制而成的。通过利润表可以考核企业利润计划的完成情况,分析企业的获利能力以及利润增减变化的原因,预测企业利润的发展趋势,为投资者及企业管理者等提供财务信息。在利润表中,通常按照利润的构成项目来分别列示,其结构见表 3-2。

表 3-2 和丰公司 2016 年度利润表　　　　　　　　　　　单位:万元

项　　目	本 期 金 额	上 期 金 额
一、营业收入	3 000	2 850
减:营业成本	2 644	2 503
营业税金及附加	28	28
销售费用	22	20
管理费用	46	40
财务费用	110	96
资产减值损失	0	0
加:公允价值变动收益	0	0
投资收益	6	0
其中:对联营企业和合营企业的投资收益		
二、营业利润	156	163
加:营业外收入	45	72
减:营业外支出	1	0
其中:非流动资产处置损失		
三、利润总额	200	235
减:所得税费用	64	75
四、净利润	136	160
五、每股收益		
(一)基本每股收益(元)	0.68	0.80
(二)稀释每股收益(元)	0.68	0.80

企业的收入主要包括主营业务收入(产品销售收入)、其他业务收入、投资收益以及营业外收入。费用支出主要包括主营业务成本(产品销售成本)、销售费用、管理费用、财务费用、营业税金及附加、其他业务支出、投资损失以及营业外支出等。总收入减去总费用就是利润总额。企业的利润因收入与费用的不同配比,可以分为四个层次:毛利润、营业利润、利润总额(税前利润)和净利润。毛利润是营业收入减去营业成本后的利润,它反映了企业的产品售价与生产成本的差额;营业利润是毛利润扣除销售费用、营业税金及附加、管理费用、财务费用,加上公允价值变动收益和投资收益等得到的利润,主要反映企

业的经营所得；营业利润加上营业外收支净额后就是利润总额，是计算所得税的基础；利润总额扣除应纳的所得税后就是企业的净利润，这是企业所有者可以得到的实际收益。

▶ 3. 现金流量表

现金流量表是以现金及现金等价物为基础编制的财务状况变动表，是企业对外报送的一张重要财务报表。它为财务报表使用者提供企业一定会计期间内现金和现金等价物流入和流出的信息，以便于报表使用者了解和评价企业获取现金和现金等价物的能力，并据以预测企业未来现金流量。现金流量表的结构详见表 3-3。

表 3-3　和丰公司 2016 年度现金流量表　　　　　　　　　　单位：万元

项　目	本　期　金　额	上期金额（略）
一、经营活动产生的现金流量		
销售商品、提供劳务收到的现金	2 810	
收到的税费返还	0	
收到其他与经营活动有关的现金	10	
经营活动现金流入小计	2 820	
购买商品、接受劳务支付的现金	2 363	
支付给职工以及为职工支付的现金	29	
支付的各项税费	91	
支付其他与经营活动有关的现金	14	
经营活动现金流出小计	2 497	
经营活动产生的现金流量净额	323	
二、投资活动产生的现金流量		
收回投资收到的现金	4	
取得投资收益收到的现金	6	
处置固定资产、无形资产和其他长期资产收回的现金净额	12	
处置子公司及其他营业单位收到的现金净额	0	
收到其他与投资活动有关的现金	0	
投资活动现金流入小计	22	
构建固定资产、无形资产和其他长期资产支付的现金	369	
投资支付的现金	30	
取得子公司及其他营业单位支付的现金净额	0	
支付其他与投资活动有关的现金	0	
投资活动现金流出小计	399	
投资活动产生的现金流量净额	−377	
三、筹资活动产生的现金流量		
吸收投资收到的现金	0	

续表

项　　目	本期金额	上期金额（略）
取得借款收到的现金	270	
收到其他与筹资活动有关的现金	0	
筹资活动现金流入小计	270	
偿还债务支付的现金	20	
分配股利、利润或偿付利息支付的现金	152	
支付其他与筹资活动有关的现金	25	
筹资活动现金流出小计	197	
筹资活动产生的现金流量净额	73	
四、汇率变动对现金及现金等价物的影响	0	
五、现金及现金等价物净增加额	19	
加：期初现金及现金等价物余额	25	
六、期末现金及现金等价物余额	44	

根据《企业会计准则》的要求，企业应在年末编制年报时编报现金流量表。为了正确地分析现金流量表，必须明确现金流量表中这几个重要的概念：现金、现金等价物、现金流量。现金流量表中的现金是指企业的库存现金以及可以随时用于支付的存款，包括库存现金、银行存款和其他货币资金，但是应注意的是，银行存款和其他货币资金中不能随时用于支付的存款不应作为现金，而应作为投资，如不能随时支取的定期存款等。现金等价物是指企业持有的期限短、流动性强、易于转换为已知金额现金、价值变动风险很小的短期投资。现金等价物虽然不是现金，但其支付能力与现金的差别不大，可以视为现金。一项投资被确认为现金等价物必须同时具备四个条件：期限短、流动性强、易于转换为已知金额现金、价值变动风险很小。其中，期限短一般是指从购买日起，3个月内到期。现金流量是某一段时期内企业现金流入和流出的数量，主要包括经营活动产生的现金流量、投资活动产生的现金流量和筹资活动产生的现金流量三类。

四、财务分析的种类

财务分析可以按照不同的标准进行分类。

▶ 1. 按财务分析的主体不同分

按财务分析的主体不同可将财务分析分为内部分析和外部分析。

（1）内部分析是企业内部管理部门对本企业的生产经营过程、财务状况所进行的分析。这种财务分析，不仅要利用财务会计所提供的会计资料，也要利用管理会计和其他方面所提供的经济资料，是对整个生产经营活动的全面分析。通过这种分析，可以了解企业的财务状况是否良好、生产经营活动是否有效率、存在什么问题，从而为今后的生产经营提供决策依据。

（2）外部分析是企业外部的利益集团根据各自的要求对企业进行的财务分析。这种分析，因各自目的不同，分析的范围也不同，它可以是对企业某一方面进行局部财务分析，也可以是对整个企业的各方面进行全面的财务分析。例如，债权人关心的是贷款的风险，这样就需要对企业的偿债能力进行分析；投资者在购买企业股票时，要对企业的获利能力和投资风险等进行分析；要与企业进行合资经营的人，则要对企业的各方面进行全面的财务分析。

▶ 2. 按财务分析的对象不同分

按财务分析的对象不同可将财务分析分为资产负债表分析、利润表分析和现金流量表分析。

(1) 资产负债表分析是以资产负债表为对象所进行的财务分析。从财务分析的历史看，最早的财务分析都是以资产负债表为中心，通过资产负债表可以分析企业资产的流动状况、负债水平、偿还债务能力、企业经营的风险等财务状况。

(2) 利润表分析是以利润表为对象进行的财务分析。在分析企业的盈利状况和经营成果时，必须从利润表中获取财务资料，而且，即使分析企业偿债能力，也应结合利润表，因为一个企业的偿债能力同其获利能力密切相关。一般而言，企业获利能力强，偿还债务的能力也强。因此，现代财务分析的中心逐渐由资产负债表转向利润表。

(3) 现金流量表分析是以现金流量表为对象进行的财务分析。现金流量表是资产负债表与利润表的中介，也是这两张报表的补充。通过对现金流量表的分析，可以了解到企业现金的流动状况，在一定时期内，有多少现金流入，是从何而来的，又有多少现金流出，都流向何处。通过这种分析可以了解到企业财务状况变动的全貌，有效地评价企业的偿付能力。

▶ 3. 按财务分析的方法不同分

按财务分析的方法不同可将财务分析分为比率分析法和比较分析法等。

(1) 比率分析法。比率分析法，是将企业同一时期的财务报表中的相关项目进行对比，得出一系列财务比率，以此来揭示企业的财务状况的分析方法。通常财务比率主要包括以下三大类：

① 构成比率，又称结构比率，是反映某项经济指标的各个组成部分与总体之间关系的财务比率，如流动资产与总资产的比率；

② 效率比率，是反映某项经济活动投入与产出之间关系的财务比率，如资产报酬率、销售净利率等，利用效率比率可以考察经济活动的经济效益，揭示企业的获利能力；

③ 相关比率，是反映经济活动中某两个或两个以上相关项目比值的财务比率，如流动比率、速动比率等，利用相关比率可以考察各项经济活动之间的相互关系，从而揭示企业的财务状况。

(2) 比较分析法。比较分析法，是将同一企业不同时期的财务状况或不同企业之间的财务状况进行比较，从而揭示企业财务状况存在的差异的分析方法。比较分析法可分为纵向比较分析法和横向比较分析法两种。纵向比较分析法，又称趋势分析法，是将同一企业连续若干期的财务状况进行比较，确定其增减变动的方向、数额和幅度，以此来揭示企业财务状况的发展变化趋势的分析方法，如比较财务报表法、比较财务比率法等；横向比较分析法，是将本企业的财务状况与其他企业的同期财务状况进行比较，确定其存在的差异及其程度，以此来揭示企业状况中所存在的问题的分析方法。

▶ 4. 按财务分析的目的不同分

按财务分析的目的不同可将财务分析分为偿债能力分析、盈利能力分析、营运能力分析、发展趋势分析和综合分析等。

从企业债权角度看，财务分析的目的是对企业偿还到期债务能力的分析与评价，是企业债务人关注的重点；从企业经营者角度看，财务分析的目的是企业营运能力的分析，了解企业的营业状况及经营管理水平；从企业股权投资者角度看，财务分析的目的是企业的盈利能力的分析，了解公司赚取利润的能力。

第二节 基本财务比率的计算与分析

一、偿债能力分析

偿债能力是企业偿还各种到期债务的能力。偿债能力分析则是对企业偿还到期债务能力的分析与评价，通过这种分析可以揭示企业的财务风险。企业偿还各种到期债务的能力大小，是决定企业财务状况优劣的基本要素之一，反映了企业财务状况的稳定性与企业生产经营的发展趋势。偿债能力分析主要分为短期偿债能力分析、长期偿债能力分析。

▶ 1. 短期偿债能力分析

短期偿债能力是企业偿付流动负债的能力。流动负债是指企业需在一年或超过一年的一个营业周期内需要偿还的债务，如企业的短期借款、应付票据、应付账款、其他应付款、应付职工薪酬、应付福利费、应交税金、其他应付款等。这部分负债对企业的财务风险影响较大，如果不及时偿还，就可能使企业陷入财务困境，面临破产倒闭的危险。在资产负债表中，流动负债和流动资产形成一种对应关系。一般来说，流动负债需要以现金直接偿还，而流动资产是在一年内或超过一年的一个营业周期内可变现的资产，因而流动资产就成为偿还流动负债的一个安全保障。因此，可以通过分析流动负债与流动资产之间的关系来判断企业短期偿债能力。通常，评价短期偿债能力的财务比率主要有流动比率、速动比率、现金比率、现金流量比率等。

(1) 流动比率。流动比率(liquidity ratio/current ratio)是企业流动资产与流动负债的比值。其计算公式为

$$流动比率 = \frac{流动资产}{流动负债} \tag{3-1}$$

流动资产和流动负债，通常可以直接取自资产负债表。流动资产一般用资产负债表中的期末流动资产总额表示，主要包括货币资金、交易性金融资产、应收票据、应收账款、预付款项、应收利息、应收股利、其他应收款、存货和一年内到期的非流动资产等。流动负债通常也用资产负债表中的期末流动负债总额表示，包括短期借款、交易性金融负债、应付票据、应付账款、预收账款、应付职工薪酬、应交税费、应付利息、应付股利、其他应付款、一年内到期的非流动负债、其他流动负债。根据表3-1和丰公司的流动资产和流动负债的年末数，该公司2016年年末的流动比率为

$$流动比率 = \frac{700}{300} \approx 2.33$$

这表明和丰公司每1元的流动负债，就有2.33元的流动资产作为安全保障。流动比

率是衡量企业短期偿债能力的重要指标之一,这个比率越高,说明企业偿还流动负债的能力越强,流动负债得到偿还的保障越大。但是流动比率过高,可能企业存在存货积压、资金闲置等未充分利用企业资源的问题,会影响企业的盈利能力。

一般认为流动比率应在2左右比较合适,和丰公司的流动比率为2.33,属于正常范围。流动比率等于2,表示流动资产是流动负债的两倍,即使流动资产有一半在短期内不能变现,也能保证全部的流动负债得到偿还。当然,不同行业经营情况不同,其流动比率的正常标准会有所不同,有的行业流动比率较高,有的行业较低,不能一概而论。应当说明的是,流动比率并非越高越好。流动比率过高,即流动资产相对于流动负债太多,可能是存货积压,也可能是持有现金太多,或者两者兼而有之。但是,用流动比率来评价企业的短期偿债能力有一定的局限性,因为流动资产和流动负债包括的内容较多,企业管理者很容易提高这个比率,粉饰短期偿债能力。假设某一公司拥有流动资产50万元、流动负债25万元,则流动比率为2,如果该公司在年度终了编制财务报表时,故意增加10万元的应收账款,还清5万元短期借款,等下一年年初再将这些冲销,则流动比率就变成了3。这样就提高了流动比率,粉饰了短期偿债能力。

(2)速动比率。从前面的分析可知,尽管一个企业流动比率很大,但很可能由于企业流动资产项目不同,存在着流动性较差,甚至腐烂变质的存货,导致企业短期偿债能力不强,因此用流动比率来评价企业的短期偿债能力有一定的局限性。一般来讲,用速动比率来反映企业的短期偿债能力更令人信服。速动资产是流动资产扣除了存货后的资产,主要包括货币资金、短期投资、应收票据、应收账款、其他应收款项等,可以在较短时间内变现。速动比率(acid-test ratio/quick ratio)是指速动资产对流动负债的比率,也叫作酸性测试比率,其计算公式为

$$速动比率 = \frac{速动资产}{流动负债} = \frac{流动资产-存货}{流动负债} \qquad (3-2)$$

速动比率是衡量企业流动资产中可以立即变现用于偿还流动负债的能力。速动比率比流动比率更进一步说明了企业的短期偿债能力,因为它剔除了变现能力较差的存货。一般情况下,速动比率越高,说明企业偿还流动负债的能力越强。根据表3-1和丰公司的有关数据,该公司2016年年末的速动比率为

$$速动比率 = \frac{700-119}{300} \approx 1.94$$

一般认为,速动比率维持在1时较为正常,它表明企业的每1元流动负债就有1元易于变现的速动资产来抵偿,短期偿债能力有可靠的保证。2016年和丰公司的速动比率为1.94,应属于正常范围。速动比率过低,企业的短期偿债风险较大;速动比率过高,即速动资产相对于流动负债太多,说明现金及应收账款资金占用过多,企业不善理财,资金利用效率低下。

但以上评判标准并不是绝对的,实际工作中,应考虑到企业的行业性质。例如商品零售行业,由于采用大量现金销售,几乎没有应收账款,速动比率大大低于1,也是合理的。相反,有些企业虽然速动比率大于1,但速动资产中大部分是应收账款,并不代表企业的偿债能力强,因为应收账款能否收回具有很大的不确定性。所以,在评价速动比率时,还应分析应收账款的质量。

需要说明的是,用流动资产扣除存货来计算速动资产只是一种粗略的计算。严格地说,速动资产不仅要扣除存货,还应扣除预付账款、1年内到期的非流动资产及其他流动

资产等变现能力较差的项目。所以，速动资产就只包括货币资金、交易性金融资产、应收票据、应收账款、应收利息、应收股利和其他应收款。

（3）现金比率。现金比率(cash ratio)也被称为流动资产比率或现金资产比率，是指企业现金与流动负债的比率，反映企业的即刻变现能力。这里所说的现金资产，是指流动性最强、可直接用于偿债的资产，包括货币资金、交易性金融资产等，其本身就是可以直接偿债的资产，而非速动资产需要等待不确定的时间，才能转化为不确定数额的现金。现金比率的计算公式为

$$现金比率 = \frac{现金 + 现金等价物}{流动负债} \quad (3-3)$$

这个公式反映出公司在不依靠存货销售及应收款的情况下，支付当前债务的能力。根据表 3-1 和丰公司的有关数据（假定该公司的交易性金融资产均为现金等价物），该公司 2016 年年末的现金比率为

$$现金比率 = \frac{44 + 6}{300} \approx 0.17$$

现金比率最能反映企业直接偿付流动负债的能力。一般认为现金比率为 20% 以上为好。但这一比率过高，就意味着企业流动负债未能得到合理运用，而现金类资产获利能力低，这类资产金额太高会导致企业机会成本增加。

（4）现金流量比率。流动比率、速动比率、现金比率都静止地反映了企业在某一时刻用现有资产来偿还现有债务的能力。现金流量比率(cash flow ratio)是企业经营活动产生的现金流量净额与流动负债的比值。该比率从动态的角度反映了企业用经营现金流量来偿还企业流动负债的能力。其计算公式为

$$现金流量比率 = \frac{经营活动产生的现金流量净额}{流动负债} \quad (3-4)$$

其中，经营活动产生的现金流量净额是指一定时期内，企业经营活动所产生的现金及现金等价物流入量与流出量的差额。根据表 3-1 和表 3-3 中和丰公司的有关数据，该公司 2016 年的现金流量比率为

$$现金流量比率 = \frac{323}{300} \approx 1.08$$

一般来说，现金流量比率越大，说明企业未来偿还到期流动债务的能力越强。如果为负数，则表明企业经营活动过程中，现金流出大于现金流入，意味着企业很难通过经营活动产生的现金流量来偿还流动负债。

运用现金流量比率分析需要注意的是：尽管现金流量比率很好地反映了企业用现金流量来偿还到期债务的能力，但经营活动所产生的现金流量是企业一定期间内经营活动所产生的经营结果，而流动负债则是企业未来一定期间需要偿还的流动负债，二者所属的会计期间不一致。因此，使用这个指标进行分析时，还应充分考虑企业未来现金流量变动的趋势。

▶ **2. 长期偿债能力分析**

长期偿债能力是指企业对长期负债的偿还能力。长期负债是指偿还期在一年或超过一年的一个营业周期以上的债务，包括长期借款、应付债券、长期应付款等。企业的长期债权人和所有者不仅关心企业短期偿债能力，而且更关心企业的长期偿债能力。所以，在分析企业的短期偿债能力的同时还需要对长期偿债能力进行分析，以便于债权人和所有者全

面了解企业的偿债能力和财务风险。反映企业长期偿债能力的比率主要有资产负债率、所有者权益比率、权益乘数、产权比率、有形净值债务率、利息保障倍数和现金利息保障倍数等。

(1) 资产负债率。资产负债率(debt asset ratio)也称负债比率或举债经营比率，是负债总额和资产总额之比值，它反映企业的资产总额中有多大比例是通过举债得到的。其计算公式为

$$资产负债率 = \frac{负债总额}{资产总额} \times 100\% \tag{3-5}$$

它可以衡量企业清算时对债权人利益的保护程度。资产负债率越低，企业偿债越有保证，贷款越安全。资产负债率还代表企业的举债能力。一个企业的资产负债率越低，举债越容易。如果资产负债率高到一定程度，没有人愿意提供贷款了，则表明企业的举债能力已经用尽。根据表3-1和丰公司的有关数据，该公司2016年年末的资产负债率为

$$资产负债率 = \frac{1\,040}{2\,000} \times 100\% = 52\%$$

这表明2016年和丰公司的资产有52%来源于举债；或者说，和丰公司每52元的债务，就有100元的资产作为偿还债务的保障。

对于资产负债率，各利益主体往往从不同的角度评价。

从企业股东角度看，他们关心的是投资报酬的高低。企业借入的资金与股东投入的资本在企业生产经营中发挥着同样的作用。如果企业负债所支付的利率比资产报酬率低，那么股东就更愿意通过举债来获得更多的投资报酬。这样一来股东可用较少的资本取得企业控制权，且将企业的一部分风险转嫁给债权人，对于企业来说还可获得资金成本低的好处。但债务同时也会给投资者带来风险，因为债务的成本是固定的。如果企业经营不善或遭受意外打击而出现经营风险时，由于收益大幅度滑坡，贷款利息还需照常支付，损失必然由所有者负担，由此增加了投资风险。因此在财务分析中，资产负债率也被称为财务杠杆比率。

从债权人的角度看，他们最关心的是其贷给企业的资金的安全，所以他们希望资产负债率低一些。因为该比率低，债权人提供的资金与企业资本总额相比所占比例低，企业不能偿付的可能性小，企业的风险主要由股东承担，这对债权人来讲，是十分有利的。反之，资产负债率高，债权人提供的资金与企业资本总额相比所占比例高，企业不能偿债的可能性大，企业风险主要由债权人承担，这对债权人来讲是十分不利的。

从企业经营者角度看，负债比率的高低在很大程度上取决于经营者对企业前景的信心和对风险所持的态度。如果企业经营者对企业前景充满信心，且经营风格较为激进，认为企业未来的总资产报酬率将高于负债利率，则应保持适当高的负债比率，这样企业可有足够的资金来扩展业务，把握更多的投资机会，以获取更多的利润；反之，经营者认为企业前景不容乐观，或者经营风格较为保守，那么必然倾向于尽量使用自有资本，将负债比率控制在适度水平上。由于债务成本可税前扣除，具有财务杠杆的收益功能，任何企业均不可避免地要利用债务；但负债超出某个程度时，则不能为债权人所接受，企业的后续贷款难以为继。随着负债的增加，企业的财务风险不断加大，进而危及权益资本的安全和收益的稳定，也会动摇投资者对经营者的信任。因此，经营者利用债务时，既要考虑其收益性，又要考虑由此而产生的风险，审时度势，做出最优决策。

(2) 所有者权益比率与权益乘数。所有者权益比率(equity ratio)，也叫净资产比率或

股东权益比率，是所有者权益总额与资产总额的比率，该比率反映企业资产中有多少是所有者投入的。其计算公式为

$$\text{所有者权益比率} = \frac{\text{所有者权益总额}}{\text{资产总额}} \times 100\% \tag{3-6}$$

所有者权益比率应该适中，不宜过大或过小。如果权益比率过小，表明企业过度负债，容易削弱公司抵御外部冲击的能力；而权益比率过大，意味着企业没有积极地利用财务杠杆作用来扩大经营规模。由式 3-6 可知，所有者权益比率与负债比率之和等于1。因此，这两个比率从不同的侧面来反映企业长期财务状况，所有者权益比率越大，资产负债比率就越小，企业财务风险就越小，偿还长期债务的能力就越强。根据表 3-1 和丰公司的有关数据，该公司 2016 年年末的所有者权益比率为

$$\text{所有者权益比率} = \frac{960}{2\,000} \times 100\% = 48\%$$

所有者权益比率的倒数称为权益乘数，是指资产总额相当于所有者权益总额的倍数，表明 1 元所有者权益拥有的总资产，反映了企业财务杠杆的大小。该乘数越大，说明所有者投入的资本在资产中所占比重越小，财务杠杆越大。其计算公式为

$$\text{权益乘数} = \frac{\text{资产总额}}{\text{所有者权益总额}} \tag{3-7}$$

根据表 3-1 和丰公司的有关数据，该公司 2016 年年末的权益乘数为

$$\text{权益乘数} = \frac{2\,000}{960} \approx 2.08$$

也可以用平均资产总额除以所有者权益平均总额计算平均权益乘数，和丰公司 2016 年的平均权益乘数为

$$\text{权益乘数} = \frac{(2\,000 + 1\,700)/2}{(960 + 880)/2} \approx 2.010\,8$$

（3）产权比率与有形净值债务率。产权比率是负债总额与所有者权益总额的比值，表明 1 元所有者权益借入的债务数额。其计算公式为

$$\text{产权比率} = \frac{\text{负债总额}}{\text{所有者权益总额}} \tag{3-8}$$

产权比率实际上是负债比率的另一种形式，不仅反映了由债务人提供的资本与所有者提供的资本的相对关系，而且反映了企业自有资金偿还全部债务的能力，因此它又是衡量企业负债经营是否安全有利的重要指标。产权比率越高，说明企业偿还长期债务的能力越弱；产权比率越低，表明企业长期偿债能力越强，债权人权益保障程度越高，承担的风险越小。一般认为，产权比率为1，即 100% 以下时，企业应该是有偿债能力的，但还应该结合企业的具体情况加以分析。根据表 3-1 和丰公司的有关数据，该公司 2016 年年末的产权比率为

$$\text{产权比率} = \frac{1\,040}{960} \approx 1.08$$

为了更进一步分析所有者权益对负债的保障程度，我们保守地认为无形资产不宜用来偿还债务（但实际上并非如此），从而得到一个新的比率——有形净值债务率。有形净值债务率（debt to tangible assets ratio）是企业负债总额与有形资产净值的百分比。有形净值是所有者权益总额减去无形资产净值，即所有者具有所有权的有形资产净值。其计算公式为

$$\text{有形净值债务率} = \frac{\text{负债总额}}{\text{所有者权益总额} - \text{无形资产净值}} \qquad (3-9)$$

有形净值债务率指标实质上是产权比率指标的延伸,是更为谨慎、保守的反映在企业清算时债权人投入的资本受到股东权益保障的程度。从长期偿债能力来看,这一比率越低越好。根据表3-1和丰公司的有关数据,该公司2016年年末的有形净值债务率为

$$\text{有形净值债务率} = \frac{1\,040}{960-6} \approx 1.09$$

(4) 利息保障倍数与现金利息保障倍数。利息保障倍数(times interest earned ratio, TIE)又称利息所得倍数或已获利息倍数,是企业息税前利润与利息费用之比,其计算公式为

$$\text{利息保障倍数} = \frac{\text{息税前利润}}{\text{利息费用}} = \frac{\text{税前利润} + \text{利息费用}}{\text{利息费用}} \qquad (3-10)$$

公式中的分子"息税前利润"是指利润表中未扣除利息费用和所得税前的利润。公式中的分母"利息费用"是指本期发生的全部应付利息,不仅包括财务费用中的利息费用,还应包括计入固定资产成本的资本化利息。资本化利息虽然不在利润表中扣除,但仍然是要偿还的。根据表3-2和丰公司的有关数据(假定和丰公司的财务费用都是利息费用,并且固定资产成本中不含资本化利息),该公司2016年的利息保障倍数为

$$\text{利息保障倍数} = \frac{200 + 110}{110} \approx 2.82$$

利息保障倍数衡量的是企业支付利息的能力,没有足够大的息税前利润,利息的支付就会发生困难。它不仅反映了企业获利能力的大小,而且反映了获利能力对偿还到期债务的保证程度,它既是企业举债经营的前提依据,也是衡量企业长期偿债能力大小的重要标志。要维持正常偿债能力,利息保障倍数至少应大于1,且比值越高,企业长期偿债能力越强。如果利息保障倍数过低,企业将面临亏损、偿债的安全性与稳定性下降的风险。

但是,在利用利息保障倍数这一指标时必须注意,因为会计采用权责发生制来核算费用,所以本期的利息费用不一定就是本期的实际利息支出,而本期发生的实际利息支出也并非全部是本期的利息费用;同时,本期的税息前利润也并非本期的经营活动所获得的现金。因此,利用上述财务指标来衡量经营所得支付债务利息的能力就存在一定的片面性,不能清楚地反映实际支付利息的能力。为此,可以进一步用现金利息保障倍数来分析经营所得现金偿付利息支出的能力。其计算公式为

$$\text{现金利息保障倍数} = \frac{\text{经营活动产生的现金流量净额} + \text{现金利息支出} + \text{付现所得税}}{\text{现金利息支出}}$$

$$(3-11)$$

式(3-11)中的现金利息支出是指本期用现金支付的利息费用;付现所得税是指本期用现金支付的所得税。现金利息保障倍数反映了企业一定时期经营活动所取得的现金是现金利息支出的多少倍,更明确地表明了企业用经营活动所取得的现金偿付债务利息的能力。根据表3-2和表3-3和丰公司的有关数据(假定和丰公司的财务费用都是现金利息支出,并且所得税费用也都是付现所得税),该公司2016年的现金利息保障倍数为

$$\text{现金利息保障倍数} = \frac{323 + 110 + 64}{110} \approx 4.52$$

▶ **3. 影响企业偿债能力的其他因素**

在分析企业偿债能力时,除了使用上述指标以外,还应考虑以下因素对企业偿债能力

的影响,这些因素既可影响企业的短期偿债能力,也可影响企业的长期偿债能力。

(1) 或有负债。或有负债是企业在经营活动中有可能会发生的债务。或有负债在资产负债表编制日还不能确定未来的结果如何,一旦将来成为企业现实的负债,则会对企业的财务状况产生重大影响,尤其是金额巨大的或有负债项目。在进行财务分析时不能不考虑这一因素的影响。

(2) 担保责任。在经济活动中,企业可能会发生以本企业的资产为其他企业提供法律担保的情况,如为其他企业的银行借款担保、为其他企业履行有关经济合同提供法律担保等。这种担保责任,在被担保人没有履行合同时,就有可能会成为企业的负债,增加企业的债务负担,但是,这种担保责任在会计报表中并未得到反映,因此,在进行财务分析时,必须要考虑到企业是否有巨额的法律担保责任。

(3) 租赁活动。企业在生产经营活动中,可以通过财产租赁的方式解决急需的设备。财产租赁有两种形式:融资租赁和经营租赁。采用融资租赁方式租入的固定资产都作为企业的固定资产入账,租赁费用作为企业的长期负债入账。但是经营租赁的资产,其租赁费用并未包含在负债之中,如果经营租赁的业务量较大、期限较长或者具有经常性,则其租金虽然不包含在负债之中,但对企业的偿债能力也会产生较大的影响。在进行财务分析时,也应考虑这一因素。

(4) 可动用的银行贷款指标。可动用的银行贷款指标是指银行已经批准而企业尚未办理贷款手续的银行贷款限额。这种贷款指标可以随时使用,增加企业的现金,可以提高企业的支付能力,缓解目前的财务困难。

二、营运能力分析

营运能力是指企业的经营运行能力,即企业运用各项资产以赚取利润的能力。对此进行分析,可以了解企业的营业状况及经营管理水平。资金周转状况良好,说明企业的经营管理水平高,资金利用效率高。营运能力分析是盈利能力分析和偿债能力分析的基础与补充。企业营运能力分析就是要通过对反映企业资产营运效率与效益的指标进行计算与分析,评价企业资产营运的效率,发现企业在资产营运中存在的问题,为企业提高经济效益指明方向。营运能力比率是衡量企业资产管理效率的财务比率,常见的有应收账款周转率、存货周转率、流动资产周转率、固定资产周转率和总资产周转率等。

▶ 1. 应收账款周转率

应收账款周转率(receivables turnover ratio)又叫收账比率,是指企业在一定时期内(通常为一年)赊销收入净额与应收账款平均余额的比率。应收账款周转率是评价应收账款流动性大小的一个重要财务比率,它说明应收账款流动的速度。这一比率越高,说明企业催收账款的速度越快。这不仅可以减少坏账的损失,而且可以提高资产的流动性,增强企业的短期偿债能力,在一定程度上弥补流动比率低的不利影响。其计算公式为

$$应收账款周转率 = \frac{赊销收入净额}{应收账款平均余额} \qquad (3\text{-}12)$$

$$应收账款平均余额 = \frac{期初应收账款 + 期末应收账款}{2} \qquad (3\text{-}13)$$

式(3-12)中的赊销收入净额是指销售收入净额扣除现销收入之后的余额;销售收入净额就是销售收入扣除了销售退回、销售折扣及销售折让之后的余额。在利润表中,营业收入就是销售收入。假设和丰公司的营业收入全部都是赊销收入净额,根据表3-1和表3-2

和丰公司的有关数据,该公司 2016 年的应收账款周转率为

$$应收账款平均余额 = \frac{199+398}{2} = 298.5(万元)$$

$$应收账款周转率 = \frac{3\,000}{298.5} \approx 10.05(次)$$

一般来说,应收账款周转率越高,平均收账期越短,说明应收账款的收回越快,可以减少坏账损失,提高资产的流动性,企业的短期偿债能力也得到增强,这在一定程度上可以弥补流动比率低的不利影响。如果企业的应收账款周转率过低,则说明回收应收账款的效率低,或者信用政策过宽,这样会导致企业的应收账款占用资金数量过多,影响企业资金利用率和资金的正常周转。但是,如果应收账款周转速度过快,也可能是企业奉行较紧的信用政策,付款条件过于苛刻,这样会限制企业销售量的扩大,特别是当这种限制的代价(机会收益)大于赊销成本时,会影响企业的盈利水平。

用应收账款周转率来反映应收账款的周转情况是比较常见的,如上面计算和丰公司的应收账款周转率为 10.05 次,表明该公司一年内应收账款周转次数为 10.05 次。也可以用应收账款平均收账期来反映应收账款周转情况。其计算公式为

$$应收账款平均收账期 = \frac{360}{应收账款周转率} = \frac{应收账款平均余额 \times 360}{赊销收入净额} \tag{3-14}$$

应收账款平均收账期表示应收账款周转一次所需要的天数,即企业从取得应收账款的权利到收回款项、转换为现金所需要的时间。平均收账期越短,说明企业的应收账款周转速度越快。根据和丰公司的应收账款周转率计算出的应收账款平均收账期为

$$应收账款平均收账期 = \frac{360}{10.05} \approx 35.82(天)$$

和丰公司的应收账款平均收账期为 35.82 天,说明和丰公司从取得应收账款的权利到收回款项、转换为现金所需要的时间为 35.82 天。应收账款平均收账期和应收账款周转率成反比例变动,对该指标的分析是制定企业信用政策的一个重要依据。

另外,还存在一些影响该指标正确计算的因素,如季节性经营的企业使用这个指标时不能反映实际情况、大量使用分期付款结算方式、大量使用现金结算的销售、年末大量销售或年末销售大幅度下降等。这些因素都会对计算结果产生较大的影响。财务报表的外部使用人可以将计算出的指标与该企业前期指标、与行业平均水平或其他类似企业的指标相比较,判断该指标的高低。但仅根据指标的高低分析不出上述各种原因。

▶ **2. 存货周转率**

存货周转率(inventory turnover ratio)也叫存货利用率,是企业一定时期的营业成本与平均存货余额的比率。它是反映企业流动资产流动性的一个重要指标,也是衡量企业生产经营各个环节中存货运营效率的一个综合性指标。其计算公式为

$$存货周转率 = \frac{营业成本}{平均存货余额} \tag{3-15}$$

$$平均存货余额 = \frac{期初存货余额 + 期末存货余额}{2} \tag{3-16}$$

式(3-15)中的营业成本可以从利润表中得知。平均存货余额是期初存货余额和期末存货余额的平均数,可以根据资产负债表计算得出。如果企业经营活动具有很强的季节性,则年度内各季度的销售成本与存货都会有较大幅度的波动。此时应该先计算出各月份或各

季度的平均存货,然后再计算出全年的平均存货余额。根据表 3-1 和表 3-2 和丰公司的有关数据,该公司 2016 年的存货周转率为

$$平均存货余额 = \frac{326+119}{2} = 222.5(万元)$$

$$存货周转率 = \frac{2\,644}{222.5} \approx 11.88(次)$$

存货周转率用于反映存货的周转速度,即存货的流动性及存货资金占用量是否合理,促使企业在保证生产经营连续性的同时,提高资金的使用效率,增强企业的短期偿债能力。在正常的情况下,如果企业经营顺利,存货的周转率越高,说明存货周转得越快,企业的销售能力越强,运营资金占用在存货上的比例也会越少,表明企业的资产流动性较好,资金利用效率较高;反之,存货周转率过低,常常是库存管理不利,销售状况不好,造成库存积压,说明企业在产品销售方面存在一定的问题,应采取积极的销售策略,提高周转效率。但是,有时企业出于特殊的原因会增大存货储备量,如在通货膨胀比较严重的情况下,企业为了降低存货采购成本,可能会提高存货储备量,这种情况导致的存货周转率降低是一种正常现象。但是,存货周转率也不是越高越好,存货周转次数过多,也可能是企业存货水平过低引起的,经常缺货、采购批量过小也会导致存货采购成本偏高。因此,对存货周转率的分析,应当结合企业的实际情况,具体问题具体分析。

存货周转状况也可以采用存货周转天数来表示,其计算公式为

$$存货周转天数 = \frac{360}{存货周转率} = \frac{平均存货余额 \times 360}{营业成本} \tag{3-17}$$

存货周转天数表示存货周转一次所需要的时间,天数越短,说明存货周转得越快。前面计算的存货周转率为 11.88 次,说明一年存货周转 11.88 次,因此,该公司的存货周转天数为

$$存货周转天数 = \frac{360}{11.88} \approx 30.30(天)$$

在运用存货周转率比率进行分析时还应当注意以下两点:

第一,因为平均存货余额用年初与年末的存货平均数表示,没有考虑年中存货数量的变化,有些企业管理者可能会因种种原因,故意减少年初与年末存货数量,进而降低存货周转天数,增大存货周转次数。

第二,按照国家有关政策规定,存货计价方法有很多种,企业可以根据自身的实际情况合理选择,不同的存货计价方法也会影响存货的余额,进而影响存货周转率的计算。

▶ 3. 流动资产周转率

流动资产周转率(liquid assets turnover ratio)是销售收入与平均流动资产余额的比率,它反映的是全部流动资产速度的指标。其计算公式为

$$流动资产周转率 = \frac{销售收入}{平均流动资产余额} \tag{3-18}$$

$$平均流动资产余额 = \frac{期初流动资产余额 + 期末流动资产余额}{2} \tag{3-19}$$

式(3-18)中的销售收入即营业收入,可以从利润表中得知。平均流动资产余额是期初流动资产余额和期末流动资产余额的平均数,可以根据资产负债表计算得出。流动资产周转率表明在一个会计年度内企业流动资产周转的次数,它反映了流动资产的周转速度。该

指标越高,说明企业流动资产的利用效率越高。根据表 3-1 和表 3-2 和丰公司的有关数据,该公司 2016 年的流动资产周转率为

$$平均流动资产余额 = \frac{610+700}{2} = 655(万元)$$

$$流动资产周转率 = \frac{3\,000}{655} \approx 4.58(次)$$

流动资产周转率是分析流动资产周转情况的一个综合指标,流动资产周转得快,可以节约资金,提高资金的利用效率。通常分析流动资产周转率时应该比较企业历年的数据、行业特点,结合存货、应收账款一并进行分析,和反映盈利能力的指标结合在一起使用,可全面评价企业的盈利能力。

▶ 4. 固定资产周转率

固定资产周转率(fixed assets turnover ratio)又称为固定资产利用率,是指企业年产品销售收入净额与固定资产平均净值的比率。它是反映企业固定资产周转情况,从而衡量固定资产利用效率的一项指标。其计算公式为

$$固定资产周转率 = \frac{销售收入}{固定资产平均净值} \tag{3-20}$$

$$固定资产平均净值 = \frac{期初固定资产净值+期末固定资产净值}{2} \tag{3-21}$$

式(3-20)中的销售收入即营业收入,可以从利润表中得知。固定资产平均净值是期初固定资产净值和期末固定资产净值的平均数,可以根据资产负债表计算得出。

需要说明的是,与固定资产有关的价值指标包括固定资产原价、固定资产净值和固定资产净额等。其中,固定资产原价是固定资产的历史成本;固定资产净值为固定资产原价扣除已计提的累计折旧后的金额;而固定资产净额则是固定资产原价扣除已计提的累计折旧以及已计提的减值准备后的余额。

固定资产周转率主要用于分析对厂房、设备等固定资产的利用效率,比率越高,说明利用率越高,管理水平越好。如果固定资产周转率与同行业平均水平相比偏低,则说明企业对固定资产的利用率较低,可能会影响企业的获利能力。根据表 3-1 和表 3-2 和丰公司的有关数据,该公司 2016 年的固定资产周转率为

$$固定资产平均净值 = \frac{955+1\,215}{2} = 1\,085(万元)$$

$$固定资产周转率 = \frac{3\,000}{1\,085} \approx 2.76(次)$$

在运用固定资产周转率时,需要考虑固定资产因计提折旧的影响其净值在不断地减少,以及更新重置其净值突然增加的影响。同时,由于折旧方法不同,可能影响其可比性。因此分析时,一定要注意剔除这些不可比因素。

▶ 5. 总资产周转率

总资产周转率(total assets turnover ratio)也称总资产利用率,是指企业在一定时期内销售(营业)收入与平均资产总额的比值,可以反映企业全部资产的利用效率。其计算公式为

$$总资产周转率 = \frac{销售收入}{平均资产总额} \tag{3-22}$$

$$平均资产总额 = \frac{期初资产总额 + 期末资产总额}{2} \qquad (3\text{-}23)$$

式(3-22)中的销售收入一般用销售收入净额,即营业收入扣除了销售退回、销售折扣及销售折让之后的净额。总资产周转率是综合评价企业全部资产的经营质量和利用效率的重要指标。周转率越大,说明总资产周转越快,反映出销售能力越强。如果企业的总资产周转率较低,说明企业利用其资产进行经营的效率较低,会影响企业的盈利能力。企业可以通过提高销售收入或处理多余的资产等办法,加速资产的周转,带来利润绝对额的增加。根据表3-1和表3-2和丰公司的有关数据,该公司2016年的总资产周转率为

$$平均资产总额 = \frac{1\,700 + 2\,000}{2} = 1\,850(万元)$$

$$总资产周转率 = \frac{3\,000}{1\,850} \approx 1.62(次)$$

三、盈利能力分析

盈利能力就是公司赚取利润的能力和使企业资金增值的能力,它通常表现为企业收益数额的大小与水平的高低。盈利是企业经营理财的核心,盈利能力的大小是衡量企业经营好坏的重要标志,它不仅关系到企业所有者的投资报酬,也是企业偿还债务的一个重要来源。企业的所有者、债权人以及经营管理者都非常关心企业的盈利能力。企业经营的好坏,都会通过盈利能力表现出来,通过对盈利能力的深入分析,可以发现经营管理中的重大问题,进而采取措施加以解决,以提高企业的收益水平。但是,对企业的盈利能力分析,一般只分析企业正常的生产经营活动的盈利能力,不涉及非正常的经营活动。这是因为一些非正常的、特殊的经营活动,虽然也会给企业带来收益,但它不是经常和持久的,因此,不能将其作为企业的一种盈利能力加以评价和分析。

评价盈利能力的财务比率主要包括资产报酬率、股东权益报酬率、销售毛利率与销售净利率,以及成本费用净利率等。对于股份有限公司,还应分析每股收益、每股现金流量、每股股利、股利支付率、每股净资产、市盈率、市净率等。

▶ 1. 资产报酬率

资产报酬率(return on assets ratio,ROA)也称资产收益率,是企业在一定时期内的利润额与资产平均总额的比率,表明企业全部资产获取收益的水平,全面反映了企业的获利能力和投入产出状况。通过对该指标的深入分析,可以增强各方面对企业资产经营的关注,促进企业提高单位资产的收益水平。在实务中,根据财务分析目的的不同,利润额可以分为息税前利润、利润总额和净利润。按照所采用的利润额不同,资产报酬率可分为资产息税前利润率、资产利润率和资产净利率。

(1)资产息税前利润率。资产息税前利润率也称基本获利率,是指企业一定时期的息税前利润与平均资产总额的比率,通常以百分比表示,以反映企业的盈利能力。其计算公式为

$$资产息税前利润率 = \frac{息税前利润}{平均资产总额} \times 100\% \qquad (3\text{-}24)$$

息税前利润是企业支付债务利息和所得税之前的利润总额。企业所实现的息税前利润首先要用于支付债务利息,然后才能缴纳所得税和向股东分配利润。因此,息税前利润可以看成企业为债权人、政府和股东所创造的报酬。资产息税前利润率不受企业资本结构变

化的影响，通常用来评价企业利用全部经济资源获取报酬的能力，反映了企业利用全部资产进行经营活动的效率。一般来说，只要企业的资产息税前利润率大于负债利率，企业就有足够的收益用于支付债务利息。因此，该项比率不仅可以评价企业的盈利能力，而且可以评价企业的偿债能力。

（2）资产利润率。资产利润率，是指企业一定时期的税前利润总额与平均资产总额的比率。其计算公式为

$$资产利润率 = \frac{利润总额}{平均资产总额} \times 100\% \tag{3-25}$$

式（3-25）中的利润总额可以从利润表中得知，它反映了企业在扣除所得税费用之前的全部收益。企业资产利润率这项指标能促使企业全面改善生产经营管理，不断提高企业的经济效益。影响企业利润总额的因素主要有营业利润、投资收益或损失、营业外支出等，所得税政策变化不会对利润总额产生影响。因此，资产利润率不仅能够综合评价企业的资产盈利能力，而且还可以反映企业管理者的资产配置能力。

（3）资产净利率。资产净利率，是指企业一定时期的净利润与平均资产总额的比率，它反映每1元总资产创造的净利润。其计算公式为

$$资产净利率 = \frac{净利润}{平均资产总额} \times 100\% \tag{3-26}$$

式（3-26）中的净利润可以从利润表中得知，它是企业在扣除所得税费用之后的全部收益，企业的经营活动、投资活动、筹资活动以及国家税收政策的变化都会影响到净利润。资产净利润率主要用来衡量企业利用资产获取利润的能力，反映了企业总资产的利用效率，表示企业每单位资产能获得净利润的数量。这一比率越高，说明企业全部资产的盈利能力越强。因此，资产净利率通常用于评价企业对股权投资的回报能力。股东分析企业资产报酬率时通常会采用资产净利率。根据表3-1和表3-2和丰公司的有关数据，该公司2016年的资产净利率为

$$资产净利率 = \frac{136}{(2\,000 + 1\,700)/2} \times 100\% \approx 7.35\%$$

和丰公司的资产净利率为7.35%，说明和丰公司每100元的资产可以为股东赚取7.35元的净利润。这一比率越高，说明企业的盈利能力越强，经营管理水平越高。

资产报酬率的高低并没有一个绝对的标准。在分析企业的资产报酬率时，通常采用比较分析法。与该企业以前会计年度的资产报酬率作比较，可以判断企业资产盈利能力；或者与同行业平均资产报酬率作比较，可以判断企业在同行业中所处的地位。通过这种比较分析，可以评价企业的经营效率，发现其经营管理中存在的问题。如果企业的资产报酬率偏低，说明该企业经营效率低，经营管理存在问题，应该调整经营方针，加强经营管理，提高资产的利用率。

▶ 2. 股东权益报酬率

股东权益报酬率（return on equity，ROE）也称净资产收益率或所有者权益报酬率，是企业一定时期的净利润与股东权益平均总额的比率。其计算公式为

$$股东权益报酬率 = \frac{净利润}{股东权益平均总额} \times 100\% \tag{3-27}$$

$$股东权益平均总额 = \frac{期初股东权益总额 + 期末股东权益总额}{2} \tag{3-28}$$

股东权益报酬率是评价企业盈利能力的一个重要财务比率,它反映了企业股东获取投资报酬的高低。股东权益报酬率越高,表明股东投资的收益水平越高,企业的盈利能力越强。根据表 3-1 和表 3-2 和丰公司的有关数据,该公司 2016 年的股东权益报酬率为

$$股东权益平均总额=\frac{880+960}{2}=920(万元)$$

$$股东权益报酬率=\frac{136}{920}\times100\%\approx14.78\%$$

和丰公司的股东权益报酬率为 14.78%,说明和丰公司每投入 100 元的资本,可以获得 14.78 元的净利润。这一比率越高,说明企业的盈利能力越强。需要明确的是,式(3-28)中的股东权益平均总额是用账面价值而不是市场价值计算的。在正常情况下,股份公司的股东权益市场价值都会高于其账面价值,因此,以股东权益的市场价值计算的股东权益报酬率可能会远低于净资产收益率。

股东权益报酬率可以进行如下分解:

$$股东权益报酬率=资产净利率\times平均权益乘数 \qquad (3-29)$$

由式(3-29)可知,股东权益报酬率取决于企业的资产净利率和权益乘数两个因素。因此,提高股东权益报酬率可以有两个途径:一是提高权益乘数。这种方法使企业的资产负债率增加,增大了企业的财务杠杆,虽然可以为企业股东带来杠杆利益,但也会增加企业的财务风险,在实践中会受到很多限制。二是提高资产净利率,可从提高销售净利率或者总资产周转率两方面入手。

(1) 开拓市场,增加销售收入。在市场经济中,企业必须深入调查研究市场情况,了解市场的供需关系。在战略上,从长远利益出发,努力开发新产品;在策略上,保证产品的质量,加强营销手段,努力提高市场占有率。

(2) 加强成本费用控制,降低耗费,增加利润。利用杜邦系统分析成本费用结构是否合理,以便发现企业存在的问题。企业要在市场竞争中处于不败之地,必须尽最大可能降低产品的成本,同时要严格控制管理费用、财务费用等各种期间费用。

▶ 3. 销售毛利率与销售净利率

(1) 销售毛利率。销售毛利率是指销售毛利占营业收入净额的比率,简称为毛利率,其计算公式为

$$销售毛利率=\frac{销售毛利}{营业收入净额}\times100\%=\frac{营业收入净额-营业成本}{营业收入净额}\times100\% \qquad (3-30)$$

式(3-30)中的销售毛利是营业收入净额与销售成本的差额,可以根据利润表计算得出。营业收入净额是指营业收入扣除了销售退回、销售折扣及销售折让之后的净额。销售毛利率反映了企业的营业成本与营业收入的比例关系,是反映获利能力的主要指标。销售毛利率越高,说明企业销售成本在销售收入净额中所占的比重越小,在期间费用和其他业务利润一定的情况下,营业利润就越高。销售毛利率还与企业的竞争力和企业所处的行业有关。根据表 3-1 和表 3-2 和丰公司的有关数据,该公司 2016 年的销售毛利率为

$$销售毛利率=\frac{3\,000-2\,644}{3\,000}\times100\%\approx11.87\%$$

由计算可知,和丰公司的销售毛利率为 11.87%,说明每 100 元的营业收入可以为公司创造 11.87 元的毛利。关于毛利率的高低,并没有一个统一的标准,因此在运用销售毛利率对企业盈利能力进行分析时还应结合行业特点及其近几年的销售毛利率进行分析。

(2) 销售净利率。 销售净利率(profit margin on sales)是企业净利润占营业收入净额的比率，用以衡量企业在一定时期的销售收入获取的能力，反映每一元销售收入带来的净利润的多少，表示销售收入的收益水平。其计算公式为

$$销售净利率 = \frac{净利润}{营业收入净额} \times 100\% \tag{3-31}$$

销售净利率反映每一元销售收入带来的净利润的多少，可以评价企业通过销售赚取利润的能力。一般来讲，销售净利率的指标越大，说明企业销售的盈利能力越强。一个企业如果能保持良好的持续增长的销售净利率，那么企业的财务状况较好。通过分析销售净利率的升降变动，可以促使企业在扩大销售的同时，注意改进经营管理，提高盈利水平。但是销售净利率并不是越大越好，还必须看企业的销售增长情况和净利润的变动情况。根据表3-2和丰公司的有关数据，该公司2016年的销售净利率为

$$销售净利率 = \frac{136}{3\,000} \times 100\% \approx 4.53\%$$

由计算可知，和丰公司的销售净利率为4.53%，说明每100元的营业收入可以为公司创造4.53元的净利润。评价企业的销售净利率时，应比较企业历年的指标，从而判断企业销售净利率的变化趋势。但是，销售净利率受行业特点影响较大，因此，还应该结合不同行业的具体情况进行分析。

根据前面的介绍，资产净利率可以分解为总资产周转率与销售净利率的乘积，其计算公式为

$$资产净利率 = 总资产周转率 \times 销售净利率 \tag{3-32}$$

由式(3-32)可知，资产净利率主要取决于总资产周转率与销售净利率两个因素。企业的销售净利率越大，资金周转速度越快，资产净利率越高。因此，提高资产净利率可以从两个方面入手：一方面加强资产管理，提高资产利用率；另一方面加强营销管理，增加销售收入，节约成本费用，提高利润水平。

▶ **4. 成本费用净利率**

成本费用净利率是企业净利润与成本费用总额的比率。它反映企业生产经营过程中发生的耗费与获得的收益之间的关系。其计算公式为

$$成本费用净利率 = \frac{净利润}{成本费用总额} \times 100\% \tag{3-33}$$

式(3-33)中的成本费用总额是企业为了取得利润而付出的代价，主要包括营业成本、营业税金及附加、销售费用、管理费用、财务费用和所得税费用等。这是一个能直接反映增收节支、增产节约效益的指标。这一比率越高，说明企业为获取收益而付出的代价越小，成本费用控制得越好，企业的获利能力越强。因此，成本费用净利率不仅可以评价企业获利能力的高低，还可以评价企业对成本费用的控制能力和经营管理水平。根据表3-2和丰公司的有关数据，该公司2016年的成本费用总额为2 850万元(2 644+28+22+46+110)，故和丰公司2016年的销售净利率为

$$成本费用净利率 = \frac{136}{2\,850} \times 100\% \approx 4.77\%$$

由计算可知，和丰公司的成本费用净利率为4.77%，说明该公司每耗用100元便可以获得4.77元的净利润。在运用成本费用净利率对企业盈利能力进行分析时还应结合行业特点。

▶ 5. 每股收益与每股现金流量

(1) 每股收益。每股收益(earning per share, EPS)又称每股税后利润、每股盈余，是公司普通股每股所获得的净利润，它是股份公司税后利润分析的一个重要指标。每股收益等于净利润扣除优先股股利后的余额，再除以发行在外的普通股平均数。其计算公式为

$$每股收益 = \frac{净利润 - 优先股股利}{发行在外的普通股平均数} \qquad (3-34)$$

每股收益是普通股股东每持有一股所能享有的企业净利润或需承担的企业净亏损。每股收益通常被用来反映企业的经营成果，衡量普通股的获利水平及投资风险，是投资者等信息使用者据以评价企业盈利能力、预测企业成长潜力、进而做出相关经济决策的重要的财务指标之一。每股收益越高，说明公司的盈利能力越强。根据表3-2和丰公司的有关数据，该公司发行在外的普通股平均股数为200万股，并且没有优先股，则该公司2016年的每股收益为

$$每股收益 = \frac{136}{200} = 0.68(元)$$

虽然每股收益可以很直观地反映企业的盈利能力以及股东的报酬，但它是一个绝对数指标，在分析每股收益时，还应结合流通在外的股数。如果某股份公司采用股本扩张的政策，大量配股或以股票股利的形式分配股利，这样必然摊薄每股收益，使每股收益减少。因此，投资者不能只片面地分析每股收益，最好结合股东权益报酬率来分析公司的盈利能力。

(2) 每股现金流量。每股现金流量是公司普通股每股所取得的经营活动的现金流量。每股现金流量等于经营活动产生的现金流量净额扣除优先股股利后的余额，除以发行在外的普通股平均数，其计算公式为

$$每股现金流量 = \frac{经营活动产生的现金流量净额 - 优先股股利}{发行在外的普通股平均数} \qquad (3-35)$$

应该注意的是，每股收益的高低虽然与股利分配有密切的关系，但它不是决定股利分配的唯一因素。如果某公司的每股收益很高，但是缺乏现金，那么也无法分配现金股利。因此，还有必要分析公司的每股现金流量。每股现金流量越高，说明公司越有能力支付现金股利。根据表3-1和表3-3和丰公司的有关数据，该公司2016年的每股现金流量为

$$每股现金流量 = \frac{323}{200} = 1.62(元)$$

在计算每股收益和每股现金流量时，式中的分母用公司发行在外的普通股平均数。如果年度内普通股的股数未发生变化，则发行在外的普通股平均数就是年末普通股总股份数；如果年度内普通股的股数发生变化，则发行在外的普通股平均数应该使用按月计算的加权平均发行在外的普通股股数。其计算公式为

$$加权平均发行在外的普通股股数 = \frac{\sum(发行在外的普通股股数 \times 发行在外的月份数)}{12}$$

$$(3-36)$$

▶ 6. 每股股利与股利支付率

(1) 每股股利。每股股利(dividend per share, DPS)是指上市公司本年发放的普通股现金股利总额与普通股总股数的比值，它反映了普通股每股分得的现金股利的多少。其计算公式为

$$每股股利 = \frac{现金股利总额 - 优先股股利}{普通股总份数} \qquad (3\text{-}37)$$

每股股利的高低,不仅取决于公司盈利能力的强弱,还取决于公司的股利政策和现金是否充裕。倾向于分配现金股利的投资者,可以通过比较分析公司的每股股利,从而了解公司的股利政策。

(2) 股利支付率。股利支付率(payout ratio),也称股息发放率,是普通股每股股利与每股收益的比率,它表明股份公司的净收益中有多少用于现金股利的分派,反映公司的股利分配政策和股利支付能力。其计算公式为

$$股利支付率 = \frac{每股股利}{每股收益} \times 100\% \qquad (3\text{-}38)$$

与股利支付率相关的反映利润留存比例的指标是留存比率(plowback ratio),或称收益留存率。留存比率是指净利润扣除全部股利后与净利润的比率,该指标用于衡量当期收益总额有多大的比例留在公司用于公司发展。通常新上市的公司、处于发展中的上市公司和外界认为日益进步的公司留存收益率较高。其计算公式为

$$留存比率 = \frac{每股收益 - 每股股利}{每股收益} \times 100\% \qquad (3\text{-}39)$$

或

$$留存比率 = \frac{净利润 - 现金股利额}{净利润} \times 100\% = \frac{留用利润}{净利润} \times 100\% \qquad (3\text{-}40)$$

留存比率反映了企业净利润留存的百分比,因此,它与股利支付率之和等于1,即

$$股利支付率 + 留存比率 = 1 \qquad (3\text{-}41)$$

假定和丰公司2016年度分配的普通股每股股利为0.59元,则该公司的股利支付率和留存比率分别为

$$股利支付率 = \frac{0.59}{0.68} \times 100\% \approx 86.76\%$$

$$留存比率 = 1 - 86.76\% = 13.24\%$$

经计算可知,和丰公司股利支付率为86.76%,说明和丰公司将利润的86.76%用于支付普通股股利。股利支付率主要取决于公司的股利政策,没有一个具体的标准来判断股利支付率究竟是大好还是小好。一般而言,如果公司的现金量比较充裕,并且目前没有更好的投资项目,则可能会倾向于发放股利;如果公司有较好的投资项目,则可能会少发股利,而将资金用于投资。

▶ 7. 每股净资产

根据公开发行证券的公司信息披露内容与格式准则第一、二、三号规定,股份有限公司应在其招股说明书、定期报告(年报、中期报告)中披露每股净资产的有关信息。每股净资产也称每股账面价值,是上市公司年末净资产(即股东权益)与年末发行在外的普通股股数的比值。其计算公式为

$$每股净资产 = \frac{股东权益总额}{发行在外的普通股平均数} \qquad (3\text{-}42)$$

这一指标反映每股股票所拥有的资产现值。每股净资产越高,股东拥有的资产现值越多;每股净资产越少,股东拥有的资产现值越少。通常每股净资产越高越好。严格来讲,每股净资产并不是衡量公司盈利能力的指标,但是,它会受公司盈利的影响。如果公司利

润较高,每股净资产就会随之较快增长。从这个角度来看,该指标与公司的盈利能力有密切的联系。投资者可以比较分析公司每股净资产的变动趋势,来了解公司的发展趋势和盈利状况。根据表 3-1 和表 3-3 和丰公司的有关数据,该公司 2016 年的每股净资产为

$$每股净资产 = \frac{960}{200} = 4.80(元)$$

▶ 8. 市盈率与市净率

市盈率和市净率是以企业盈利能力为基础的市场估值指标。这两个指标并不是直接用于分析企业盈利能力的,而是投资者以盈利能力分析为基础,对公司股票进行价值评估的工具。通过对市盈率和市净率的分析,可以判断股票的市场定价是否符合公司的基本面,为投资者的投资活动提供决策依据。

(1) 市盈率。市盈率(price to earnings patio, P/E)是指上市公司普通股每股市价与每股收益的比率,反映投资者对上市公司每元净利润愿意支付的价格,通常作为衡量股票的投资报酬和风险程度指标使用。其计算公式为

$$市盈率 = \frac{普通股每股市价}{普通股每股收益} \qquad (3-43)$$

式(3-43)中普通股每股市价原则上可取每个交易日的开盘价或收盘价,也可取交易日中间价,但实践中均取收盘价。

每股市价实际上反映了投资者对未来收益的预期。然而,市盈率是基于过去年度的收益。因此,如果投资者预期收益将从当前水平大幅增长,市盈率将会相当高;如果投资者预期收益将由当前水平下降,市盈率将会相当低。成熟市场上的成熟公司有非常稳定的收益,通常其每股市价为每股收益的 10~12 倍。因此,市盈率反映了投资者对公司未来前景的预期,相当于每股收益的资本化。

一般来说,市盈率高,说明投资者对该公司的发展前景看好,愿意出较高的价格购买该公司股票,所以,成长性好的公司股票市盈率通常要高一些;而盈利能力差、缺乏成长性的公司股票市盈率要低一些。但是,也应注意,如果某股票的市盈率过高,则也意味着这只股票具有较高的投资风险。

(2) 市净率。把每股净资产和每股市价联系起来,可以说明市场对企业资产质量的评价。市净率(price to book ratio, P/B)是每股股价与每股净资产的比率。其计算公式为

$$市净率 = \frac{每股市价}{每股净资产} \qquad (3-44)$$

市净率反映了公司股票的市场价值与账面价值之间的联系,该比率越高,说明股票的市场价值越高。一般来说,资产质量好、盈利能力强的公司,其市净率会比较高;而风险较大、发展前景较差的公司,其市净率会比较低。在一个有效的资本市场中,如果公司股票的市净率小于 1,即股票价格低于每股净资产,则说明投资者对公司的未来发展前景持悲观看法。但在判断投资价值时还要考虑当时的市场环境以及公司经营情况、盈利能力等因素。

四、发展能力分析

企业的发展能力,也称企业的成长性,它是企业通过自身的生产经营活动,不断扩大积累而形成的发展潜能。反映企业发展能力的主要财务比率有销售增长率、资产增长率、股权资本增长率、利润增长率等。

1. 销售增长率

销售增长率是指企业本年销售收入增长额与上年销售收入总额的比率，反映了企业销售收入的增减变动情况，是评价企业成长状况和发展能力的重要指标。其计算公式为

$$销售增长率=\frac{本年销售增长额}{上年销售总额}\times 100\%$$

$$=\frac{本年销售总额-上年销售总额}{上年销售总额}\times 100\% \qquad (3-45)$$

销售增长率是衡量企业经营状况和市场占有能力、预测企业经营业务拓展趋势的重要标志。该比率大于0，表明企业本年营业收入增加。指标越高，表明增长速度越快；反之，则表明产品或服务不适销对路、质次价高，或者在售后服务等方面存在问题，竞争力衰退。该比率越高，说明企业营业收入成长性越好，企业的发展能力越强。在对该指标进行分析时，可结合企业目前的销售水平、市场占有情况、行业未来发展等方面进行综合分析。根据表3-2的有关数据，和丰公司2016年的销售增长率为

$$销售增长率=\frac{3\,000-2\,850}{2\,850}\times 100\% \approx 5\%$$

2. 资产增长率

资产增长率是企业本年总资产增长额同年初资产总额的比率，反映企业本期资产规模的增长情况。其计算公式为

$$资产增长率=\frac{本年总资产增长额}{年初资产总额}\times 100\%=\frac{本年资产年末余额-资产年初余额}{年初总资产额}\times 100\%$$

$$(3-46)$$

资产增长率是衡量企业资产规模增长幅度的财务指标。资产增长率大于0，说明企业本年度的资产规模获得增加，数值越大，说明增长的速度越快，企业的竞争力会增强；小于0则说明本年的资产规模减少；增长率为0时，说明企业本年度的资产规模不变。但是，在分析企业资产数量增长的同时也要进一步分析企业资产增长的结构，有多少来自权益增长，有多少来自负债增长，并判断资产增长的资本结构是否合理。根据表3-1的有关数据，和丰公司2016年的资产增长率为

$$资产增长率=\frac{2\,000-1\,700}{1\,700}\times 100\% \approx 17.65\%$$

3. 股权资本增长率

股权资本增长率，也称净资产增长率或资本累积率，是指企业本年股东权益增长额与年初股东权益总额的比率。其计算公式为

$$股权资本增长率=\frac{本年股东权益增长额}{年初股东权益总额}\times 100\%$$

$$=\frac{本年股东权益年末余额-年初股东权益总额}{年初股东权益总额}\times 100\% \qquad (3-47)$$

股权资本增长率反映了企业当年股东权益的变化水平，体现了企业资本的积累能力，是评价企业发展潜力的重要财务指标。股权资本增长率反映了投资者投入企业资本的保全性和增长性，该指标越高，表明企业的资本积累越多，企业资本保全性越强，应付风险、持续发展的能力越大。根据表3-1的有关数据，和丰公司2016年的股权资本增长率为

$$股权资本增长率=\frac{960-880}{880}\times 100\% \approx 9.09\%$$

▶ 4. 利润增长率

利润增长率是指企业本年利润总额增长额与上年利润总额的比率，反映企业利润总额的增减变动情况。其计算公式为

$$利润增长率=\frac{本年利润总额增长额}{年初利润总额}\times 100\%$$

$$=\frac{本年利润总额-上年利润总额}{年初利润总额}\times 100\% \tag{3-48}$$

利润增长率反映了企业盈利能力的变化，该比率越高，说明企业的成长性越好，发展能力越强。根据表 3-2 的有关数据，和丰公司 2016 年的利润增长率为

$$利润增长率=\frac{136-160}{160}\times 100\%=-15\%$$

经计算可知，和丰公司 2016 年的利润增长率为 -15%，表明该公司利润较去年出现小幅度减少。

上述四项财务比率分别从不同的角度反映了企业的发展能力。需要说明的是，在分析企业的发展能力时，仅用一年的财务比率是不能正确评价企业的发展能力的，而应该计算连续若干年的财务比率，这样才能正确地评价企业发展能力的持续性。

第三节 财务综合分析

利用财务比率进行深入分析，虽然可以了解企业各方面的财务状况，但是不能全面地评价企业的财务状况和经营效果。只有对各种财务指标进行系统的、综合的分析，才能对企业的财务状况做出全面的、合理的评价。因此，必须对企业进行综合的财务分析。这里介绍两种常用的综合分析法：财务比率综合评分法和杜邦分析法。

一、财务比率综合评分法

▶ 1. 财务比率综合评分法的产生

财务比率反映了企业财务报表各项目之间的对比关系，以此来揭示企业财务状况。但是，一项财务比率只能反映企业某一方面的财务状况。为了进行综合的财务分析，可以编制财务比率汇总表，反映企业财务状况的各类财务比率集中在一张表中，能够一目了然地反映出企业各方面的财务状况。并且，在编制财务比率汇总表时，可以结合比较分析法，将企业财务状况的综合分析与比较分析相结合。

企业财务状况的比较分析主要有以下两种：

（1）将企业本期的财务报表或财务比率与过去几个会计期间的财务报表或财务比率进行比较，这是纵向比较，可以分析企业的发展趋势。

（2）将本企业的财务比率与同行业平均财务比率或同行业先进的财务比率相比较，这是横向比较，可以了解到企业在同行业中所处的水平，以便综合评价企业的财务状况。横向比较分析法尽管在企业的综合财务分析中也经常使用，但是它存在以下两个缺点：一是它需要企业找到同行业的平均财务比率或同行业先进的财务比率等资料作为参考标准，但在实际工作中，这些资料有时可能难以找到；二是这种比较分析只能定性地描述企业的财

务状况，如比同行业平均水平略好、与同行业平均水平相当或略差，而不能用定量的方式来评价企业的财务状况究竟处于何种程度。因此，为了克服这两个缺点，可以采用财务比率综合评分法。

在进行财务分析时遇到的一个主要困难就是计算出财务比率之后，无法判断它是偏高还是偏低。与本企业的历史比较，也只能看出其自身的变化，却难以评价其在市场竞争中的优劣地位。为了弥补这一缺陷，在 20 世纪初，亚历山大·沃尔在其著作《信用晴雨表研究》和《财务报表比率分析》中提出选择七项财务比率对企业的信用水平进行评分所使用的方法，所以财务比率综合评分法也称为沃尔评分法。这种方法是通过对选定的几项财务比率进行评分，然后计算出综合得分，并据此评价企业的综合财务状况。

▶ 2. 财务比率综合评分法的程序

采用财务比率综合评分法进行企业财务状况的综合分析，一般要遵循如下程序：

(1) 选取评价企业财务状况的财务比率。如前所述，财务指标很多，如果一一计算，工作量很大，所以，一般选取具有代表性的一些指标。在选择财务比率时，一要具有全面性，要求反映企业的偿债能力、营运能力和获利能力的三大类财务比率都包括在内；二要具有代表性，即要选择能够说明问题的重要的财务比率；三要具有变化方向的一致性，即当财务比率增大时表示财务状况的改善；反之，财务比率减小时，表示财务状况的恶化。

(2) 根据各项财务比率的重要程度，确定其标准评分值，即重要性系数。各项财务比率的标准评分值之和应等于 100 分。各项财务比率评分值的确定是财务比率综合评分法的一个重要问题，它直接影响到对企业财务状况的评分多少，对各项财务比率的重要程度，不同的分析者会有截然不同的态度。但是，一般来说，应根据企业经营活动的性质、生产经营规模、市场形象和分析者的分析目的等因素来确定。

(3) 规定各项财务比率评分值的上限和下限，即最高评分值和最低评分值。这主要是为了避免个别财务比率的异常给总分造成不合理的影响。

(4) 确定各项财务比率的标准值。财务比率的标准值是指各项财务比率在本企业现实条件下最理想的数值，亦即最优值。财务比率的标准值，通常可以参照同行业的平均水平，并经过调整后确定。

(5) 计算企业在一定时期各项财务比率的实际值。

(6) 计算出各项财务比率实际值与标准值的比率，即关系比率。关系比率等于财务比率的实际值除以标准值。

(7) 计算出各项财务比率的实际得分。各项财务比率的实际得分是关系比率和标准评分值的乘积，每项财务比率的得分都不得超过上限或下限，所有各项财务比率实际得分的合计数就是企业财务状况的综合得分。企业财务状况的综合得分就反映了企业综合财务状况是否良好。如果综合得分等于或接近于 100 分，说明企业的财务状况是良好的，达到了预先确定的标准；如果综合得分低于 100 分很多，就说明企业的财务状况比同行业水平或者企业历史先进水平差，应当采取适当的措施加以改善；如果综合得分超过 100 分很多，就说明企业的财务状况很理想。

下面采用财务比率综合评分法，对和丰公司 2016 年的财务状况进行综合评价，见表 3-4。

表 3-4 和丰公司 2016 年财务比率综合评分表

财 务 比 率	评分值(1)	上/下限(2)	标准值(3)	实际值(4)	关系比率(5)	实际得分(6)
流动比率	10	20/5	2	2.33	1.17	11.65
速动比率	10	20/5	1.2	1.94	1.62	16.20
资产/负债	12	20/5	2.10	1.92	0.91	10.97
存货周转率	10	20/5	6.50	11.88	1.83	18.28
应收账款周转率	8	20/4	13	10.05	0.77	6.18
总资产周转率	10	20/5	2.10	1.62	0.77	7.71
资产净利率	15	30/7	31.50%	7.35%	0.23	3.50
股东权益报酬率	15	30/7	58.33%	14.78%	0.25	3.80
销售净利率	10	20/5	15%	4.53%	0.30	3.00
合计	100					81.29

注：关系比率(5)=(4)/(3)；实际得分(6)=(1)×(5)。

表 3-4 所选择的财务比率包括偿债能力比率、营运能力比率和盈利能力比率。之所以没包括发展能力比率，是因为发展能力比率需要观察多个会计年度的数据才有效。根据表 3-4 的综合评分，和丰公司的财务状况综合得分为 81.29 分，远远低于 100 分，说明该公司的财务状况较差。具体而言，该公司的资产净利率、所有者权益报酬率、销售净利率远低于标准值，说明该公司的盈利能力有所欠缺。公司可以通过加强管理水平、增加营销、创新产品等措施来增强企业的盈利能力。

二、杜邦分析法

▶ 1. 杜邦分析法的产生

通过财务比率综合评分法，可以比较全面地分析企业的综合财务状况，但无法揭示企业各种财务比率之间的相互关系。实际上，企业的财务状况是一个完整的系统，内部各种因素都是相互依存、相互作用的，任何一个因素的变动都会引起企业整体财务状况的改变，因此，财务分析者在进行财务状况综合分析时，必须深入了解企业财务状况内部的各项因素及其相互之间的关系，这样才能比较全面地揭示企业财务状况的全貌。杜邦分析法正是这样一种分析方法，它是利用几种主要的财务比率之间的关系来综合地分析企业的财务状况。因这种分析法是由美国杜邦公司首先创造的，故称杜邦分析法。

这种分析法一般用杜邦分析系统图来表示，如图 3-1 所示。

图 3-2 所示为和丰公司 2016 的杜邦分析系统图。

▶ 2. 杜邦分等式

杜邦分析系统主要反映了以下几种主要的财务比率关系：
(1) 股东权益报酬率与资产净利率及权益乘数之间的关系。

$$股东权益报酬率 = 资产净利率 \times 权益乘数 \tag{3-49}$$

(2) 资产净利率与销售净利率及总资产周转率之间的关系。

$$资产净利率 = 销售净利率 \times 总资产周转率 \tag{3-50}$$

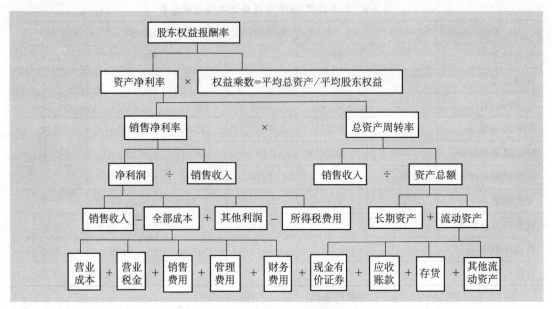

图 3-1　杜邦分析系统图

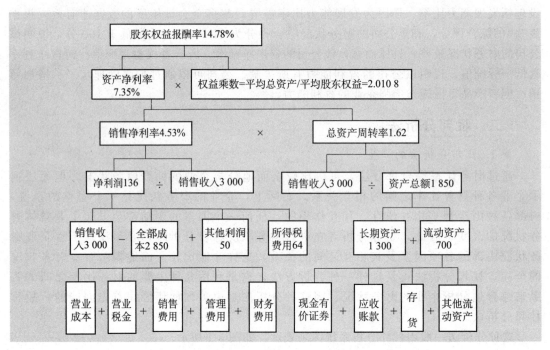

图 3-2　和丰公司 2016 的杜邦分析系统图(单位：万元)

注：其他利润包括投资收益、营业外利润；现金有价证券包括货币资金、交易性金融资产；其他流动资产包括应收票据、预付账款、其他应收款、一年内到期的非流动资产和其他流动资产。

(3) 销售净利率与净利润及销售收入之间的关系。

$$销售净利率 = \frac{净利润}{销售收入} \qquad (3-51)$$

(4) 总资产周转率与销售收入及资产总额之间的关系。

$$总资产周转率 = \frac{销售收入}{资产总额} \tag{3-52}$$

在上述公式中,"资产净利率=销售净利率×总资产周转率"这一等式被称为杜邦等式。杜邦系统在揭示上述几种关系之后,再将净利润、总资产进行层层分解,这样就可以全面、系统地揭示出企业的财务状况以及财务状况这个系统内部各个因素之间的相互关系。

▶ 3. 杜邦分析反映的财务信息

杜邦分析是对企业财务状况的综合分析。它通过几种主要的财务指标之间的关系,全面系统地反映出企业的财务状况。从杜邦分析系统可以了解到下面的财务信息。

(1) 股东权益报酬率是一个综合性极强的财务比率,是杜邦系统的核心。企业财务管理的目标就是使股东财富最大化,股东权益报酬率正反映了股东投入资金的获利能力,这一比率反映了企业筹资、投资和生产运营等各方面经营活动的效率。提高股东权益报酬率是所有者财富最大化的基本保证。所以,所有者、经营者都十分关心这一财务比率。而从杜邦分析图中可以看到,股东权益报酬率取决于企业资产净利率和权益乘数。资产净利率主要反映企业在利用资产进行生产经营活动的效率如何,而权益乘数则主要反映了企业的筹资情况,即企业资金来源结构如何。

(2) 资产净利率也是反映企业获利能力的一个重要财务比率,它揭示了企业经营活动的效率,综合性也极强。企业的销售收入、成本费用、资产结构、资产周转速度以及资金占用量等各种因素,都直接影响到资产净利率的高低。资产净利率是销售净利率与总资产周转率的乘积。因此,可以从企业的销售活动与资产管理两方面来进行分析。

(3) 销售净利率反映了企业净利润与销售收入之间的关系。一般来说,销售收入增加,企业的净利润也会随之增加。从这个意义上看,提高销售净利率是提高企业盈利能力的关键所在。要想提高销售净利率,一是要提高销售收入;二是要降低各种成本费用。这样才能使净利润的增长高于销售收入的增长,从而使销售净利率得到提高。

提高销售收入具有重要意义,它首先有利于提高销售净利率,同时也是提高总资产周转率的必要前提。

降低成本费用是提高销售净利率的另一个重要因素,通过杜邦分析图可以分析企业的成本费用结构是否合理,以便发现企业在成本费用管理方面存在的问题,为加强成本费用管理提供依据。企业要想在激烈的市场竞争中立于不败之地,不仅要在营销与产品质量上下功夫,还要尽可能降低产品的成本,这样才能增强产品在市场上的竞争力。同时,要严格控制企业的管理费用、财务费用等各种期间费用,降低消耗,增加利润。这里尤其要研究分析企业的利息费用与利润总额之间的关系,如果企业所承担的利息费用多,就应当进一步分析企业的资金结构是否合理,负债比率是否过高,因为不合理的资金结构必然会影响到企业所有者的收益。

(4) 在企业资产方面,主要应该分析以下两个方面:

① 分析企业的资产结构是否合理,即流动资产与非流动资产的比例是否合理。资产结构实际上反映了企业资产的流动性,它不仅关系到企业的偿债能力,也会影响企业的获利能力。一般来说,如果企业流动资产中货币资金占的比重过大,就应当分析企业现金持有量是否合理,有无现金闲置现象,因为过量的现金会影响企业的获利能力;如果流动资产中的存货与应收账款过多,就会占用大量的资金,影响企业的资金周转。

② 结合销售收入,分析企业的资产周转情况。资产周转速度直接影响到企业的获利

能力。如果企业资产周转较慢，就会占用大量资金，增加资本成本，减少企业的利润。资产周转情况的分析，不仅要分析企业总资产周转率，更要分析企业的存货周转率与应收账款周转率，并将其周转情况与资金占用情况结合起来分析。

从上述两方面的分析，可以发现企业资产管理方面存在的问题，以便加强管理，提高资产的利用效率。

从杜邦分析图中可以看出，权益报酬率与企业的销售规模、成本水平、资产运营、资本结构有着密切的联系，这些因素构成一个相互依存的系统。只有把这个系统内各个因素的关系安排好、协调好，才能使权益报酬率达到最大，才能实现企业价值或股东财富最大化的目标。

▶ 4．杜邦分析法的不足

尽管杜邦财务分析体系能够全面、系统、综合地反映企业的财务状况，是目前广泛使用的一种财务综合分析方法，但是随着现代会计理论和实践的发展，杜邦财务分析体系面临巨大的挑战。现行杜邦财务分析体系进行财务分析存在明显的不足：

（1）未利用现金流量表中的数据。现行杜邦财务分析体系仅仅利用了资产负债表及损益表中的数据，而没有利用现金流量表中的数据。由于杜邦财务分析体系中缺少现金流量数据，因而不能进行更为全面、准确的财务分析。我国资产负债表及损益表的编制是在权责发生制基础上进行的，各项收入、费用和利润，尤其是赊销被作为销售实现确认，在现代企业大规模采用赊销的情况下，使账面利润呈现大幅度的上升态势。现金流量表的编制基础是收付实现制，可以减少人为操纵的空间，因此通过对现金流量的分析能够评价企业的收益质量及企业获取现金的能力，预测企业未来的现金流量，准确地判断企业的偿债能力。

（2）未能充分利用管理会计数据。现行杜邦财务分析体系利用了财务会计中的数据，但没有充分利用内部管理会计系统的有关数据资料展开分析，销售净利率的高低决定权益报酬率的高低。企业要提高销售净利率，扩大销售是途径之一，但根本途径还是成本控制。成本控制应该作为提高销售净利率乃至股东财富最大化分析的重点，内部管理会计系统能够为成本控制提供更有利于分析的数据资料，如管理会计中的固定成本与变动成本数据、本量利分析等。而杜邦分析体系对内部管理会计系统中的有用数据资料没有充分利用并展开分析，这是杜邦财务分析体系所欠缺的。

思考题

1. 什么是财务分析？
2. 财务报表分析的基础有哪些？它们的关系如何？
3. 简述不同的财务分析主体进行财务分析的目的。
4. 流动比率和速动比率的局限性表现在哪些方面？
5. 长期偿债能力比率分为哪几个指标？
6. 为什么债权人认为资产负债率越低越好，而投资人认为应保持较高的资产负债率？
7. 上市公司的投资者应如何评价公司的财务状况？
8. 什么叫杜邦财务分析体系？它有什么特点？分析其中主要的几种财务指标之间的关系。

练习题

一、单选题

1. 财务分析的对象是(   )。
   A. 财务报表　　　　B. 财务报告　　　　C. 财务活动　　　　D. 财务效率
2. 企业投资者进行财务分析的根本目的是关心企业的(   )。
   A. 盈利能力　　　　B. 营运能力　　　　C. 偿债能力　　　　D. 增长能力
3. 从企业债权人角度看,财务分析的最直接目的是看(   )。
   A. 企业的盈利能力　　　　　　　　　B. 企业的营运能力
   C. 企业的偿债能力　　　　　　　　　D. 企业的增长能力
4. 产权比率越高,通常反映的信息是(   )。
   A. 财务结构越稳健　　　　　　　　　B. 长期偿债能力越强
   C. 财务杠杆效应越强　　　　　　　　D. 所有者权益的保障程度越高
5. 下列各项中,不属于速动资产的是(   )。
   A. 现金　　　　　　　　　　　　　　B. 产成品
   C. 应收账款　　　　　　　　　　　　D. 交易性金融资产
6. 某企业预计下年度销售净额为1 800万元,应收账款周转天数为90天(一年按360天计算),变动成本率为60%,资本成本为10%,则应收账款的机会成本是(   )万元。
   A. 27　　　　　　　B. 45　　　　　　　C. 108　　　　　　D. 180
7. 某公司2016年年初所有者权益为1.25亿元,2015年年末所有者权益为1.50亿元。该公司2015年的净资产增长率是(   )。
   A. 16.67%　　　　　B. 20.00%　　　　　C. 25.00%　　　　　D. 120.00%
8. 下列各项财务指标中,能够揭示公司每股股利与每股收益之间关系的是(   )。
   A. 市净率　　　　　　　　　　　　　B. 股利支付率
   C. 每股市价　　　　　　　　　　　　D. 每股净资产
9. 甲公司是一家电器销售企业,每年6—10月是销售旺季,管理层拟用存货周转率评价全年存货管理业绩,适合使用的公式是(   )。
   A. 存货周转率＝销售收入/(∑各月末存货/12)
   B. 存货周转率＝销售收入/[(年初存货＋年末存货)/2]
   C. 存货周转率＝销售成本/[(年初存货＋年末存货)/2]
   D. 存货周转率＝销售成本/(∑各月末存货/12)

二、多选题

1. 财务分析的主体包括(   )。
   A. 企业所有者或潜在投资者　　　　　B. 企业债权人
   C. 企业经营者　　　　　　　　　　　D. 企业供应商和客户
   E. 政府管理部门
2. 财务分析的作用在于(   )。
   A. 评价企业过去　　B. 反映企业现状　　C. 评估企业未来
   D. 进行全面分析　　E. 进行专题分析

3. 通过财务分析可以揭示财务活动的效率或能力,包括(   )。
   A. 综合能力　　　　B. 营运能力　　　　C. 偿债能力
   D. 盈利能力　　　　E. 增长能力
4. 依据杜邦分析法,当权益乘数一定时,影响资产净利率的指标有(   )。
   A. 销售净利率　　　B. 资产负债率　　　C. 资产周转率　　　D. 产权比率
5. 以下各项中,反映资产收益率的指标有(   )。
   A. 总资产收益率　　B. 每股收益　　　　C. 长期资本收益率　D. 营业利润率
6. 在杜邦分析图中可以发现,提供净资产收益率的途径有(   )。
   A. 使销售收入增长高于成本和费用的增加幅度
   B. 降低公司的销售成本或经营费
   C. 提高总资产周转率
   D. 在不危及企业财务安全的前提下,增加债务规模,增大权益乘数
   E. 提高销售净利率
7. 在一定时期内,应收账款周转次数多、周转天数少表明(   )。
   A. 收账速度快　　　　　　　　　　B. 信用管理政策宽松
   C. 应收账款流动性强　　　　　　　D. 应收账款管理效率高
8. 一般而言,存货周转次数增加,其所反映的信息有(   )。
   A. 盈利能力下降　　　　　　　　　B. 存货周转期延长
   C. 存货流动性增强　　　　　　　　D. 资产管理效率提高
9. 下列各项因素中,影响企业偿债能力的有(   )。
   A. 经营租赁　　　　B. 或有事项　　　　C. 资产质量　　　　D. 授信额度
10. 股利发放率是上市公司财务分析的重要指标,下列关于股利发放率的表述中,正确的有(   )。
    A. 可以评价公司的股利分配政策
    B. 反映每股股利与每股收益之间的关系
    C. 股利发放率越高,盈利能力越强
    D. 是每股股利与每股净资产之间的比率

三、判断题

1. 财务分析的基础是会计报表,会计报表的基础是会计技术。(   )
2. 财务分析与财务管理的相同点在于二者都将财务问题作为研究的对象。(   )
3. 盈利能力分析以利润表为基础的,偿债能力分析是以资产负债表为基础的。(   )
4. 净收益营运指数是收益质量分析的重要指标,一般而言,净收益营运指数越小,表明企业收益质量越好。(   )
5. 市盈率是反映股票投资价值的重要指标,该指标数值越大,表明投资者越看好该股票的投资预期。(   )
6. 在财务分析中,企业经营者应对企业财务状况进行全面的综合分析,并关注企业财务风险和经营风险。(   )
7. 通过横向和纵向对比,每股净资产指标可以作为衡量上市公司股票投资价值的依据之一。(   )

8. 财务报表分析使用的资料包括三张基本财务报表和其他各种内部报表。（　　）

9. 当发现企业的固定资产的平均寿命延长时，通常表示该公司的固定资产偿债质量上升。（　　）

10. 所有者权益报酬率是一个综合性极强的财务比率，是杜邦分析系统的核心。（　　）

四、计算题

1. 某企业2016年营业务收入为100 000元，主营业务成本为60 000元，净利润为16 000元，存货周转率为5次，期初存货余额为10 000元；期初应收账款余额为12 000元，期末应收账款余额为8 000元，速动比率为1.6，流动比率为2.16，流动资产占资产总额的27%，负债比例为37.5%，该公司只发行普通股一种，流通在外的普通股股数为5 000股，每股市价25元。

要求：计算该企业2016年的应收账款周转率、资产净利率、股东权益报酬率、每股利润、市盈率。

2. 丙公司是一家上市公司，管理层要求财务部门对公司的财务状况和经营成果进行评价。财务部门根据公司2015年和2016年的年报整理出用于评价的部分财务数据，如表3-5、表3-6所示。

表3-5　丙公司资产负债表资料　　　　　　　　　　　　单位：万元

资产负债表项目	2016年期末余额	2015年期末余额
应收账款	65 000	55 000
流动资产合计	200 000	220 000
流动负债合计	120 000	110 000
负债合计	300 000	300 000
资产合计	800 000	700 000

表3-6　丙公司利润表资料　　　　　　　　　　　　　　单位：万元

利润表项目	2016年度	2015年度
营业收入	420 000	400 000
净利润	67 500	55 000

要求：

（1）计算2016年年末该公司的营运资金、权益乘数；

（2）计算2016年度该公司的应收账款周转率、净资产收益率、资本保值增值率。

3. 丁公司2016年12月31日总资产为600 000元，其中流动资产为450 000元，非流动资产为150 000元；股东权益为400 000元。

丁公司年度运营分析报告显示，2016年的存货周转次数为8次，销售成本为500 000元，净资产收益率为20%，非经营净收益为-20 000元，期末流动比率为2.5。

要求：

（1）计算2016年该公司的存货平均余额；

(2) 计算2016年年末该公司的流动负债;
(3) 计算2016年该公司的净利润;
(4) 计算2016年该公司的经营净收益;
(5) 计算2016年该公司的净收益营运指数。

4. F公司是一家服装加工企业,2016年营业收入为3 600万元,营业成本为1 800万元,日购货成本为5万元。该公司与经营有关的购销业务均采用赊账方式。假设一年按360天计算。F公司简化的资产负债表如表3-7所示。

表3-7 F公司资产负债表简表(2016年12月31日)　　　单位:万元

资　产	金　额	负债和所有者权益	金　额
货币资金	211	应付账款	120
应收账款	600	应付票据	200
存货	150	应付职工薪酬	255
流动资产合计	961	流动负债合计	575
固定资产	850	长期借款	300
非流动资产合计	850	负债合计	875
		实收资本	600
		留存收益	336
		所有者权益合计	936
资产合计	1 811	负债和所有者权益合计	1 811

要求:
(1) 计算F公司2016年的营运资金数额;
(2) 计算F公司2016年的应收账款周转期、应付账款周转期、存货周转期以及现金周转期(为简化计算,应收账款、存货、应付账款的平均余额均以期末数额代替);
(3) 分析在其他条件相同的情况下,如果F公司利用供应商提供的现金折扣,会对现金周转期产生何种影响;
(4) 分析在其他条件相同的情况下,如果F公司增加存货,则对现金周转期会产生何种影响。

5. M公司为一家上市公司,已公布的公司2016年财务报告显示,该公司2016年净资产收益率为4.8%,较2015年大幅降低,引起了市场各方的广泛关注。为此,某财务分析师详细搜集了M公司2015年和2016年的有关财务指标,如表3-8所示。

表3-8 M公司2015年和2016年相关财务指标

项　目	2015年	2016年
销售净利率(%)	12	8
总资产周转率(次数)	0.6	0.3
权益乘数	1.8	2

要求：

（1）计算 M 公司 2015 年净资产收益率；

（2）计算 M 公司 2016 年与 2015 年净资产收益率的差异；

（3）利用因素分析法依次测算销售净利率、总资产周转率和权益乘数的变动对 M 公司 2016 年净资产收益率下降的影响。

案例分析

中国石油天然气股份有限公司（以下简称中国石油）2015 年的相关财务数据如表3-9、表 3-10 所示。

表 3-9 中国石油 2015 年资产负债表相关数据　　　　　　单位：万元

资　　产	期末余额	期初余额	负债和所有者权益（或股东权益）	期末余额	期初余额
流动资产			流动负债		
货币资金	7 369 200	7 602 100	短期借款	7 005 900	11 533 300
结算备付金			向中央银行借款		
拆出资金			吸收存款及同业存放		
交易性金融资产			拆入资金		
衍生金融资产			交易性金融负债		
应收票据	823 300	1 282 700	衍生金融负债		
应收账款	5 226 200	5 310 400	应付票据	706 600	576 900
预付款项	1 931 300	2 295 900	应付账款	20 288 500	24 025 300
应收保费			预收款项	5 093 000	5 400 700
应收分保账款			卖出回购金融资产款		
应收分保合同准备金			应付手续费及佣金		
应收利息			应付职工薪酬	590 000	590 300
应收股利			应交税费	3 414 100	4 664 100
其他应收款	1 471 300	1 709 400	应付利息		
应收出口退税			应付股利		
应收补贴款			其他应交款		
应收保证金			应付保证金		
内部应收款			内部应付款		
买入返售金融资产			其他应付款	5 993 300	5 447 600
存货	12 687 700	16 597 700	预提费用		
待摊费用			预计流动负债		
待处理流动资产损益			应付分保账款		
一年内到期的非流动资产			保险合同准备金		
其他流动资产	5 425 400	4 332 600	递延收益		

续表

资产	期末余额	期初余额	负债和所有者权益（或股东权益）	期末余额	期初余额
流动资产合计	34 934 400	39 130 800	应付短期债券		
非流动资产			一年内到期的非流动负债	3 616 700	5 379 500
发放贷款及垫款			其他流动负债	432 600	365 200
可供出售金融资产	283 200	213 300	流动负债合计	47 140 700	57 982 900
持有至到期投资			非流动负债		
长期应收款			长期借款	32 946 100	29 880 300
长期股权投资	7 099 900	11 657 000	应付债券	10 501 400	7 149 800
其他长期投资			长期应付款		
投资性房地产			专项应付款		
固定资产原值	120 914 000	108 966 000	预计非流动负债	11 799 600	10 915 400
累计折旧	49 560 600	43 764 600	递延所得税负债	1 311 600	1 582 400
固定资产净值	71 353 300	65 201 700	其他非流动负债	1 281 200	1 250 800
固定资产减值准备	3 197 200	3 075 300	非流动负债合计	57 839 900	50 778 700
固定资产净额	68 156 100	62 126 400	负债合计	104 981 000	108 762 000
在建工程	22 556 600	24 034 000	所有者权益		
工程物资	691 700	520 000	实收资本（或股本）	18 302 100	18 302 100
固定资产清理			资本公积	12 800 800	11 549 200
生产性生物资产			库存股		
公益性生物资产			专项储备	1 164 800	1 034 500
油气资产	87 035 000	88 048 200	盈余公积	18 684 000	18 473 700
无形资产	7 104 900	6 748 900	一般风险准备		
开发支出			未确定的投资损失		
商誉	4 558 900	723 300	未分配利润	70 672 800	70 214 000
长期待摊费用	2 753 400	2 872 700	拟分配现金股利		
股权分置流通权			外币报表折算差额		
递延所得税资产	1 692 700	1 499 500	归属于母公司所有者权益合计	117 997 000	117 601 000
其他非流动资产	2 542 600	2 963 500	少数所有者权益	16 432 000	14 175 000
非流动资产合计	204 475 000	201 407 000	所有者权益（或股东权益）合计	134 429 000	131 776 000
资产总计	239 409 000	240 538 000	负债和所有者权益（或股东权益）总计	239 409 000	240 538 000

表 3-10 中国石油 2015 年利润表数据　　　　　　　　　单位：万元

项　目	本 期 金 额	上 期 金 额
一、营业总收入	172 543 000	228 296 000
营业收入	172 543 000	228 296 000
利息收入		
已赚保费		
手续费及佣金收入		
房地产销售收入		
其他业务收入		
二、营业总成本	169 562 000	214 138 000
营业成本	130 042 000	173 535 000
利息支出		
手续费及佣金支出		
房地产销售成本		
研发费用		
退保金		
赔付支出净额		
提取保险合同准备金净额		
保单红利支出		
分保费用		
其他业务成本		
营业税金及附加	20 025 500	22 777 400
销售费用	6 296 100	6 320 700
管理费用	7 965 900	8 459 500
财务费用	2 382 600	2 487 700
资产减值损失	2 850 500	557 500
公允价值变动收益		
投资收益	2 662 700	1 229 700
其中：对联营企业和合营企业的投资收益		
汇兑收益		
期货损益		
托管收益		
补贴收入		
其他业务利润		

续表

项 目	本期金额	上期金额
三、营业利润	5 643 000	15 387 700
营业外收入	1 295 600	1 327 400
营业外支出	1 122 000	1 038 300
非流动资产处置损失		
利润总额	5 816 600	15 676 800
所得税费用	1 580 200	3 773 400
未确认投资损失		
四、净利润	4 236 400	11 903 400
归属于母公司所有者的净利润	3 565 300	10 717 300
少数股东损益	671 100	1 186 100
五、每股收益		
基本每股收益	0.19	0.59
稀释每股收益	0.19	0.59
六、其他综合收益	−2 023 900	−730 700
七、综合收益总额	2 212 500	11 172 700
归属于母公司所有者的综合收益总额	1 910 100	10 128 000
归属于少数股东的综合收益总额	302 400	1 044 700

问题：

（1）计算中国石油 2015 年的流动比率、速动比率、现金比率、资产负债率，并对该公司的偿债能力进行分析；

（2）计算中国石油 2015 年的应收账款周转率、存货周转率、流动资产周转率和总资产周转率，并对该公司的营运能力进行分析；

（3）计算中国石油 2015 年的资产报酬率、所有者权益报酬率、销售净利率，并对该公司的盈利能力进行评价；

（4）利用杜邦分析法分析中国石油 2015 年的综合财务状况。

第四章 长期筹资

学习目标

了解长期筹资的动机；掌握长期筹资的渠道与方式；掌握吸收直接投资、普通股筹资、债券筹资、长期借款筹资、租赁筹资的优缺点。

第一节 筹资概述

长期筹资是指企业作为筹资主体，根据其经营活动、投资活动和调整资金结构等长期需要，通过长期筹资渠道和资本市场，运用长期筹资方式，经济有效地筹措和集中长期资本的活动。

一、筹资的动机

企业筹资的基本要求是经济有效，为达到这一基本要求，必须对影响筹资活动的各种因素进行分析，以保证资金能合理、合法并及时、有效地筹集，具体的筹集活动通常受筹资动机所驱使，这些具体动机主要有以下几种。

▶ 1. 扩张筹资动机

扩张筹资动机是企业因扩大生产经营规模或增加对外投资的需要而产生的投资动机。处于成长期、具有良好发展前景的企业通常会产生这种筹资动机。它产生的直接结果是企业资产总额和筹资总额的增加。

▶ 2. 调整筹资动机

调整筹资动机是为了调整现有的资本结构，从而使资本结构更加合理。企业的资本结构是企业采取不同的筹资组合形成的，一个企业在不同阶段由于筹资方式的不同组合会形成不尽相同的组合结构，随着相关情况的变化，资本结构可能不再合理，需要进行相应的调整，使之趋于合理。

3. 混合筹资动机

这种动机因企业同时需要长期资金和现金而形成的筹资动机,既扩大了生产规模,又调整了资本结构,即包含了扩展筹资和调整筹资两种动机。

二、筹资的渠道和方式

1. 筹资渠道

筹资渠道是指企业筹集资本来源的方向与通道,体现资本的源泉和流量。企业的长期筹资渠道可以归纳为以下几种。

(1) 政府财政资金。政府财政资金是国有企业筹资的主要来源,政策性很强,通常只有国有企业才能利用。现有的国有企业,包括国有独资公司,其筹资来源的大部分是由过去政府通过中央和其他财政部门以拨款方式投资形成的。

(2) 银行信贷资金。银行信贷资金是各类企业筹资的重要来源。银行信贷资金拥有居民储蓄、单位存款等经常性的资本来源,贷款方式灵活多样,可以适应各类企业债务资本筹集的需要。

(3) 非银行金融机构资金。非银行金融机构是指银行以外的各种金融机构及金融中介机构,在我国,主要有租赁公司、保险公司、企业集团的财务公司以及信托服务公司。这种筹资渠道的财力虽比银行小,但具有广阔的发展前景。

(4) 其他法人资金。在我国,法人可分为企业法人、事业单位法人和团体法人等。他们在日常的资本运营中,有时也可能形成部分暂时闲置的资本,为了让其发挥一定的效益,也需要相互融通,这就为企业提供了一定的筹资来源。

(5) 企业内部资金。企业内部资金主要是通过提取盈余公积和保留未分配利润而形成的。这是企业内部形成的筹资渠道,比较便捷,有盈利的企业都可以加以利用。

(6) 民间资金。我国企业和事业单位的职工和广大城乡居民持有大笔的货币资金,可以对一些企业直接进行投资,为企业筹资提供来源。

(7) 国外和我国港澳台地区资金。在改革开放的条件下,国外和我国港澳台地区的投资者持有的资本,也可以加以吸收,从而形成所谓外商投资企业的筹资渠道。

在上述各种筹资渠道中,政府财政资金、其他法人资金、民间资金、企业内部资金、国外和我国港澳台地区资金,可以成为特定企业权益资本的筹资渠道;银行信贷资金、其他金融机构资金、其他法人资金、民间资金、国外和我国港澳台地区资金,可以成为特定企业债务资本的筹资渠道。

2. 筹资方式

筹资方式是指企业资本所采取的具体形式和工具,体现着资本的属性和期限。本章,资本属性是指资本的权益或债务性质。目前,我国企业筹资方式包括吸收直接筹资、发行股票、利用留存收益、向银行借款、发行债券、利用商业信用、租赁筹资等。实收资本和发行股票筹资方式可为企业取得长久性权益资本;发行债券和租赁筹资方式主要为企业获得长期债务资本;商业信用筹资方式通常是为企业筹集短期债务资本;银行借款筹资方式既可以用于筹集长期债务资本,也可以筹集短期债务资本。

3. 筹资渠道与筹资方式的对应关系

筹资渠道解决的是资金来源问题,筹资方式解决的则是企业如何取得资金的问题,两者相互独立又密不可分,特定的筹资渠道只能配以相应的筹资方式,而一定的筹资方式只适用于某一特定渠道，它们之间的对应关系如表 4-1 所示。

表 4-1　筹资方式与筹资渠道的对应关系

筹资渠道 \ 筹资方式	吸收直接投资	发行股票	银行借款	发行债券	商业信用	融资租赁
政府财政资金	✓	✓				
银行信贷资金			✓			
非银行金融机构资金	✓	✓	✓	✓		
其他法人资金	✓	✓		✓	✓	✓
民间资金	✓	✓		✓		✓
企业内部资金	✓					

三、企业筹资的类型

▶ 1. 按资金来源分

筹资按资金来源的范围不同，可分为内部筹资和外部筹资。

（1）内部筹资。是指企业在企业内部通过留用利润而形成的资本来源。内部筹资是在企业内部自然形成的，一般无须花费筹资费用，其数量通常由企业可分配利润的规模和利润分配政策（或股利政策）所决定。

（2）外部筹资。是指企业在内部筹资不能满足需要时，向企业外部筹资而形成的资本来源。处于初创期的企业，内部筹资的可能性有限；处于成长期的企业，内部筹资往往难以满足需要。企业外部筹资主要包括投入资本筹资、发行股票筹资、长期借款筹资、发行债券筹资和融资租赁筹资等。企业的外部筹资大多需要花费筹资费用。譬如，发行股票、发行债券须支付发行费用，取得长期借款有时须支付一定的手续费。

▶ 2. 按是否借助金融机构分

企业的筹资活动按其是否借助银行等金融机构，可分为直接筹资和间接筹资。

（1）直接筹资。是指企业不借助银行等金融机构，直接与资本所有者协商融通资本的一种筹资活动。直接筹资的主要方式有投入资本、发行股票、发行债券等。

（2）间接筹资。是指企业借助银行等金融机构融通资本的筹资活动。在间接筹资活动过程中，银行等金融机构发挥着中介作用。它们先聚集资本，然后提供给筹资企业。间接筹资的基本方式是银行借款和融资租赁。

▶ 3. 按照资本属性分

按照资本属性的不同，企业筹资可以分为权益性筹资、债务性筹资和混合性筹资。

（1）权益性筹资。权益性筹资形成企业的权益资本，是企业依法取得并长期持有，可自主调配使用的资本。根据我国有关法规，企业的权益资本由投入资本（或股本）、资本公积、盈余公积和未分配利润组成。按照国际惯例，权益资本通常包括实收资本和留用利润两大部分。

（2）债务性筹资。债务性筹资形成企业的债务资本，是企业依法取得并依约运用、按期偿还的资本。

(3) 混合性筹资。是指兼具权益性筹资和债务性筹资双重属性的长期筹资类型，主要包括发行优先股筹资和发行可转换债券筹资。从筹资企业的角度看，优先股股本属于企业的权益资本，但优先股股利同债券利率一样，通常是固定的，因此，优先股筹资归为混合性筹资。从筹资企业的角度看，可转换债券在其持有者将其转换为发行公司股票之前，属于债务性筹资；在其持有者将其转换为发行公司股票之后，则属于权益性筹资。

▶ 4. 按资金使用期限的长短分

按资金使用期限的长短，企业筹资分为长期筹资和短期筹资。

(1) 长期筹资，是指企业作为筹资主体，根据其经营活动、投资活动和调整资本结构等长期需要（一年以上），通过长期筹资渠道和资本市场，运用长期筹资方式，经济有效地筹措和集中长期资本的活动。

(2) 短期筹资，是指期限在一年以下，为满足企业临时性流动资金需要而进行的筹资活动。企业的短期资金主要投资于现金、应收账款、存货等，一般在短期内可收回，常采用商业信用、银行流动资金借款等方式获得。

第二节 权益性资本的筹集

一、吸收直接投资

▶ 1. 吸收直接投资的含义

吸收直接筹资是企业以协议形式筹集政府、法人、自然人等直接投入的资金，形成企业投入资本的一种筹资方式。它是非股份制企业筹集权益资本的基本方式，不以股票为媒介，适用于国有独资企业、个人独资企业、外商独资企业、有限责任公司、合伙企业等非股份制企业筹措自有资金。所吸收的资本形态可以是货币资产、实物资产，以及土地使用权、工业产权等无形资产。

▶ 2. 吸收直接投资的优缺点

(1) 吸收直接投资的主要优点。

① 有利于尽快形成生产力。这种筹资方式通常可以直接获得企业经营所需的先进设备、技术和管理，从而尽快形成企业的生产能力。

② 降低财务风险，增强企业的偿债能力。吸收直接投资所筹的资本属于企业的股权资本，与债务资本比较，它能提高企业的信誉和借款能力，另外这种方式的筹资可随经营情况向投资者支付报酬，比较灵活，可在一定程度上降低企业的财务风险。

(2) 吸收直接投资的主要缺点。

① 资本成本较高。投资者的分红不能像债务利息那样在所得税前扣减，没有避税效应。

② 产权流动性差，不利于产权交易。由于没有证券作为媒介，产权关系有时不够明确，也不便于产权的交易和资本流通。

二、普通股筹资

（一）股票的概念

股票是指股份有限公司为筹措自有资金而发行的有价证券，是持股人拥有公司股份的凭证，代表持股人在公司中拥有的所有权。股票具有以下两个方面的含义：

（1）股票是有价证券。股票之所以有价值，是因为它代表着对一定经济利益的分配和支配权，其持有者作为公司的股东拥有法律和公司章程规定的权利和义务。

（2）股票是一种所有权凭证，是代表股东权益的证券。股东权益是一种剩余权益，是股东作为公司的投资者，根据其投入的资本数额享有的权利。

（二）股票的分类

根据不同标准，可以对股票进行不同的分类。

▶ 1. 按股东权利分类

按照股东权利的不同股票可分为普通股和优先股。普通股是指股份公司依法发行的具有表决权、股利不固定的一类股票。普通股具有股票的一般特征，每一份股权包含对公司的财产享有的平等权利；优先股是公司发行的相对于普通股具有一定优先权的股票。从法律上讲，企业对优先股不承担法定还本义务，是企业自有资金的一部分。

▶ 2. 按股票票面是否记名分类

按股票是否记名分为记名股和不记名股。记名股票是在股票上载有股东姓名或名称并将其记入公司股东名册的一种股票；无记名股票不登记股东名称，公司只记载股票数量、编号及发行日期。

▶ 3. 按发行对象和上市地点分类

按发行对象和上市地点，分为A股、B股、H股、N股、S股等。A股即人民币普通股股票，由我国境内公司发行，境内上市交易，它以人民币标明金额，以人民币认购和交易；B股即人民币特种股票，由我国境内公司发行，境内上市交易，它以人民币标明面值，以外币认购和交易；H股是注册地在内地，上市在香港的股票；N股和S股是分别在纽约和新加坡上市的股票。

（三）普通股的首次发行与上市

▶ 1. 股票的发行

我国股份公司发行股票必须符合《中华人民共和国证券法》（以下简称《证券法》）和《上市公司证券发行管理办法》规定的发行条件。股票发行管理规定主要包括股票发行条件、发行方式、销售方式和发行价格。

（1）股票发行的条件。按照国际惯例，股份公司发行股票必须具备一定的发行条件，主要包括：具备健全且运行良好的组织结构；公司的盈利能力具有可持续性，财务状态良好；公司募集资金的数额和使用符合规定。

（2）股票的发行方式。股票的发行方式指的是公司通过何种途径发行股票。总的来说，股票的发行方式可分为以下两类：

① 公开间接发行。公开发行有两种市场，即一级市场和二级市场。这种发行方式的发行范围广，发行对象多，易于足额募集资金；股票的变现能力强、流通性好，有助于提高发行公司的知名度和扩大其影响力。但这种发行方式手续复杂，发行成本高。我国股份有限公司采用募集设立方式向社会公开发行新股时，须由证券机构承销的做法就属于股票

公开间接发行。

② 不公开直接发行。是指不公开对外发行股票,只向少数特定对象直接发行,因而不需经中介机构承销。这种发行方式弹性较大,发行成本低,但发行范围小,股票变现性差。我国的股份有限公司采用发起设立方式和以不向社会公开募集的方式发行新股,均属于这种方式。

(3) 股票的销售方式。是指股份有限公司向社会公开发行股票时所采用的股票销售方式。股票的销售方式可分为以下两类:

① 自销方式,是指发行公司直接将股票销售给认购者。这种销售方式可以节约发行成本,往往筹资时间长,发行风险完全由发行公司承担。

② 承销方式,是指发行公司将股票销售业务委托给证券经营机构代理,包括包销和代销两种,其中包销是指根据承销协议商定的价格,证券经营机构一次性全部发行公司公开募集的股份,然后以较高的价格出售给社会上的认购者;代销是指证券机构代替发行公司销售股票,并由此获得一定的佣金,但不承担股款未募足的风险,而是由发行公司自己承担。

(4) 股票的发行价格。股票的发行价格是股票发行时所使用的价格,也就是投资者认购股票时所支付的价格。通常有等价、时价、中间价三种。

等价是指以股票的面额为发行价格,也称为平价发行或面额发行;时价就是以股票在流通市场上买卖的实际价格为基准确定的股票发行价格,也称为市价发行;中间价就是以时价和等价的中间值确定股票的发行价格。按照国际惯例,股票通常采用溢价或平价发行。我国公司法规定,股票发行价格可以等于票面金额(等价),也可以超过票面金额(溢价),但不得低于票面金额(折价)。

▶ 2. 股票的上市

(1) 股票上市的目的。股票上市的目的是多种多样的,主要包括以下几点:

① 提高公司所发行股票的流动性和变现性,便于投资者认购、交易。

② 资本大众化,分散风险。股票上市后,会带来众多的投资者,可以分散公司风险。

③ 促进公司股权的社会化,避免股权过于集中。

④ 便于确定公司价值。股票上市后,公司股价有市价可循,便于确定公司的价值,也为公司收购、兼并等资本运作提供询价基础。

(2) 股票上市的条件。股份有限公司公开发行的股票进入证券交易所进行挂牌交易,按照我国公司法规定,应当符合下列条件:

① 股票经国务院证券管理部门批准已向社会公开发行,不允许公司在设立时直接申请股票上市。

② 公司股本总额不少于人民币3 000万元。

③ 向社会公开发行的股份达公司股份总数的25%以上,公司股本总额超过人民币4亿元的,其向社会公开发行股份的比例为10%以上。

④ 公司在最近3年内无重大违法行为,财务会计报告无虚假记载。

(3) 股票上市的影响。

有利影响:

① 有利于改善财务状况。公司一旦上市,就可以有更多的机会从证券市场上筹集资金,改善公司财务状况,并有条件得到利率更低的贷款。

② 利用股票可激励职员。公开的股票市场提供了股票的准确价值，也可使职员的股票得以兑现。

③ 提高公司知名度，吸引更多顾客。

不利影响：

① 公司要承担高昂的信息披露成本。上市公司需每年向证监会提供经注册会计师审计的财务报告，这在一定程度上无疑加大了公司的披露成本。

② 容易泄露商业机密，使公司失去隐私权。按照证监会的规定，公司往往披露很多的信息，在这个过程中，企业的隐私就不能得到良好的保护，企业的关键经营情况为公众所熟知。

③ 经理人员进行管理决策将受到更多的控制，操作自由度降低。公司上市后，其所有重要决策都要经董事会讨论通过，有些对企业至关重要的决策还需经全体股东投票决定，这给经理人员管理公司带来了一定的影响。

▶ 3. 普通股融资的特点

与其他融资方式相比，普通股融资具有一些优点，也有一些缺点。

(1) 普通股融资的优点。

① 没有固定的到期日，不需归还。由于普通股没有届满的日期，公司没有清偿普通股的义务，这使得公司能够获得稳定的长期资本供给。

② 普通股筹资没有固定的股利负担。公司没有支付普通股股息的法定义务，发行普通股筹资，股利支付与否和支付多少，视公司有无盈利和经营需要而定。公司有盈利，并认为适于分配股利，可以分给股东；公司盈利较少，或虽有盈利但资本短缺或有更有利的投资机会，也可以少支付或者不支付股利。而债券或借款的利息无论企业是否盈利或盈利多少，都必须予以支付。

③ 能增加公司的信誉。普通股构成支付公司债务的基础，发行较多的普通股，意味着公司对债权人提供了较大程度的保护，能有效增强公司借款能力与贷款信用。

④ 筹资限制较少。利用优先股或负债筹集资金通常会有许多限制，这些限制会影响企业经营的灵活性，而利用普通股筹资往往没有这些限制。

(2) 普通股融资的缺点。

① 资本成本高。即公司向普通股东支付的股息等报酬较高。一般而言，普通股筹资的成本要高于债务成本。

② 利用普通股筹资，出售新股票，增加新股东，可能会分散公司的控制权；同时，新股东对公司已积累的盈余具有分享权，会降低普通股的每股收益，损害现有股东的利益，引起普通股股价下降，并有被收购的风险。

■ 三、留存收益筹资

留存收益筹资是一种内部筹资的方式。与其他权益资金相比，留存收益的取得更为主动简便，它不需进行筹资活动，也没有筹资费用，因此节约了成本，又提高了企业的信誉。留存收益的实质是投资者对企业的再投资。

▶ 1. 留存收益筹资的途径

(1) 提取盈余公积金。盈余公积金是从当期企业净利润中提取的积累资金，它是一种有指定用途的留存净利润，包括法定盈余公积和任意盈余公积。

(2) 未分配利润。未分配利润是指未限定用途的留存净利润。它的含义主要有两层：一是这部分净利润没有分配给公司的股东投资者；二是这部分净利润未指定用途。

▶ 2. 留存收益筹资的特点

(1) 保持普通股股东的控制权。利用留存收益筹资，不用对外发行新股或吸收新股，这样增加的权益资本就不会改变公司的股权结构，不会稀释原有股东的控制权。

(2) 资金成本较低。企业向外界筹集长期资金，无论采用股票、债券还是银行借款，都需要支付大量的筹资费用，而利用留存收益筹资，则无须支付这些费用，资金成本较低。

(3) 资金使用受制约，且筹资数额有限制。留存收益中某些项目的使用，如法定盈余公积等，要受国家有关规定的制约；另外，留存收益资金有限，当企业亏损时，更加不能筹集到企业想要的资金数量。

第三节　长期负债筹资

一、长期借款筹资

长期借款是企业向银行和非银行金融机构借入的使用期超过 1 年的借款，主要用于购建固定资产和满足长期流动资金的需要。

▶ 1. 长期借款的种类

(1) 按照贷款的用途分类。我国银行长期贷款通常分为固定资产投资贷款、更新改造贷款、科研开发和新产品试制贷款等。

(2) 按提供贷款的机构分类。可分为政策性银行贷款、商业银行贷款和保险公司贷款。

(3) 按有无抵押品作担保分类。长期借款按有无抵押品作担保，分为抵押贷款和信用贷款。抵押贷款是指企业以抵押品作为担保的贷款。信用贷款是指仅凭企业的信用而发放的贷款。长期贷款的抵押品可以是房屋、建筑物、机器设备等实物资产，也可以是股票、债券等有价证券。

▶ 2. 取得银行长期借款的条件

我国金融企业对企业发放贷款的原则是：按计划发放、择优扶植、有物资保证、按期归还。企业申请贷款一般应具备的条件包括：

(1) 独立核算，自负盈亏，有法人资格。

(2) 经营方向和业务范围符合国家产业政策，借款用途属于银行贷款办法规定的范围。

(3) 借款企业具有一定的物资和财产保证，担保单位具有相应的经济实力。

(4) 具有偿还贷款的能力。

(5) 财务管理和经济核算制度健全，资金使用效益及企业经济效益良好。

(6) 在银行设有账户，能办理结算。

▶ 3. 长期借款的利率和偿还方式

长期借款的利率取决于资本市场的供求关系、借款的期限、借款有无担保及公司的资信状况等。长期借款由于期限长、风险高，其利率通常高于短期借款利率，但信誉好或抵押品流动性强的企业，仍然可以争取到较低的长期借款利率。

（1）长期借款利率的分类。长期借款利率有固定利率与浮动利率两种。

固定利率。固定利率是指以与借款公司风险类似的公司发行债券的利率作参考，借贷双方商定的利率。固定利率一经确定就不再改变。

浮动利率。浮动利率是指借贷双方协商同意后，按照资金市场变动情况调整的利率。浮动利率通常有最高、最低限，并在借款合同中明确。

（2）长期借款的偿还方式。长期借款的偿还方式不一，包括到期一次性还本付息，定期付息、到期一次性偿还本金，分期偿还本息。

▶ 4. 长期借款筹资的优缺点

（1）长期借款筹资的优点。

① 借款弹性好。企业与金融机构可以直接接触，可通过直接商谈来确定借款的时间、数量和利息。借款到期，若不能按时付款，也可以与贷款银行商量延期付款。

② 筹资速度快。一般所需时间较短，程序较为简单，可以快速获得现金。

③ 借款资本成本较低。利用长期借款筹资，其利息可在所得税前列支，故可减少企业实际负担的成本，因此比股票筹资的成本要低得多；与债券相比，借款利率一般低于债券利率。此外，由于借款属于间接筹资，因此筹资费用极少。

④ 可以发挥财务杠杆的作用。

（2）长期借款筹资的缺点。

① 筹资的财务风险高。企业举借长期借款，往往需定期还本付息，在企业盈利状况不好的情况下，可能会产生不能偿付的风险，引发财务危机，造成破产。

② 限制性条款多。企业与金融机构签订的借款合同中，提供贷款的金融机构出于自己经济利益的考虑，通常会对提供贷款的用途等附加很多限制性条款，企业就不能随心所欲地使用资金，这会对企业经营产生一定的影响。

二、发行普通债券筹资

▶ 1. 债券的种类

（1）公司债券按是否记名分类，分为记名债券与无记名债券。

记名债券是指在券面上记载持券人的姓名或名称，同时在发行公司的债权人名册上进行登记的债券。

无记名债券是指在券面上不记载持券人的姓名或名称，也不用在债权人名册上登记债权人姓名或名称的债券。

（2）公司债券按有无特定的财产担保分类，分为抵押债券与信用债券。

抵押债券又称有担保债券，是指发行公司有特定财产作为担保品的债券。如果债券到期不能偿还，债权人可将抵押品拍卖以获取资金。

信用债券又称无担保债券，是指发行公司没有抵押品担保，完全凭信用发行的债券。这种债券通常是由信誉良好的公司发行，利率一般略高于抵押债券。

（3）按是否转换为公司股票分类，分为可转换债券和不可转换债券。

可转换债券是指在一定时期内,可以按照规定的价格或一定的比例,由持有人自由地选择转换为企业股票(一般为普通股)的债券。

不可转换债券是指不可以转换为普通股的债券,我国大多数债券属于这种类型。

▶ 2. 债券发行的条件

根据我国公司法的规定,发行公司债券必须符合下列条件:

(1) 股份有限公司的净资产额不低于人民币3 000万元,有限责任公司的净资产额不低于人民币6 000万元;

(2) 累计债券总额不超过公司净资产的40%;

(3) 最近3年平均可分配利润足以支付公司债券一年的利息;

(4) 筹集的资金投向符合国家产业政策;

(5) 债券的利率不得超过国务院限定的利率水平;

(6) 国务院规定的其他条件。

▶ 3. 债券的发行价格

公司债券的发行价格是发行公司(或其承销机构代理,下同)发行债券时所使用的价格,亦即债券投资者向发行公司认购其所发行债券时实际支付的价格。从资金时间价值和折现现金流量法角度看,公司债券发行的理论价格应由两部分构成:一部分是债券到期时票面金额按市场利率折现的现值;另一部分是债券各期利息折现的现值之和。

公司债券的发行价格通常有三种:平价、溢价、折价。平价是指以债券的票面金额为发行价格;溢价是指以高于债券的票面金额的价格为发行价格;折价是指以低于债券的票面金额的价格为发行价格。

债券发行价格与面值的大小关系,取决于以下三点:

① 当票面利率等于实际利率时,即以平价发行债券;

② 当票面利率高于实际利率时,即以溢价发行债券;

③ 当票面利率低于实际利率时,即以折价发行债券。

在按期付息、到期一次还本,且不考虑发行费用的情况下,债券发行价格的计算公式为

$$债券发行价格 = 面值 \times (P/F, i, n) + 面值 \times 票面利率 \times (P/A, i, n) \quad (4\text{-}1)$$

其中:i代表市场利率(债券发行时的市场利率);n代表债券期限(付息期数)。

[例4-1] 新华公司发行面值为1 000元、票面利率为10%、期限为10年、每年年末付息、到期还本的债券。计算当市场利率为9%、10%、12%时的债券发行价格。

$(P/F, 9\%, 10) = 0.422\,4$,$(P/F, 10\%, 10) = 0.385\,5$,$(P/F, 12\%, 10) = 0.322\,0$

$(P/A, 9\%, 10) = 6.417\,7$,$(P/A, 10\%, 10) = 6.144\,6$,$(P/A, 12\%, 10) = 5.650\,2$

当市场利率为9%时,债券的发行价格为

债券的发行价格 = 1 000×(P/F, 9%, 10) + 1 000×10%×(P/A, 9%, 10)

= 1 000×0.422 4 + 100×6.417 7 = 422.4 + 641.77

= 1 064.17(元)

当市场利率为10%时,债券的发行价格为

债券的发行价格 = 1 000×(P/F, 10%, 10) + 1 000×10%×(P/A, 10%, 10)

= 1 000×0.385 5 + 100×6.144 6

$$=385.5+614.46\approx1\,000(元)$$

当市场利率为12%时,债券的发行价格为

$$债券的发行价格=1\,000\times(P/F,12\%,10)+1\,000\times10\%\times(P/A,12\%,10)$$
$$=1\,000\times0.322\,0+100\times5.650\,2$$
$$=322+565.02=887.02(元)$$

▶ 4. 债券筹资的优缺点

(1) 债券筹资的优点。

① 债券筹资成本较低。与股票相比,债券的利息允许在所得税前支付,发行公司可享受税收减少的利益,故公司实际负担的债券成本一般低于股票成本。

② 债券筹资能够发挥财务杠杆的作用。无论发行公司的盈利多少,债券持有人一般只收取固定的利息,而更多的收益可分配给股东或留用公司经营,从而增加股东和公司的财富。

③ 筹资规模较大。债券属于直接融资,发行对象广泛,市场容量大,可以筹集较多资金。

④ 债券筹资便于调整公司资本结构。在公司发行可转换债券以及可提前赎回债券的情况下,便于公司主动地合理调整资本结构。

(2) 债券筹资的缺点。

① 发行成本和信息披露成本高。企业公开发行债券的程序复杂,发行成本高,另外发行债券需要公开披露募股说明书及其引用的审计报告等多种文件,还需披露定期报告和临时报告,披露成本较高。

② 限制条件多。发行债券的限制条款较多,会影响企业的筹资能力和公司财务应有的灵活性,限制企业债券筹资的总规模。

三、融资租赁

(一) 租赁的含义

租赁是指出租人在承租人给予一定报酬的条件下,授予承租人在约定的期限内占有和使用财产权利的一种契约性行为。它涉及四个基本要素:出租人、承租人、租金、租赁资产。

(二) 租赁的种类

按照与一项资产所有权有关的全部风险与报酬是否转移,可以将租赁分为经营租赁和融资租赁两大类。

▶ 1. 经营租赁

经营租赁又称营运租赁、服务租赁,是由出租人向承租企业提供租赁设备,并提供设备维修保养和人员培训等的服务性业务。经营租赁是租赁物短期使用权的合同,典型的经营租赁是短期的、可撤销的、不完全补偿的租赁。经营租赁最重要的外部特征是租赁期短。

▶ 2. 融资租赁

融资租赁又称资本租赁、财务租赁,是指企业需要添置设备,不是立即筹资购置,而是委托租赁公司根据企业的需要代为购置,然后以租赁的方式租赁过来,从而实现融资的目的,是现代租赁的主要类型。

(1) 融资租赁的特点。

① 一般由承租企业向租赁公司提出正式申请,由租赁公司融资购进设备租给承租企业使用;

② 租赁期限较长,大多为设备耐用年限的一半以上;

③ 由承租企业负责设备的维修保养和保险,但无权自行拆卸改装;

④ 租赁期满时,按事先约定的办法处置设备,一般有退还或续租、留购三种选择,通常由承租企业留购。

(2) 融资租赁的分类。融资租赁根据租赁资产的来源和付款对象进行分类,可分为以下三种:

① 直接租赁。是指出租人直接向承租人提供租赁资产的租赁形式。直接租赁只涉及出租人和承租人两方。

② 售后租回。在这种形式下,制造企业按照协议先将其资产卖给租赁公司,再作为承租企业将所售资产租回使用,并按期向租赁公司支付租金。在这种形式下,承租人一方面通过出售资产获得了现金;另一方面又通过租赁满足了资产的需要,拥有资产的使用权而租赁费却可以分期支付。这与抵押贷款有些相似。

③ 杠杆租赁(leveraged lease),又称为第三者权益租赁(third-party equity lease)。该种租赁是有贷款者参与的一种租赁形式,是一种涉及三方的租赁形式。从承租人的角度看,它与其他融资租赁形式并无区别,同样是按合同的规定,在租期内获得资产的使用权,按期支付租金。但对出租人而言,出租人只垫支购买资产所需现金的一部分(一般为20%~40%),其余部分(为60%~80%)则以该资产为担保向贷款人借入,出租人的身份发生了变化,既是资产的出售者,又是款项的借入者。这种融资租赁形式由于租赁收益一般大于借款成本支出,出租人借款购物出租可获得财务杠杆利益,故被称为杠杆租赁。

(三) 融资租赁租金的计算

▶ 1. 租金的构成

融资租赁租金的多少一般有以下几个影响因素:

(1) 设备价款,包括设备的买价、运杂费和途中保险费等。

(2) 预计租赁设备的残值,指设备期满时预计残值的变现净值。

(3) 利息,指租赁公司为承租企业购置设备融资而应计的利息。

(4) 租赁手续费。在办理租赁业务中,因出租人购进设备而付出的一定劳务所收取的费用称为手续费,包括租赁公司承办租赁设备的营业费用以及一定的盈利。租赁手续费的高低一般无固定标准,通常由承租企业与租赁公司协商确定,按设备成本的一定比例计算。

(5) 租赁期限。一般而言,租赁期限的长短会影响租金总额,进而影响到每期租金的数额。

(6) 租金的支付方式。租金的支付方式有很多,不同的方式计算出来的利息额是不一样的。支付租金的方式也有很多种:按支付间隔期,分为年付、半年付、季付和月付;按在期初还是在期末支付,分为先付和后付;按每次支付额分为等额支付和不等额支付。一般而言,租金支付的次数越多,每次的支付额越小,但由此而负担的利息可能越高。实务中,承租企业与租赁公司商定的支付方式大多为后付等额年金。

2. 租金的计算

目前，国际上流行的租金计算方法主要有平均分摊法、等额年金法、附加率法、浮动利率法。我国融资租赁实务中，租金的计算大多采用平均分摊法和等额年金法。

（1）平均分摊法。平均分摊法是先以商定的利率和手续费计算出租赁期间的利息和手续费，然后连同设备成本按支付次数平均。这种方法没有充分考虑时间价值因素。每次应付租金的计算公式为

$$A=[(C-S)+I+F]/N \tag{4-2}$$

其中：A 表示每次支付的租金；C 表示租赁设备购置成本；S 表示租赁设备预计残值；I 表示租赁期间利息；F 表示租赁期间手续费；N 表示租期。

[例 4-2] 南华公司于 2016 年 1 月 1 日从租赁公司租入一套设备，价值 50 万元，租期为 5 年，预计残值为 1.5 万元，归租赁公司，年利率为 9%，租赁手续费率为设备价值的 2%，租金每年支付一次。该套设备租赁每次支付租金可计算如下：

$$A=\{(50-1.5)+[50\times(1+9\%)^5-50]+50\times2\%\}/5=15.29(万元)$$

（2）等额年金法。等额年金法是运用年金现值的计算原理测算每期应付租金的方法，将一项租赁资产在未来各租赁期内的租金额按一定的折现率予以折现，使其现值总额恰好等于租赁资产的成本再减去投资所得税的净额，以此计算每期的租金。

承租企业与租赁公司商定的租金支付方式大多为后付等额年金，即普通年金。根据年资本回收额的计算公式，得出后付年金方式下每年年末支付租金数额的公式为

$$A=P/(P/A, I, N) \tag{4-3}$$

其中：I 表示租费率；N 表示租赁期数；P 表示设备成本。

[例 4-3] 某企业采用融资租赁方式于 2016 年 1 月 1 日从某租赁公司租入一台设备，设备价款为 30 000 元，租期为 6 年，双方商定采用 16% 的折现率，$(P/A, 16\%, 6)=3.684\,7$，则该企业每年年末应支付的等额租金为

$$A=30\,000/(P/A, 16\%, 6)=8\,141.77(元)$$

（四）融资租赁的优缺点

与其他筹资方式相比，融资租赁筹资有其特有的优缺点。

1. 融资租赁的优点

（1）通过融资租赁能够迅速获得所需资产，形成生产能力。融资租赁集融资与融物于一身，一般要比先筹措现金后再购置设备来得更快，可使企业尽快形成生产经营能力。

（2）融资租赁的限制条件较少。企业运用股票、债券、长期借款等筹资方式，都有很多的限制性条款，相比之下，租赁筹资的限制条件很少。

（3）融资租赁可以减少设备陈旧过时的风险。随着科学技术的不断进步，设备陈旧过时的风险很高，而多数租赁协议规定由出租人承担，承租企业可免遭这种风险。

（4）融资租赁的全部租金通常在整个租期内分期支付，可以减少不能偿付的风险，而且融资租赁的租金费用允许在所得税前扣除，承租企业能够享受税收减少的好处。

2. 融资租赁的缺点

融资租赁筹资的主要缺点是资金成本较高，租金要比负债筹资的利息高得多。另外，与购买设备相比，租赁设备不能享有设备的残值，也是一种机会成本。

第四节 混合筹资

一、优先股筹资

▶ 1. 优先股的基本特征

优先股是相对普通股而言的,是较普通股具有某些优先权利,同时也受到一定限制的股票。它与普通股有许多相似之处,但又有债券的某些特征。因此,优先股被视为一种混合性证券。

与普通股相比,优先股主要具有如下特点:

(1) 优先股股息固定,股息支付较灵活。优先股的股息率在发行股票时就已经确定下来,其股利一般是固定的,其支付与否受公司盈利状况影响,股利支付有一定的灵活性。

(2) 优先股优先分配剩余财产。当公司因解散、破产等原因进行清算时,优先股股东对公司剩余财产的求偿权虽然在债权人之后,但优先于普通股股东分配公司的剩余财产。

(3) 表决权受限制。优先股股东一般没有表决权,因此,优先股股东不大可能控制整个公司,发行优先股也不会稀释普通股股东的控制权。

(4) 优先股可赎回。优先股可根据公司的规定和需要赎回,公司可通过赎回优先股减少权益资本来调整公司的资本结构。

▶ 2. 优先股的种类

优先股按其所包含的权利不同,可作多种分类,现介绍几种主要的分类方式。

(1) 优先股按股利是否累积支付,分为累积优先股和非累积优先股。

累积优先股是指在任何营业年度内未支付的股利可累积起来,由以后营业年度的盈利一起支付的优先股股票。累积优先股可以保护优先股股东的利益,是较常见的一种优先股。

非累积优先股是指仅当年利润分配股利,而不予以积累补付的优先股股票。

(2) 优先股按能否转换成普通股股票,分为可转换优先股和不可转换优先股。

可转换优先股是指股票发行时就规定股东具有在股票发行后的某一时期按一定比例将其转换成普通股这一权利的优先股。优先股股东可根据普通股股价择情决定是否予以转换。

不可转换优先股是指将来不能转换成普通股的股票。不可转换优先股只能获得固定股利报酬,而不能获得转换收益。所以,其发行价格通常低于可转换优先股。

(3) 优先股按公司可否赎回,分为可赎回优先股和不可赎回优先股。

可赎回优先股是指股份有限公司可按规定以一定价格购回的优先股。附赎回条款主要是出于减轻公司股利支付负担的考虑。

公司不能赎回的优先股,则属于不可赎回优先股。

▶ 3. 发行优先股筹资的优缺点

(1) 优先股筹资的优点。

① 优先分配固定的股利。优先股股东通常优先于普通股股东分配股利,且股利一般是固定的,受公司经营状况和盈利水平的影响较小。所以,优先股类似于固定利息的债券。

② 优先分配公司的剩余财产。当公司因解散、破产等原因进行清算时,优先股股东将优先于普通股股东分配公司的剩余财产。

③ 不会改变普通股股东对公司的控制权。当公司既想向社会增加筹集股权资本，又想保持原有普通股股东的控制权时，利用优先股筹资尤为恰当。

④ 提高公司的举债能力。优先股股本也属于权益资本，发行优先股筹资能够增加公司的净资产，有利于提高公司的借款举债能力。

(2) 优先股筹资的缺点。

① 资本成本较高。优先股属于企业主权资本，其股息必须从税后净利润中支付，不像债券利息可作为成本冲减企业税前利润，其得不到税收屏蔽的好处，因而筹资成本较高。

② 筹资限制多。发行优先股有很多限制条款，例如对普通股股东股利支付上的限制、对公司借债的限制等。

③ 财务负担重。优先股股利与债券利息不同的是其不能进行税前扣除，不能给企业带来税收上的好处，在盈利状况不好时，往往会加重企业的负担。

二、认股权证筹资

▶ 1. 认股权证的基本特征

(1) 认股权证的期权性。认股权证从本质上来说是一种看涨期权。它赋予持有者在一定期限内以事先约定的价格购买发行公司一定股份的权利。

(2) 认股权证是一种特殊的筹资手段，也是一种投资工具。对于筹资公司而言，发行认股权证是一种特殊的筹资手段。发行公司可以通过发行认股权证筹得现金，还可用于公司成立时对承销商的一种补偿。对于投资者而言，它是一种具有内在价值的投资工具。

▶ 2. 认股权证的种类

(1) 认股权证按允许认股的期限可分为长期认股权证和短期认股权证。长期认股权证的认股期限通常持续几年，有的是永久性的；短期认股权证的认股期限比较短，一般在90天以内。

(2) 按到期日前是否可以行权可分为美式认股权证与欧式认股权证。美式认股权证是指权证持有人在到期日前，可以行使认股权证的权利，买进约定数量的标的股票；欧式认股权证是指权证持有人只能在到期日当天，才可买进标的股票。

▶ 3. 认股权证筹资的优缺点

(1) 认股权证筹资的优点。

① 降低资本成本，为企业筹集额外的资金。公司可以将公司债券与认股权证同时发行，吸引投资者购买票面利率低于市场要求的长期债券，从而使公司获得相对低成本的长期资金。

② 在公司发行新股时，认股权证可作为补偿老股东的一种手段。在公司发行新股时，为避免原股东每股收益和股价被稀释，给原有股东配发一定数量的认股权证，以弥补新股发行的稀释损失。

(2) 认股权证筹资的缺点。行使认股权证时，投资者认购新股票，可造成每股收益稀释，并会分散企业的控制权。

三、可转换债券筹资

▶ 1. 可转换债券的基本特征

(1) 可转换债券的转换性。在未来期间内，投资者可以选择按固定价格将债券转换为股票，也可以选择不转换成股票而继续持有债券。

（2）可转换债券的期权性。可转换债券从实质上讲也是一种看涨期权。持有人在未来期间有按照固定的价格购买股票的权利。

▶ 2. 可转换债券的发行条件

证监会《上市公司证券发行管理办法》规定，上市公司发行可转换债券，除了满足发行债券的一般条件外，还应符合下列条件：

（1）公司最近一期末经审计的净资产不低于人民币15亿元；

（2）最近3个会计年度实现的年均可分配利润不少于公司债券1年的利息；

（3）最近3个会计年度经营活动产生的现金流量净额平均不少于公司债券1年的利息；

（4）本次发行后累计公司债券余额不超过最近一期末净资产额的40%，预计所附股权全部行权后募集的资金总量不超过拟发行公司债券金额。

▶ 3. 可转换债券筹资的优缺点

（1）可转换债券筹资的优点。

① 有利于降低资本成本。由于可转换债券赋予了持有人一种特殊的选择权，可转换债券既可按低于普通债券的利率发行，减少利息支出，也可获税前扣除的好处，故在转换前可转换债券的资本成本低于普通债券；转换为股票时，无须另外支付筹资费用，节省股票的发行成本，从而降低股票的资本成本。

② 有利于顺利筹集所需资金。可转换债券给予了债券持有人既可以选择获得固定利息收益，又可以选择转换为普通股的选择权，有利于吸引投资者购买，公司可筹集到需要的资金。

③ 公司可以以固定的价格发行股票，有利于避免筹资损失。当公司认为当前股价过低时，为筹集相同的资金需要发行更多的股票，为避免发行新股的损失，可以先发行债券，然后通过转换实现较高价格的股权筹资。

（2）可转换债券筹资的缺点。

可转换债券筹资成本高于纯债券筹资。一是股价上涨风险，当未来出售时股价高于指定股价，其实质上是发行公司相对地要用较多的普通股来筹得权益资金，增加筹资成本。二是股价低迷风险，当企业股价没有上涨时，可转换债券所有者将会选择不转换，企业将要继续承担债务，若公司的主要目的是以后以高于现在的价格发行股票，则股价低迷使公司原有目的无法实现。

思考题

1. 企业为什么要筹集资金？
2. 企业筹资决策应考虑哪些因素？
3. 权益筹资与负债筹资各有哪些特点？
4. 试分析债券发行价格的决定因素。
5. 试分析股票上市对公司的利弊。
6. 试说明发行债券筹资的优缺点。
7. 试分析融资租赁租金的决定因素。
8. 试说明优先股筹资的优缺点。

练习题

一、单选题

1. 某债券面值为1 000元，票面利率为10%，期间为5年，每半年支付一次利息。若市场利率为10%，则其发行价格将（　　）。
   A. 高于100元　　　B. 低于100元　　　C. 等于1 000元　　　D. 无法计算

2. 利用商业信用筹集方式筹集的资金只能是（　　）。
   A. 银行信贷资金　　　　　　　　　B. 其他企业资金
   C. 居民个人资金　　　　　　　　　D. 企业自留资金

3. 下列各种筹资渠道中，属于企业自留资金的是（　　）。
   A. 银行信贷资金　　　　　　　　　B. 非银行金融机构资金
   C. 企业提取的折旧　　　　　　　　D. 职工购买企业债券的投入资金

4. 根据我国有关规定，股票不得（　　）。
   A. 平价发行　　　B. 市价发行　　　C. 折价发行　　　D. 溢价发行

5. 某公司按年利率8%向银行借款10万元，银行要求维持贷款限额15%的补偿性余额，则该项贷款的实际利率为（　　）。
   A. 8%　　　　　B. 8.5%　　　　　C. 9%　　　　　D. 9.4%

6. 某公司拟发行5年期债券进行投资，债券票面金额为100元，票面利率为12%，当时市场利率为10%，则该公司债券的参考发行价格应为（　　）元。
   A. 93.22　　　　B. 100　　　　C. 105.35　　　　D. 107.58

7. 资金成本较低的筹资方式为（　　）。
   A. 发行股票　　　B. 发行债券　　　C. 长期借款　　　D. 留存收益

8. 一般而言，下列筹资方式中，资本成本最高的筹资方式是（　　）。
   A. 发行股票　　　B. 发行债券　　　C. 长期借款　　　D. 留存收益

9. 相对于银行借款筹资而言，股票筹资的特点是（　　）。
   A. 筹资速度快　　　B. 筹资成本高　　　C. 弹性好　　　D. 财务风险大

10. 债务人或第三方将其动产或财产权利移交债权人占有，将该动产或财产权利作为债权取得担保的贷款为（　　）。
    A. 信用贷款　　　B. 保证贷款　　　C. 抵押贷款　　　D. 质押贷款

二、多选题

1. 与优先股相比，普通股所具有的特点是（　　）。
   A. 普通股股东对公司有经营管理权
   B. 公司破产时，普通股股东有优先求偿权
   C. 普通股股利固定
   D. 在公司增发新股时，有认股优先权

2. 股票筹资的优点是（　　）。
   A. 提高公司信誉　　　　　　　　　B. 在公司持续经营中不需偿还
   C. 没有固定的利息负担　　　　　　D. 筹资成本高

3. 债券发行价格的高低取决于（　　）。
   A. 债券发行日　　　B. 债券到期日　　　C. 债券利率　　　D. 市场利率

4. 企业自有资金筹集方式有（　　）。
   A. 企业内部积累　　　B. 发行债券　　　C. 发行股票　　　D. 商业信用
5. 优先股的"优先权"主要表现在（　　）。
   A. 优先分配股利　　　　　　　　　B. 管理权优先
   C. 优先分配剩余资产　　　　　　　D. 决策权优先

三、判断题

1. 当债券票面利率高于市场利率时，债券溢价发行。（　　）
2. 由于抵押贷款有抵押品担保，所以其利息比非抵押贷款低。（　　）
3. 负债筹资与普通股筹资相比，不会分散企业的控制权。（　　）
4. 优先股是一种具有双重性质的证券，它虽属自有资金，但却兼具债券性质。（　　）
5. 相对于股票筹资而言，银行借款的缺点是筹资成本高，财务风险大。（　　）
6. 从出租人的角度来看，杠杆租赁与售后回租或直接租赁并无区别。（　　）
7. 在计算债券成本时，债券筹资额应按发行价确定，而不应按面值确定。（　　）
8. 相对于股票资金，长期借款由于借款期限长、风险大，因此资金成本比较高。（　　）
9. 处于成熟期的企业，通常会产生扩张性筹资动机。（　　）
10. 最佳资本结构是使企业筹资能力最强、财务风险最小的资本结构。（　　）

四、计算题

1. 某企业发行面值 1 000 元的债券，票面利率为 10%，每年年末付息一次，5 年到期，在市场利率为 12% 时，该债券发行价格应为多少？
2. 某企业从租赁公司租入设备一台，价值 10 万元，租期为 5 年，租费率为 11%，租金每年年末支付一次，则在采用等额年金法时年租金应为多少？
3. 万达公司采用融资租赁方式于 2016 年租入一台设备，价款为 200 000 元，租期为 4 年，租期年利率为 10%。
   要求：
   （1）计算每年年末支付租金方式的应付租金；
   （2）计算每年年初支付租金方式的应付租金；
   （3）试分析两者的关系。
4. 华远公司在 2016 年 1 月 1 日平价发行债券，面值为 1 000 元，票面利率为 8%，5 年到期，每年 12 月 31 日付息。
   要求：
   （1）假定市场利率下降到 6%，计算此时债券的发行价；
   （2）假定市场利率为 10%，计算此时债券的发行价。
5. 某公司发行面值为 100 元，年利率为 12%，期限为 2 年，每半年付息一次的债券一批。
   要求：测算在下列市场利率下的发行价格：10%；12%；14%。

案例分析

某企业集团是一家大型国有控股企业，持有甲上市公司 65% 的股权和乙上市公司 2 000 万股无限售条件流通股。集团董事长在 2016 年的工作会上提出，"要通过并购重组、技术改造、基地建设等举措，用 5 年左右的时间使集团规模翻一番，努力跻身世界先进企业行列"。根据集团发展需要，经研究决定，拟建设一个总投资额为8亿元的项目，该项目已经国家有关部门核准，预计两年建成。企业现有自有资金2亿元，尚有6亿元的资金缺口。企业资产负债率要求保持在恰当水平。集团财务部提出以下方案解决资金缺口：

方案一：向银行借款6亿元，期限为2年，年利率为7.5%，按年付息；

方案二：直接在二级市场上出售乙公司股票，该股票的每股初始成本为18元，现行市价为30元，预计未来成长潜力不大；

方案三：由集团按银行同期借款利率向甲公司借入其尚未使用的募股资金6亿元。

问题： 假定你是该集团总会计师，请在比较三种方案后选择较优方案，并说明理由。

第五章 短期融资

学习目标

掌握短期融资的概念、内容；掌握商业信用的形式及商业信用筹资的优缺点；了解银行贷款筹资的优缺点；了解商业票据的发行、种类，以及商业票据的一般特点；了解短期抵押融资的一般特点及种类。

短期融资也叫作短期筹资，其是指筹集在1年内或者超过1年的一个营业周期内到期的资金，通常是指短期负债筹资。短期融资对公司的营运能力起着重要的影响作用，应该加以重视。

第一节 商业信用筹资

商业信用筹资也叫作企业短期信用融资，其往往是一种自然性短期负债，随着企业经营规模的扩大，原材料购买和各种费用的支付不断增加，自然性短期负债也随之增加。而与短期借款等资金利用的不同之处在于，企业对于这种自然性短期负债，往往不必承担资金成本，这对于企业是相当有利的，企业应重视这些短期债务。

商业信用是指商品交易中的延期付款或延期交货所形成的借贷关系，是企业之间的一种直接信用关系。商业信用是由商品交易中钱与货在时间上的分离而产生的。它产生于银行信用之前，但银行信用出现之后，商业信用依然存在。

一、商业信用的形式

▶ 1. 赊购商品

赊购商品是一种最典型、最常见的商业信用形式。在此种形式下，买卖双方发生商品交易，买方收到商品后不立即支付现金，可延期到一定时期以后再付款，常称为应付账款。

(1) 应付账款的信用条件。企业若采用赊账方式销售，应制定专门的信用条款和政策。信用条件主要包括以下两种：

① 延期付款，但不提供现金折扣。如"n/10"表示10天内按发票金额全数支付。

② 延期付款，但早付款有现金折扣。如"2/10，n/30"表示10天内付款享受现金折扣2%，若买方放弃折扣，30天内必须付清款项。

(2) 应付账款的信用成本。由于优惠折扣的存在，放弃优惠折扣就意味着增加了成本，信用条件中的优惠折扣百分比也就是商业信用的成本。

① 放弃现金折扣的信用成本的计算公式。

$$\text{放弃现金折扣的信用成本} = \frac{CD}{1-CD} \times \frac{360}{N} \quad (5-1)$$

其中：CD表示现金折扣的百分比；N表示失去现金折扣后延期付款天数。

[例5-1] 某企业按"2/20，n/30"的付款条件购入货物70万元。如果该企业在20天以后付款，便放弃了现金折扣，放弃现金折扣的信用成本为

$$\text{放弃现金折扣的信用成本} = \frac{CD}{1-CD} \times \frac{360}{N} = \frac{2\%}{1-2\%} \times \frac{360}{30-20} = 73.47\%$$

② 放弃现金折扣的信用决策。在附有信用条件的情况下，因为获得不同信用要负担不同的代价，买方企业便要在利用哪种信用之间做出决策。一般来说，如果能以低于放弃折扣的隐含利息成本（实质是一种机会成本）的利率借入资金，便应在现金折扣期内用借入的资金支付货款，享受现金折扣；如果在折扣期内将应付账款用于短期投资，所得的投资报酬率高于放弃折扣的利息成本，则应放弃折扣而去追求更高的收益。

▶ 2. 应计未付款

应计未付款是企业在生产经营和利润分配过程中已经计提但尚未以货币支付的款项，也称作应计负债。它主要包括应付工资、应付税金、利息和工资等。例如，企业交纳税金时都有一定的宽限期，如在3月31日应交的第一季度税金，可以宽限到4月15日，此时会计记录的是应交税费。这种宽限期的存在，也为企业提供了一个短期资金来源。

▶ 3. 预收账款

预收账款是指销货单位按照合同和协议规定，在发出货物之前向购货单位预先收取部分或全部货款的信用行为。在这种形式下，卖方要先向买方收取货款，但要延迟一定时期以后交货，这等于卖方向买方先借一笔资金，是另一种典型的商业信用形式。通常，购买单位对于紧俏商品乐于采用这种形式，以便取得商品。另外，生产周期长、售价高的商品，如轮船、飞机等，生产企业也经常向订货者分次预收货款，以缓解资金占用过多的矛盾。

二、商业信用筹资的优缺点

▶ 1. 商业信用筹资的优点

作为一种比较常用的短期筹资方式，商业信用筹资的优点主要包括以下几个方面：

(1) 商业信用容易获得，使用方便。商品买卖是商业信用得以形成的基础，对于企业而言商品买卖是经常会发生的，因此应付账款和预收账款是自然的、持续的信贷形式。这种自发性筹资不用进行非常正规的安排，无须办理像银行存款那样的复杂手续。

(2) 限制少。商业信用的使用比较灵活且具有弹性。如果公司利用银行借款筹资，银

行往往对贷款的使用规定一些限制条件,商业信用则限制较少。

(3) 企业一般不用提供担保。银行贷款往往需要提供第三方担保或者提供资产抵押,这对于企业来讲增加了贷款的难度。

(4) 成本低。如果没有现金折扣,或公司不放弃现金折扣,则利用商业信用筹资没有实际成本。

▶ 2. 商业信用筹资的缺点

商业信用筹资也存在一定的不足,其主要缺点是商业信用的时间一般较短,尤其是应付账款,不利于公司对资本的统筹运用,如果拖欠,则有可能导致公司信用地位和信用等级下降。另外,如果公司享受现金折扣,则付款时间会更短;而若放弃现金折扣,则公司会付出较高的资本成本。而且,在法制不健全的情况下,若公司缺乏信誉,容易造成公司之间相互拖欠,影响资金运转。

第二节 短期银行贷款

短期银行贷款作为一种短期资金来源,它的重要性仅次于商业信用。但两者也有不同,短期银行贷款是外部资金,是非自生性资金,而商业信用则主要是内部自生性资金。

一、银行贷款的特点

▶ 1. 信贷额度

信贷额度亦称贷款限额,是借款企业与银行在协议中规定的借款最高限额,信贷额度的有效期通常为1年。例如,某公司与一家银行建立了合作关系,银行根据该公司的财务状况,认为其最高贷款额为10 000万元,公司的财务经理第一次从银行借得3 000万元,以后可以根据公司对资金的需要增加贷款直到最高贷款限额。在确定最高限额时,银行往往就每个企业不同的财务状况和信用风险制定不同的信贷额度。企业在批准的信贷限额内,可随时使用银行的借款,但银行并不承担必须提供全部信贷限额的义务。如果企业信誉恶化,银行会停止借款,不承担法律责任。

▶ 2. 期限

短期贷款期限往往为1年以内,通常是90~180天左右。贷款到期后,借款人要偿还,若不能按期偿还,可向银行提出延期付款的申请,而银行在评估信用风险后决定是否延期。

▶ 3. 周转信贷协定

周转信贷协定是银行从法律上承诺向企业提供不超过某一最高限额的贷款协定。在协定有效期内,只要企业的借款总额未超过最高限额,银行必须满足企业任何时候提出的借款要求。企业享受周转信贷协定,通常要就贷款限额的未用部分支付银行承诺费。

[例5-2] 某周转信贷额为1 000万元,承诺费率为0.5%,借款企业年度内使用了600万元,余额400万元,借款企业该年度就要向银行支付承诺费2万元。

承诺费=(1 000−600)×0.5%=2(万元)

4. 补偿性余额

补偿性余额是银行要求企业在银行中保持按贷款限额或实际借用额一定百分比的最低存款余额。余额的存在往往提高了企业的实际贷款利率。

[例5-3] 某企业按年利率8%向银行借款10万元,银行要求维持贷款限额15%的补偿性余额,那么该项借款的实际有效年利率为

$$实际利率 = \frac{8\%}{1-15\%} \times 100\% = 9.41\%$$

二、银行贷款利息

1. 借款利率

借款利率分为以下三种:

(1) 优惠利率。即银行向财力雄厚、经营状况好的企业贷款时收取的名义利率,是贷款利率的最低限额。

(2) 浮动优惠利率。是一种随其他短期利率的变动而浮动的优惠利率,是随市场条件的变化而随时调整的优惠利率。

(3) 非优惠利率。即银行贷款给一般企业时收取的高于优惠利率的利率,通常在优惠利率的基础上加一定的百分比。非优惠利率与优惠利率的差异,主要由企业的信誉、与银行的往来关系以及当时的市场信贷状况来决定。

[例5-4] 银行按高于优惠利率1%的利率向某企业贷款,若当时的最优惠利率为8%,则向企业贷款收取的利率为9%。

2. 利息支付方式

一般来讲,借款企业可以选择以下四种方式支付银行贷款利息:

(1) 单利。也叫作利随本清法,即企业在借款到期时才向银行支付利息的方法。银行向工商企业贷款大多采用这种方法收息。采用这种方法,借款的名义利率等于实际利率。

(2) 复利。按照复利计算利息,借款人实际负担的利息要高于名义利息,如果在贷款到期以前定期付息的次数越多,实际利率高于名义利率部分就越大。

(3) 贴现利率法。贴现法是银行向企业发放贷款时,先从本金中扣除利息部分,在贷款到期时借款企业再偿还全部本金的一种计息方法。采用这种方法,企业可利用的贷款额只有本金减去利息部分后的差额,贷款的有效年利率高于报价利率。

[例5-5] 假定某公司以贴现方式借入1年期2万元,名义利率为10%,这时的贴现利率为

$$贴现贷款的实际利率 = 利率/(贷款面额-利息) = \frac{2 \times 10\%}{2 \times (1-10\%)} = 11.11\%$$

(4) 附加利息法。附加利息法是分期等额偿还贷款时采用的利息收取方法。在分期等额付息时,银行将名义利率计算的利息加到贷款本金上,计算出贷款的本利和,要求企业在贷款的期限内分期等额偿还。由于贷款分期均衡偿还,借款企业实际上只使用了贷款本金的半数,却支付全额利息。这样企业所负担的有效年利率便高于名义利率大约1倍。

[例5-6] 某企业借入(名义)年利率为10%的贷款10 000元,分12个月等额偿还本息。该项借款的实际年利率为

$$附加利息的实际利息 = 利息/(借款人收到的贷款金额/2) = \frac{10\,000 \times 10\%}{10\,000 \div 2} = 20\%$$

三、短期银行贷款筹资的优缺点

1. 短期银行贷款筹资的优点

（1）银行资金充足，实力雄厚，能随时为企业提供较多的短期贷款。对于季节性和临时性的资金需求，采用银行短期贷款尤为方便。而那些规模大、信誉好的大企业，更可以用比较低的利率借入资金。

（2）筹资弹性大。借款企业可以按需随时借款，在现金充裕时可提前归还借款，便于企业灵活安排。

2. 短期银行贷款筹资的缺点

（1）筹资风险很高，在企业资金链条断裂的情况下，可能会导致破产。

（2）限制较多。向银行借款，银行要对企业的经营和财务状况进行调查以后才能决定是否贷款，有些银行还要对企业有一定的控制权，要求企业把流动比率、负债比率维持在一定的范围之内，这些都会构成对企业的限制。

第三节 商业票据

商业票据是指由金融公司或某些信用较高的企业开出的无担保短期票据。商业票据是否可靠取决于发行企业的信用程度。一般情况下，发行商业票据的企业都有极强的信用。

一、商业票据的发行

商业票据可以由企业直接发售，也可以由经销商代为发售，对出票企业的信誉审查十分严格。

1. 直接销售

发行人直接向投资者发售商业票据不需要通过中间商，往往成本较低，但发行方自己承担了所有的风险，风险很高。

2. 经纪人销售

这种销售方式的运作模式是，首先由发行人将票据卖给经纪人，然后由经纪人以更高一些的价格再卖给投资者，经纪人在这个过程中获取一定的差价收入。这种销售方式相对于发行方而言，成本比直接销售的要高，但风险比直接销售的要低，因为经纪人在这个过程中承担了一定的风险。

二、商业票据的种类

1. 按出票人不同分类

（1）银行汇票。是指由出票银行签发的，由其在见票时按照实际结算金额无条件付给收款人或者持票人的票据，银行汇票的出票银行为银行汇票的付款人。

（2）商业汇票。是出票人签发的，委托付款人在指定日期无条件支付确定的金额给收款人或者持票人的票据。

▶ 2. 按承兑人的不同分类

(1) 商业承兑汇票。属于商业汇票的一种，由银行以外的付款人承兑。商业承兑汇票按交易双方协定，由销售企业或购货企业签发，但由购货企业承兑。

(2) 银行承兑汇票。也是商业汇票的一种，是由在承兑银行开立存款账户的存款人出票，向开户银行申请并经银行审查同意承兑的，保证在指定日期无条件支付确定的金额给收款人或持票人的票据。

▶ 3. 按付款时间不同分类

(1) 即期汇票。即见票即付的汇票，是指汇票上没有到期日的记载或明确记载见票即付，收款人或持票人一经向付款人提示汇票、请求付款，该汇票即为到期，付款人就应承担付款。

(2) 远期汇票。是指在一定期限或特定日期付款的汇票，可分为定期付款汇票、出票日后定期付款汇票、见票后定期付款汇票三种。

▶ 4. 按有无附属单据分类

(1) 光票。是指不附带商业票据单据的汇票，银行汇票多是光票。

(2) 跟单汇票。是指附带有商业单据的汇票，商业汇票一般为跟单汇票。

三、商业票据的一般特点

▶ 1. 期限较短

由于商业票据是企业依靠信用发行的短期融资证券，期限在1年以内，一般为90~180天。

▶ 2. 利率较高，成本大

商业票据的期限在1年以下，由于其风险较大，因此利率高于同期银行存款利率，成本较高。

▶ 3. 商业票据的使用严格

商业票据不需要资产抵押，但对它的使用非常严格，一般公司的商业票据在其流动负债中只占较少的部分。

第四节 短期抵押贷款融资

短期抵押贷款是指申请借款企业以有价证券或其他财产作为抵押品，向银行提出申请，由银行按抵押品价值的一定比例计算发放的贷款。当企业获得无抵押短期资金有困难时，短期抵押融资为企业开辟了另外的融资途径。

一、短期抵押贷款融资的一般特点

▶ 1. 贷款的金额

贷款人提供贷款的金额主要与抵押品的价值以及贷款人的风险偏好相关。一般来说，抵押品的价值越高，贷款人愿意向借款人提供的资金额越大；贷款人越偏好风险，愿意提供的资金数额也越大。

▶ 2. 贷款的利率

抵押贷款的成本通常高于非抵押贷款,从贷款者角度来说,也就是贷款利率较高。这主要是因为在贷款人看来,抵押贷款是一种风险投资,故而收取较高的利率;同时,银行管理抵押贷款要比管理非抵押贷款困难,为此往往另外收取手续费。

▶ 3. 抵押品期限

抵押品的期限往往与贷款期限相配合,在借款人不能偿还贷款时,可以用抵押品来偿债。对短期抵押贷款来说,流动资产是最适当的抵押品,就如同固定资产适合于长期债务抵押一样。而流动资产的变现速度是短期抵押贷款的关键。

二、短期抵押贷款的种类

企业有两类重要的流动资产,一类是应收账款;一类是存货。因此,有客账抵押贷款(应收账款抵押贷款)和存货抵押贷款两种。

▶ 1. 客账抵押贷款

客账抵押贷款是一种以应收账款作为担保的短期企业贷款,这种贷款一般都是一种持续性的信贷协定,即当日的应收账款收回时,新的应收账款又提供给贷款银行作为担保。因此,这种贷款的数额大小都是随着借款企业的应收账款数额而变动的。

根据企业应收账款的特点客账抵押贷款可分为选择性客账抵押贷款和非选择性客账抵押贷款。

(1) 选择性客账抵押贷款。当企业应收账款数额大且比较集中时,银行选择其中风险比较低的应收账款作为贷款的抵押品,这种由银行选择抵押品的贷款称为选择性客账抵押贷款。

(2) 非选择性客账抵押贷款。当企业应收账款数额小,笔数多时,银行逐笔审查的费用较高,发放贷款的银行难以辨别各个应收账款账户的信用情况,只能注意应收账款的总额,但贷款的金额占应收账款账面价值百分比较低,这种抵押贷款称为非选择性客账抵押贷款。

▶ 2. 存货抵押贷款

存货抵押贷款是一种以企业所持有的存货或商品的一部分或全部作为抵押品担保的短期贷款,也叫商品贷款。这种贷款是批发和零售商业企业在需要融通资金时使用的一种传统贷款方式。

思考题

1. 简述商业信用筹资的优缺点。
2. 简述银行贷款筹资的优缺点。
3. 商业信用的形式包括哪几种?请分别说明。
4. 简述商业票据的种类。
5. 简述银行短期借款的种类。
6. 在选择贷款银行时,应该考虑的因素有哪些?
7. 试对比分析银行短期借款筹资、商业信用筹资、商业票据筹资的特征和优缺点。

练习题

一、单选题

1. 当公司采用宽松的短期资产持有政策时,采用( )短期筹资政策,可以在一定程度上平衡公司持有过多短期资产带来的低风险、低收益。
   A. 配合型　　　　　B. 激进型　　　　　C. 稳健型　　　　　D. 任意一种

2. 一般来说,如果公司对营运资金的使用能够达到游刃有余的程度,则最有利的短期筹资政策是( )。
   A. 配合型　　　　　B. 激进型　　　　　C. 稳健型　　　　　D. 自发型

3. 以下等式符合稳健型短期筹资政策的是( )。
   A. 临时性短期资产＝临时性短期负债
   B. 临时性短期资产＋部分永久性短期资产＝临时性短期负债
   C. 部分临时性短期资产＝临时性短期负债
   D. 临时性短期资产＋固定资产＝临时性短期负债

4. 下列关于商业信用的说法错误的是( )。
   A. 商业信用产生于银行信用之后
   B. 利用商业信用筹资,主要有赊购商品和预收货款等两种形式
   C. 企业利用商业信用筹集的限制条件较少
   D. 商业信用属于一种自然性筹资,不用于非常正式的安排

5. 如果某企业的信用条件是"2/10,n/30",则丧失现金折扣的资金成本为( )。
   A. 36%　　　　　B. 18%　　　　　C. 35.29%　　　　　D. 36.73%

6. 现金折扣一般为发票金额的( )。
   A. 2%～6%　　　　　B. 2%～4%　　　　　C. 1%～5%　　　　　D. 1%～7%

7. 下列关于应付费用的说法错误的是( )。
   A. 应付费用是指企业生产经营过程中发生的应付而未付的费用
   B. 应付费用的筹资额通常取决于企业经营规模、涉足行业等
   C. 应付费用的资金成本通常为零
   D. 应付费用可以被企业自由利用

8. 以下关于信用借款的说法正确的是( )。
   A. 信用借款是指信用额度借款
   B. 信用借款一般都是由贷款人给予借款人一定的信用额度或双方签订循环贷款协议
   C. 信用额度的期限,一般半年签订一次
   D. 信用额度具有法律的约束力,构成法律责任

9. 抵押借款中的抵押物一般是指借款人或第三人的( )。
   A. 动产　　　　　B. 不动产　　　　　C. 权利　　　　　D. 财产

10. 关于票据贴现,下列说法错误的是( )。
    A. 票据贴现是商业信用发展的产物
    B. 银行在贴现商业票据时,所付金额与票面金额的差额是银行收取的手续费
    C. 采用票据贴现方式,企业既可以给购买单位以临时资金融通,又可以在自身需要资金时及时得到资金

D. 贴现息与票面金额之比等于贴现率

二、多选题

1. 下列属于商业信用融资形式的是（　　）。
   A. 分期收款售货　　　　　　　　　B. 赊购商品
   C. 委托代销商品　　　　　　　　　D. 预收货款
2. 下列关于商业信用的叙述中正确的是（　　）。
   A. 商业信用有赊购商品和预收货款两种形式
   B. 商业信用与商品买卖同时进行，属自然性融资
   C. 无论企业是否放弃现金折扣，商业信用的资金成本都较低
   D. 商业信用是企业之间的一种间接信用关系
3. 下列关于商业信用筹资优缺点的说法正确的是（　　）。
   A. 商业信用筹资使用方便
   B. 商业信用筹资限制少且具有弹性
   C. 商业信用筹资成本较高
   D. 如果没有现金折扣，或公司不放弃现金折扣，则利用商业信用筹资没有实际成本
4. 关于短期借款的优缺点下列说法正确的是（　　）。
   A. 银行短期借款具有较好的弹性，可以根据需要增加或减少借款
   B. 短期借款的资金成本较高
   C. 向银行借款的限制较少
   D. 与商业信用筹资相比，短期借款的资金成本较低
5. 关于借款利率的种类下列说法正确的是（　　）。
   A. 优惠利率　　　　　　　　　　　B. 浮动优惠利率
   C. 非优惠利率　　　　　　　　　　D. 非浮动优惠利率

三、判断题

1. 信用额度是指商业银行和企业之间商定的在未来一段时间内银行必须向企业提供的无担保贷款。（　　）
2. 循环协议借款是一种特殊的信用额度借款，企业和银行要协商确定贷款的最高限额，在最高限额内，企业可以借款、还款、再借款、再还款，不停地周转使用。（　　）
3. 信用额度借款和循环协议借款的有效期一般为1年。（　　）
4. 循环协议贷款不具有法律约束力，不构成银行必须给企业提供贷款的法律责任，而信用额度贷款具有法律约束力，银行要承担额度内的贷款义务。（　　）
5. 企业采用循环协议借款，除支付利息外，还要支付协议费，而在信用额度借款的情况下，一般无须支付协议费。（　　）
6. 质押借款按《中华人民共和国担保法》规定的质押方式，以借款人或第三人的不动产或权利作为质押物而取得。（　　）
7. 票据贴现是银行信用发展的产物，实为一种商业信用。（　　）
8. 贴现率是指贴现息与贴现金额的比率。（　　）
9. 商业信用是指商品交易中的延期付款或延期交货所形成的借贷关系，是企业之间的一种信用关系。（　　）
10. 赊购商品和预付货款是商业信用融资的两种典型形式。（　　）

四、计算题

1. 万泉公司最近从宝达公司购进原材料一批，合同规定的信用条件是"2/10，n/40"。如果万泉公司由于流动资金紧张，不准备取得现金折扣，在第40天按时付款。计算这笔资金的资金成本。

2. 某公司2016年发生采购成本1 000 000元，年度应付账款平均余额为400 000元。计算该公司的应付账款周转率。

3. 某公司2017年预计支付增值税税额为170 000元，按规定在次月5日缴纳，按经常占用天数计算应付税金筹资额。如果每月上缴一次，按平均占用天数计算应付税金筹资额。

4. 某公司以贴现方式借入1年期贷款10万元，名义利率为12%。
（1）计算该贴现贷款的有效利率。
（2）如果该公司以分期付款的方式借入这笔贷款，分12个月等额偿还，有效利率是多少？

5. 某公司以10%的票面利率发行了30亿元为期180天的短期融资券。
（1）计算该短期融资券的年成本率。
（2）如果该公司利用备用信用额度所获资金的成本是0.25%，其他直接费用率为每年0.55%，计算该短期融资券的总成本。

案例分析

阳光实业总公司是一家集体所有制企业，成立于2013年1月3日，注册资本1 200万元。2014年6月15日，阳光实业总公司以生产油井除蜡器为由，向A银行申请流动资金贷款600万元，期限1年，由西城企业集团公司提供连带责任保证担保。A银行于2015年1月8日和3月1日分别向阳光公司发放了流动资金贷款各300万元。贷款于2017年1月18日到期后，阳光公司未按约定还款，致使贷款逾期。此外，该公司因未参加2016年年度工商年检，营业执照被吊销，实际经营已停止。

问题：
1. 我国企业不同阶段的筹资方式有哪些？目前的筹资方式有哪些？
2. 该公司短期筹资存在的问题是什么？

第六章 资本成本与资本结构

> **学习目标**
>
> 了解资本成本的含义、分类；掌握资本成本的计算、经营杠杆系数和财务杠杆系数的计算；了解资本成本和公司的风险；掌握公司资本结构选择的方法。

第一节 资本成本

资本成本（cost of capital）也叫资金成本，是财务管理的一个非常重要的概念。

一、资本成本的含义

资本成本是企业筹集和使用资本而承付的代价，也可以看成公司投资人所要求的必要报酬率。这种成本不是实际支付的成本，而是一种失去的收益，是将资本用于本项目投资所放弃的其他投资机会的收益，因此被称为机会成本。

资本成本从绝对量的构成来看，包括用资费用和筹资费用两部分。用资费用也叫资金使用成本，是在使用资金过程中支付的费用，如发行股票时支付的股利、向债权者支付的利息等。筹资费用也叫资金筹集成本，是在资金筹集过程中支付的各项费用，如因发行股票、债券而支付的发行费用等。

资本成本是企业投资决策和筹资决策的核心，是财务管理的基础。其作用主要包括以下几个方面：

（1）用于投资决策。资本成本是公司投资人所要求的必要报酬率，一个投资项目，只有当其投资收益率高于其资本成本时，在经济上才可行。

（2）用于筹资决策。资本成本是选择筹资方式、进行资本结构决策和选择追加筹资方案的依据。通过比较不同筹资组合的资本成本，可以找到一个资本成本最低的组合。

（3）用于业绩评价和企业价值评估。业绩评价时将资本成本与公司实际报酬率比较，可评价公司的业绩。评估企业价值时要进行现金流量折现,而资本成本是现金流量的折现率。

(4) 用于营运资本管理。在管理营运资本方面,资本成本可以用来评估营运资本投资政策和营运资本筹资政策。例如,用于流动资产的资本成本提高时,应适当减少营运资本投资额,并采用相对激进的筹资政策。决定存货的采购批量和储存量、制定销售信用政策和决定是否赊购等,都需要使用资本成本作为决策依据。

二、资本成本的分类

资本成本的分类不是唯一的,可以按用途进行分类,也可以按照属性进行分类。

▶ 1. 按用途分类

资本成本按用途分类,可分为个别资本成本、综合资本成本和边际资本成本。

(1) 个别资本成本,是指企业某一种长期资本的成本。如股票资本成本、债券资本成本、长期借款资本成本。企业在比较各种筹资方式时,需要使用个别资本成本。

(2) 综合资本成本,是指在各种个别资本成本基础上以各种资金占全部资金的比重加权计算出来的成本。在进行长期资本结构决策时,可以利用综合资本成本。

(3) 边际资本成本,是指企业每追加一个单位长期资本而增加的成本。企业在追加长期资本成本的方案中,可以运用边际资本成本。

▶ 2. 按属性分类

资本成本按属性分类,可分为债务资本成本和权益资本成本。

(1) 债务资本成本,是指企业以债务方式筹集资金而发生的成本,如长期借款资本成本、长期债券资本成本。

(2) 权益资本成本,是指企业以取得权益资本方式筹集资金而发生的成本,如普通股资本成本。

三、资本成本的计算

(一) 个别资本成本

个别资本成本计算的一般原理:

(1) 个别资本成本通用计算公式为

$$K=\frac{D}{p-f} \tag{6-1}$$

或

$$K=\frac{D}{p(1-F)} \tag{6-2}$$

其中:K 为资本成本率,以百分比表示;D 为用资费用额;p 为筹资额;f 为筹资费用额;F 为筹资费用率,即筹资费用额与筹资额的比率。

(2) 折现模式下,由

$$筹资净额现值-未来资本清偿额现金流量现值=0$$

得资本成本率=所采用的折现率。

▶ 1. 债务资本成本的计算

(1) 长期借款资本成本。计算公式为

$$K_t=\frac{I_t(1-T)}{L(1-F_t)} \tag{6-3}$$

其中：K_l 表示长期借款资本成本率；I_l 表示长期借款年利息额；L 表示长期借款筹资额，即借款本金；F_l 表示长期借款筹资费用融资率，即借款手续费率；T 表示所得税税率。

[例 6-1] 某企业欲从银行取得一笔 5 年期长期借款 1 000 万元，手续费为 1％，年利率为 10％，每年结息一次，到期一次还本。公司所得税税率为 25％。这笔借款的资本成本率为

$$K_l = 1\,000 \times 10\% \times (1 - 25\%) / 1\,000 \times (1 - 1\%) = 7.58\%$$

（2）长期债券资本成本。在不考虑货币时间价值时，债券资本成本率可按下列公式算：

$$K_b = \frac{I_b(1-T)}{B(1-F_b)} \tag{6-4}$$

其中：K_b 表示债券资本成本率；I_b 表示长期债券年利息额；B 表示债券筹资额，为该债券发行价；F_b 表示债券筹资费用率；T 表示所得税税率。

在考虑货币时间价值时，可利用到期收益率法（折现模式）来确定债券资本成本，可按下列公式计算：

$$P_0 = \sum \frac{利息}{(1+K_b)^t} + \frac{本金}{(1+K_b)^n} \tag{6-5}$$

[例 6-2] 某公司发行总面额为 1 000 万元的债券，票面年利率为 7.5％，偿还期限为 4 年，每年年末付息一次，公司适用的所得税税率为 25％，该债券的发行价为 951.38 元，则该债券税后资本成本为多少？

解：运用到期收益率法来计算此题。令债券到期收益为 i，则有 $951.38 = 1\,000 \times 7.5\% \times (P/A, i, 4) + 1\,000 \times (P/F, i, 4)$

即 $951.38 = 75 \times (P/A, i, 4) + 1\,000 \times (P/F, i, 4)$。

利用插值法 s 当 $i = 9\%$ 时，

$75 \times (P/A, 9\%, 4) + 1\,000 \times (P/F, 9\%, 4) = 75 \times 3.239\,7 + 1\,000 \times 0.708\,4 = 951.38$

所以，债券税前资本成本为 9％。

债券税后资本成本 $= 9\% \times (1 - 25\%) = 6.75\%$

▶ 2. 权益资本成本

（1）普通股资本成本。普通股资本成本是筹集普通股所需的成本。普通股资本成本估计方法主要有资本资产定价模型、股利增长模型以及债券报酬率风险调整模型。

① 资本资产定价模型。资本资产定价模型可以简要地描述为：普通股投资的必要报酬率等于无风险报酬率加上风险报酬率。用公式表示为

$$K_S = R_F + \beta(R_M - R_F) \tag{6-6}$$

式（6-6）中字母含义同前。

[例 6-3] 公司现有普通股 β 系数为 1.2，国债收益率为 7％，市场平均报酬率为 13％，利用资本资产定价模型计算普通股资本成本为

$K_S = 7\% + 1.2 \times (13\% - 7\%) = 14.2\%$

② 股利增长模型。在资本市场有效时，股票的市场价格将与价值相等。假定某股票本期支付的股利为 D_0，未来各期股利按 g 速度增长。目前股票市场价格为 P_0，则普通股资本成本为

$$K_S = \frac{D_0(1+g)}{P_0} + g \tag{6-7}$$

[例6-4] 公司现有普通股当前市价为50元,筹资费用率为2%,最近一次支付的股利为每股4.19元,预期股利的永续增长率为5%,用股利增长模型估计普通股资本成本为

$$K_S = \frac{4.19 \times (1+5\%)}{50 \times (1-2\%)} + 5\% = 13.98\%$$

③ 债券报酬率风险调整模型。根据"投资风险越大,要求的报酬率越高"的原理,普通股投资的风险高于债券投资者,因而会在债券投资者要求的收益率上再加上一定的风险溢价来补偿。

$$K_S = K_{dt} + RP_C \tag{6-8}$$

其中:K_{dt}为税后债务成本;RP_C为股东比债权人承担更大风险所要求的风险溢价。

此种方法测算简单,但主观色彩较浓。

(2) 留存收益资本成本。企业的留存收益归属于净利润,属于股东权益,一般企业都不会把全部收益以股利方式分给股东,所以,留存收益是企业筹集资金的一种重要来源。从表面上看,留存收益并不花费资本成本,但实际上它也要计算成本,因投资者同意将这部分收益留在企业,是期望从中获得更高的投资回报,实际上是一种机会成本,与普通股不同的是无须考虑筹资费用。在计算时与普通股资本成本计算一致,但不用筹资费率。

(二) 综合资本成本

企业筹集的所有资金,往往不能通过单一筹资方式取得,而是将各种筹资方式组合,综合资本成本就是多元化融资方式下的一种资本成本,反映了企业整体资本成本水平的高低,一般是按各种长期资本的比例加权计算,计算公式为

$$K_S = \sum_{j=1}^{n} K_j W_j \tag{6-9}$$

其中:K_S为综合资本成本;W_j为第j种资金占总资金的比重;K_j为第j种资金的成本率。

计算公司的综合资本成本,有三种权重可供选择,即账面价值权重、实际市场价值权重和目标资本结构权重。

▶ 1. 账面价值权重

账面价值权重,即以从财务报表上所获得的账面价值为基础来衡量每种资本的比例。这种方法的优点是资料容易取得,计算结果稳定;缺点是会计价值多为历史价值,不一定符合未来的状态,不适合评价现时的资本结构。

▶ 2. 实际市场价值权重

实际市场价值权重,即根据当前负债和权益的市场价值比例衡量每种资本的比例。这种方法的优点是能够反映现时的资本成本水平,有利于评价资本结构决策;缺点是现行市价处于经常变动之中,难以取得,且只能反映当前,不能反映未来。

▶ 3. 目标资本结构权重

目标资本结构权重,即根据按市场价值计量的目标资本结构衡量每种资本要素的比例。这种方法可适用于未来的筹资决策,目标资本结构代表未来将如何筹资的最佳估计。

[例6-5] 某公司假设目标资本结构是30%的长期债券、10%的优先股、60%的普通股,长期债券资本成本为6.58%,优先股资本成本为9.01%,普通股资本成本为14%,据此估计公司的综合资本成本为

综合资本成本＝6.58%×30%＋9.01%×10%＋14%×60%＝11.272%

（三）边际资本成本

边际资本成本（marginal cost of capitial）是指资金每增加一个单位而增加的成本。它是按加权平均法计算的，是追加筹资时所使用的加权平均资本成本。边际资本成本的权重采用目标资本结构权重。

[例 6-6] C公司设定的目标资本结构为长期借款20%、公司债券20%、普通股60%，按此资本结构来筹资。个别资本成本率预计分别为长期借款8%、公司债券10%、普通股权益15%，现追加筹资300万元的边际成本，长期借款追加筹资额为50万元，公司债券为55万元，普通股为195万元。其边际资本成本为

$$边际资本成本= \frac{50}{300} \times 20\% + \frac{55}{300} \times 20\% + \frac{195}{300} \times 60\% = 46\%$$

第二节 杠杆利益与风险的测量

在财务管理中，杠杆是由于存在固定性成本费用，使得某一变量发生较小变动，会引起另一变量发生较大变动。杠杆效应既能提高本公司期望收益，同时也会增加公司风险。财务管理中的杠杆效应，包括经营杠杆、财务杠杆和总杠杆三种效应形式。

一、经营杠杆效应

▶ 1. 经营杠杆效应的概念

经营杠杆（operating leverage）是由与产品生产或提供劳务相关的固定性经营成本所引起的，在这一固定性经营成本的作用下，销售量一定程度的变动引起息税前利润产生更大程度变动，这种现象被称为经营杠杆效应。

$$EBIT = Q(P-V) - F = M - F \tag{6-10}$$

其中：EBIT 为息税前利润；Q 为产销业务量；P 为销售单价；V 为单位变动成本；M 为边际贡献；F 为固定性经营成本。

在一定产销量的范围内，固定成本总额是不变的，随着产销量的增加，单位固定成本就会降低，从而单位产品的利润提高，息税前利润的增长率将大于销量的增长率；相反，销售量的下降会提高产品单位固定成本，从而单位产品的利润减少，息税前利润的下降率将大于销售量的下降率。如果企业不存在固定成本，则息税前利润的变动率将与销售量的变动率保持一致。

▶ 2. 经营杠杆系数

只要企业存在固定性经营成本，就存在经营杠杆效应。

经营杠杆系数的定义表达式为

$$DOL = \frac{息税前利润变化的百分比}{营业收入变化的百分比} = \frac{\Delta EBIT/EBIT}{\Delta S/S}$$

其中：DOL 为经营杠杆系数；$\Delta EBLT$ 为息税前利润变动额；EBIT 为变动前息税前利润；ΔS 为营业收入（销售量）变动量；S 为变动前营业收入（销售量）。

上述经营杠杆系数的定义表达式经整理，可以推导出如下经营杠杆系数的两个计算公式：

公式一：

$$\mathrm{DOL_Q} = \frac{Q(P-V)}{Q(P-V)-F} \tag{6-11}$$

其中：$\mathrm{DOL_Q}$ 为销售量为 Q 时的经营杠杆系数；Q 为销售量；P 为单位销售价格；V 为单位变动成本；F 为总固定成本。

公式二：

$$\mathrm{DOL_S} = \frac{S-\mathrm{VC}}{S-\mathrm{VC}-F} = \frac{\mathrm{EBIT}+F}{\mathrm{EBIT}} \tag{6-12}$$

其中：$\mathrm{DOL_S}$ 为营业收入为 S 时的经营杠杆系数；S 为营业收入；VC 为变动成本总额。

[例 6-7] 假设 C 公司生产的产品售价为 5 元，单位变动成本为 1 元，固定成本为 40 000 元。计算该企业销售量为 40 000 件和 60 000 件时的经营杠杆系数。

解：如果销售量为 40 000 件，则

经营杠杆系数＝40 000×(5－1)/[40 000×(5－1)－40 000]＝1.33

说明当销售量增长 1% 时，息税前利润增长 1.33%。

如果销售量为 60 000 件，则

经营杠杆系数＝60 000×(5－1)/[60 000×(5－1)－40 000]＝1.2

说明当销售量增长 1% 时，息税前利润增长 1.2%。

▶ 3. 经营杠杆与经营风险

经营风险，是指企业未使用债务时经营的内在风险。影响企业经营风险的因素很多，主要有以下几个方面：

(1) 产品需求。市场对企业产品的需求稳定，则经营风险小；反之，则经营风险大。

(2) 产品售价。产品售价稳定，则经营风险小；反之，则经营风险大。

(3) 固定成本的比重。固定成本比重越高、成本水平越高、产品销售数量和销售价格水平越低，经营风险越大；反之，则经营风险越小。

(4) 产品成本。产品成本是收入的抵减，成本不稳定，会导致利润不稳定。因此，产品成本变动大，则经营风险大；反之，则经营风险小。

(5) 调整价格的能力。当产品成本变动时，若企业具有较强的调整价格能力，则经营风险小；反之，则经营风险大。

引起企业经营风险的主要原因是市场需求和生产成本等因素的不确定性。经营杠杆是经营风险的表现形式，不是其根源。另外，值得注意的是，在企业不发生经营性亏损、息税前利润为正的前提下，经营杠杆系数最低为 1，不会为负数；只要有固定性经营成本存在，经营杠杆系数总是大于 1。

二、财务杠杆效应

▶ 1. 财务杠杆效应的概念

财务杠杆(financial leverage)是指由于债务利息或优先股股息这类固定性融资成本的存在，使得息税前利润一定程度的变动引起每股收益更大程度的变动，这种现象称为财务杠杆效应。

$$EPS = \frac{(EBIT - I)(1 - T) - PD}{N} \qquad (6-13)$$

其中：EPS 为每股收益；EBIT 为息税前利润；I 为债务资本利息；T 为所得税税率；PD 为优先股股利；N 为普通股股数。

在影响财务风险的因素中，固定性融资成本是基本因素。当息税前利润增加时，单位利润所负担的固定性利息费用就会相对减少，从而单位利润可供股东分配的部分会相应增加，普通股每股收益的增长率大于息税前利润的增长率；反之，当息税前利润减少时，单位利润所负担的固定性利息费用就会相对增加，从而单位利润可供股东分配的部分就会相应减少，普通股每股收益的下降率大于息税前利润的下降率；如果不存在固定性融资费用，则普通股股东每股收益的变动率将与息税前利润的变动率一致。

▶ 2. 财务杠杆系数

只要企业存在固定性融资成本，就存在财务杠杆效应。

财务杠杆系数的定义表达式为

$$DFL = \frac{每股收益变化的百分比}{息税前利润变化的百分比} = \frac{\Delta EPS/EPS}{\Delta EBIT/EBIT} \qquad (6-14)$$

其中：DFL 为财务杠杆系数；ΔEPS 为普通股每股收益变动额；EPS 为变动前的普通股每股收益；ΔEBIT 为息税前利润变动额；EBIT 为变动前的息税前利润。

依据上述定义公式，可以推导出如下财务杠杆系数的两个计算公式：

公式一：

$$DFL = \frac{EBIT}{EBIT - I - PD/(1 - T)} \qquad (6-15)$$

其中：DFL 为财务杠杆系数；EBIT 为息税前利润；I 为债务利息；PD 为优先股股利；T 为所得税税率。

公式二：

$$DFL = \frac{Q(P - V) - F}{Q(P - V) - F - I - PD/(1 - T)} \qquad (6-16)$$

其中：DFL 为财务杠杆系数；Q 为销售量；P 为单位销售价格；V 为单位变动成本；F 为总固定成本；I 为债务利息；PD 为优先股股利；T 为所得税税率。

[例 6-8] C 公司全部长期资本为 8 000 万元，债务资本比例为 30%，债券年利率为 6%，息税前利润为 900 万元，其财务杠杆系数为

DFL = 900/(900 − 8 000 × 30% × 6%) = 1.19

财务杠杆系数 1.19 表示：当息税前利润增长 1% 时，普通股每股收益增长 1.19%，表现为财务杠杆利益；反之，当息税前利润下降 1% 时，普通股每股收益下降 1.19%，表现为财务风险的大小。

▶ 3. 财务杠杆与财务风险

财务风险，是指由于企业运用了债务筹资方式而产生的丧失偿付能力的风险，而这种风险最终是由普通股股东承担的。只要有固定性融资成本的存在，财务杠杆系数就大于 1。财务杠杆有助于企业在控制财务风险时，不是简单考虑负债融资的绝对量，而是关注负债利息成本与盈利水平的相对关系。

三、总杠杆效应

▶ 1. 总杠杆效应的概念

经营杠杆考察产销量变化对息税前利润的影响程度,而财务杠杆考察的是息税前利润变化对每股收益变化的影响程度。两种杠杆综合发挥作用,即总杠杆(total leverage)效应,即考察产销量变化对每股收益变化的影响程度。

▶ 2. 总杠杆系数

只要企业同时存在固定性经营成本和固定性融资成本,就存在总杠杆效应。总杠杆直接考察了产销量变化对每股收益的影响程度。

总杠杆系数的定义表达式为

$$\text{DTL} = \frac{\text{每股收益变化的百分比}}{\text{营业收入变化的百分比}} = \frac{\Delta \text{EPS}/\text{EPS}}{\Delta S/S} \tag{6-17}$$

总杠杆也有两个具体计算公式:

公式一:

$$\text{DTL} = \frac{Q(P-V)}{Q(P-V) - F - I - \text{PD}/(1-T)} \tag{6-18}$$

公式二:

$$\text{DTL} = \frac{\text{EBIT} + F}{\text{EBIT} - I - \text{PD}/(1-T)} \tag{6-19}$$

总杠杆与经营杠杆、财务杠杆的关系公式为

$$\text{DTL} = \text{DOL} \cdot \text{DFL} \tag{6-20}$$

式(6-17)~式(6-20)中,DTL 表示总杠杆,其他符号含义同前。

[例 6-9] 若 C 公司的经营杠杆系数为 1.5,财务杠杆系数为 2,则总杠杆系数是多少?
总杠杆系数=1.5×2=3

▶ 3. 总杠杆与公司风险

总杠杆综合反映了经营杠杆和财务杠杆的作用,可以用以评价企业的整体风险。分析总杠杆系数对公司管理有很重要的意义。

(1)总杠杆系数可以用来分析产销量变化对每股收益的影响。当产销量变化时,根据总杠杆可以分析每股收益的变化。

(2)在总杠杆系数一定的情况下,经营杠杆系数与财务杠杆系数此消彼长,为了控制某一总杠杆系数,可以将经营杠杆与财务杠杆搭配成不同的组合,以保证公司整体风险不至于太大。

第三节 资本结构决策分析

资本结构决策是企业财务决策的核心内容之一,企业应通过筹资管理确定最佳的资本结构,降低资本成本,提升企业价值。

一、资本结构的含义

资本结构(capital structure)分为广义的资本结构和狭义的资本结构。广义的资本结构是指全部债务与所有者权益的构成和比例关系;狭义的资本结构是指企业各种长期资本来源的构成和比例关系。本书中的资本结构主要是指狭义的资本结构。短期资本的需要和筹集是经常变化的,且在整个资本总量中所占的比重不稳定,将短期债务作为营运资金来管理。

债务融资虽然可以实现抵税收益以及发挥财务杠杆效应,但在增加债务的同时也会加大企业的风险,并最终要由股东承担风险的成本。因此,企业资本结构决策的主要内容是权衡债务的收益与风险,实现合理的资本结构,从而实现企业价值最大化。

二、资本结构的影响因素

资本结构通常受到多方面因素的影响,大体分为内部因素和外部因素。

▶ 1. 内部因素

(1) 企业收益与现金流量波动性的大小。一般而言,收益与现金流量波动较大的企业要比现金流量较稳定的同类企业负债水平低。

(2) 企业盈利能力的强弱。盈利能力强的企业,其留存收益往往较多,内源融资的满足率较高,与盈利能力较弱的类似企业相比,其负债水平低。

(3) 财务灵活性大小。企业利用闲置资金和剩余的负债能力以应付可能发生的偶然情况和把握未预见机会的能力强,也即财务灵活性大,其负债水平往往比那些财务灵活性小的企业高。

(4) 企业的发展阶段。企业在初创阶段,经营风险高,负债水平低;企业在成长阶段,对外部资金需求较大,负债水平高;企业在收缩阶段,产品市场占有率下降,经营风险加大,负债水平降低。

▶ 2. 外部因素

(1) 行业特征。不同行业资本结构差异大。产品市场稳定的成熟产业经营风险低,负债水平往往较高;高新技术产业的产品、技术、市场尚不成熟,经营风险高,负债水平通常较低。

(2) 经济环境的税收政策和货币政策。按照税法的规定,企业债务的利息可以抵税,而股票的股利不可以抵税。一般而言,企业所得税税率越高,债务资本的抵税作用就越大,企业可以充分利用这种作用来提升企业价值。货币政策主要影响资本供给,当执行紧缩的货币政策时,市场利率较高,企业债务资本成本增大,此时负债水平应降低。

三、资本结构的决策方法

▶ 1. 资本成本比较法

资本成本比较法是指通过计算各种基于市场价值的长期融资组合方案的综合资本成本,并根据计算结果选择综合资本成本最小的融资方案,确定为相对最优的资本结构。

[例 6-10] C公司需筹集1 000万元长期资本,可以用贷款、发行债券、普通股、优先股筹得,其个别资本成本已分别测定,有如下三种筹资方案:

A方案:筹资金额分别为贷款400万元、发行债券100万元、普通股400万元、优先股100万元。

B方案：筹资金额分别为贷款300万元、发行债券150万元、普通股450万元、优先股100万元。

C方案：筹资金额分别为贷款200万元、发行债券200万元、普通股550万元、优先股50万元。

个别资本成本：贷款个别资本成本4.5%，债券资本成本6%，普通股资本成本13%，优先股资本成本10%。

将上述数据代入计算三种不同筹资方案的综合资本成本。

A方案：$\dfrac{400}{1\,000}\times 4.5\% + \dfrac{100}{1\,000}\times 6\% + \dfrac{400}{1\,000}\times 13\% + \dfrac{100}{1\,000}\times 10\% = 8.6\%$

B方案：$\dfrac{300}{1\,000}\times 4.5\% + \dfrac{150}{1\,000}\times 6\% + \dfrac{450}{1\,000}\times 13\% + \dfrac{100}{1\,000}\times 10\% = 9.1\%$

C方案：$\dfrac{200}{1\,000}\times 4.5\% + \dfrac{200}{1\,000}\times 6\% + \dfrac{550}{1\,000}\times 13\% + \dfrac{50}{1\,000}\times 10\% = 9.75\%$

通过比较不难发现，A方案综合资本成本最低，因此，在适度的财务风险条件下，企业应按照A方案的各种资本比例筹集资金。

▶ 2. 每股收益分析法

每股收益分析法是利用每股收益的变化来判断资本结构是否合理，即能够提高普通股每股收益的结构就是合理的资本结构。为了解决在某一特定预期盈利水平下的融资方式选择问题，特别是在长期债务融资与普通股融资之间进行选择时，因全部融资为普通股时不存在财务杠杆效应，可以运用每股收益无差别点分析法。所谓每股收益无差别点是指不同筹资方式下每股收益都相等时的息税前利润或业务量水平。在每股收益无差别点时，不同筹资方案的EPS是相等的，无差别点的计算公式表示如下：

$$\text{EPS} = \dfrac{(\text{EBIT}-I_1)(1-T)-\text{PD}_1}{N_1} = \dfrac{(\text{EBIT}-I_2)(1-T)-\text{PD}_2}{N_2} \qquad (6\text{-}21)$$

其中：EPS为每股收益；EBIT为每股收益无差别点时的息税前利润；I_1、I_2为两种筹资方式下的债务利息；N_1、N_2为两种筹资方式下普通股股数；T为所得税税率；PD为优先股股利。

每股收益分析法的决策原则：在每股收益无差别点上，无论是采用债务还是股权筹资方案，每股收益都是相等的。当预期息税前利润大于每股收益无差别点时，应选择财务杠杆效应较大的筹资方案；反之，应选择财务杠杆效应较小的筹资方案。

[例6-11] 某公司目前拥有资本850万元，其结构为：债务资本100万元；普通股权益资本750万元。年利息9万元，普通股股数10万股。该公司所得税税率为25%。现准备追加筹资150万元，有以下两种筹资方式选择：

(1) 增发新普通股，每股发行价为50元；

(2) 平价发行债券，票面年利率为12%。

要求：计算增发普通股与增加债务两种筹资方式下的每股收益无差别点息税前利润，并要求说明当息税前利润为180万元时，应采用哪种筹资方式。

解：

$$\dfrac{(\text{EBIT}-9)\times(1-25\%)-0}{13} = \dfrac{(\text{EBIT}-27)\times(1-25\%)-0}{10}$$

EBIT = 87（万元）

当息税前利润为 180 万元时,大于增发普通股与增加债务两种增资方式下的每股收益无差别点息税前利润 87 万元,所以应采用发行债券的方式。

▶ 3. 企业价值比较法

资本成本比较法和每股收益分析法都没有考虑风险因素,企业价值比较法是在考虑风险的基础上,以提升企业价值为标准,来寻求公司的最佳资本结构。同时,在公司价值最大的资本结构下,公司的资本成本也是最低的。

衡量企业价值的一种合理方法是:企业的市场价值 V 等于其股票的市场价值 S 加上长期债务的价值 B,即

$$V = S + B \tag{6-22}$$

为简化测算,设长期债务(含长期借款和长期债券)的现值等于其面值;股票的现值按公司未来经净收益的折现值测算,其测算公式为

$$S = \frac{(\text{EBIT} - I)(1-T) - \text{PD}}{K_S} \tag{6-23}$$

其中:S 为股票的现值;EBIT 为息税前利润;I 为年利息额;T 为公司所得税税率;K_S 为权益资本成本;PD 为优先股股利。

采用资本资产定价模型计算股票的资本成本,公式为

$$K_S = R_F + \beta(R_M - R_F) \tag{6-24}$$

其中:K_S 为股票的资本成本;R_F 为无风险报酬率;β 为股票的贝塔系数;R_M 为平均无风险股票必要报酬率。

而公司的资本成本,则应用加权平均资本成本 K_W 来表示,其公式为

$$K_W = \sum_{j}^{n} K_j W_j \tag{6-25}$$

其中:W_j 为第 j 种资金占总资金的比重;K_j 为第 j 种资金的成本率。

> **思考题**
>
> 1. 什么是资本成本的含义?我们为什么要研究资本成本?
> 2. 怎么计算借款、债券、股票的个别资本成本?
> 3. 怎么计算一个公司的加权资本成本?
> 4. 简述经营杠杆系数与经营风险的关系。
> 5. 简述财务杠杆系数与财务风险的关系。
> 6. 如何确定公司的最佳资本结构?
> 7. 简述广义资本结构与狭义资本结构的区别。
> 8. 简述资本结构决策方法在基本原理和决策标准上的异同之处?

> **练习题**

一、单选题

1. 下列关于经营杠杆的说法中,错误的是(　　)。

A. 经营杠杆反映的是营业收入的变化对每股收益的影响程度

B. 如果没有固定性经营成本，则不存在经营杠杆效应

C. 经营杠杆的大小是由固定性经营成本和息税前利润共同决定的

D. 如果经营杠杆系数为1，表示不存在经营杠杆效应

2. 甲公司因扩大经营规模需要筹集长期资本，有发行长期债券、发行优先股、发行普通股三种筹资方式可供选择。经过测算，发行长期债券与发行普通股的每股收益无差别点为120万元，发行优先股与发行普通股的每股收益无差别点为180万元。如果采用每股收益无差别点法进行筹资方式决策，下列说法中，正确的是（　　）。

A. 当预期的息税前利润为100万元时，甲公司应当选择发行长期债券

B. 当预期的息税前利润为150万元时，甲公司应当选择发行普通股

C. 当预期的息税前利润为180万元时，甲公司可以选择发行普通股或发行优先股

D. 当预期的息税前利润为200万元时，甲公司应当选择发行长期债券

3. 某公司发行总额为1 000万元的债券，票面利率为7.5%，偿还期限为4年，每年年末付息一次，公司使用的所得税税率为25%，该债券发行价为951.38万元，则债券税后资本成本为（　　）。

A. 6.75%　　　B. 9%　　　C. 8.74%　　　D. 9.97%

4. 从资本成本的计算与应用价值来看，资本成本属于（　　）。

A. 实际成本　　B. 沉没成本　　C. 计划成本　　D. 机会成本

5. 在个别成本的计算中，不用考虑筹资费用影响因素的是（　　）。

A. 长期借款成本　　　　　　B. 债券成本

C. 留存收益成本　　　　　　D. 普通股成本

6. 某企业某年的财务杠杆系数为2.5，息税前利润的计划增长率为10%，假定其他因素不变，则该年普通股每股收益的增长率为（　　）。

A. 4%　　　B. 5%　　　C. 20%　　　D. 25%

7. 甲公司只生产一种产品，产品单价为6元，单位变动成本为4元，产品销量为10万件/年，固定成本为5万元/年，利息支出为3万元/年。甲公司的财务杠杆系数为（　　）。

A. 1.18　　　B. 1.25　　　C. 1.33　　　D. 1.66

8. 某企业债务资本和权益资本的比例为1∶1，则该企业（　　）。

A. 只有经营风险

B. 只有财务风险

C. 既有经营风险又有财务风险

D. 没有风险，因为经营风险和财务风险可以相互抵消

9. 某公司没有发行优先股，当前的利息保障倍数为5，则财务杠杆系数为（　　）。

A. 1.25　　　B. 1.5　　　C. 2.5　　　D. 0.2

10. 某公司的经营杠杆系数为1.8，财务杠杆系数为1.5，则该公司销售额每增长1倍，预计就会造成每股收益增长（　　）倍。

A. 1.2　　　B. 1.5　　　C. 0.3　　　D. 2.7

二、多选题

1. 企业资金结构决策比较常用的方法是（　　）。

A. EBIT-EPS分析法　　　　B. 因素分析法

C. 本量利分析法　　　　　D. 比较资金成本法

2. 复合杠杆系数（　　）。
   A. 指每股利润变动率相当于业务量变动率的倍数
   B. 等于经营杠杆系数与财务杠杆系数之积
   C. 反映息税前利润随业务量变动的剧烈程度
   D. 反映每股利润随息税前利润变动的剧烈程度
3. 下列项目中，属于资金成本中筹资费用内容的是（　　）。
   A. 借款手续费　　B. 债券发行费　　C. 债券利息　　D. 股利
4. 在个别资本成本中，须考虑所得税因素的是（　　）。
   A. 债券成本　　B. 银行借款成本　　C. 优先股成本　　D. 普通股成本
5. 最佳资本结构的判断标准有（　　）。
   A. 企业价值最大　　　　　　　　B. 筹资风险最小
   C. 加权平均资金成本最低　　　　D. 资本结构具有弹性

三、判断题

1. 资本成本包括筹资费用和用资费用两部分，其中筹资费用是资本成本的主要内容。（　　）
2. 当预计息税前利润大于每股利润无差异点利润时，采取负债融资对企业有利，这样可降低资本成本。（　　）
3. 经营杠杆效用产生的原因是由于经营成本中存在固定成本。（　　）
4. 当经营杠杆系数和财务杠杆系数都为1.5时，总杠杆系数为3。（　　）
5. 发行普通股筹资没有固定的利息负担，因此其资本成本较低。（　　）
6. 在财务杠杆、经营杠杆、复合杠杆三项杠杆中，作用力最强、效用最大的是复合杠杆。（　　）
7. 综合资本成本就是对企业所有个别资本成本的加总。（　　）
8. 股票筹资的资本成本比债券筹资的资本成本低。（　　）
9. 财务杠杆是通过扩大销售影响息税前利润的。（　　）
10. 由于财务杠杆的作用，当息税前利润下降时，普通股每股收益会下降得更快。（　　）

四、计算题

1. 某公司留存收益100万元，上一年公司对外发行普通股的股利率为12%，预计股利每年增长3%。试计算该公司留存收益成本。
2. 华光公司资金总额为600万元，负债比率为40%，负债利率为10%。该年公司实现息税前利润70万元，公司每年还将支付4万元的优先股股利，所得税税率为33%。求该公司的财务杠杆系数。
3. C公司没有发行优先股，2016年的相关数据如下：每股净资产为10元，每股收益为1元，每股股利为0.4元，该公司预计未来不增发股票，并保持经营效率和财务政策不变，现行C股票市场价格为15元/股，目前政府债券利率为4%，证券市场平均收益率为9%，C股票与证券市场的相关系数为0.5，A股票的标准差为1.96，证券市场的标准差为1。

要求：
（1）用资本资产定价模型确定该股票的资本成本。

(2) 用股利增长模型确定该股票的资本成本。

4. 某企业计划筹集资本100万元，所得税税率为25%。有关资料如下：

(1) 向银行借款10万元，借款年利率为7%，期限为3年，每年支付一次利息，到期还本。

(2) 按溢价发行债券，债券面值14万元，发行价格为15万元，票面利率为9%，期限为5年，每年支付一次利息，到期还本。

(3) 发行普通股40万元，每股发行价格为10元。预计第一年每股股利为1.2元，以后每年按8%递增。

(4) 其余所需资本通过留存收益取得。

要求：

(1) 计算个别资本成本。

(2) 计算该企业加权平均资本成本。

5. 已知某公司的资本结构为：长期债券（年利率为8%）1 000万元，普通股（4 500万股）4 500万元，留存收益2 000万元。因生产发展，公司年初准备增加资金2 500万元，现有两个筹资方案可供选择：甲方案为增加发行1 000万普通股，每股市价2.5元；乙方案为按面值发行每年年末付息、票面利率为10%的公司债券2 500万元。假定股票与债券的发行费用均可忽略不计，适用的企业所得税税率为25%。

要求：

(1) 计算两种筹资方案下每股收益无差别点的息税前利润。

(2) 计算处于每股收益无差别点时乙方案的财务杠杆系数。

(3) 如果公司预计息税前利润为1 200万元，指出该公司应采用的筹资方案。

(4) 如果公司预计息税前利润为1 600万元，指出该公司应采用的筹资方案。

案例分析

A公司是由大量的地区性旅客连锁店合并而成的股份有限公司，它希望与国家等级的酒店相竞争。现在公司总经理、财务经理与投资银行及有关人员正在讨论公司的资本成本问题，以便为筹措资金、确定资本结构提供依据。

A公司的资产负债表如表6-1所示。

表6-1　A公司资产负债表　　　　　　　　　　　　　单元：万元

资产		负债和所有者权益	
现金	1 000	应付账款	1 000
应收账款	2 000	其他应付款	1 000
存货	2 000	短期借款	500
流动资产合计	5 000	流动负债合计	2 500
固定资产净值	5 000	长期债券	3 000
		优先股	500
		普通股	1 000
		留存收益	3 000
		所有者权益总额	10 000
资产总计	10 000		

问题的条件：

(1) 短期负债由银行贷款构成，本期成本率为 10%，按季度支付利息。这些贷款主要用于补偿营业旺季在应收账款和存货方面的资金不足，但在淡季无须银行贷款。

(2) 期限 20 年，并以 8% 的息票利率每半年付息一次的抵押债券构成公司长期负债。债券投资者要求的收益率为 12%，若新发行债券，收益率仍为 12%，但有 5% 的发行成本。

(3) 该公司的永久性优先股票面额为 100 元，按季支付股利 2 元，投资者要求的收益率为 11%。若新发行优先股，仍产生同样的收益率，但公司需支付 5% 的发行成本。

(4) 公司流通在外的普通股为 400 股，$P_0=20$ 元，每股发行价格在 17～23 元，$D_0=1$ 元，$EPS_0=2$ 元；以普通股平均值为基础的股本收益率在 2015 年是 24%，但管理者期望提高到 30%，然而，证券分析人员并没有意识到管理者的这一要求。

(5) 由证券分析人员估算的 β 系数在 1.3～1.7 范围变动，政府长期公债收益率是 10%，由各种经纪服务机构所估算的 R_M 取值范围为 14.5%～15.5%，所预测的期望增长率范围为 10%～15%，然而，有些分析人员并没有提出明确的增长率估算数据，但他们曾向代理人暗示，该公司的历史增长率仍将保持与过去相同。

(6) 根据最近消息，A 公司的财务经理对某些热衷于退休基金投资的管理者进行了一次民意测验。测验结果表明，即使该公司的股本收益率处于最低水平，投资者仍愿意购买 A 公司的普通股票而不愿意购买收益率为 12% 的债券。所以，最后的分析建议是，相对 A 公司债务的股票风险报酬率范围应为 4%～6%。

(7) A 公司的所得税税率为 40%，但其控股股东的上缴税率为 28%。

(8) 新发行的普通股票有 10% 的发行成本率。

(9) 尽管 A 公司的主要投资银行认为预期通货膨胀将导致公司有关比率提高，但他们仍指出 A 公司的债券利息率将呈下降趋势，其 K_d 将下降到 10%，政府长期公债收益率下降到 8%。

问题： 假设你最近刚刚被招聘为公司副总经理，你的上司要求你根据上述资料估算该公司加权平均资本成本。注意，在每一给定条件下你所获得的资本成本数据应该适于评价与公司的资产具有同等风险的项目。在你的分析报告中应该包括以下内容：

(1) 根据证券评估的基本公式，计算长期负债市场价值、优先股市场价值、普通股市场价值，并以此确定公司的资本结构。

(2) 计算长期负债税后成本、优先股成本率。

(3) 根据资本资产定价模式计算普通股成本，其中 R_M 和 β 系数取中间值计算。

(4) 根据贴现现金流量模式计算普通股成本。

(5) 根据债券收益率加风险报酬率模式计算普通股成本。

(6) 计算新发行普通股成本率。

(7) 计算加权平均资本成本率。

第七章 项目投资决策

> **学习目标**
>
> 了解项目投资的分类和特点；掌握现金流量的概念及其构成，以及在计算现金流量时应注意的问题；理解投资决策中使用现金流的原因，并熟练掌握投资项目的现金流量估算方法；了解所得税及折旧对现金流量的影响；掌握投资决策的两种评价方法，即贴现评价法和非贴现评价法，以及不同评价指标之间的差异比较。

第一节 项目投资的类型和特点

一、项目投资的类型

项目是指具有明确目标的一系列复杂并相互关联的活动。广义的投资是指为了将来获得更多的现金流入而现在付出资金的行为。从特定企业角度看，投资是企业为获取收益而向一定对象投放资金的经济行为。公司尤其是实业公司为实现增长，进而达到财务管理目标，往往会进行项目投资，它是一种以特定项目为对象的，直接与新建或更新改造等项目相关的长期投资行为，又称长期投资。对公司而言，面临的最大挑战就是固定资产投资决策，如购买新的生产线，或者投资大型项目等，这类固定资产决策周期长，约束了财务资源，一旦将资金投出，再进行资金变更将是非常困难的事情。

其中经营性长期资产项目投资可以分为以下五种类型：

（1）新产品开发或现有产品的规模扩张项目。通常需要添置新的固定资产，并增加企业的营业现金流入。

（2）设备或厂房的更新项目。通常需要更换固定资产，但不改变企业的营业现金收入。

（3）研究与开发项目。通常不产生现实的收入，而是得到一项是否投产新产品的选择权。

(4) 勘探项目。通常使企业得到一些有价值的信息。

(5) 其他项目，包括劳动保护设施建设、购置污染控制装置等。这些决策不直接产生营业现金流入，而是使企业在履行社会责任方面的形象得到改善。它们有可能减少未来的现金流出。

这些投资项目的现金流量分布有不同特征，分析的具体方法也有区别。最具一般意义的是第一种投资，即新添置固定资产的投资项目。

二、项目计算期及其构成

项目计算期，即项目的有效持续期间，是指投资项目从投资建设开始到最终清理结束整个过程的全部时间，包括建设期和生产经营期。其中，建设期的第一年年初（记作第0年）称为建设起点；从投产日到终结点之间的时间间隔称为生产经营期，该期间又包括试产期和达产期。试产期是指项目投入生产，但生产能力尚未达到设计能力时的过渡阶段；达产期，即生产运营完全达到设计的预期生产能力后的时间。运营期一般需要根据项目主要设备的经济使用寿命确定。

三、项目投资的特点

▶1. 投资金额大

项目投资，特别是战略性的扩大生产能力投资一般都需要较多的资金，其投资额往往是企业及其投资人多年的资金积累，在企业总资产中占有相当大的比重。因此，项目投资对企业未来的现金流量和财务状况都将产生深远影响。

▶2. 影响时间长

项目投资的投资期及发挥作用的时间都较长，对企业未来的生产经营活动和长期经营活动将产生重大影响。

▶3. 变现能力差

项目投资一般不准备在一年或一个营业周期内变现，而且即使在短期内变现，其变现能力也较差。因为，项目投资一旦完成，改变是相当困难的，但不是无法实现，而是代价太大。

▶4. 投资风险大

影响项目投资未来收益的因素特别多，加上投资额大，影响的时间长和变现能力差，必然造成其投资风险比其他投资大，对企业未来的命运产生决定性影响。无数事例证明，一旦项目投资决策失败，会给企业带来先天性的、无法逆转的损失。

▶5. 资金占用相对稳定

项目投资一旦形成，就不会像流动资产投资那样经常变动，而是在资金占用数量上保持相对稳定，并且其实物的营运能力也可以被确定，而且便于筹资安排和资金控制。

第二节 现金流量及其计算

一、现金流量的概念

现金流量(cash flow)是指由一项长期投资方案所引起的在未来一定期间所发生的现金收支,它是投资项目财务可行性分析的主要分析对象。一般对于投资方案财务可行性来说,项目的现金流量状况要比会计期间的盈亏状况更重要。

针对某个具体的固定资产项目,现金流量是指一个项目在其计算期内因资本循环而可能或应该发生的现金流入量与现金流出量的统称。这时的"现金"与现金流量表中的现金概念有所区别,它不仅包括各种货币资金,而且包括项目需要投入企业拥有的非货币资源的变现价值。例如,一个项目需要使用原有的厂房、设备和材料等,则相关的现金流量是指它们的变现价值,而不是其账面成本。

二、投资项目的现金流量构成

（一）一般而言,按照现金流动的方向,可以将投资活动的现金流量分为现金流出量、现金流入量和净现金流量

▶ 1. 现金流出量

一个方案的现金流出量,是指该方案引起的企业现金支出的增加额。它主要在项目的投资阶段发生,即该项目的原始投资;另外,在营业阶段也会发生现金流出,主要是营运各年的付现营运成本。例如,企业增加一条生产线,通常会引起以下现金流出:

（1）增加生产线的价款。购置生产线的价款可能是一次性支出,也可能是分几次支出。

（2）垫支营运资本。由于该生产线扩大了企业的生产能力,所以,引起对流动资产的需求增加。企业需要追加的营运资本,也是购置该生产线引起的,因此应列入该方案的现金流出量。

▶ 2. 现金流入量

一个方案的现金流入量,是指该方案引起的企业现金流入的增加额。它主要发生在投资项目的营业阶段和终结阶段,现金流入量主要是营运各年的营业收入以及资产的变价收入、垫支营运资金的收回等。例如,企业购置一条生产线,通常会引起下列现金流入:

（1）营业现金流入。购置生产线扩大了企业的生产能力,使企业销售收入增加。扣除有关的付现成本后增加的余额,是该生产线引起的一项现金流入。假设不考虑所得税,则

$$\text{营业现金流入}=\text{销售收入}-\text{付现成本} \tag{7-1}$$

付现成本是指需要每年支付现金的成本。成本不需要每年支付现金的部分称为非付现成本,其中主要是折旧费。所以,付现成本可以用成本减去折旧来估算。

$$\text{付现成本}=\text{成本}-\text{折旧} \tag{7-2}$$

$$\text{营业现金流入}=\text{销售收入}-\text{付现成本}=\text{销售收入}-(\text{成本}-\text{折旧})$$
$$=\text{利润}+\text{折旧} \tag{7-3}$$

（2）残值收入。残值收入是指生产线在报废清理时或中途变价出售时所收回的价值。回收营运资本是指生产线报废或出售时,因不再发生新的替代投资而回收的原垫付的全部

流动资本投资额。

▶ 3. 现金净流量

现金净流量(net cash flow，NCF)是指项目引起的、一定期间内现金流入量和现金流出量的差额。这里所说的"一定期间"有时是指一年内，有时是指投资项目持续的整个年限内。流入量大于流出量时，净流量为正；反之，净流量为负。

在生产经营期间，企业进行生产和销售时，假设经营期各年的营业收入均为现金收入，所得税税率为 T，年非付现成本为固定资产的年折旧额，则年现金净流量的计算公式如下：

$$\begin{aligned}
年现金净流量 &= 年营业收入 - 年付现成本 - 年所得税 \\
&= 年营业收入 \times (1-T) - 年付现成本 \times (1-T) - 年折旧 \times (1-T) + 年折旧 \\
&= (年营业收入 - 年付现成本 - 年折旧) \times (1-T) + 年折旧 \\
&= 年净利润 + 年折旧 \\
&= EBIT \times (1-T) + 年折旧
\end{aligned} \tag{7-4}$$

因为不考虑融资活动的影响，所以上述公式中的年净利润应当是息前税后净利润。

（二）按照现金流量的发生时间，投资活动的现金流量又可以分为初始现金流量、营业现金流量和终结现金流量

▶ 1. 初始现金流量

初始现金流量是指为使投资项目建设完成并投入使用而发生的有关现金流量，属于现金流出。一般包括如下几个部分：

（1）投资前的费用。投资前费用是指在正式投资之前为做好各项准备工作而花费的费用。主要包括勘察设计费、技术资料费、土地购入费和其他费用。投资前费用的总额要在综合考虑以上费用的基础上，合理加以预测。

（2）设备购置费用。设备购置费用是指为购买投资项目所需各项设备而花费的费用。企业财务人员要根据所需设备的数量、规格、型号、性能、价格水平、运输费用等预测设备购置费。

（3）设备安装费用。设备安装费用是指为安装各种设备所需的费用。这部分费用主要根据安装设备的多少、安装的难度、安装的工作量、当地安装的收费标准等因素进行预测。

（4）建筑工程费。建筑工程费是指进行土建工程所花费的费用。这部分费用要根据建筑类型、建筑面积的大小、建筑质量的要求、当地建筑造价标准进行预测。

（5）营运资金的垫支。投资项目建成后，必须垫支一定的营运资金才能投入运营。这部分营运资金的垫支一般要到项目寿命终结时才能收回。所以，这种投资应看作长期投资，而不属于短期投资。

（6）原有固定资产的变价收入扣除相关税金后的净收益。变价收入主要是指固定资产更新时变卖原有固定资产所得的现金收入。

（7）不可预见费。不可预见费是指在投资项目正式建设之前不能完全估计到的，但又很可能发生的一系列费用，如设备价格的上涨、出现自然灾害等。这些因素也要合理预测，以便为现金流量预测留有余地。

▶ 2. 营业现金流量

营业现金流量一般以年为单位进行计算。这里，现金流入一般是指营业现金收入。现

金流出是指营业现金支出和缴纳的税金。如果一个投资项目的每年销售收入等于营业现金收入，那么付现成本（指不包括折旧的成本）等于营业现金支出。

3. 终结现金流量

终结现金流量主要包括：其一，固定资产的残值收入或变现收入（只扣除了所需要上缴的税金等支出后的净收入）；其二，原有垫支在各种流动资产上的资金收回；其三，停止使用的土地的变价收入等。

三、现金流量计算中应注意的问题

为了正确计算投资方案的现金流量，需要正确判断哪些支出会引起企业总现金流量的变动，哪些支出只是引起某个部门的现金流量的变动而不引起企业总现金流量的变动。在进行这种判断时，要注意以下几个问题：

（1）区分相关成本和非相关成本。相关成本是指与特定决策有关的、在分析评价时必须加以考虑的成本。例如，差额成本、未来成本、重置成本、机会成本。与此相反，与特定决策无关的、在分析评价时不必加以考虑的成本是非相关成本，例如沉没成本、账面成本、过去成本等。

所谓沉没成本（sunk cost）是指已经付出且不可收回的成本，它是一种历史成本，对现有决策而言是不可控成本，不会影响当前行为或未来决策。沉没成本常用来和可变成本作比较，可变成本可以改变，沉没成本则不能改变。

（2）不要忽视机会成本。机会成本（opportunity cost）是指为了进行某项投资而放弃其他投资所能获得的潜在收益，即在投资方案选择时，选择一个方案而放弃另外其他方案需要付出的一种代价。在投资决策中不能忽视机会成本。例如，公司拥有的厂房如果出租，每年可以取得租金收入 50 万元，那么在进行投资分析时，这 50 万元的租金收入就是将该厂房自用的一项机会成本，在计算营业现金流量的时候，需要将其视作现金流出。因此，机会成本不是通常意义上的支出，而是一种潜在的收益。机会成本总是针对具体方案的，离开被放弃的方案就无从计量确定。

（3）考虑部门间的影响。当选择一个新的投资项目时，该项目可能会对公司的其他部门造成有利的或不利的影响。例如，若新建的厂房生产的产品上市后，原有其他产品的销售额可能减少。因此，公司在进行投资分析时，不应将新建厂房的销售收入作为增量收入来处理，而应扣除其他部门因此减少的销售收入。当然，也可能发生相反的情况，新产品上市后将促进其他部门的销售增长，这要看新项目和原有部门是竞争关系还是互补关系。尽管这类影响难以准确计算，但决策者在进行投资分析时仍需将其考虑在内。

（4）考虑对净营运资金的影响。在一般情况下，当企业开办一项新业务并使销售额扩大后，对存货、应收账款等流动资产的需求也会增加，企业必须筹措新的资金来满足这种额外需求；另外，由于企业扩充，应付账款和一些应付费用等流动负债也会同时增加，从而降低企业流动资金的实际需要。所谓净营运资金的需要，是指增加的经营性流动资产和经营性流动负债之间的差额。通常，在进行投资分析时，假定开始投资时筹措的净营运资金在项目结束时回收。

（5）必须考虑现金流量的增量。在确定投资方案现金流量时，应遵循只有增量现金流才是与项目相关的现金流的基本原则。增量现金流是指接收或拒绝某个方案后，企业总现金流量因此发生的变动。为正确计算投资方案的现金流量，需正确判断哪些支出会引起企业总现金流量的变动，哪些不会引起其变动。

四、投资决策中使用现金流量的原因

传统的财务会计按权责发生制计算企业的收入和成本，并以收入减去成本后的利润作为收益，用来评价企业的经济效益。在长期投资决策中则不能以按这种方法计算的收入和支出作为评价项目经济效益高低的基础，而应以现金流入作为项目的收入，以现金流出作为项目的支出，以净现金流量作为项目的净收益，并在此基础上评价投资项目的经济效益。投资决策之所以要以按收付实现制计算的现金流量作为评价项目经济效益的基础，主要有以下两方面原因。

▶ 1. 采用现金流量有利于科学地考虑资金的时间价值因素

科学的投资决策必须认真考虑资金的时间价值，这就要求在决策时一定要弄清每笔预期收入款项和支出款项的具体时间，因为不同时间的资金具有不同的价值。因此，在衡量方案优劣时，应根据各投资项目寿命周期内各年的现金流量，按照资本成本，结合资金的时间价值来确定。而利润的计算是以权责发生制为基础的，并没有考虑实际收付资金的时间。

利润与现金流量的差异具体表现在以下几个方面：
(1) 购置固定资产付出大量现金时不计入成本；
(2) 将固定资产的价值以折旧或折耗的形式逐期计入成本时，却又不需要付出现金；
(3) 计算利润时不考虑垫支的流动资产的数量和回收的时间；
(4) 只要销售行为已经确定，就计算为当期的销售收入，尽管其中有一部分并未于当期收到现金；
(5) 项目寿命终了时，以现金的形式回收的固定资产残值和垫支的流动资金在计算利润时也得不到反映。

可见，要在投资决策中考虑时间价值的因素，就不能用利润来衡量项目的优劣，而必须采用现金流量。

▶ 2. 采用现金流量才能使投资决策更符合客观实际情况

在长期投资决策中，应用现金流量更科学、更客观地评价投资方案的优劣。而利润则明显地存在不科学、不客观的成分，这是因为：

(1) 利润的计算没有一个统一的标准，在一定程度上要受存货估价、费用摊配和不同折旧计提方法的影响。因而，净利的计算比现金流量的计算有更大的主观随意性，以此作为决策的主要依据不太可靠。

(2) 利润反映的是某一会计期间"应计"的现金流量，而不是实际的现金流量。若以未实际收到现金的收入作为收益，具有巨大风险，容易高估投资项目的经济效益，存在不科学、不合理的成分。

五、所得税与折旧对现金流量的影响

所得税是企业的一种现金流出，它取决于利润的大小和税率的高低，而利润的大小又受折旧方法的影响。在未考虑所得税问题的情况下，折旧与现金流量无关，但在讨论所得税对投资决策的影响时，由于折旧对利润的大小有一定的影响，进而影响所得税，所以，该情况下折旧对投资决策会产生影响。

▶ 1. 税后成本和税后收入

对企业来说，绝大部分费用项目都可以抵减所得税，所以支付的各项费用应以税后的基础来计量。凡是可以税前扣除的项目，都可以起到减免所得税的作用，因而其实际支付的金额并不是真实的成本，而应将因此而减少的所得税考虑进去。税后成本是指扣除了所得税影响以后的费用净额，其计算公式如下：

税后成本＝经营费用×（1－所得税税率）　　　　　　　　　　　　（7-5）

[例 7-1] A 公司 2016 年 12 月损益情况如表 7-1 所示。该公司正在考虑一项职工福利计划，每月支付 5 000 元职工福利，假设所得税税率为 30%，该项职工福利的税后成本是多少？

表 7-1　2016 年 12 月损益情况　　　　　　　　　　　　　单位：元

项　目	12月（不新增职工福利）	12月（新增职工福利）
销售收入	20 000	20 000
成本和费用	8 000	8 000
新增职工福利费	0	5 000
税前利润	12 000	7 000
所得税（30%）	3 600	2 100
税后利润	8 400	4 900
新增职工福利税后成本		3 500

解：从表 7-1 可以看出，两个方案的职工福利差别是 5 000 元，对净利润的影响为 3 500 元（8 400－4 900）。则本例中职工福利的税后成本计算如下：

税后成本＝实际支付×（1－所得税税率）＝5 000×（1－30%）＝3 500（元）

与税后成本相对应的概念是税后收入。由于所得税的作用，一般企业的税后收入是指企业营业收入的金额（指根据税法规定需要纳税的收入，不包括项目结束时收回垫支资金等现金流入）扣除所得税影响后，企业实际得到的现金流入。

税后收入＝应税收入×（1－所得税税率）　　　　　　　　　　　　（7-6）

▶ 2. 折旧的抵税作用

我们知道，加大成本会减少利润，从而使所得税减少。折旧是在所得税前扣除的一项费用，因此可以起到抵减所得税的作用，这种作用称为"折旧抵税"或"税收挡板"。

[例 7-2] 假设 A 公司和 B 公司全年销售收入和付现成本都相同，所得税税率为 30%。二者的区别是 A 公司有一项可以计提折旧的资产，每年的折旧额相同，B 公司没有可计提折旧的资产。A、B 公司的现金流量表如表 7-2 所示。

表 7-2　A、B 公司的现金流量比较　　　　　　　　　　　单位：元

项　目	A 公司	B 公司
销售收入	30 000	30 000
成本和费用：		
付现成本	15 000	15 000

续表

项 目	A公司	B公司
折旧	6 000	0
合计	21 000	15 000
税前利润	9 000	15 000
所得税(30%)	2 700	4 500
税后净利润	6 300	10 500
营业现金净流量		
税后利润	6 300	10 500
折旧	6 000	0
合计	12 300	10 500
A公司比B公司拥有较多的现金	1 800	

A公司税后利润虽然比B公司少4 200元，但现金净流量却多出1 800元，原因在于A公司有6 000元的折旧计入成本，合计应税收入减少6 000元，从而少纳税1 800元(6 000×30%)。从增量分析的角度看，由于增加了一笔6 000元的折旧，使企业获得了1 800元的现金流入。折旧对税负的影响可表示为

税负减少＝折旧×税率＝6 000×30%＝1 800(元)

▶ **3. 税后现金流量**

考虑所得税因素以后，现金流量的计算有如下三种方法：

(1) 根据现金流量的定义计算。计算公式为

$$营业现金净流量＝营业收入－付现成本－所得税 \tag{7-7}$$

(2) 根据年末营业结果计算。计算公式为

营业现金净流量＝营业收入－付现成本－所得税

＝营业收入－(营业成本－折旧)－所得税

＝税前利润＋折旧－所得税

$$＝税后利润＋折旧 \tag{7-8}$$

(3) 根据所得税对收入和折旧的影响计算。计算公式为

营业现金净流量＝税后利润＋折旧

＝营业收入×(1－所得税税率)－付现成本

×(1－所得税税率)＋折旧×所得税税率

$$＝税后收入－税后付现成本＋折旧抵税 \tag{7-9}$$

以上计算营业现金流量的三种方法，在进行项目投资决策分析时需要根据已知条件选择使用。但第三种方法更有优越性。因为所得税是根据利润计算的，而在用第三种方法来分析某个项目是否值得投资时，并不需要先计算出该项目能够产生的利润及与利润相关的所得税。

六、投资项目现金流量的估计方法

现以固定资产更新项目为例。固定资产更新是对技术上或经济上不宜继续使用的旧资产，用新的资产更换，或用先进的技术对原有设备进行局部改造。

固定资产更新决策主要研究两个问题：一个是决定是否更新，即继续使用旧资产还是

更换新资产;另一个是决定选择什么样的资产来更新。实际上,这两个问题是结合在一起考虑的,如果市场上没有比现有设备更适合的设备,那么就继续使用旧设备。由于旧设备总可以通过修理继续使用,所以更新决策是继续使用旧设备与购置新设备的选择。

▶ 1. 更新决策的现金流量分析

更新决策不同于一般的投资决策。一般来说,设备更换并不改变企业的生产能力,不增加企业的现金流入。更新决策的现金流量主要是现金流出,即使有少量的残值变现收入,也属于支出抵减,而非实质上的流入增加。由于只有现金流出,没有现金流入,就给采用贴现现金流量分析带来了困难。

[例 7-3] 某企业有一台旧设备,工程技术人员提出更新要求。假设该企业的必要报酬率为 15%,有关数据如表 7-3 所示。

表 7-3 某企业新旧设备相关数据　　　　　　　　　　　　　　单位:元

设备　　项目	旧设备	新设备
原值	60 000	80 000
预计使用年限	10	10
已使用年限	6	0
尚可使用年限	4	10
最终残值	2 000	4 000
变现价值	6 000	80 000
年运行成本	10 000	4 000
每年折旧额	直线法	直线法

由于没有适当的现金流入,无论哪个方案都不能计算净现值和内含报酬率。通常,在收入相等的情况下,我们认为成本较低的方案是好方案。那么,我们可否通过比较两个方案的总成本来判别方案的优劣呢?显然不妥。因为旧设备尚可使用 6 年,而新设备可使用 10 年,两个方案取得的"产出"并不相同。因此,我们应当比较其 1 年的成本,即获得 1 年的生产能力所付出的代价,据以判别方案的优劣。

我们是否可以通过差额分析法,根据实际的现金流动进行分析呢?仍然有问题,两个方案投资相差 74 000 元(80 000－6 000),作为更新的现金流出,运行成本每年相差 6 000 元(10 000－4 000),是更新带来的成本节约额,视同现金流入。问题在于旧设备第 4 年报废,而新设备第 5～10 年可继续使用,后 6 年无法计算节约额。因此,这种方法仍然不妥。除非新、旧设备未来使用年限相同(这种情况十分罕见),或者能确定继续使用旧设备时第 5 年选择何种设备(这也是相当困难的),根据实际现金流量进行分析会碰到困难。

因此,较好的分析方法是比较继续使用和更新的年成本,以较低者作为好方案。

▶ 2. 固定资产的平均年成本

固定资产的平均年成本,是指该资产引起的现金流出的年平均值。如果不考虑货币的时间价值,它是未来使用年限内的现金流出总额与使用年限的比值。如果考虑货币的时间价值,它是未来使用年限内现金流出总现值与年金现值系数的比值,即平均每年的现金流出。具体计算公式如下：

$$UAC = \left[C - \frac{S_n}{(1+i)^n} + \sum_{t=1}^{n} \frac{C_t}{(1+i)^t} \right] \div (P/A, i, n) \qquad (7\text{-}10)$$

其中：C 为固定资产原值；S_n 为 n 年后固定资产余值；C_t 为第 t 年运行成本；n 为预计使用年限；UAC 为固定资产平均年成本。

[例 7-4] 根据表 7-3，可知继续使用旧设备与更换新设备的现金流量情况如图 7-1 所示。

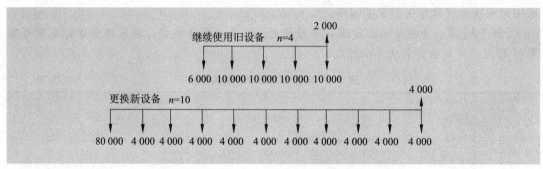

图 7-1　继续使用旧设备和更换新设备的现金流

(1) 不考虑货币时间价值时：

$$旧设备平均成本 = \frac{6\,000 + 10\,000 \times 4 - 2\,000}{4} = \frac{4\,4000}{4} = 11\,000(元)$$

$$新设备平均年成本 = \frac{80\,000 + 4\,000 \times 10 - 4\,000}{10} = \frac{116\,000}{10} = 11\,600(元)$$

(2) 若考虑货币时间价值，需计算现金流出的总现值，然后分摊给每一年。

$$旧设备年平均成本 = \frac{6\,000 + 10\,000 \times (P/A, 15\%, 4) - 2\,000 \times (P/F, 15\%, 4)}{(P/A, 15\%, 4)}$$

$$= \frac{33\,406.4}{2.855\,0} = 11\,701.02(元)$$

$$新设备年平均成本 = \frac{80\,000 + 4\,000 \times (P/A, 15\%, 10) - 2\,000 \times (P/F, 15\%, 10)}{(P/A, 15\%, 10)}$$

$$= \frac{99\,086.4}{5.018\,8} = 19\,743.05(元)$$

通过上述计算可知，使用旧设备的年平均成本较低，因此，不宜进行设备更新。

(3) 使用平均年成本法需要注意的问题。

① 平均年成本法是把继续使用旧设备和购置新设备看成是两个互斥的方案，而不是一个更换设备的特定方案。也就是说，要有正确的"局外观"，即从局外人角度来考察：一个方案是用 6 000 元购置旧设备，可使用 4 年；另一个是用 80 000 元来购置新设备，可使用 10 年。在此基础上比较各自的平均年成本孰高孰低，并做出选择。由于两者的使用年限不同，前一个方案只有 4 年的现金流量数据，后一个方案持续 10 年，缺少 6 年的差额现金流量数据。因此，不能根据各年现金流量的差额来计算净现值和内含报酬率。对于更新决策来说，除非未来使用年限相同，否则，不能根据实际现金流动分析的净现值法或内含报酬率法解决问题。

② 平均年成本法的假设前提是，将来设备再更换时，可以按原来的平均年成本找到

可替代的设备。例如,旧设备4年后报废,仍可找到使用年平均成本为11 701.02元的可替代设备。如果有明显证据表明,4年后可替代设备平均年成本会高于当前更新设备的市场年平均成本(19 743.05元),则需要把4年后更新设备的成本纳入分析范围,合并计算当前使用旧设备及4年后更新设备的综合平均成本,然后与当前更新设备的平均年成本进行比较。这就会成为多阶段决策问题。由于未来数据的估计有很大的主观性,时间越长越靠不住,因此,平均年成本法通过以旧设备尚可使用年限(4年)为比较期,一般情况下不会有太大误差。如果以新设备可使用年限(10年)为比较期,则需要有旧设备报废时再购置新设备的可靠成本资料。另一种替代方法是预计当前拟更换新设备4年后的变现价值,计算其4年的平均年成本,与旧设备的平均年成本进行比较。不过,预计4年后尚可使用设备的变现价值也是很困难的,其实际意义并不大。

③ 固定资产的经济寿命。通过固定资产的平均年成本概念,我们很容易发现,固定资产使用的初期运行费比较低,以后随着设备逐渐陈旧,性能变差,维护费用、修理费用、能源消耗等运行成本会逐步增加。与此同时,固定资产的价值逐渐减少,资产占用的资金应计利息等持有成本也会逐步减少,随着时间的递延,运行成本和持有成本成反方向变化,两者之和呈马鞍形,如图7-2所示,这样必然存在一个最经济的使用年限,即是固定资产的平均年成本最小的那一年限。

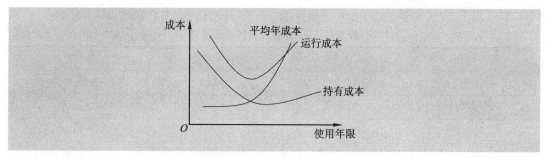

图7-2 固定资产的平均年成本

第三节 投资决策分析

投资优劣的评价标准,应以资本成本为基础,其基本原理是:投资项目的收益率超过资本成本时,企业的价值将增加;反之,企业的价值将减少。对项目投资的评价,通常使用两类指标:一类是贴现指标,即考虑了货币时间价值因素的指标,主要包括净现值、净现值率、现值指数、内含报酬率等;另一类是非贴现指标,即没有考虑货币时间价值因素的指标,主要包括投资回收期、会计收益率等。根据分析评价指标的类别,项目投资评价方法相应地分为贴现评价法和非贴现评价法。

一、贴现评价法

贴现评价法是考虑货币时间价值的分析评价方法,亦称为贴现现金流量分析技术,主要包括净现值法、净现值率法、现值指数法、内含报酬率法。

(一) 净现值法

▶ 1. 净现值法的概念及计算

净现值(net present value，NPV)，是指特定项目未来现金流入的现值与未来现金流出的现值的差额，它是评价项目是否可行的最重要指标。按照这种方法，所有未来现金流入和流出都要用资本成本折算现值，然后用流入的现值减去流出的现值得出净现值。如果净现值为正数，表明投资报酬率大于资本成本，该项目可以增加股东财富，应予采纳；如果净现值为零，表明投资报酬率等于资本成本，不改变股东财富，没有必要采纳；如果净现值为负数，表明投资报酬率小于资本成本，该项目将减损股东财富，应予放弃。

计算净现值的公式如下：

$$\text{净现值} = \text{未来现金流量现值} - \text{原始投资额现值}$$
$$= \text{项目计算期内各年净现金流量的现值之和} \tag{7-11}$$

$$NPV = \sum_{t=1}^{n} \frac{NCF_t}{(1+k)^t} - C_0 = \sum_{t=0}^{n} \frac{NCF_t}{(1+k)^t} \tag{7-12}$$

其中：n 为项目期限；NCF_t 为第 t 年的净现金流量；k 为折现率(资本成本)；C_0 为初始投资额。

[例 7-5] 设贴现率为 10%，有 A、B、C 三个投资方案。有关现金流量的数据如表 7-4 所示。

表 7-4　三个投资方案的现金流量　　　　　　　　　　单位：万元

期　间	A 方案	B 方案	C 方案
0	−18 000	−9 000	−14 000
1	11 000	1 000	5 000
2	13 000	5 000	5 000
3		6 000	5 000

$NPV_A = (11\,000 \times 0.909\,1 + 13\,000 \times 0.826\,4) - 18\,000 = 20\,743.3 - 18\,000 = 2\,743.3$

$NPV_B = (1\,000 \times 0.909\,1 + 5\,000 \times 0.826\,4 + 6\,000 \times 0.751\,3) - 9\,000$
　　　$= 9\,548.9 - 9\,000 = 548.9$

$NPV_C = 5\,000 \times 2.486\,9 - 14\,000 = 12\,434.5 - 14\,000 = -1\,565.5$

A、B 两个方案的净现值大于零，说明两个方案的报酬率超过 10%。如果企业的资本成本率或要求的最低报酬率是 10%，这两个方案都是可以接受的。C 方案净现值为负数，说明该方案的报酬率达不到 10%，因而应予放弃。如果资金供应不受限制，那么，A 方案和 B 方案相比，A 方案更好些。

应当指出的是，在项目评价中，正确地选择贴现率至关重要，它直接影响项目评价的结论。在实务中，一般有以下几种方法可以用来确定项目的贴现率：

(1) 以投资项目的资本成本作为贴现率；

(2) 以投资的机会成本作为贴现率；

(3) 根据不同阶段采用不同的贴现率，例如在计算项目建设期净现金流量现值时，以贷款的实际利率作为贴现率，而在计算项目经营期净现金流量时，以全社会资金平均收益率作为贴现率；

(4) 以行业平均收益率作为项目贴现率。

▶ 2. 净现值法的原理

净现值法所依据的原理是：假设原始投资是按资本成本借入，当净现值为正数时，偿还本息后该项目仍有剩余的收益；当净现值为零时，偿还本息后一无所获；当净现值为负数时，该项目收益不足以偿还本息。资本成本是投资人要求的必要报酬率，净现值为正数表明项目可以满足投资人的要求。

▶ 3. 净现值法的优点和缺点

(1) 净现值法的优点。其一，考虑了资金的时间价值，增强了投资经济性的评价；其二，考虑了项目计算期的全部净现金流量，体现了流动性与收益性的统一；其三，考虑了投资的风险性，因为贴现率的大小与风险大小有关，风险越大，贴现率就越高。

(2) 净现值法的缺点。其一，不能从动态的角度反映投资项目的实际收益水平，当各项目投资额不等时，仅用净现值无法确定投资方案的优劣；其二，净现金流量的测定和贴现率的确定比较困难，而它们的正确性对计算净现值有着重要影响。

(二) 净现值率法

净现值率是指投资项目的净现值占原始投资现值总和的百分比指标，记作 NPVR。它是一种动态投资收益指标，用于衡量不同投资方案的获利能力大小，说明某项目单位投资现值所能实现的净现值大小。净现值率小，单位投资的收益就低；净现值率大，单位投资的收益就高。净现值比率的计算公式如下：

$$净现值率 = 项目的净现值 / 原始投资的现值 \quad (7\text{-}13)$$

$$NPVR = \frac{NPV}{\left| \sum_{t=0}^{s} \frac{NCF_t}{(1+i)^t} \right|} \quad (7\text{-}14)$$

只有当净现值率大于或等于零时投资项目才具有财务可行性。

[例 7-6] 根据例 7-5 的资料，A、B、C 三个方案的净现值率计算如表 7-5 所示。

表 7-5 A、B、C 三个方案净现值率计算表

项 目	A 方案	B 方案	C 方案
投资项目净现值(万元)	2 743.3	548.9	−1 565
原始投资现值(万元)	18 000	9 000	14 000
净现值率(NPVR)	0.152 4	0.060 9	−0.111 7

净现值率是一个贴现的相对评价指标，其优点在于可以从动态的角度反映项目投资的资金投入与净产出之间的关系，比其他动态相对数指标更容易计算；其缺点与净现值指标相似，同样无法直接反映投资项目的实际收益率。

(三) 现值指数法

现值指数法(profitability index，PI)，又称获利指数法，是未来现金流入现值与现值流出现值的比率，亦称现值比率或获利指数。如果现值指数大于 1，表明投资报酬率大于资本成本，该项目可以增加股东财富，应予以采纳；若现值指数等于 1，则投资报酬率等于资本成本，不会改变股东财富，因此没必要采纳；若现值指数小于 1，则投资报酬率小于资本成本，该项目会减少股东财富，应予以放弃。其计算公式如下：

$$获利指数 = \frac{未来现金流入的总现值}{现金流出的总现值} \qquad (7\text{-}15)$$

$$PI = \sum_{t=s+1}^{n} \frac{NCF_t}{(1+k)^t} \bigg/ \sum_{t=0}^{s} \frac{NCF_t}{(1+k)^t} \qquad (7\text{-}16)$$

其中：n 为项目预期可使用期限；s 为项目建设期；k 为贴现率（资本成本）。

▶ 1. 使用现值指数法的步骤

第一步，计算所有项目的现值指数，并列出每个项目的初始投资额。

第二步，接受所有 PI≥1 的项目。如果资本限额能够满足所有可接受得项目，则决策过程完成。

第三步，如果资本限额不能满足所有 PI≥1 的项目，那么就要对第二步进行修正。修正的过程是对所用项目在资本限额内进行各种可能的组合，然后计算出各种可能的组合的净现值合计数。

第四步，接受净现值合计数最大的投资组合。

[例 7-7] 根据例 7-5 的资料，A、B、C 三个方案的现值指数计算如表 7-6 所示。

表 7-6 A、B、C 三个方案现值指数计算表

项目	A 方案	B 方案	C 方案
未来现金流入现值（万元）	20 743.3	9 548.9	12 435
现金流出现值（万元）	18 000	9 000	14 000
现值指数（PI）	1.15	1.06	0.89

$PI_A = 20\ 742.2 \div 18\ 000 = 1.15$

$PI_B = 9\ 548.9 \div 9\ 000 = 1.06$

$PI_C = 12\ 434.5 \div 14\ 000 = 0.89$

现值指数表示 1 元初始投资取得的现值毛收益。A 方案的 1 元投资取得 1.15 元的现值毛收益，也就是取得 0.15 元的现值净收益，或者说用股东的 1 元钱为他们创造了 0.15 元的财富；B 方案的 1 元初始投资取得 1.06 元的现值毛收益，也就是取得 0.06 元的现值净收益；C 方案的 1 元初始投资仅取得 0.89 元的现值毛收益，1 元投资净损失 0.11 元，股东财富减少了 11%。

▶ 2. 现值指数法的优缺点

现值指数法的优缺点与净现值法基本相同，即两者均考虑了货币的时间价值，但都没有揭示方案自身可以达到的具体的报酬率是多少。但有一个重要的区别是，现值指数法可以从动态的角度反映项目投资的资金投入与总产出之间的关系，可以弥补净现值法在投资额不同方案之间不能比较的缺陷，使投资方案之间可直接用现值指数进行对比。另外，现值指数是一个相对指标，反映投资效率；而净现值指标是绝对指标，反映投资效益。

▶ 3. 现值指数与净现值率的关系

当原始投资在建设期内全部投入时，两者的关系如下：

$$获利指数 = 1 + 净现值率 \qquad (7\text{-}17)$$

即

$$PI = 1 + NPVR \qquad (7\text{-}18)$$

(四) 内含报酬率法

▶ 1. 内含报酬率的概念及计算

内含报酬率(internal rate of return, IRR)是指能够使未来现金流入量现值等于未来现金流出量现值的贴现率，或者说是使投资项目净现值为零的贴现率。如果 IRR 大于资本成本，则项目应予以采纳；如果 IRR 小于等于资本成本，则应予以放弃。相关计算公式如下：

$$\sum_{t=0}^{n} \frac{NCF_t}{(1+IRR)^t} = 0 \tag{7-19}$$

净现值法和现值指数法虽然考虑了时间价值，可以说明投资项目的报酬率高于或低于资本成本，但没有揭示项目本身可以达到的报酬率是多少。内含报酬率是根据项目的现金流量计算的，是项目本身的投资报酬率。

内含报酬率的计算，通常需要"逐步测试法"。首先估计一个贴现率，用它来计算项目的净现值。如果净现值为正数，说明项目本身的报酬率超过贴现率，应提高贴现率后进一步测试；如果净现值为负数，说明项目本身的报酬率低于贴现率，应降低贴现率后进一步测试。经过多次测试，寻找出使净现值接近于零的贴现率，即为项目本身的内含报酬率。简单来说，就是在计算的过程中需要找一个 NPV 刚好大于 0 的贴现率，再找一个 NPV 刚好小于 0 的贴现率，再用内插法计算，例 7-8 就是该方法的应用。

[例 7-8] 某企业拟建一项固定资产，需投资 200 万元，按平均年限法计提折旧，使用寿命为 10 年，期后无残值。该项工程于当年投产，预计投产后每年可获净利润 30 万元。可计算该方案的内含报酬率如下：

每年的现金净流入金额＝净利润＋折旧＝30＋20＝50(万元)

$50 \times (P/A, IRR, 10) - 200 = 0$

则

$(P/A, IRR, 10) = 200 \div 50 = 4$

查年金系数表，有

$(P/A, 20\%, 10) = 4.1925 > 4$

$(P/A, 24\%, 10) = 3.6819 < 4$

可见，$20\% < IRR < 24\%$，应使用内插法，得出

$$\frac{20\% - IRR}{20\% - 24\%} = \frac{0.1925}{4.1925 - 3.6819}$$

解得

$IRR = 21.51\%$

▶ 2. 内含报酬率法的优缺点

内含报酬率是一个折现的相对量正指标。其优点包括：能从动态的角度反映投资项目的实际收益水平；计算过程不受行业基准收益率高低的影响，比较客观。

它的缺点是：计算过程复杂；IRR 是一个相对值，报酬率大的方案不一定最优；若一个项目的净现金流量是正负交错的，则可能没有或有多个 IRR 值，就会难以选择一个合适的值；在互斥投资方案决策时，若各方案的原始投资额不等，一般无法做出正确决策。

▶ 3. 内含报酬率法与现值指数法的比较

内含报酬率法和现值指数法有相似之处，都是根据相对比率来评价项目，而不像净现值法那样使用绝对数来评价项目。在评价项目时要注意到，比率高的项目绝对数不一定

大；反之也一样。这种不同和利润率与利润额的不同是类似的。

内含报酬率法与现值指数法也有区别。在计算内含报酬率时不必事先估计资本成本，只是最后才需要一个切合实际的资本成本来判断项目是否可行。现值指数法需要一个合适的资本成本，以便将现金流量折为现值，贴现率的高低有时会影响方案的优先次序。

二、贴现指标的比较

通过以上对比可知，贴现现金流量指标是科学的投资决策指标。那么，贴现现金流量指标中的各种方法中哪一种方法更好呢？

（一）净现值法和内含报酬率法的比较

▶ 1. 净现值法和内含报酬率法的结论可能不同的一种情况：互斥项目

对于常规的独立项目，净现值法和内含报酬率法的结论是完全一致的，但是对于互斥项目，有时会不一致。不一致的原因主要有以下两点：

（1）投资规模不同。当一个项目的投资规模大于另一个项目时，规模较小的项目的内含报酬率可能较大，但净现值可能较小。例如，假设项目 A 的内含报酬率为 30%，净现值 100 万元，而项目 B 的内含报酬率为 20%，净现值为 200 万元。在这两个互斥项目之间进行选择，实际上就是在更多的财富和更高的内含报酬率之间进行选择，很显然，决策者将选择财富。所以，当互斥项目投资规模不同并且资金可以满足投资规模时，净现值决策规则优于内含报酬率决策规则。

（2）现金流量发生的时间不同。有的项目早期现金流量比较大，而有的项目早期现金流量比较小。之所以会产生现金流量发生时间问题，是因为"再投资率假设"，即两种方法假定投资项目使用过程中产生的现金流量进行再投资时会产生不同的报酬率。净现值法假定产生的现金流量重新投资会产生相当于企业资本成本的利润率，而内含报酬率法却假定现金流量重新投资产生的利润率与此项目的特定的内含报酬率相同。

▶ 2. 净现值法和内含报酬率法的结论可能不同的另一种情况：非常规项目

非常规项目的现金流量形式在某些方面与常规项目有所不同，如现金流出不发生在期初，或者期初和以后各期有多次现金流出等。非常规项目可能会导致净现值决策规则和内含报酬率决策规则产生的结论不一致。一种比较复杂的情况是：当不同年度的未来现金流量有正有负时，就会出现多个内含报酬率的问题。例如，企业付出一笔初始投资后，在项目经营过程中会获得正的现金流量，而在项目结束时需要付出一笔现金进行环境清理；在项目存续期间需要一次或多次大的修理的项目也属于这种情况。

（二）净现值法和现值指数法的比较

由于净现值和现值指数使用的是相通的信息，在评价投资项目的优劣时，他们常常是一致的，但有时候也会产生分歧。只有当初始投资不同时，净现值和获利指数才会产生差异。由于净现值是用各期现金流量现值减初始投资，是一个绝对数，表示投资的收益或者说是给公司带来的财富；而获利现值指数是用现金流量现值除以初始投资，是一个相对数，表示投资的效率，因而评价的结果可能会不一致。

最高的净现值符合企业的最大利益，也就是说，净现值越高，企业的收益越大；而获利指数只反映投资回收的程度，而不反映投资回收的多少，在有资金限制的情况下，在互斥选择决策中应选用净现值较大的投资项目。也就是说，当现值指数与净现值得出不同结论时，应以净现值为准。

总之,在没有资金限制的情况下,利用净现值法在所有的投资评价中都能做出正确的决策,而利用内含报酬率和现值指数在独立项目评价中也能做出正确的决策,但在互斥选择决策或非常规项目中有时会得到错误的结论。因而,在这三种评价方法中,净现值法仍然是最好的评价方法。

三、非贴现评价法

非贴现评价法不考虑资金的时间价值,把不同时间的资金收支看成是等效的。这类方法在项目投资决策分析时只起辅助作用。

▶ 1. 投资回收期法

回收期(payback period,PP),是指资金引起的现金流入累计到与投资额相等所需要的时间。它代表收回投资所需要的年限,回收年限越短,项目越有利。

该指标以年为单位,有两种形式:包括建设期的投资回收期(PP)和不包括建设期的投资回收期(PP')。建设期为 s,则

$$PP' + s = PP \tag{7-20}$$

其计算方法有以下两种:

(1)在原始投资一次支出,每年现金净流入量相等时:

$$投资回收期 = \frac{初始投资额}{年现金净流量} \tag{7-21}$$

(2)现金流入量每年不等,或原始投资是分几年投入的,则可使下式成立的 n 为回收期:

$$投资回收期 = (n-1) + \frac{至第\ n-1\ 年年末未收回的投资额}{第\ n\ 年的现金净流量} \tag{7-22}$$

其中:n 代表的是至第 n 年年末累计收回的投资总额与初始投资总额的差第一次出现正数时所对应的年序数。

[例 7-9] 某企业准备投资一个项目,其预计现金流量如表 7-7 所示。

表 7-7 某企业项目预计现金流量 单位:万元

项 目	现 金 流 量	回 收 额	未 回 收 额
原始投资	−20 000		
第一年现金流入	5 000	5 000	15 000
第二年现金流入	10 000	10 000	5 000
第三年现金流入	10 000	5 000	0

回收期 = 2 + (5 000 ÷ 10 000) = 2.5(年)

从以上的分析可知,投资回收期是一个非贴现的绝对量指标。在评价投资方案的可行性时,进行决策的标准是:投资回收期最短的方案为最佳方案,因为投资回收期越短,投资风险越小。

回收期法的优点是:计算简便;容易为决策人所正确理解;可以大体上衡量项目的流动性和风险。回收期法的缺点是:忽视了时间价值,把不同时间的货币收支看成是等效的;没有考虑回收期以后的现金流,也就是没有衡量营利性;促使公司接受短期项目,放弃有战略意义的长期项目。

为了克服回收期法不考虑时间价值的缺点，人们提出了贴现回收期法。贴现回收期是指在考虑资金时间价值的情况下以项目现金流量流入抵偿全部投资所需要的时间。当各年现金流量相等时，它是使下式成立的 n：

$$(P/A, i, n) = \frac{\text{原始投资额现值}}{\text{每年现金净流量}} \tag{7-23}$$

[例 7-10] 根据例 7-9 的资料，计算贴现回收期。

表 7-8 某企业项目资料 　　　　　　　　　　　　　　　　单位：万元

项目	现金流量	贴现系数(10%)	净现金流现值	累计净现金流现值
原始投资	−20 000	0	−20 000	−20 000
第一年现金流入	5 000	0.909 1	4 545.5	−15 454.5
第二年现金流入	10 000	0.826 4	8 264	−7 190.5
第三年现金流入	10 000	0.751 3	7 513	322.5

贴现回收期 = 2 + (7 190.5 ÷ 7 513) = 2 + 0.96 = 2.96（年）

贴现回收期也称为动态回收期。贴现回收期法出现以后，为了区分，将传统的回收期称为非贴现回收期或静态回收期。

▶ 2. 会计报酬率法

会计收益率(accounting rate of return，ARR)，是指项目的原始投资所获得的年平均净收益率。它是将投资项目的会计收益率与该项投资的资金成本进行比较，判断投资是否可取，然后在可取投资方案中选择会计收益率大的投资方案的一种投资决策方法。这种方法计算简便，应用范围很广。它在计算时使用会计报表上的数据，以及普通会计的收益和成本观念。

$$\text{会计报酬率} = \frac{\text{年平均净收益}}{\text{原始投资额}} \times 100\% \tag{7-24}$$

[例 7-11] 已知某项目的建设期为 2 年，经营期为 6 年，预计固定资产投资额为 100 万元，经营期平均每年的净收益为 10 万元。该项目的会计报酬率为

会计报酬率 = (10/100) × 100% = 10%

会计报酬率法的优点是：它是一种衡量营利性的简单方法，使用的概念易于理解；使用财务报告的数据，容易取得；考虑了整个项目寿命期的全部利润；该方法揭示了采纳一个项目后财务报表将如何变化，使经理人员知道业绩的预期，也便于项目的以后评价。

会计报酬率法的缺点是：使用账面收益而非现金流量，忽视了折旧对现金流量的影响；忽视了净收益的时间分布对项目经济价值的影响。

四、非贴现指标与贴现指标的比较

(1) 非贴现指标把不同时间点上的现金收入和支出当作毫无差别的资金进行对比，忽略了资金的时间价值因素，这是不科学的。贴现指标则把不同时间点收入或支出的现金按照统一的贴现率计算到同一时间点上，使不同时期的现金具有可比性，这样才能做出正确的投资决策。

(2) 非贴现指标中的投资回收期法只能反映投资的回收速度，不能反映投资的主要目

标，即净现值的多少。同时，由于回收期没有考虑时间价值因素，因而高估了投资的回收速度。

（3）投资回收期、平均报酬率等非贴现指标对使用寿命不同、资金投入的时间和提供收益的时间不同的投资方案缺乏鉴别能力；而贴现指标法则可以通过净现值、内含报酬率和获利指数等指标进行综合分析，从而做出正确合理的决策。

（4）非贴现指标中的会计报酬率等指标，由于没有考虑资金的时间价值，实际上夸大了项目的盈利水平；而贴现指标中的报酬率是以预计的现金流量为基础，考虑了货币的时间价值以后计算的真实报酬率。

（5）在运用投资回收期这一指标时，标准回收期是方案取舍的依据，但标准回收期一般都是以经验或主观判断为基础确定的，缺乏客观依据；而贴现指标中的净现值和内含报酬率等指标实际上都是以企业的资本成本为取舍依据的，任何企业的资本成本都可以通过计算得到，因此，这一取舍标准符合客观实际。

思考题

1. 简述现金流量计算中应注意的问题。
2. 使用现值指数法的步骤有哪些？
3. 为什么要将折旧费用加回到公司净利润中，才能得出营业现金流？
4. 现金净流量与会计利润之间的差异是如何产生的？
5. 比较净现值法、现值指数法以及内含报酬率法。
6. 固定资产的投资现金流量是如何构成的？
7. 折现现金流量指标有哪些？运用这些指标进行投资决策时的规则是什么？
8. 当净现值指标与其他指标结论不一致时，为什么应该以净现值指标为准？

练习题

一、单选题

1. 在全部投资均于建设起点一次投入，建设期为 0，投产后每年净现金流入量相等的情况下，为计算内含报酬率所求得的年金现值系数应等于该项目的（　　）。
   A. 现值指数指标的值　　　　　　B. 预计使用年限
   C. 静态回收期指标的值　　　　　D. 投资利润率指标的值
2. 动态投资回收期法是长期投资项目评价的一种辅助方法，该方法的缺点有（　　）。
   A. 忽视了资金的时间价值
   B. 忽视了折旧对现金流的影响
   C. 考虑回收期以后的现金流
   D. 促使放弃有战略意义的长期投资项目
3. 在设备更换不改变生产能力，且新旧设备未来使用年限不同的情况下，固定资产更新决策应选择的方法是（　　）。
   A. 净现值法　　　　　　　　　　B. 折现回收期法
   C. 内含报酬率法　　　　　　　　D. 平均年成本法

4. 在设备更换不改变生产能力且新旧设备未来使用年限不同的情况下,固定资产更新决策应选择的方法是( )。
   A. 折现回收期法   B. 净现值法
   C. 平均年成本法   D. 内含报酬率法

5. 某投资方案,当折现率为16%时,其净现值为338元,当折现率为18%时,其净现值为-22元。则该方案的内含报酬率为( )。
   A. 15.88%   B. 16.12%   C. 17.88%   D. 18.14%

6. 如果考虑货币时间价值,固定资产平均年成本是未来使用年限内现金流出总现值与( )的乘积。
   A. 年金终值系数   B. 年金现值系数
   C. 投资回收系数   D. 偿债基金系数

7. 若有两个投资方案,原始投资额不同,彼此相互排斥,各方案项目寿命期相同时,应该优先采用( )。
   A. 内含报酬率法   B. 净现值法
   C. 回收期法   D. 会计报酬率法

8. 只有当投资项目的投资报酬率( )资金成本时,企业才愿意进行投资。
   A. 等于   B. 高于   C. 低于   D. 无关于

9. 某矿山机械厂准备购入一台甲机床,该机床的购价为36 000元,投入使用后,每年的现金净流量为8 000元,则甲机床的回收期为( )年。
   A. 5   B. 4.5   C. 4   D. 5.5

10. 某投资方案需一次性投资10 000元,可用8年,残值2 000元,每年取得税后营业利润为3 500元,假设资本成本率为10%,则甲方案的年金净流量是( )元。
    A. 2 801   B. 32 028.94   C. 3 069.08   D. 29 114.38

二、多选题

1. 下列有关投资项目评价方法的表述中,正确的有( )。
   A. 现值指数法克服了净现值法不能直接比较投资额不同的项目的局限性,它在数值上等于投资项目的净现值除以初始投资额
   B. 动态回收期法克服了静态回收期法不考虑货币时间价值的缺点,但是仍然不能衡量项目的营利性
   C. 内含报酬率是项目本身的投资报酬率,不随投资项目预期现金流的变化而变化
   D. 内含报酬率法不能直接评价两个投资规模不同的互斥项目的优劣

2. 下列表述正确的是( )。
   A. 净现值是未来报酬的总现值与初始投资额现值之差
   B. 当净现值等于0时,说明此时贴现率为内部收益率
   C. 当净现值大于0时,获利指数小于1
   D. 当净现值大于0时,说明该投资方案可行

3. 下列指标中,属于动态指标的有( )。
   A. 获利指数   B. 净现值率   C. 内部收益率   D. 投资利润率

4. 当 $IRR > I_c$ 时,下列关系式中正确的有( )。
   A. 获利指数 PI > 1   B. 获利指数 PI < 1

C. 净现值 NPV>0　　　　　　　　　D. 净现值 NPV<0

5. 属于现金流入量的项目是（　　）。
A. 原有固定资产的变价收入　　　　B. 营业现金收入
C. 垫支流动资金收回　　　　　　　D. 固定资产残值收入

三、判断题

1. 税后成本是指扣除了折旧影响以后的费用净额。（　　）
2. 项目投资决策的现金流量表反映的对象是特定投资项目的现金流量，而财务报表中的现金流量表反映的对象是特定企业的现金流量。（　　）
3. 某贴现率可以使某投资方案的净现值等于 0，则该贴现率可以称为该方案的内含报酬率。（　　）
4. 净现值大于零，则现值指数大于 1。（　　）
5. 净现值以绝对数表示，不便于在不同投资规模的方案之间进行对比。（　　）
6. 现值指数大于 1，说明投资方案的报酬率低于资本成本率。（　　）
7. 将内含报酬率法应用于单一方案，贴现率的高低将会影响投资方案的优先次序。（　　）
8. 投资回收期指标虽然没有考虑资金的时间价值，但考虑了回收期满后的现金流量状况。（　　）
9. 若假定的经营期不追加或提前回收流动资金，则在终结点回收的流动资金应等于各年垫支的流动资金投资额的合计数。（　　）
10. 在互斥选择决策中，内含报酬率法有时会得出错误的结论，而净现值法始终能做出正确的决策。（　　）
11. 由于现值指数是用相对数来表示的，所以现值指数法优于净现值法。（　　）
12. 在长期投资决策时，如果某一备选方案净现值较小，那么该方案的内含报酬率也相对较低。（　　）

四、计算题

1. 某公司准备投资一项目，该项目仅需在期初进行一次设备投资 500 000 元，设备使用寿命 5 年，到期无残值，按年限平均法计提折旧。预计 5 年中每年可获净利 150 000 元。

要求：
（1）计算该设备年折旧额；
（2）计算该项目年营业现金净流量；
（3）计算该项目投资回收期。

2. 某公司欲投资 24 000 元改进生产工艺，预期税前的付现成本节约额为：第一年 10 000 元，第二年 14 000 元，第三年 18 000 元。第三年年终，有残值 1 200 元。公司最低报酬率（税后）10%，适用所得税税率 50%，采用直线法折旧（残值率 50%）。

要求：
（1）判断该公司是否应该投资。
（2）计算该方案税后内部收益率。

3. 某企业拟购建一套生产装置，所需原始投资 200 万元于建设起点（第 0 年年末）一次投入，建设期一年，预计第 1 年年末可建成投产。该套装置预计使用寿命 5 年，采用年限平均法计提折旧，使用期满报废清理时无残值。5 年中预计每年可增加税前利润 100 万元，所得税税率25%，资本成本率10%。

要求：
(1) 计算该套生产装置年折旧额；
(2) 计算该项目各年的净现金流量；
(3) 计算该项目投资回收期；
(4) 计算该项目净现值（根据系数表计算）；
(5) 评价该项目的财务可行性。（注：计算结果保留小数点后两位）

4. 已知某长期投资项目建设期净现金流量为：$NCF_0 = -500$ 万元，$NCF_1 = -500$ 万元，$NCF_2 = 0$，第 3~12 年的经营净现金流量 $NCF_{3\sim12} = 200$ 万元，第 12 年年末的回收额为 100 万元，行业基准折现率为 10%。

要求：
计算该项目的下列指标：
(1) 原始投资额。
(2) 终结点净现金流量。
(3) 静态投资回收期：①不包括建设期的回收期；②包括建设期的回收期。
(4) 净现值 NPV。

5. 某企业借入 520 000 元，年利率 10%，期限 5 年，5 年内每年付息一次，到期一次还本。该款用于购入一套设备，该设备可使用 10 年，预计残值 20 000 元。该设备投产后，每年可新增销售收入 300 000 元，采用直线法折旧，除折旧外，该设备使用的前 5 年每年总成本费用 232 000 元，后 5 年每年总成本费用 180 000 元，所得税税率为 35%。求该项目的净现值、净现值率、获利指数。

案例分析

2016 年 1 月 8 日下午 2 点，W 股份有限公司董事长王强胜召开了公司投资委员会会议，会议的议题是是否生产一种新的电子产品——B 型产品。

W 股份有限公司是一家以生产电视机为主的电子企业，至 2015 年，公司的销售额比 2005 年提高了 8 倍。在激烈的市场竞争和快递的技术革新面前，W 股份有限公司在过去的两年内投入资金开发了一种新的电子产品——B 型产品。B 型产品比公司现有的同类产品有明显的优点：

(1) 存储能力强，容量可达 500 个。
(2) 可与计算机相连，操作方便。
(3) 外形流畅，时代感强。

参加会议的除董事长王强胜外，还有公司董事程树庭、张光塘，独立董事黄伟，负责新产品开发的总工程师成平，财务经理金耀和财务人员吴晓梅等人。

王强胜简短说明了会议议题后，便由总工程师成平介绍 B 型产品的开发和生产销售的预期状况。成平首先分析了新产品的成本和现金流（见表 7-9 和表 7-10），随后解释了这些数据的计算依据。B 型产品的初始成本包括 40 000 元的市场测试费，这项活动是在南京地区进行的，已于去年 6 月结束。初始成本还包括 300 万元的专用设备和包装设备购置费。这些设备的预计使用寿命为 20 年，使用寿命期末无残值。20 年的预计使用寿命假设符合公司制定的不考虑未来超过 20 年的现金流的投资原则，因为公司认为超过 20 年的预测"并不比瞎猜好多少"。财务经理金耀提醒说,不能直接采用表7-9的现金流量数值,因为这些现金流入的一部分是挤占了公司现有主要产品——A型产品的销售而获得的。金耀为此给出了调整后整个公司的增量现金流。公司的独立董事黄伟发表意见,认为公司生产B型产品是合适的,符合公司的发展战略,公司资金的机会成本为10%。财务人员吴晓梅则提出为什么在资本预算中没有考虑厂房设备成本,这是生产新产品必不可少的成本。成平回答说,因为A型产品的生产能力目前只利用了65%,而这些设备也适合生产B型产品,因此,除了前面提到的专用设备和包装设备外,生产B型产品不必新建厂房和添置其他设备。据估计,生产B型产品只占公司现有生产能力的15%。董事程树庭认为,这个项目利用了公司现有未充分利用的厂房和设备,应相应付出一些代价。他的理由是,如果把这部分闲置的厂房和设备租给外面的公司,公司将获得200万元的收益。另外,由于新产品与公司现有产品构成了竞争,应该将其视作外部项目。但他同时又承认,公司是严禁将生产设备出租的。董事张光塘指出,如果不对闲置设备收费,则公司可能会接受在通常情况下应拒绝的项目。财务经理金耀还询问新投资项目的运作是否考虑了营运资金的增加。成平回答说这个项目需要追加220 000元的营运资金,但是这些资金一直会在公司内部流动,因此没有包括在计算中。

讨论继续进行,问题主要集中在如何处理市场测试费和营运资金等方面。

表7-9 B型产品项目现金流(不考虑对公司现有产品销售的影响)   单位:元

年 份	现 金 流	年 份	现 金 流
1	300 000	11	450 000
2	300 000	12	450 000
3	300 000	13	450 000
4	300 000	14	450 000
5	300 000	15	450 000
6	400 000	16	350 000
7	400 000	17	350 000
8	400 000	18	350 000
9	400 000	19	350 000
10	400 000	20	350 000

表7-10 B型产品项目现金流(考虑对公司现有产品销售的影响)   单位:元

年 份	现 金 流	年 份	现 金 流
1	250 000	11	350 000
2	250 000	12	350 000
3	250 000	13	350 000
4	250 000	14	350 000
5	250 000	15	350 000
6	300 000	16	300 000
7	300 000	17	300 000
8	300 000	18	300 000
9	300 000	19	300 000
10	300 000	20	300 000

问题：

（1）如果你处在财务人员的位置，你会把市场测试费包括在 B 型产品项目的现金流量中吗？

（2）你认为应该如何处理营运资金？

（3）你认为使用公司现有闲置生产设备和厂房应缴费吗？

（4）你会建议将挤占公司现有产品的市场和销售额包括在 B 型产品项目的现金流中吗？如果即使公司不推出 B 型产品，竞争对手也会推出相似的产品，会影响你的回答吗？

（5）如果采用借债方式为 B 型产品项目融资，新债务的利息支出应包括在现金流中吗？

（6）扣除公司现有产品 B 型产品推出而损失的销售额后的现金流，该项目的 NPV、IRR 和 PI 各是多少？如果不扣除这些销售额，该项目的 NPV、IRR 和 PI 又分别是多少？假设即使公司不推出 B 型产品，竞争对手也会推出类似的新产品，则公司应接受还是拒绝 B 型产品项目？

第八章 证券投资决策

学习目标

了解证券投资的种类、目的、风险以及收益；了解债券投资、股票投资、基金投资和证券投资组合的概念和特点；掌握证券价值估值的技术方法；了解债券收益率以及股票价格的影响因素。

第一节 证券投资概述

证券投资是指投资者通过购买债券、股票、基金等有价证券以及这些有价证券的衍生品，以获取股息、红利及资本利得的投资行为和投资过程，是企业或个人的一项重要的资金运用方式，也是一种重要的理财手段。但证券市场是一个高度专业化、日益复杂化和不断扩展的市场，证券投资专业性强、风险高，如果研究不充分、操作不恰当就会给企业或个人带来巨大的损失。因此，权衡证券投资的风险和收益，熟悉证券投资的知识和价值判断显得非常必要。

一、证券投资的种类

证券投资按其投资对象的不同，大致分为以下几类。

▶ 1. 债券投资

债券投资是指投资者购买债券以取得利息收益的一种投资活动。债券作为投资工具主要有以下几个特点：

（1）安全性高。债券在发行时就确定了到期应该偿还的本金和利息，所以与其他证券投资相较，债券投资收益稳定、安全性高。其中国债、有担保的公司债和企业债风险相对较小，是比较安全的投资方式。

（2）收益稳定。债券投资一方面可以获得稳定的利息收入；另一方面可以利用债券价格的变动买卖债券，赚取价差。

(3) 流动性强。上市债券具有较好的流动性。当债券持有人想要抛售债券时，可以在交易市场随时出售债券，并且随着金融市场的放开，债券的流动性将会不断加强。

▶ 2. 股票投资

股票投资是指企业或个人将资金投向其他企业发行的股票，借以获得收益的行为。股票投资的收益是由收入收益和资本利得两部分构成的。收入收益是指股票投资者以股东身份，按照持股的份额，在公司盈利分配中得到的股息和红利的收益。资本利得是指投资者在股票价格的变化中所得到的收益，即将股票低价买进、高价卖出所得到的价差收益。

▶ 3. 基金投资

基金投资是指基金管理公司通过发行基金份额，集中投资者的资金，由基金托管人（具有资格的银行）托管，由基金管理人管理和运用资金，从事股票、债券等金融工具投资，然后共担投资风险、分享收益的投资行为。

▶ 4. 证券组合投资

证券组合投资是指对投资进行计划、分析、调整和控制，从而将投资资金分配给若干不同的证券资产，如股票、债券及证券衍生品，形成较优的资产组合，以实现资产收益最大化和投资风险最小化的经济行为。

▶ 5. 衍生金融工具投资

衍生金融工具投资主要包括期货投资和期权投资。期货投资是指投资者通过买卖期货合约规避风险或取得利润的一种投资方式；期权投资是指为了实现盈利目的或者规避风险而进行期权买卖的一种投资方式。

二、证券投资的风险

企业是否投资证券，选择何种证券，只有在充分权衡收益和风险的基础上才能做出决策。可供选择的证券种类很多，但就某个具体企业而言，不可能随意选取，而是应该根据自己的偏好、企业的实际情况和投资目的，结合风险和收益，选取最优的证券或证券组合。

（一）证券投资风险的内容

▶ 1. 系统性风险

系统性风险是指由于全局性事件（如宏观经济状况的变化、国家税法的变化、国家财政政策的改革等）引起的投资收益变动的不确定性。系统风险对所有企业、证券投资者和证券种类均产生影响，因而通过多样化投资不能抵消这样的风险，所以又称为不可分散风险。系统性风险通常用 β 系数来衡量。

▶ 2. 非系统性风险

非系统性风险是指由非全局性事件引起的投资收益率变动的不确定性。在现实生活中，各个企业的经营状况会受其自身因素（如决策失误、新产品研制失败）的影响，这些因素跟其他企业没有什么关系，只会造成该家公司证券收益率的变动，不会影响其他公司的证券收益率，它是某个行业或公司遭受的风险。由于一种或几种证券收益率的非系统性变动跟其他证券收益率的变动没有内在的、必然的联系，因而可以通过证券多样化方式来消除这类风险，所以又被称为可分散的风险或多样化风险。

（二）证券投资的风险类型

▶ 1. 违约风险

违约风险是指证券发行人无法按期支付利息和偿还本金的风险。一般而言，政府发行的证券违约风险最小,金融机构发行的证券次之,工商企业发行的证券风险最大。造成企业证券违约的原因主要有:政治经济形势发生重大改变;企业经营管理不善;企业财务管理失误,不能及时清偿到期债务;企业在市场竞争中失败,主要客户流失;发生自然灾害等。

▶ 2. 利率风险

利率风险是指由于利率的变动而引起证券价格的变动,造成投资收益不确定的风险。市场利率变化会影响证券市场的供求关系,证券价格会随着市场利率的变化而波动,当市场利率上升时,证券价格会相应地降低,使投资者遭受损失;反之,当市场利率下降时,证券价格会相应地上升,投资者会从中受益。

▶ 3. 购买力风险

购买力风险是指由于通货膨胀而使证券到期或出售时所获得的货币资金的购买力降低的可能性。在通货膨胀期间,购买力风险对投资者的决策具有很大的影响。一般而言,随着通货膨胀的发生,变动收益证券比固定收益证券的购买力风险要小。因此,普通股股票被认为比公司债券和其他有固定收入的证券能更好地规避购买力风险。

▶ 4. 变现力风险

变现力风险也称流动性风险,是指投资者无法在短期内按照合理价格出售证券的风险。能在短期内按市场价格大量出售的证券,流动性较高,流动性风险较小;反之则表明证券流动性较差,流动风险较高。

▶ 5. 期限性风险

期限性风险是指由于证券投资期限的长短不同而给投资者带来的风险。一项投资的到期日越长,投资人遭受不确定性因素越多,承担的风险越大。

三、证券投资的收益

证券投资收益由持有利得和资本利得(或损失)两部分组成。其中,持有利得是指投资期内收到的股利或利息,资本利得或损失是指证券的买卖差价。证券投资的获利能力是进行投资决策的重要参考依据,通常采用年化收益率来衡量。年化收益率是指一年的收益相对于本金而计算的收益率,是将期限统一为一年的平均收益率。

(一) 单利法下年化收益率的计算

在单利情况下,证券投资年化收益率是指持有期间收益总和按年平均后年均收益与总投资的百分率,计算公式为

$$i = \frac{H + [P_1(1-f_1) - P_0(1+f_0)]}{P_0(1+f_0)} \times \frac{365}{T} \times 100\% \tag{8-1}$$

式中:i 为证券投资年化收益率;H 为持有利得总额;P_0 为证券购入价格;P_1 为证券出售价格;f_0 为证券购入费率;f_1 为证券售出费率;T 为证券持有天数。

[例 8-1] 某企业 2016 年 5 月 1 日以每股 23.15 元购入 A 股票 1 000 股,2016 年 9 月 1 日以每股 25.75 元全部售出,则该股票的年化收益率为(不考虑税费)

$$i = \frac{25.75 - 23.15}{23.15} \times \frac{365}{123} \times 100\% = 33.33\%$$

[例 8-2] 某企业 2016 年 3 月 15 日以每股 16.28 元购入甲企业股票 1 000 股,2017 年 3 月 10 日收到每股 0.03 元的现金股利,2017 年 6 月 5 日以每股 15.36 元全部售出,则该股

票的年化收益率为（不考虑税费）

$$i=\frac{0.03+(15.36-16.28)}{16.28}\times\frac{365}{447}\times100\%=-4.46\%$$

（二）复利法下年化收益率的计算

▶ 1. 债券投资年化收益率的计算

在复利情况下，债券投资年化收益率就是使总投资额等于各期拟收回本息现值之和的折现率，具体表现为债券的到期收益率或持有期间收益率，到期收益率是指以特定价格购买债券并持有至到期日所能获得的报酬率。它是使未来现金流量现值等于债券购入价格的贴现率。具体计算详见第二节债券的到期收益率。

▶ 2. 股票投资年化收益率的计算

股票投资的现金流由两部分组成，即股票投资期内的股利收入和未来出售股票时收回的投资额。复利下，股票投资的年化收益率计算公式为

$$i=P_0\cdot(1+f_0)=\sum_{t=1}^{n}\frac{D_t}{(1+R)^t}+\frac{P_1(1-f_1)}{(1+R)^n} \tag{8-2}$$

其中：i 为股票投资年化收益率；P_0 为股票购入价格；D_t 为股票第 t 年的股利；P_1 为股票的售价；f_0 为股票购入费率；f_1 为股票售出费率；n 为股票投资期限（以年表示）。

对于股利不变、永久持有的股票投资，其年化收益率的计算公式为

$$i=\frac{D}{P_0\cdot(1+f_0)} \tag{8-3}$$

其中：D 为各年分配的股利；P_0 为股票购入价格；f_0 为股票购入费率。

对于股利永续增长、永久持有的股票投资，其年化收益率的计算公式为

$$i=\frac{D_1}{P_0\cdot(1+f_0)}+g \tag{8-4}$$

其中：D_1 为第一年分配的股利；g 为股利年增长率；P_0 为股票购入价格；f_0 为股票购入费率。

[例8-3]某企业2013年7月1日以每股30元的价格购进甲企业股票1 000股，2014年7月1日和2015年7月1日分别收到每股2元的现金股利，2016年6月30日以每股40元的价格全部售出，则该股票的年化收益率为（假设持有期间未支付股票股利，购入和售出费率均为1%）

$$30\times(1+1\%)=\frac{2}{(1+i)}+\frac{2}{(1+i)^2}+\frac{40\times(1-1\%)}{(1+i)^3}$$

采用差值法求得 $i=13.63\%$。

第二节 债券投资

当公司决定扩大企业规模，而又缺少必要的资金时，可以通过出售金融证券来筹集。债券和股票是两种最常见的金融证券。当企业发行债券或股票时，无论融资者还是投资者都会对该种证券进行估价，进而决定以何种价格发行或购买证券比较合理。因此，证券估值是财务管理中一个十分重要的基本理论问题。

一、债券的概念及分类

▶ 1. 债券的概念

债券是发行者为筹集资金而发行的，在约定时间支付一定比例的利息，并在到期时偿还本金的一种有价证券。

债券面值是指设定的票面金额，它代表发行人借入并且承诺于未来某一特定日期偿付给债券持有人的金额。

债券票面利率是指债券发行者预计一年内向投资者支付的利息占票面金额的比率。债券的计息和付息方式有多种，可能使用单利或复利计息，利息支付可能半年一次、一年一次或到期一次总付，这就使票面利率可能不等于有效年利率。

债券的到期日是指偿还本金的日期。债券一般都规定到期日，以便到期时归还本金。

▶ 2. 债券的分类

(1) 按债券是否记名分类。按债券上是否记有持券人的名称或姓名，债券分为记名债券和无记名债券。在公司债券上记载持券人姓名或名称的为记名公司债券；反之，为无记名公司债券。

(2) 按债券能否转换为股票分类。若公司债券能转换为本公司股票，为可转换债券；反之，为不可转换债券。一般来讲，前种债券的利率要低于后种债券。

(3) 按有无财产抵押分类。发行公司以特定财产作为抵押品的债券为抵押债券；没有特定财产作为抵押，凭信用发行的债券为信用债券。抵押债券又分为：一般抵押债券，即以公司全部资产作为抵押而发行的债券；设备抵押债券，即以公司的机器设备为抵押而发行的债券；证券信托债券，即以公司持有的股票证券以及其他担保证书交付给信托公司作为抵押而发行的债券等。

(4) 按是否上市分类。在证券交易所挂牌交易的债券为上市债券；反之为非上市债券。上市债券信用度高，且变现速度快，故而容易吸引投资者，但上市条件严格，并要承担上市费用。

(5) 按偿还方式分类。发行公司于债券到期日一次集中清偿本息的，为到期一次债券；一次发行而分期、分批偿还的债券为分期债券。

(6) 按债券的发行人分类。按照发行人不同，债券分为以下类别：

① 政府债券，通常指中央政府发行的债券，也称为国库券。一般认为，政府债券会按期偿还利息和本金，没有拖欠风险。但是，在市场利率上升时，政府债券的市场流通价格会下降，因此也是有风险的。

② 地方政府债券，指地方政府发行的债券，地方政府债券有拖欠风险，因此利率会高于中央政府债券。

③ 公司债券，指公司发行的债券。公司债券有拖欠风险，不同的公司债券拖欠风险有很大差别。拖欠风险越大，债券的利率越高。

④ 国际债券，指外国政府或外国公司发行的债券。不仅外国公司债券有拖欠风险，有些外国政府债券也有拖欠风险。此外，如果国际债券以国外货币结算，购买者还需要承担汇率风险。

二、债券估价的基本模型

债券作为一种投资，现金流出是其购买价格；现金流入是利息和归还的本金，或者出售时得到的现金。债券未来现金流入的现值,称为债券的价值或债券的内在价值。只有债券的价值大于购买价格时,才值得购买。债券价值是债券投资决策时使用的主要指标之一。

典型的债券是固定利率、每年计算并支付利息、到期归还本金。按照这种模式,债券价值计算的基本模型是

$$PV = \frac{I_1}{(1+i)^1} + \frac{I_2}{(1+i)^2} + \cdots + \frac{I_n}{(1+i)^n} + \frac{M}{(1+i)^n} \tag{8-5}$$

其中:PV 为债券价值;I_t 为第 t 期债券的利息;M 为债券到期日的本金;i 为贴现率,一般采用当前风险投资的市场利率;n 为债券到期前的年数。

[**例 8-4**] 某公司拟于 2018 年 1 月 1 日发行面值为 1 000 元、票面利率为 8% 的债券,每年 1 月 1 日计算并支付利息,期限为 5 年。当前的市场利率为 10%。则债券的价值为

$$PV = \frac{80}{(1+10\%)^1} + \frac{80}{(1+10\%)^2} + \cdots + \frac{80}{(1+10\%)^5} + \frac{1\,000}{(1+10\%)^5}$$
$$= 80 \times (P/A, 10\%, 5) + 1\,000 \times (P/F, 10\%, 5)$$
$$= 303.264 + 620.9$$
$$= 924.164(元)$$

三、债券价值的评估方法

通过上述模型可以看出,影响债券价值的因素除债券面值、票面利率和计息期以外,还有贴现率和到期时间。

▶ **1. 债券价值与贴现率**

债券价值与贴现率有密切的关系。债券定价的基本原则是:贴现率等于债券利率时,债券价值就是其面值;如果贴现率高于债券利率,债券的价值就低于面值;如果贴现率低于债券利率,债券的价值就高于面值。对于所有类型的债券估值,都必须遵循这一原理。

如果在例 8-4 中,贴现率为 8%,则债券价值为

$PV = 80 \times (P/A, 8\%, 5) + 1\,000 \times (P, 8\%, 5) = 319.416 + 680.6 = 1\,000.016(元)$

如果在例 8-4 中,贴现率为 6%,则债券价值为

$PV = 80 \times (P/A, 6\%, 5) + 1\,000 \times (P, 6\%, 5) = 336.992 + 747.3 = 1\,084.292(元)$

▶ **2. 债券价值与到期时间**

债券的到期时间,是指当前日至债券到期日之间的时间间隔。随着时间的延续,债券的到期时间逐渐缩短,至到期日时该间隔为零。债券价值不仅受必要报酬率的影响,而且受债券到期时间间隔的影响。

在必要报酬率一直保持不变的情况下,不管它高于或低于票面利率,债券价值随到期时间的缩短逐渐向债券面值靠近,至到期日债券价值等于债券面值。当必要报酬率高于票面利率时,随着时间向到期日靠近,债券价值逐渐提高,最终等于债券面值;当必要报酬率等于票面利率时,债券价值一直等于票面价值;当必要报酬率低于票面利率时,随着时间向到期日靠近,债券价值逐渐下降,最终等于债券面值。

在例 8-4 中,如果到期时间缩短至 2 年,在年贴现率等于 10% 的情况下,债券价值为

$PV = 80 \times (P/A, 10\%, 2) + 1\,000 \times (P, 10\%, 2) = 138.84 + 826.4 = 965.24(元)$

年贴现率不变(10%)的情况下,到期时间为 5 年时,债券价值为 924.16 元,3 年后到

期时间为 2 年时债券价值上升至 965.24 元,向面值 1 000 元靠近了。

在例 8-4 中,如果到期时间缩短至 2 年,在年贴现率等于 6% 的情况下,债券价值为
PV=80×(P/A,6%,2)+1 000×(P,6%,2)=146.672+890=1 036.672(元)

在年贴现率为 6% 并维持不变的情况下,到期时间为 5 年时债券价值为 1 084.72 元,3 年后下降至 1 036.67 元,向面值 1 000 元靠近了。在年贴现率为 8% 并维持不变的情况下,到期时间为 2 年时,债券价值为
PV=80×(P/A,8%,2)+1 000×(P,8%,2)=142.664+857.3=999.964(元)

在贴现率等于票面利率时,到期时间的缩短对债券价值有影响。

综上所述,对于债券,当贴现率一直保持至到期日不变时,随着到期时间的缩短,债券价值逐渐接近其票面价值。如果付息期无限小,则债券价值表现为一条直线。

如果贴现率在债券发行后发生变动,债券价值也会因此变动。随着到期时间的缩短,贴现率变动对债券价值的影响越来越小,这就是说,债券价值对贴现率特定变化的反应越来越不灵敏。

从上述计算中可以看出,在到期时间为 5 年时,如果贴现率从 8% 上升到 10%,债券价值从 1 000.016 元降至 924.164 元,下降了 7.6%;在到期时间为 2 年时,贴现率从 8% 上升至 10%,债券价值从 999.964 元降至 965.24 元,仅下降 3.5%。

四、债券的到期收益率

债券的收益水平通常用到期收益率来衡量。到期收益率是指以特定价格购买债券并持有至到期日所能获得的报酬率。它是使未来现金流量现值等于债券购入价格的贴现率。

计算到期收益率的方法是求解含有贴现率的方程,即购进价格=每年利息年金现值系数+面值复利现值系数,即

$$P_0 = I \cdot (P/A, i, n) + M \cdot (P/F, i, n) \tag{8-6}$$

其中:P_0 为债券购进价格;I 为按票面利率每年支付的利息;M 为债券的面值;n 为到期的年数;i 为贴现率。

[例 8-5] 某公司于 2016 年 1 月 1 日平价购买一张面额为 2 000 元的债券,其票面利率为 8%,每年 1 月 1 日计算并支付一次利息,并于 5 年后的 1 月 1 日到期。该公司持有该债券至到期日,计算其到期收益率。

2 000=2 000×8%×(P/A,i,5)+2 000×(P/F,i,5)

解该方程要用"试误法",用 i=8% 来试算:

2 000×8%×(P/A,8%,5)+2 000×(P/F,8%,5)=638.832+1 361.2=2 000.032(元)

可见,平价购买的每年付息一次的债券的到期收益率等于票面利率。

如果债券的价格高于面值,则情况将发生变化。例如买价是 2 200 元,即

2 200=2 000×8%×(P/A,i,5)+2 000×(P/F,i,5)

用 i=6% 来试算:

2 000×8%×(P/A,6%,5)+2 000×(P/F,6%,5)=673.984+1 494.6=2 168.584(元)

由于贴现结果仍小于 2 200,应进一步降低贴现率。用 i=4% 来试算:

2 000×8%×(P/A,4%,5)+2 000×(P/F,4%,5)
=712.288+1 463.8=2 356.088(元)

贴现结果高于2 200元，可以判断，报酬率高于4%，用插值法计算近似值：

$$i=\frac{I+(M-P)/n}{(M+P)/2}=\frac{2\,000\times 8\%+(2\,000-2\,200)/5}{(2\,000+2\,200)/2}=5.71\%$$

从此例可以看出，如果买价和面值不等，则报酬率和票面利率不同。

五、债券投资的优缺点

▶ 1. 债券投资的优点

公司进行债券投资的优点主要表现在以下三个方面。

（1）本金安全性高。与股票相比，债券投资风险比较小。政府发行的债券有国家财力作后盾，其本金的安全性非常高，通常视为无风险证券。公司债券的持有者拥有优先求偿权，即当公司破产时，优先于股东分得公司资产，因此，其本金损失的可能性小。

（2）收入比较稳定。债券票面一般都标有固定利率，债券的发行人有按时支付利息的法定义务，因此，在正常情况下，投资于债券都能获得比较稳定的收入。

（3）流动性较好。许多债券都具有较好的流动性，政府及大公司发行的债券一般都可在金融市场上迅速出售，流动性很好。

▶ 2. 债券投资的缺点

公司进行债券投资的缺点主要表现在以下三个方面。

（1）购买力风险比较大。债券的面值和利率在发行时就已确定，如果投资期间的通货膨胀率比较高，则本金和利息的购买力将不同程度地受到侵蚀，在通货膨胀率非常高时，投资者虽然名义上有收益，但实际上遭受损失。

（2）没有经营管理权。投资于债券只是获得收益的一种手段，无权对债券发行单位施以影响和控制。

（3）需要承受利率风险。利率随时间上下波动，利率的上升会导致流通在外的债券价格下降。由于利率上升导致的债券价格下降的风险称为利率风险。

第三节 股票投资

一、股票的构成要素

股票是股份公司发给股东的所有权凭证，是股东借以取得股利的一种证券。股票持有者即为该公司的股东，对该公司财产有要求权。股票投资是公司进行证券投资的一个重要方面，随着我国股票市场的发展，股票投资已变得越来越重要。

为了更好地理解股票估价模型，我们有必要介绍股票的一些基本要素。

（1）股票价值。投资股票通常是为了在未来能够获得一定的现金流入。这种现金流入包括两部分：每期将要获得的股利以及出售股票时得到的价格收入。有时为了把股票的价值与价格相区别，也把股票价值称为"股票内在价值"。

（2）股票价格。股票价格是指其在市场上的交易价格，它分为开盘价、收盘价、最高价和最低价等。股票价格会受到各种因素的影响而出现波动。

(3)股利。股利是股息和红利的总称,是股东所有权在分配上的体现。但也只有当公司有利润并且管理层愿意将利润分给股东而不是将其进行再投资时,股东才有可能获得股利。

二、股票的种类

股票基本分为普通股和优先股。普通股股东是公司的所有者,他们可以参与选举公司的董事,但是当公司破产时,普通股股东只能最后得到偿付。普通股股东可以从公司分得股利,但是发放股利并不是公司必须履行的义务,因此,普通股股东与公司债权人相比,要承担更大的风险,其收益也具有更大的不确定性。

优先股则是公司发行的求偿权介于债券和普通股之间的一种混合证券。优先股相对于普通股的优先权是指清算时的优先求偿权,但是这种优先权的获得使优先股股东通常丧失了与普通股股东一样的投票权,从而限制了其参与公司事务的能力。优先股的现金股利是固定的,且先于普通股股利发放,每期支付的股利类似于债券发放利息。不同的是,如果公司未能按时发放股利,优先股股东不能提请公司破产。当然,公司为保持良好的财务声誉,总是会想方设法满足优先股股东的股利支付要求。

三、影响股票价格的因素

股票价格此起彼伏的变化是受相关因素影响的结果,影响股票价格的因素既有公司内在的基本因素,也有公司外部的市场行为因素,归纳起来主要有以下几个方面。

▶ 1. 宏观经济走势

股票市场是经济"晴雨表",它提前反映经济发展周期。当经济增长刚刚启动时,敏感的投资者就会对经济发展和公司的前景持有好的预期,从而开始购买股票,使股票价格上涨;在经济发展繁荣景气时期,更多的投资者都普遍看好经济发展趋势,股市的大牛市就会到来;当经济增长到达顶峰,并开始走向衰退时,明智的投资者就会退出股市,股票价格将下跌。因此,经济发展周期在股市上得到充分的反映,它直接影响股市发展的大趋势。

▶ 2. 通货膨胀

一般而言,适度的通货膨胀不会对经济发展产生破坏作用,对证券市场的发展是有利的,但过度的通货膨胀必然会恶化经济环境,对经济发展有极大的破坏作用,从而对证券市场不利。

▶ 3. 利率和汇率的变化

一般来说,利率上升既会增加公司的成本,从而减少利润,又会提高投资者的预期收益率,因此往往使股票价格下跌;反之,利率下降会使股票价格上涨。汇率的变化也会影响股票价格,如果本国货币贬值,可能会导致资本流出本国,从而使股票价格下跌。但汇率变化对国际性程度低的证券市场影响较小,而对国际性程度较高的证券市场的影响较大。

▶ 4. 经济政策

对股市比较敏感的经济政策主要有货币政策、财政政策和产业政策等。货币政策和财政政策都是调节宏观经济的手段。货币政策直接影响到货币供给量,一般而言,紧缩的货币政策往往会使股票价格下跌。财政政策可以通过增加政府收支规模、税率等手段来调节经济发展速度，当政府通过降低税率增加财政支出、刺激经济发展时，企业的利润就会上升，社会就业增加，公众收入也增加，会使股市行情上升。政府的产业政策主要对各个行业有不同的影响，优先扶持的行业，企业的发展前景较好，利润将会有望增加，其股票价格会上涨。

▶ 5. 公司状况

公司状况主要包括公司的行业发展前景、市场占有率、经营状况、财务状况、盈利能力、股利政策等因素。这一因素主要影响某一特定公司股票价格。对公司因素的了解，可以通过该公司发布的年度财务报告分析来获得。

▶ 6. 市场环境

市场环境的影响是指股票市场本身的组织、运作及市场参与者的活动对股市的影响，市场因素一般包括证券主管机构对证券市场的干预程度、市场的成熟程度、市场的投机操作行为、投资者的素质高低、市场效率等。

▶ 7. 政治因素

股票价格除受经济、技术等因素的影响外，还受政治因素的影响，如国内外政治形势的变化、国家重要领导人的更迭、国家法律与政策的变化、国际关系的改变等。政治因素对股市的影响是全局的和敏感的，有时会使股市暴涨暴跌，在国内外的股市上不乏其例。

四、普通股价值评估

股票价值是指股票预期能够提供的所有未来现金流量的现值。

▶ 1. 普通股价值评估的方法

股票估值的基本模型：普通股的估值与债券估值本质上都是未来现金流的贴现，但是由于普通股的未来现金流是不确定的，而且依赖于公司的股利政策，因此普通股的估值与债券估值存在差异。

普通股股票持有者的现金收入由两部分构成：一部分是在股票持有期间收到的现金股利；另一部分是出售股票时得到的变现收入。以 $D_1, D_2 \cdots D_n$ 表示各期股利收入；以 P_n 表示出售股票时得到的变现收入(即变现时的股票价格)，必要收益率为 r，则股票当前的价值为

$$P_0 = \frac{D_1}{(1+r)^1} + \frac{D_2}{(1+r)^2} + \cdots + \frac{D_n}{(1+r)^n} + \frac{P_n}{(1+r)^n}$$

$$= \sum_{n=1}^{n} \frac{D_n}{(1+r)^n} + \frac{P_n}{(1+r)^n} \tag{8-7}$$

实际上，当第一个投资者将股票售出后，接手的第二个投资者所能得到的未来现金流仍然是公司派发的股利及变现收入，如果将一只股票的所有投资者串联起来就会发现：股票出售时的变现收入是投资者之间的变现收入，并不是投资者从发行股票的公司得到的现金，这些现金收付是相互抵消的。普通股股票真正能够向投资者提供的未来现金收入，就是公司向股东派发的股利。因此，普通股股票的价值为

$$P_0 = \frac{D_1}{(1+r)^1} + \frac{D_2}{(1+r)^2} + \frac{D_3}{(1+r)^3} + \cdots \frac{D_n}{(1+r)^n} = \sum_{n=1}^{n} \frac{D_n}{(1+r)^n} \tag{8-8}$$

上述公式是股票估值的基本模型。它在实际应用时面临的主要问题是如何预计每年的股利，以及如何确定贴现率。

▶ 2. 常用的股票估价模式

与债券不同的是，持有期限、股利、贴现率是影响股票价值的重要因素。股利的多

少,取决于每年盈利和股利支付两个因素,如果投资者准备永久持有股票,未来的贴现率是固定不变的。那么未来各期不断变化的股利就成为评估股票价值的难题。为此,我们不得不假定未来的股利按一定的规律变化,从而形成几种常用的股票估价模式。

(1) 零增长模式。假设未来股利不变,其支付过程是一个永续年金。则股票价值为

$$P_0 = \frac{D_1}{(1+r)^1} + \frac{D_2}{(1+r)^2} + \frac{D_3}{(1+r)^3} + \cdots + \frac{D_n}{(1+r)^n} = D/r \tag{8-9}$$

[例 8-6] 某种股票预计每年分配股利 5 元,最低报酬率为 20%。则该股票价值为
$P_0 = 5 \div 20\% = 25(元)$

这就是说,该股票每年给你带来 5 元的收益,在市场利率为 20% 的情况下,它相当于 25 元资本的收益,所以其价值是 25 元。

当然,市场上的股价不一定就是 25 元,还要看投资人对风险的态度,可能高于或低于 25 元。

(2) 固定增长模式。一般来说,公司并没有把每年的盈余全部作为股利分配出去,留存的收益扩大了公司的资本额,不断增长的资本会创造更多的盈余,进一步又引起下期股利的增长。如果公司本期的股利为 D_0,未来各期的股利按上期股利的 g 速度呈几何级数增长,根据股票估价基本模型,股票价值 P_0 为

$$P_0 = \sum_{n=1}^{\infty} \frac{D_0(1+g)^n}{(1+r)^n} \tag{8-10}$$

当 g 为常数,并且 $r > g$ 时,上式可化简为

$$P_0 = D_1/(r-g) \tag{8-11}$$

[例 8-7] 假定某投资者准备购买某公司的股票,该公司报酬率为 15%,年增长率为 10%,该股票今年每股股利为 3 元,则该公司下一年的股利为
$D_1 = 3 \times (1+10\%) = 3.3(元)$

股票的内在价值为
$P_0 = 3.3 \div (15\% - 10\%) = 66(元)$

(3) 非固定增长模式。在现实生活中,有的公司股利是不固定的。例如,在一段时间里高速增长,在另一段时间里正常固定增长或固定不变。在这种情况下,就要分段计算,才能确定股票的价值。

$$P_0 = \frac{D_0(1+g)^1}{(1+r)^1} + \frac{D_0(1+g)^2}{(1+r)^2} + \cdots + \frac{D_0(1+g)^n}{(1+r)^n} = \sum_{n=1}^{\infty} \frac{D_0(1+g)^n}{(1+r)^n} \tag{8-12}$$

[例 8-8] 投资者准备购买某公司股票,打算长期持有,要求达到 15% 收益率。该公司今年每股股利 0.6 元,预计 3 年股利以 16% 的速度高速增长,而后以 8% 的速度转入正常增长。则该公司股票的价值分两段计算。

首先,计算高速增长股利的现值:

年 份	股 利	现值系数(15%)	股利现值
1	$0.6 \times (1+16\%) = 0.696$	0.869 6	0.605 2
2	$0.696 \times (1+16\%) = 0.807 4$	0.756 1	0.610 4
3	$0.807 4 \times (1+16\%) = 0.936 6$	0.657 5	0.615 8
合 计			1.831 5(元)

其次,计算正常增长股利在第三年年末的现值:

$$P_3 = \frac{D_4}{(r-g)} = \frac{0.9366 \times (1+8\%)}{15\% - 8\%} = 14.4502 \text{（元）}$$

最后，计算该股票的价值：
$$P_0 = 14.4502 \times 0.6575 + 1.8315 = 11.3325 \text{（元）}$$

五、优先股价值评估

优先股是指在一般规定的普通种类股份之外，另行规定的其他种类股份，其股份持有人优先于普通股股东分配公司利润和剩余财产，但参与公司决策管理等权利受到限制。优先股的支付义务很像债券，每期支付的股利与债券每期支付利息类似，因此债券的估值方法也可用于优先股估价。与债券不同的是，优先股一般按季度支付股利。

▶ 1. 优先股的特殊性

（1）优先分配股利。优先股股东按照约定的票面股息率，优先于普通股股东分配公司利润。公司应当以现金的形式向优先股股东支付股息，在完全支付约定的股息之时，不得向普通股股东分配利润。

公司应当在公司章程中明确以下事项：其一，优先股股息率是采用固定股息率还是浮动股息率，并相应明确固定股息率水平或浮动股息率计算方法；其二，公司在有可分配税后利润的情况下是否必须分配利润；其三，如果公司因本会计年度可分配利润不足而未向优先股股东足额派发股息，差额部分是否累积到下一个会计年度；其四，优先股股东按照约定的股息率分配股息后，是否有权同普通股股东一起参加剩余利润分配；其五，优先股利润分配涉及的其他事项。

（2）优先股分配剩余财产。公司因解散、破产等原因进行清算时，公司财产在按照公司法和破产法有关规定进行清偿后的剩余财产，应当优先向优先股股东支付未派发的股息和公司章程约定的清算金额，不足以支付的按照优先股股东持股比例分配。

（3）表决权限制。除以下情况外，优先股股东不出席股东大会会议，所持股份没有表决权：第一，修改公司章程中与优先股相关的内容；第二，一次或累计减少公司注册资本超过10%；第三，公司合并、分立、解散或变更公司形式；第四，发行优先股；第五，公司章程规定的其他情形。上述事项的决议，除需经出席会议的普通股股东（含表决权恢复的优先股股东）所持表决权的2/3以上通过之外，还需经出席会议的优先股股东（不含表决权恢复的优先股股东）所持表决权的2/3以上通过。

其中，表决权恢复是指公司累计3个会计年度或者2个会计年度未按照约定支付优先股股息的，优先股股东有权出席股东大会，每股优先股股份享有公司章程规定的表决权。对于股息可累积到下一会计年度的优先股，表决权恢复直至公司全额支付所欠股息。对于股息不可累积的优先股表决权恢复直至公司全额支付所欠股息。公司章程可规定优先股表决权恢复的其他情形。

▶ 2. 优先股价值的评估方法

优先股按照约定的票面股息率支付股利，其票面股息率可以是固定股息率或者浮动股息率。公司章程中规定优先股采用固定股息率的，可以在优先股存续期内采取相同的固定股息率，或明确每年的固定股息率，各年度的股息率可以不同；公司章程中规定优先股采用浮动股息率的，应当明确优先股存续期内票面股息率的计算方法。

无论优先股采用固定股息率还是浮动股息率，优先股价值均可通过对未来优先股股利的折现进行估计，即采用股利的现金流量折现模型估值。其中，当优先股存续期内采用相同的固定股息率时，每股股息就形成了无限期定额支付的年金，即永续年金，优先股则相当于永久债券，其估值公式如下：

$$P_0 = \frac{D}{r} \tag{8-13}$$

其中：P_0 为优先股的价值；D 为优先股每股股息；r 为折现率，一般采用资本成本率或投资的必要报酬率。

六、股票投资的优缺点

▶ 1. 股票投资的优点

股票投资是一种最具有挑战性的投资，其收益和风险都比较高。股票投资的优点主要有：

（1）能获得比较高的报酬。普通股票的价格虽然变动频繁，但从长期看，优质股票的价格总是上涨的居多，只要选择得当，一般都能获得优厚的投资收益。

（2）能适当降低购买力风险。普通股的股利不固定，在通货膨胀率比较高时，由于物价普遍上涨，股份公司盈利增加，股利的支付也随之增加。因此，与固定收益证券相比，普通股能有效地降低购买力风险。

（3）拥有一定的经营控制权。普通股股东属股份公司的所有者，有权监督和控制公司的生产经营情况，因此，欲控制一家公司，最好的途径就是收购这家公司的股票。

▶ 2. 股票投资的缺点

股票投资的缺点主要是风险大，这是因为：

（1）普通股对公司资产和盈利的求偿权均居最后。公司破产时，股东原来的投资可能得不到全数补偿，甚至可能一无所有。

（2）普通股的价格受众多因素影响，很不稳定。政治因素、经济因素、投资人心理因素、企业的盈利情况、风险情况等都会影响股票价格，这也使股票投资具有较高的风险。

（3）普通股的收入不稳定。普通股股利的多少，视企业经营状况和财务状况而定，其有无、多寡均无法律上的保证，其收入的风险也远远大于固定收益证券。

第四节 基金投资

基金是一种利益共享、风险共担的集合投资方式，即通过发行基金股份或受益凭证等有价证券，聚集众多的不确定投资者的出资，交由专业投资机构经营运作，以规避投资风险并谋取投资收益的证券投资工具。

一、基金投资的特点

▶ 1. 专业管理、集合投资

证券投资基金将众多投资者的资金集中起来进行共同投资，因此表现出一种集合投资的特点,有利于发挥资金的规模优势,降低投资成本。基金由专业的基金管理人进行投资管理和运作,使普通投资者也能够享受到专业化的投资管理服务。

▶ 2. 组合投资、分散风险

为降低投资风险,各国法律通常规定证券投资基金必须以组合投资的方式进行基金投资运作。有些市场规定,基金投资组合不得少于20个品种。我国《证券投资基金管理暂行办法》规定,一个基金持有一家上市公司的股票,不得超过该基金资产净值的10%。

▶ 3. 利益共享、风险共担

证券投资基金遵循利益共享、风险共担的原则。基金投资者是基金的所有者,基金托管人、基金管理人按规定收取一定的托管费、管理费,并不参与基金收益的分配。

二、基金投资的种类

▶ 1. 根据组织形态分类

根据组织形态的不同,基金分为契约型基金和公司型基金。

契约型基金也称单位信托基金,是指把受益人(投资者)、管理人、托管人三者作为基金的当事人。由管理人与托管人通过签订信托契约的形式发行受益凭证而设立的一种基金。契约型基金由基金管理人负责基金的管理操作;由基金托管人作为基金资产的名义持有人,负责基金资产的保管和处置,对基金管理人的动作实行监督。契约型基金的投资者没有管理基金资产的权利。

公司型基金是按照公司法以公司形态组成的。它以发行股份的方式募集资金,一般投资者购买该公司的股份即为认购基金,也就成为该公司的股东,凭其持有的基金份额以股息或红利形式取得投资收益。公司型基金的股东通过股东大会和董事会享有管理基金公司的权利。

▶ 2. 根据变现方式分类

根据变现方式的不同,基金分为封闭式基金和开放式基金。

封闭式基金是指基金的发起人在设立基金时,限定了基金单位的发行总额,筹集到总额后,基金即宣告成立并进行封闭,在一定时期内不再接受新的投资。基金单位的流通采取在交易所上市的方法,通过二级市场进行竞价交易。封闭式基金通常有固定的封闭期,在招募说明书中列明其基金规模,且在封闭期限内不能要求基金公司赎回。

开放式基金是指基金发起人在设立基金时,基金单位的总数是不固定的,可视经营策略和发展需要追加发行。投资者也可根据市场状况和各自的投资决策,或者要求发行机构按现期净资产值扣除手续费后赎回股份或收益凭证,或者再买入股份或收益凭证,增加基金单位份额的持有比例。开放式基金没有固定期限,投资者可以在首次发行结束一段时间(一般为3个月)后,随时向基金管理人或中介机构提出购买或赎回申请。

▶ 3. 根据投资标的分类

根据投资标的不同,基金分为股票基金、债券基金、货币基金、期货基金、期权基金、认股权证基金、专门基金等。

股票基金是指投资于股票的投资基金,其投资对象通常包括普通股和优先股,其风险程度比个人投资股票市场要小得多,而且具有较强的变现性和流动性,因此比较受投资者欢迎,是所有基金品种中最为流行的一种类型。

债券基金是指投资管理公司为稳健型投资者设计的，投资于政府债券、市政公债、企业债券等各类债券品种的投资基金。债券基金一般情况下定期派息，其风险和收益水平通常比股票基金低。

货币基金是指由货币存款构成投资组合，协助投资者参与外汇市场投资，赚取较高利息的投资基金。其投资工具包括银行短期存款、国库券、政府公债等。这类基金的投资风险小、投资成本低、安全性和流动性较高，在整个基金市场上属于风险较低的安全基金。

期货基金是指投资于期货市场以获取较高投资回报的投资基金。由于期货市场具有高风险和高回报的特点，因此投资期货基金既可能获得较高的投资收益，同时又面临着较大的投资风险。

期权基金是指以期权作为主要投资对象的基金。期权交易是指期权购买者向期权出售者支付一定费用后，取得在规定时期内的任何时候，以事先确定好的协定价格向期权出售者购买或出售一定数量的某种商品合约权利的一种买卖。

认股权证基金是指以认股权证为主要投资对象的基金。认股权证是由股份有限公司发行的、能够按照特定的价格，在特定的时间内购买一定数量该公司股票的选择权凭证。由于认股权证的价格是由公司的股价决定的，一般来说，认股权证的投资风险比通常的股票要大得多。因此，认股权证基金也属于高风险基金。

专门基金由股票基金发展演化而成，属于分类行业股票基金或次级股票基金，包括黄金基金、资源基金、科技基金、地产基金等，这类基金的投资风险较大，收益水平较易受到市场行情的影响。

三、基金投资的财务评价

对投资基金进行财务评价旨在衡量投资基金的经营业绩，为投资者选择合适的基金作为投资对象提供参考。对投资基金财务评价所依据的信息来源主要是公开的基金财务报告。

▶ 1. 投资基金的价值

基金也是一种证券，与其他证券一样，基金的内涵价值指基金投资所能带来的现金净流量。但是，基金内涵价值的具体确定依据与股票、债券等其他证券又有很大区别。

（1）基金价值的内涵。债券的价值取决于债券投资所带来的利息收入和所收回的本金；股票的价值取决于股份公司净利润的稳定性和增长性。这些利息和股利都是未来收取的，即未来的而非现在的现金流量决定着债券和股票的价值。而基金的价值取决于目前能给投资者带来的现金流量，这种目前的现金流量用基金的净资产价值来表示。

（2）基金单位净值（NVA）。基金单位净值也称单位净资产值或单位资产净值，是指某一时点每一基金单位所具有的市场价值，是评价基金业绩最基本和最直观的指标，也是开放型基金申购价格、赎回价格以及封闭型基金上市交易价格确定的重要依据。其计算公式为

$$基金单位净值 = (基金资产总额 - 基金负债总额) / 基金单位总数量 \quad (8-14)$$

其中，基金资产总额是指基金拥有的所有资产（包括股票、债券、银行存款和其他有价证券等）按照公允价格计算的资产总额。基金负债总额是指基金运作及融资时所形成的

全部负债，包括应付的各项费用、应付资金利息等。基金单位总数量是指当时发行在外的基金单位的总量。

基金估值是计算单位基金资产净值的关键。基金往往分散投资于证券市场的各种投资工具，如股票、债券等。由于这些资产的市场价格是不断变动的，因此只有每日对单位基金资产净值重新计算，才能及时反映基金的投资价值。

（3）基金的报价。基金的价值决定了基金的价格，基金的交易价格是以基金单位净值为基础的。基金单位净值高，基金的交易价格也高。封闭型基金在二级市场上竞价交易，其交易价格由供求关系和基金业绩决定，围绕着基金单位净值上下波动。开放型基金的柜台交易价格则完全以基金单位净值为基础，通常采用两种报价形式：认购价和赎回价。开放型基金交易价格的计算公式为

$$基金认购价 = 基金单位净值 + 首次认购费 \quad (8-15)$$

$$基金赎回价 = 基金单位净值 - 基金赎回费 \quad (8-16)$$

基金认购价即基金经理公司的卖出价，卖出价中的首次认购费是支付给基金经理公司的发行佣金。基金赎回价即基金经理公司的买入价，赎回价低于基金单位净值是由于抵扣了基金赎回费，从而提高赎回成本，防止投资者的赎回，保持基金资产的稳定性。收取首次认购费的基金，一般不再收取赎回费。

▶ 2. 基金回报率

基金回报率用以反映基金增值的情况，它通过基金净资产的价值变化来衡量。基金净资产的价值是以市价计量的，基金资产的市场价值增加，意味着基金的投资收益增加，基金投资者的收益也随之增加。基金回报率的计算公式为

$$基金回报率 = \frac{年末持有份数 \times 年末 NAV - 年初持有份数 \times 年初 NVA}{年初持有份数 \times 年初 NVA} \quad (8-17)$$

▶ 3. 有价证券周转率

对投资有价证券的基金而言，可以用有价证券周转率来衡量基金的投资组合政策。有价证券周转率的计算方式与一般企业资产周转率的计算方式相同，都是资产周转额与资产平均余额的比值，即

$$有价证券周转率 = 证券年售出净额 / 证券资产年平均余额 \quad (8-18)$$

有价证券周转率的高低在一定程度上反映了基金的投资组合政策：周转率越高，表明基金投资越偏重于能获取资本利得的投资组合。当然，从过高的周转率上可以看出，基金投资组合不稳定对证券频繁地购买和抛售会带来较高的投资管理成本。过低的周转率只能表明基金没有进取性，也无法判断基金经理人对基金投资的操作能力。

四、基金投资的优缺点

▶ 1. 基金投资的优点

基金投资的最大优点是能够在不承担太大风险的情况下获得较高收益。这是因为：

（1）基金具有专家理财优势。投资基金的管理人都是投资方面的专家，在投资前进行大量专业研究，有助于降低风险，提高收益。

（2）资金规模优势。我国的投资基金一般拥有20亿元以上的资金规模，西方大型投资基金一般拥有百亿美元以上的资金。以这样的资金优势进行充分的投资组合，可降低风险，提高收益。

▶ 2. 基金投资的缺点

投资基金在投资组合过程中，降低风险的同时，也丧失了获得巨大收益的机会。在大盘整体大幅度下跌的情况下，进行基金投资也可能会损失较多，使投资人承担较大风险。

五、基金投资组合策略

建立基金组合，就是通过同时投资于多只基金，降低组合收益的波动，增强投资的稳定性，使基金组合在各个阶段都能够获取较好的收益。基金组合应避免没有明确的投资目标、没有核心组合、非核心投资过多、组合失衡、基金数目太多、费用水平过高、没有设定卖出的标准（例如，涨幅超过10%立即售出）、同类基金选择不当等现象。在建立基金组合时，可以考虑以下三个原则：

（1）风险主导配置原则。基金组合的总体倾向应该与投资目标匹配，例如全部投资于股票基金可能波动风险较大。但通过投资一定比例的配置型基金，可以让基金组合的总体风险降低。

（2）风格相异原则。基金组合中的基金应该有不一样的风格特征，如果基金风格高度一致，那就起不到组合的作用。

（3）适当分散原则。通常情况下，基金组合的数量以3~5只为宜。过多地分散投资，可能会降低组合有效性，并且增加交易成本。

第五节 证券投资组合

证券投资组合是指在进行证券投资时，不是将所有资金都投向单一的某种证券，而是有选择地投向一组证券。这种同时投资多种证券的做法称为证券的投资组合。由多种证券构成的投资组合，会减小风险，报酬率高的证券会抵消报酬率低的证券带来的负面影响。因此绝大多数法人投资者如信托投资公司、投资基金公司、工商业企业等都同时投资于多种证券，即使个人投资者，一般也是选择持有证券的投资组合而不只是单一地投资于某一公司的股票或债券。所以，了解证券投资组合的风险和收益十分必要。

一、证券投资组合的风险

证券投资组合的风险按是否可以分散，分为可分散风险和不可分散风险。

▶ 1. 可分散风险

可分散风险又称非系统性风险或公司特别风险，是指某些因素对个别证券造成经济损失的可能性，如某个公司产品更新迟缓、工人罢工、在市场竞争中失败等。这种风险可通过证券持有的多样化来抵消。多投资几家公司的股票，一些公司的股票报酬上升，另一些公司的股票报酬下降，就可将风险抵消。因此，这种风险称为可分散风险。

[例8-9] 某公司投资A和B两种股票，构成证券投资组合，两种股票各占50%，如果两种股票完全负相关，它们的报酬率和风险情况见表8-1。

表 8-1　完全负相关的两种股票构成的证券组合的报酬情况　　　　　单位:%

年度(t)	A 股票 K_A	B 股票 K_B	AB 组合 K_P
2011	40	−10	15
2012	−10	40	15
2013	35	−5	15
2014	−5	35	15
2015	15	15	15
平均报酬率(K)	15	15	15
标准离差(σ)	22.6	22.6	0

根据表 8-1 资料,可以绘制出两种股票及其证券组合的报酬率的示意图,见图 8-1 所示。

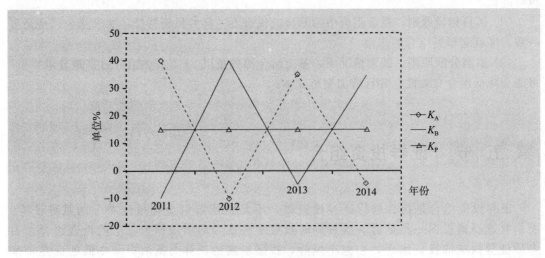

图 8-1　两种完全负相关股票的报酬率图

从表 8-1 和图 8-1 中可以看出,如果分别持有两种股票,有很大风险,但如果把它们组合成一个证券组合,则没有风险。

A 股票和 B 股票之所以能结合起来组成一个无风险的证券组合,是因为其报酬率呈反方向变化,即当 A 股票的报酬下降时,B 股票的报酬正好上升;而当 A 股票的报酬上升时,B 股票的报酬正好下降。股票 A 和股票 B 的关系称为完全负相关,其相关系数 $r=-1.0$。与完全负相关相反的是完全正相关,其相关系数 $r=1.0$,两个完全正相关的股票的报酬将一起上升或下降,这样的两种股票组成的证券组合不可能抵消风险。

证券投资组合中各项目预期报酬之间的相关程度与风险分散之间的关系,称为风险分散理论,可以概括为以下两种情况:当投资组合中各单个项目预期报酬存在着正相关关系时,若为完全的正相关,这些项目的组合不会产生任何风险分散效应;它们之间正相关的程度越小,其组合可产生的风险分散效应越大;当投资组合中各单个项目预期报酬之间存在着负相关关系时,若为完全的负相关,这些项目的组合可使其总体的风险趋近于零;它们之间负相关的程度越小,其组合可产生的风险分散效应也越小。

2. 不可分散风险

不可分散风险又称系统性风险或市场风险，是指由于某些因素给市场上所有的证券都带来经济损失的可能性，如宏观经济状况的变化、国家税法的变化、国家财政政策和货币政策的变化等，都会使股票报酬发生变动。这些风险影响到所有的证券，不可能通过证券组合分散，即使投资者持有的是收益水平及变动情况相当分散的证券组合，也将遭受这种风险；对投资者来说，这种风险是无法消除的。但是，这种风险对不同的企业、不同证券也有不同影响。衡量这种风险的程度，通常用系数 β 表示。在实际工作中，β 系数一般不由投资者自己计算，而由一些机构定期计算并公布。

作为整体的证券市场的 β 系数为1，如果某种股票的风险情况与整个证券市场的风险情况一致，则其 β 系数也等于1；也就是说，市场平均报酬率上升5%，则某种股票的报酬率也上升5%；如果某种股票的 β 系数大于1，说明其风险程度大于整个市场风险，其报酬也大于市场平均报酬；如果某种股票的 β 系数小于1，说明其风险程度小于整个市场的风险，其报酬也小于市场平均报酬。

以上说明不同公司 β 系数不同，即使同一家公司在不同时期，其 β 系数也会有差异。证券组合的 β 系数，应该是单个证券 β 系数的加权平均，权数为各种股票在证券组合中所占的比重。其计算公式如下：

$$\beta_P = \sum_{i=1}^{n} W_i \beta_i \tag{8-19}$$

其中：β_P 为证券组合的 β 系数；W_i 为证券组合中第 i 种股票所占的比重；β_i 为第 i 种股票的 β 系数；n 为证券组合中股票的种数。

根据上述分析，可归结如下：

(1) 一种股票的总风险由两部分组成，包括可分散风险和不可分散风险。

(2) 可分散风险可通过证券组合来消除或减少。可分散风险随证券组合中股票数量的增加而逐渐减少。根据有关统计局的资料，一种股票组成的证券组合的标准离差 δ_1 大约为28%，而由所有股票组成的证券组合称为市场证券组合，其标准离差 $\delta_m = 15.1\%$。因此，一个包含有40种股票而又比较合理的证券组合，通常能消除大部分可分散风险。

(3) 股票的不可分散风险由市场变动而产生，它对所有股票都有影响，不能通过证券组合来消除。不可分散风险是通过 β 系数来测量的。几项标准的 β 值如下：

$\beta = 0.5$，说明该股票的风险只有整个市场股票风险的一半；

$\beta = 1.0$，说明该股票的风险等于整个市场股票的风险；

$\beta = 2.0$，说明该股票的风险是整个市场股票风险的两倍。

认识和理解系统风险与非系统风险的区别是非常重要的。对投资者来说，可以通过多样化投资和增加投资项目来分散与减少投资风险，但所能消除的只是非系统风险，并不能消除系统风险。因此，希望通过多样化投资来彻底消除所有投资风险是不可能的。另外，在资产组合中的资产数目刚开始增加时，其风险分散作用相当显著，但随着资产数目的不断增加，这种风险分散的作用也逐渐减弱。一般情况下，当资产组合中的资产数目增加到15~20个时，绝大部分非系统风险都已被消除，继续增加资产数目对减少投资风险已没有太大的意义。

二、证券投资组合的收益

投资者进行证券组合投资或进行单项投资，都要求对承担的风险进行补偿。证券的风险越大,要求补偿的报酬就越高。但是与单项投资不同,证券组合投资只要求对不可分散风险进行补偿,而不要求对可分散风险进行补偿。如果股票收益中有可分散风险的补偿存在,善于进行投资组合的投资者就会购买这种股票,并抬高其价格出售,其最后的期望报酬率只反映不能分散的风险。因此,所谓证券组合的风险报酬,是指投资者因承担不可分散风险而要求的、超过时间价值的那部分额外报酬。可用下列公式计算:

$$R_P = \beta_P (R_M - R_F) \tag{8-20}$$

其中:R_P 为证券组合的风险报酬率;β_P 为证券组合的 β 系数;R_M 为全部股票的平均报酬率,也就是由市场上全部股票组成的证券组合的报酬率,简称市场报酬率;R_F 为无风险报酬率,一般用政府公债的利率来表示。证券组合投资的收益(必要报酬率)为

$$R = R_F + R_P \tag{8-21}$$

[例8-10] 某公司持有由A、B、C三种股票构成的证券组合,它们的 β 系数分别是 2.0、1.0 和 0.5,它们在证券组合中所占的比重分别为 60%、30% 和 10%,股票的市场报酬率为 14%,无风险报酬率为 10%。计算这种证券组合的风险报酬率。

解:(1)确定证券组合的 β 系数。

$$\beta_P = \sum_{i=1}^{n} W_i \beta_i = 60\% \times 2.0 + 30\% \times 1.0 + 10\% \times 0.5 = 1.55$$

(2)计算该证券组合的风险报酬率。

$$R_P = \beta_P (R_M - R_F) = 1.55 \times (14\% - 10\%) = 6.2\%$$

(3)计算该证券组合的收益率。

$$R = R_F + \beta_P = 10\% + 6.2\% = 16.2\%$$

从以上计算中可以看出,在其他因素不变的情况下,风险报酬取决于证券组合的系数,系数越大,风险报酬就越大;反之,风险报酬则越小。

三、证券投资组合操作的基本程序

▶ 1. 确定证券投资组合的目标与投资方向

投资目标是基金投资经营运作所要达到的目的,引导基金的投资方向和投资政策。根据对投资风险和收益的选择,基金的投资目标一般有以下四种。

(1)资本的迅速增值。这种目标决定了这类基金要在短时间内为投资者谋取较大的资本增长幅度,投资收益侧重于资本利得,即投资对象的买卖价差,而不是所持股票的本期收益,投资政策一般采取快进快出策略,以避免风险。这类基金一般分红较少,而是以盈利滚入本金再投资,以获得高速增长。投资对象基本集中于一些高成长、有潜力的小型公司股票或者一些高科技公司股票。

(2)资本的长期增值。这类基金强调为投资者谋取长期稳定的资本增幅,投资收益来源主要是资本利得。这类基金的投资对象往往是一些价格稳定上升的绩优股,投资政策主要是有成长潜力的证券。

(3)收益与风险的平衡。此类基金既注重收益又注重资本增值,要求派发红利又能获得资本适当成长。投资对象一般是价格波动较小的证券、强调收益稳定的证券和成长型的证券组合,基金运营较为保守,适合资金不多的小投资者购买。

(4)收益的长期稳定。此类基金注重长期稳定的收益,一般投向政府债券、公司债券、优先股以及其他货币市场工具,本金损失风险小,但易受市场利率的影响,适合保守

的投资者。

2. 进行证券投资分析

证券投资分析是证券组合管理的第二步，是指对证券组合管理第一步所确定的金融资产类型中个别证券或证券组合的具体特征进行考察分析。这种考察分析的一个目的是明确这些证券的价格形成机制和影响证券价格波动的诸因素及其作用机制；另一个目的是发现那些价格偏离价值的证券。

3. 组建最优证券投资组合

确定最优证券投资组合是证券组合管理的第三步，主要是确定具体的证券投资品种和在各证券上的投资比例。在构建证券投资组合时，投资者需要注意个别证券选择、投资时机选择和多元化三个问题。个别证券选择主要是预测个别证券的价格走势及其波动情况；投资时机选择涉及预测和比较各种不同类型证券的价格走势和波动情况；多元化则是指在一定的现实条件下，组建一个在一定收益条件下风险最小的投资组合。

证券最优组合一般按以下方式选择足够数量的证券进行组合：把风险大、风险中等、风险小的证券放到一起进行组合；把投资收益呈负相关的证券放在一起进行组合，并采用行业比重、市值平均数、持股数量几个指标来反映证券组合情况。

行业比重指证券市场中的股票分为信息业、服务业和制造业三大行业类别，具体又可细分为十二个小类。一般地，同一大类的股票在证券市场中具有相似的波动趋势。如果基金的投资组合都集中在同一行业中，就有必要考虑将投资分散到专注于其他行业的基金。同样，高科技行业的企业意味着公司财富与高科技行业息息相关，因此不宜再持有那些集中投资于高科技行业的基金。

市值平均数是基金投资组合中所有股票市值的几何平均数，体现了基金投资组合中股票的市值大小。由于大盘股、中盘股和小盘股在市场中的表现各不相同，投资者可投资不同市值规模的基金来分散风险。

从分散风险的角度来看，仅投资 20 只股票的基金与投资上百只股票的基金在业绩波动方面有很大的不同。通常，持股数量较少的基金波动性较大。因此，除了关注基金投资的行业比重外，投资者还应当了解基金是否将大量资产集中投资在某几只股票上。

4. 修正证券投资组合

投资组合的修正作为证券组合管理的第四步，实际上是定期重温前三步的过程。随着时间的推移，过去构建的证券组合对投资者来说，可能已经不再是最优组合了，这可能是因为投资者改变了对风险和回报的态度，或者是其预测发生了变化。作为这种变化的一种反映，投资者可能会对现有的组合进行必要的调整，以确定一个新的最佳组合。然而，进行任何调整都将支付交易成本，因此投资者应该对证券组合在某种范围内进行个别调整，使在剔除交易成本后，总体上能够最大限度地改善现有证券组合的风险收益特性。

5. 进行证券投资组合的业绩评估

证券组合管理的第五步是通过定期对投资组合进行业绩评估来评价投资的表现。业绩评估不仅是证券组合管理过程的最后一个阶段，同时也可以看成是一个连续操作过程的组成部分。说得更具体一点，可以把它看成证券组合管理过程中的一种反馈与控制机制。由于投资者在投资过程中获得收益的同时，还将承担相应的风险，获得较高收益可能是建立在承担较高风险的基础之上，因此在对证券投资组合业绩进行评估时，不能仅仅比较投资活动所获得的收益，而应该综合衡量投资收益和所承担的风险情况。

思考题

1. 什么是证券投资？证券投资和实物投资有何区别？
2. 证券投资有哪些风险？
3. 简述优先股与普通股的区别。
4. 简述可转换债券的含义和特点。
5. 试比较基金投资与股票投资及债券投资的区别。
6. 简述单一证券投资和证券投资组合的区别。
7. 阐述证券投资组合如何规避风险。
8. 什么是风险？什么是收益？两者关系如何？

练习题

一、单选题

1. 如果某种证券的 β 系数为1，则表明该证券（　　）。
   A. 基本没有风险
   B. 与市场上的所有证券的平均风险一致
   C. 投资风险很低
   D. 比市场上的所有证券的平均风险高一倍

2. 甲公司投资一项证券资产，每年年末都能按照6%的名义利率获取相应的现金收益。假设通货膨胀率为2%，则该证券资产的实际利率为（　　）。
   A. 3.88%　　　　　　　　　　　　B. 3.92%
   C. 4.00%　　　　　　　　　　　　D. 5.88%

3. β 系数是反映个别股票相对于平均风险的股票的变动程度的指标。它可以衡量（　　）。
   A. 个别股票相对于整个市场平均风险的反向关系
   B. 个别股票的公司特有风险
   C. 个别股票的非系统风险
   D. 个别股票的市场风险

4. 某公司发行债券，债券面值为1 000元，票面利率为6%，每年付息一次，到期还本，债券发行价为1 010元，筹资费为发行价的2%，企业所得税税率为25%，则该债券的资本成本为（　　）。（不考虑时间价值）
   A. 4.06%　　　　　　　　　　　　B. 4.25%
   C. 4.55%　　　　　　　　　　　　D. 4.59%

5. 在评估证券的投资价值时，下列说法不正确的是（　　）。
   A. 证券的投资价值受多方面因素的影响，并随着这些因素的变化而发生相应的变化
   B. 债券的投资价值受市场利率水平的影响，并随着市场利率的变化而变化
   C. 影响股票投资价值的因素包括宏观经济、行业形势和公司经营管理等
   D. 投资者在决定投资某种证券前，首先应该认真评估该证券的投资价值，当证券处于投资价值区域时，这种投资是不会失败的

6. 某投资者的一项投资预计两年后价值为 100 万元,假设必要收益率是 20%,下述数值最接近按复利计息的该投资者的现值的是( )万元。
   A. 60   B. 65   C. 70   D. 75

7. 下列因素不属于影响债券投资价值外部因素的是( )。
   A. 通货膨胀水平   B. 外汇汇率水平   C. 市场利率   D. 票面利率

8. 基金管理费通常按照每个估值日( )的一定比率(年率)逐日计提,累计至每月月底,按月支付。
   A. 投资人投资资本比例   B. 投资人投资资本数额
   C. 基金净收益   D. 基金净资产

9. 一个投资人持有 A、B、C 公司的股票,其投资必要报酬率为 15%。预计 A、B、C 公司未来 3 年股利分别为 0.5 元、0.7 元、1 元。在此以后转为正常增长,增长率为 8%。则该公司股票的价值为( )元。
   A. 12.08   B. 11.77   C. 10.08   D. 12.20

10. 进行合理的投资组合能降低投资风险,如果投资组合包括市场上全部股票,则投资者( )。
    A. 不承担市场风险,也不承担公司特有风险
    B. 既承担市场风险,又承担公司特有风险
    C. 只承担市场风险,不承担公司特有风险
    D. 不承担市场风险,但承担公司特有风险

二、多选题

1. 甲企业现在发行到期日一次还本付息的债券,该债券的面值为 1 000 元,期限为 5 年,票面利率为 10%,单利计息,复利折现,当前市场上无风险收益率为 6%,市场平均风险收益率为 2%,则下列价格中适合购买的有( )。
   A. 1 020   B. 1 000   C. 2 204   D. 1 071

2. 股票投资是一种具有挑战性的投资,其缺点主要是风险大,其原因包括( )。
   A. 拥有经营控制权   B. 求偿权居后
   C. 购买力风险低   D. 价格不稳定

3. 假定某投资者去年年初购买了某公司股票。该公司去年年末支付每股股利 2 元,预期今年支付每股股利 3 元,以后股利按每年 10% 的速度增长。假定同类股票的必要收益率是 15%,那么( )。
   A. 该公司股票今年年初的内在价值介于 56 元到 57 元之间
   B. 如果该投资者购买股票的价格低于 53 元,则该股票当时被市场低估价格
   C. 如果该投资者购买股票的价格高于 54 元,则该股票当时被市场高估价格
   D. 该公司股票后年年初的内在价值约等于 48.92 元

4. 违约风险的原因有( )。
   A. 政治、经济形势发生重大变化   B. 利率发生变化
   C. 发生自然灾害   D. 企业在市场竞争中失败

5. 关于投资者要求的投资报酬率,下列说法正确的是( )。
   A. 风险程度越高,要求的报酬率越低
   B. 无风险报酬率越高,要求的报酬率越高

C. 无风险报酬率越低，要求的报酬率越高
D. 风险程度、无风险报酬率越高，要求的报酬率越高

三、判断题

1. β系数反映企业特有风险可通过多角化投资分散掉，而市场风险不能被互相抵消。（　）
2. 在债券持有期间，当市场利率上升时，债券价格一般会随之下跌。（　）
3. 债券流通时间越接近到期日，其市场价格越接近于面值。（　）
4. 债券的票面利率是指债券发行者预计今后向投资者支付的利息与债券票面金额之比。（　）
5. 股票带给持有人的现金流入有两部分：一是股利收入；二是资本利得。一般投资者最为关心的是前者。（　）
6. 如果不考虑影响股价的其他因素，股票的价格与市场利率成反比，与预期股利成正比。（　）
7. 预期将发生通货膨胀或提高利率时，市盈率会普遍下降，预期公司利润增长时市盈率会上升，债务比重大的公司市盈率较低。（　）
8. 行业竞争程度的大小对该行业证券风险的影响是很大的，一个行业的竞争程度越大，则企业的产品价格和利润受供求关系的影响越大，企业破产倒闭的可能性越大，投资该行业的证券风险就越大。（　）
9. 优先股股东具备普通股股东的基本权利，唯一区别在于优先股股东的一些权利是优先的，一些权利是滞后的。（　）
10. 证券投资组合的β系数是个别证券的β系数的加权平均数；证券投资组合的预期报酬率也是个别证券报酬率的加权平均数。（　）

四、计算题

1. 某公司持有A、B、C三种股票构成的股票组合，它们的β系数分别为2.1、1.0、0.5，它们在证券组合中所占的比例分别为50%、40%、10%，股票的市场收益率为14%，无风险收益率为10%。

要求：
（1）计算该投资组合的风险收益率。若投资组合为30万元，风险收益额是多少？
（2）计算该投资组合的必要收益率。

2. 甲投资者拟投资购买A公司的股票。A公司去年支付的股利是1元/股，根据有关信息，投资者估计A公司年股利增长率可达10%。A股票的β系数为2，证券市场所有股票的平均报酬率为15%，现行国库券利率为8%。

要求：
（1）计算该股票的预期报酬率；
（2）计算该股票的内在价值。

3. 某公司2016年7月1日发行面值为1 000元、票面利率为8%、期限为5年的债券，债券每年7月1日付息，5年后还本。

要求：
（1）如果发行时市场利率为5%，债券发行价格为1 100元，是否应投资购买该债券？
（2）若该债券发行价格为1 080元，则债券的到期收益率是多少？

4. 某公司发行面值为1 000元、票面利率为10%、期限为5年，且到期一次还本付息的债券，采用单利法计息，发行价格为1 050元。甲投资者有能力投资，但想获得8%以上的投资报酬率。请计算确定甲投资者是否可以投资购买该公司债券。

5. 王女士拟从市场上购买某种证券作为长期投资，目前市场可供选择的证券有：

(1) 甲公司发行的5年期、面值为1 000元的债券。该债券票面利率为8%，每年付息一次，到期还本，发行价格为1 100元；

(2) 乙公司发行的A股票，目前的市价为8元，该公司刚刚支付的股利为每股0.8元，预计第一年的股利为每股1元，第二年的每股股利为1.02元，以后各年股利的固定增长率为3%；

(3) 丙公司发行的B股票，采用固定股利政策，每股股利为1.2元，目前的市价为13元；已知无风险收益率为5%，市场上所有股票的平均收益率为11%，A股票的β系数为1.5，B股票的β系数为0.8。王女士对投资债券要求的收益率为6%。

已知：$(P/F, 6\%, 5) = 0.747\ 3$，$(P/A, 6\%, 5) = 4.212\ 4$，$(P/F, 14\%, 1) = 0.877\ 2$，$(P/F, 14\%, 2) = 0.769\ 5$。

要求：

(1) 分别计算A、B两种股票的必要收益率；

(2) 为王女士做出应该购买何种证券的决策。(计算结果保留两位小数)

案例分析

王胜利是东方咨询公司的一名财务分析师，应邀评估华联商业集团建设新商场公司股票价值的影响。

(1) 公司2015年年度净收益为200万元，每股支付现金股利为2元，新建商场开业后，净收益第1年、第2年平均增加15%，第3年增加8%，第4年及以后保持这一净收益水平。

(2) 该公司一直采用固定支付率的股利政策，并打算今后继续实行该政策。

(3) 公司的β系数为1，如果将新项目考虑进去，β系数将提高到1.5。

(4) 无风险收益率(国库券)为4%，市场要求的收益率为8%。

(5) 公司股票股价目前是23.6元/股。

王胜利打算利用股利贴现模型，同时考虑风险因数进行股票价值的评估。华联商业集团公司的一位董事提出，如果采用股利贴现模型，则股利越高，股价越高，所以公司应改变原有的股利政策，提高股利支付率。

问题：请你协助王胜利完成以下工作：

(1) 参考固定股利增长贴现模型，分析这位董事的观点是否正确；

(2) 分析股价增加对可持续增加率和股票的账面价值有何影响；

(3) 评估公司股票价值。

第九章 营运资本管理

> **学习目标**
>
> 熟悉营运资本的管理;掌握现金及有价证券管理;掌握应收账款管理;掌握存货管理。

广义的营运资本是一个具体的概念,它包括了企业的流动资产总额,是由企业一定时期内持有的现金、应收账款,以及各类存货资产所构成的。狭义的营运资本是指流动资产和流动负债的差额,是投入日常经营活动(营业活动)的资本。营运资本管理可以分为流动资产管理和流动负债管理两个方面,前者是对营运资本投资的管理;后者是对营运资本筹资的管理。

第一节 企业的短期资产管理

一个企业所需要的资金,可以用短期资金来提供,也可用长期资金来提供。短期资金主要是指企业的流动负债;长期资金则包括长期负债和所有者权益。企业资金总额中短期资金和长期资金各自占有的比例,称为企业的资产组合。资产组合是营运资金管理政策的重要内容。

一、影响企业筹资组合的因素

在企业的全部资金中,究竟有多少用短期资金来筹集,多少用长期资金来筹集,需要考虑如下因素来做出最优决策。

▶ 1. 风险与成本

一般来说,企业所用资金的到期日越短,其不能偿付本金和利息的风险就越大;反之,资金到期日越长,企业的筹资风险就越小。一般短期资金的风险比长期资金要大,其

原因主要有以下两个:

(1) 短期资金到期日近,可能产生不能按时清偿的风险。例如,一个企业要建造厂房,准备用到期日为一年的短期借款来融通这笔资金。一年以后债务到期时,厂房可能还没有建完,即使建完,其产生的现金流入量也不一定足以清偿到期的债务。因此,必须更新其借款,如果贷款人拒绝更新,该企业就面临不能按时清偿债务的风险,甚至会濒临破产。但如果该公司采用10年期的长期债务来融资,在正常情况下,10年后的现金流入应足以清偿债务。如果公司采用无到期日的普通股来融资,则风险更小。

(2) 短期债务在利息成本方面也有较大的不确定性。如果采用长期债务来融通资金,企业能明确地确定整个资金使用期间的利息成本。但若为短期借款,则此次借款归还后,下次借款的利息成本为多少并不确定。金融市场上的短期资金利率很不稳定,有时甚至在短期内会有较大的波动。

短期资金与长期资金的风险差异,导致它们利息成本的差别。一般来说,长期资金的成本比短期资金要高。这是因为:

① 长期资金的利率高。根据我国和其他国家的历史经验,除个别年份外,长期资金的利率在多数年份都高于短期资金。

② 长期资金缺少弹性。企业取得长期资金,在债务期间内,即使没有资金需求,也不易提前归还,只好继续支付利息。如果用短期资金,当生产经营紧缩,企业需求减少时,企业可以逐渐偿还债务,能减少利息支出。

▶ 2. 利率状况

当长期资金的利率和短期资金的利率相差较少时,企业一般较多地使用长期资金,较少使用流动负债;反之,当长期资金利率远远高于短期资金利率时,则会促使企业较多地利用流动负债,以便降低资金成本。同时,经营规模及企业所处的行业对筹资组合也有很重要的影响。

二、企业筹资政策类型

▶ 1. 配合型筹资政策

配合型筹资政策是指公司的负债结构与公司资产的寿命周期相对应,其特点是:临时性短期资产所需资金用临时性短期负债筹集,永久性短期资产和固定资产所需资金用自发性短期负债、长期负债和权益资本筹集,如图9-1所示。配合型筹资政策的基本思想是公司将资产和资金来源在期限和数额上相匹配,以降低公司不能偿还到期债务的风险。同时,采用较多的短期负债融资也可以使资本成本保持较低水平。这一政策可以用两个公式来表示:

$$临时性短期资产 = 临时性短期负债 \tag{9-1}$$

$$永久性短期资产 + 固定资产 = 自发性短期负债 + 长期负债 + 权益资本 \tag{9-2}$$

在这种政策下,只要公司短期融资计划严密,实现现金流动与预期安排一致,则在经营低谷时,公司除自发性短期负债外没有其他短期负债;在经营高峰期,公司才举借临时性短期负债。

但是在公司的经济活动中,由于现金流动和各类资产使用寿命具有不确定性,往往做不到资产与负债的完全配合。在公司的生产经营高峰期内,一旦公司的销售和经营不理想,未能取得预期的现金收入,便会发生难以偿还临时性负债的情况。因此,配合型筹资

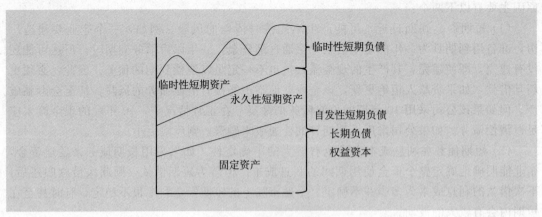

图 9-1　配合型筹资政策

政策是一种理想的融资模式,在实际生活中较难实现。

▶ 2. 激进型筹资政策

激进型筹资政策的特点是:临时性短期负债不但要满足临时性短期资产的需要,还要满足一部分永久性短期资产的需要,有时甚至全部短期资产都要由临时性短期负债支持,如图 9-2 所示。对此可用以下两个计算公式来表示:

$$临时性短期投资+部分永久性短期投资=临时性短期负债 \tag{9-3}$$

$$永久性短期资产-靠临时性短期负债筹得的部分+固定资产$$
$$=自发性短期负债+长期负债+权益资本 \tag{9-4}$$

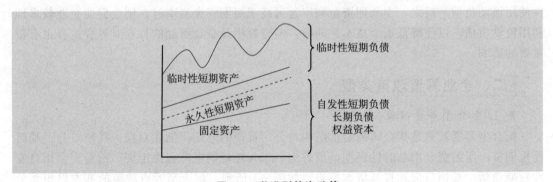

图 9-2　激进型筹资政策

由于临时性短期负债的资本成本相对于长期负债和权益资本来说一般较低,而激进型筹资政策下临时性短期负债所占比例较大,所以,该政策下,公司的资本成本低于配合型筹资政策。但另一方面,由于公司为了满足永久性短期资产的长期、稳定的资金需要,必然要在临时性短期负债到期后重新举债或申请债务展期,将不断地举债和还债,加大了筹资和还债的风险。所以,激进型筹资政策是一种收益高、风险大的营运资金筹集政策。

▶ 3. 稳健型筹资政策

稳健型筹资政策的特点是:临时性短期负债只满足部分临时性短期资产的需要,其他短期资产和长期资产,用自发性短期负债、长期负债和权益资本筹集满足,如图 9-3 所示,对此可以用以下两个计算公式来表示:

$$部分临时性短期资产=临时性短期负债 \tag{9-5}$$

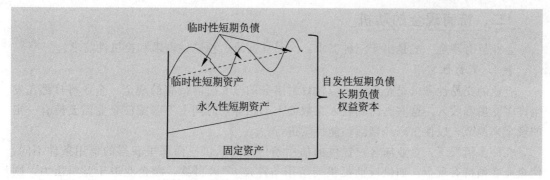

图 9-3　稳健型筹资政策

永久性短期资产＋靠临时性短期负债未筹足的临时性短期资产＋固定资产
＝自发性短期负债＋长期负债＋权益资本　　　　　　　　　　　　　(9-6)

三、不同的筹资组合对企业报酬和风险的影响

不同的筹资组合可以影响企业的报酬和风险。在资金总额不变的情况下，短期资金增加，可导致报酬的增加。也就是说，由于较多地使用了成本较低的短期资金，企业的利润会增加。但此时如果流动资产的水准保持不变，则流动负债的增加会使流动比率下降，短期偿债能力减弱，增加企业的财务风险。总之，不同的筹资组合最好由企业根据自身的具体情况和外部的理财环境，对收益和风险进行权衡后加以确定。

第二节　现金和有价证券管理

一、现金的概念

现金有广义和狭义之分。广义的现金是指在生产经营过程中以货币形态存在的资金，包括库存现金、银行存款和其他货币资金等；狭义的现金仅指库存现金。这里所讲的现金是指广义的现金。

保持合理的现金水平是企业管理的重要内容。现金是变现能力最强的资产，可以用来满足生产经营开支的各种需要，也是还本付息和履行纳税义务的保证。拥有足够的现金对于降低企业的风险、增强企业资产的流动性和债务的可清偿性有着重要的意义。但库存现金是唯一不创造价值的资产，其持有量不是越多越好。即使是银行存款，其利率也非常低。因此，现金存量过多，它所提供的流动性边际效益便会随之下降，从而使企业的收益水平下降。

除了应付日常的业务活动之外，企业还需要拥有足够的现金偿还贷款、把握商机以备不时之需。企业必须建立一套管理现金的方法，持有合理的现金数额，使其在时间上继起，在空间上并存。企业必须编制现金预算，以衡量企业在某段时间内的现金流入量与流出量，以便在保证企业经营活动所需现金的同时，尽量减少企业的现金数量，提高资金收益率。

二、持有现金的动机

企业持有现金一般是出于三种需求：交易性需求、预防性需求和投机性需求。

1. 交易性需求

企业的交易性需求是企业为了应付日常事务的开支所需持有的现金。企业每日都在发生许多支出和收入，这些支出和收入在数额上不相等及时间上不匹配使企业需要持有一定的现金来调节，以使生产经营活动能持续进行。

在许多情况下，企业向客户提供的信用条件和它从供应商那里获得的信用条件不同，使企业必须持有现金。如供应商提供的信用条件是30天付款，而企业迫于竞争压力，则向客户提供45天的信用期，这样，企业必须筹集够15天的营运资金来维持企业运转。

另外，企业业务的季节性，要求企业逐渐增加存货以等待季节性的销售高潮。这时，一般会发生季节性的现金支出，企业现金余额下降，随后随着销售高潮的到来，存货减少，而现金又逐渐恢复到原来的水平。

2. 预防性需求

预防性需求是指企业需要维持足够的现金，以应付各种突发事件。这种突发事件可能是政治环境变化，也可能是企业的某个大客户违约导致企业突发性偿付等。尽管财务主管试图利用各种手段来较准确地估算企业需要的现金数，但这些突发事件会使原本很好的财务计划失去效果。因此，企业为了应付突发事件，有必要维持比日常正常运转所需金额更多的现金。

为应付意料不到的现金需要，企业需要掌握的现金额取决于企业愿冒缺少现金风险的程度、企业预测现金收支可靠的程度、企业临时融资的能力。希望尽可能减少风险的企业倾向于保留大量现金余额，以应付其交易性需求和大部分预防性资金需求。另外，企业通常会与银行维持良好关系，以备现金短缺之需。

3. 投机性需求

投机性需求是企业为了抓住突然出现的获利机会而持有现金，这种机会大都是一闪即逝的，如证券价格突然下跌，企业若没有用于投机的现金，就会错过这一机会。

除了上述三种基本的现金需求以外，还有许多企业是将现金作为补偿性余额来持有的。补偿性余额是企业同意保持的账户余额，它是企业对银行所提供的价款或其他服务的一种补偿。

三、目标现金余额的确定

1. 成本分析模型

成本分析模型强调的是：持有现金是有成本的，最优的现金持有量是使得现金持有成本最小化的现金持有量。该模型考虑的现金持有成本包括如下项目：

（1）机会成本。现金的机会成本，是指企业因持有一定现金余额而丧失的再投资收益。再投资收益是企业不能同时用该现金进行有价证券投资所产生的机会成本，这种成本在数额上等于资金成本。例如，某企业的资本成本为10%，年均持有现金50万元，则该企业每年的现金机会成本为5万元。放弃的再投资收益即机会成本属于变动成本，它与现金持有量的多少密切相关，即现金持有量越大，机会成本越大；反之就越小。

（2）管理成本。现金的管理成本，是指企业因持有一定数量的现金而发生的管理费用,如管理者工资、安全措施费用等。一般认为这是一种固定成本,这种固定成本在一定范围内和现金持有量之间没有明显的比例关系。

(3) 短缺成本。现金的短缺成本是指在现金持有量不足,又无法及时通过有价证券变现加以补充所给企业造成的损失,包括直接损失与间接损失。现金的短缺成本随现金持有量的增加而下降,随现金持有量的减少而上升,即现金的短缺成本与现金持有量负相关。

成本分析模型是根据现金有关成本,分析预测其总成本最低时现金持有量的一种方法。其计算公式为

$$最佳现金持有量 = \min(管理成本 + 机会成本 + 短缺成本) \tag{9-7}$$

其中,管理成本属于固定成本,机会成本属于相关成本,短缺成本是负相关成本。因此,成本分析模型是要找到机会成本、管理成本和短缺成本所组成的总成本曲线中最低点所对应的现金持有量,把它作为最佳现金持有量,如图9-4所示。

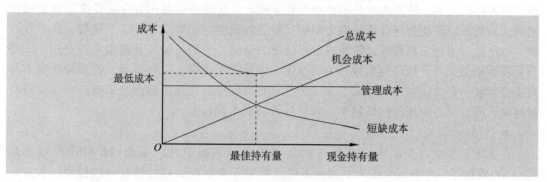

图9-4 成本分析模型

从图9-4可见,机会成本线是向右上方倾斜的,短缺成本线是向右下方倾斜的,管理成本线平行于横轴,总成本线便是一条抛物线,抛物线的最低点即为持有现金的最低总成本。超过这一点,机会成本上升的代价又会大于短缺成本下降的好处;在这一点之前,短缺成本上升的代价又会大于机会成本下降的好处。

在实际工作中运用成本分析模型确定最佳现金持有量的具体步骤为:
(1) 根据不同现金持有量测算并确定有关成本数值;
(2) 按照不同现金持有量及其有关成本资料编制最佳现金持有量测算表;
(3) 在测算表中找出总成本最低时的现金持有量,即最佳现金持有量。

例如,某公司现有甲、乙、丙、丁四种现金持有方案,有关成本资料如表9-1所示。

表9-1 备选现金持有方案　　　　　　　　　　　　单位:万元

方案项目	甲	乙	丙	丁
现金持有量	100	200	300	400
机会成本率(%)	12	12	12	12
短缺成本	50	30	10	0
管理成本	10	20	30	40

根据表9-1计算的现金最佳持有量测算表如表9-2所示。

表 9-2 现金最佳持有量测算表　　　　　单位：万元

方案项目	现金持有量	机会成本	短缺成本	管理成本	相关总成本
甲	100	12	50	10	72
乙	200	24	30	20	74
丙	300	36	10	30	76
丁	400	48	0	40	88

根据分析可知，应选择成本最低的方案甲。

由成本分析模型可知，如果减少现金持有量，则增加短缺成本；如果增加现金持有量，则增加机会成本。改进上述关系的一种办法是：当拥有多余现金时，将现金转换为有价证券；当现金不足时，将有价证券转换成现金。但现金和有价证券之间的转换也需要成本，称为转换成本。转换成本是指企业用现金购入有价证券以及用有价证券换取现金时付出的交易费用，即现金同有价证券之间相互转换的成本，如买卖佣金、手续费、证券过户费、印花税、实物交割费等。转换成本可以分为两类：一是与委托金额相关的费用；二是与委托金额无关，只与转换次数有关的费用，如委托手续费、过户费等。证券转换成本与现金持有量即有价证券变现额的多少，必然对有价证券的变现次数产生影响，即现金持有量越少，进行证券变现的次数越多，相应的转换成本就越大。

▶ 2. 随机模型

在实际工作中，企业现金流量往往具有很大的不确定性。米勒（M. Miller）和奥尔（D. Orr）设计了一个在现金流入、流出不稳定情况下确定现金最佳持有量的模型。假定每日现金流量接近正态分布，每日现金流量可能低于也可能高于期望值，其变化是随机的。由于现金流量波动是随机的，只能对现金持有量确定一个控制区域，定出上限和下限。当企业现金余额在上限和下限之间波动时，表明企业现金持有量处于合理的水平，无须进行调整。当现金金额达到上限时，则将部分现金转换为有价证券；当现金余额下降到下线时，则卖出部分证券。

图 9-5 显示了随机模型，该模型有两条控制线和一条回归线。最低控制线 L 取决于模型之外的因素，其数据是由现金管理部经理在综合考虑短缺现金的风险程度、公司借款能力、公司日常周转所需资金、银行要求的补偿性余额等因素的基础上确定的。回归线 R 可按下列公式计算：

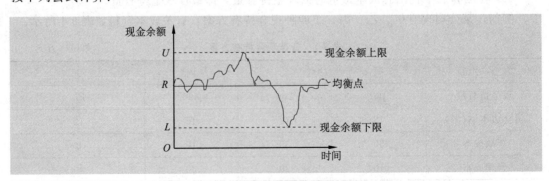

图 9-5　随机模型

$$R=\left(\frac{3b\cdot\sigma^2}{4i}\right)^{\frac{1}{3}}+L \qquad(9\text{-}8)$$

其中：b 为证券转换为现金或现金转换为证券的成本；σ 为公司每日现金流变动的标准差；i 为以日为基础计算的现金机会成本；R 为最优现金返回线。

最高控制线 U 的计算公式为

$$U=3R-2L$$

[**例 9-1**] 设某公司现金部经理决定 L 值应为 20 000 元，估计公司现金流量标准差 δ 为 2 000 元，持有现金的年机会成本为 15%，换算为 i 值是 0.000 4，$b=50$ 元。根据该模型，可求得：

$$R=\left(\frac{3\times 50\times 2\,000^2}{4\times 0.000\,4}\right)^{\frac{1}{3}}+20\,000=27\,211(元)$$

$$U=3\times 27\,211-2\times 20\,000=41\,633(元)$$

该公司目标现金金额为 27 211 元，如现金持有额达到 41 633 元，则买进 14 422 元的证券；如现金持有额降至 20 000 元，则卖出 7 211 元的证券。

一方面，运用随机模型求货币资金最佳持有量符合随机思想，即企业现金支出是随机的，收入是无法预知的，所以，适用于所有企业现金最佳持有量的测算；另一方面，随机模型建立在企业的现金未来需求总量和收支不可预测的前提下，因此，计算出来的现金持有量比较保守。

四、现金管理模式

(一)"收支两条线"的管理模式

"收支两条线"原本是政府为了加强财政管理和整顿财政秩序对财政资金采取的一种管理模式。当前，企业特别是大型集团企业，也纷纷采用"收支两条线"资金管理模式。

▶ 1. 企业实行"收支两条线"管理模式的目的

企业作为追求价值最大化的营利组织，实施"收支两条线"主要出于两个目的：第一，对企业范围内的现金进行集中管理，减少现金持有成本，加速资金周转，提高资金使用效率；第二，以实施"收支两条线"为切入点，通过高效的价值化管理来提高企业效益。

▶ 2. "收支两条线"管理模式的构建

构建企业"收支两条线"资金管理模式，可从规范资金的流向、流量和流程三个方面入手。

(1) 资金的流向方面。企业"收支两条线"要求各部门或分支机构在内部银行或当地银行设立两个账户(收入户和支出户)，并规定所有收入的现金都必须进入收入户(外地分支机构的收入户资金必须及时、足够地回笼到总部)，收入户资金由企业资金管理部门(内部银行或财务结算中心)统一管理，而所有的货币性支出都必须从支出户里支付，支出户里的资金只能根据一定的程序由收入户划拨而来，严禁现金坐支。

(2) 资金的流量方面。在收入环节上要确保所有收入的资金都进入收入户，不允许有私设的账外小金库。另外，还要加快资金的结算速度，尽量压缩资金在结算环节的沉淀量；在调度环节上通过动态的现金预算和资金收支计划实现对资金的精确调度；在支出环节上，根据"以收定支"和"最低限额资金占用"的原则从收入户按照支出预算安排将来资金定期划拨到支出户，支出户平均资金占用额应压缩到最低限度。有效的资金流量管理将有助于确保及时、足额地收入资金，合理控制各项费用支出和有效调剂内部资金。

(3) 资金的流程方面。资金流程是指与资金流动有关的程序和规定。它是"收支两条线"内部控制体系的重要组成部分，主要包括关于账户管理、货币资金安全性的规定、收入资金管理与控制、支出资金管理与控制、资金内部结算及信贷的管理与控制、"收支两条线"的组织保障等。

需要说明的是，"收支两条线"作为一种企业内部资金管理模式，与企业的性质、战略、管理文化和组织架构都有很大的关系。因此，企业在构建"收支两条线"管理模式时，一定要注意与自己的实际相结合，以管理有效性为导向。

(二) 集团企业资金集中管理模式

▶ 1. 资金集团管理模式的概念

资金集中管理，也称司库制度，是指集团企业借助商业银行网上银行功能及其他信息技术手段，将分散在集团各所属企业的资金集中到总部，由总部统一调度、统一管理和统一运用。其在各个集团的具体运用可能会有所差异，但一般都包括资金集中、内部结算、融资管理、外汇管理、支付管理等主要内容。其中，资金集中是基础，其他各方面均建立在此基础之上。目前，资金集中管理模式逐渐被我国企业集团所采用。

▶ 2. 集团企业资金集中管理模式的类型

资金集团管理模式的选择实质上是集团管理是集权还是分权管理体制的体现，也就是说，在企业集团内部所属各个子企业或分部是否有货币资金使用的决策权、经营权，这是由行业特点和本集团资金运行规律决定的。现行的资金集中管理模式大致可以分为以下几种：

(1) 统收统支模式。在该模式下，企业的一切资金收入都集中在集团总部的财务部门，各分支机构或子企业不单独设立账号，一切现金支出都通过集团总部财务部门付出，现金收支的批准权高度集中。统收统支模式有利于企业集团实现全面收支平衡，提高资金的周转效率，减少资金沉淀，监控现金收支，降低资金成本。但是该模式可能会不利于调动成员企业开源节流的积极性，影响成员企业经营的灵活性，以致降低整个企业经营活动和财务活动的效率。

(2) 拨付备用金模式。拨付备用金模式是指集团按照一定的期限统拨给所有所属分支机构或子企业备用使用的一定数额的现金，等各分支机构或子企业发生现金支出后，持有关凭证到集团财务部门报销以补足备用金。

(3) 结算中心模式。结算中心通常是由企业集团内部设立的、办理内部各成员现金收付和往来结算业务的专门机构。结算中心通常设立于财务部门内，是一个独立运行的职能机构。

(4) 内部银行模式。内部银行是将社会银行的基本职能与管理方式引入企业内部管理机制而建立起来的一种内部资金管理机构，其主要职责是进行企业或集团内部日常的往来结算和资金调拨、运筹。

(5) 财务公司模式。财务公司是一种经营部分银行业务的非银行金融机构，其主要职责是开展集团内部资金集中结算，同时为集团成员企业提供包括存贷款、融资租赁、担保、信用鉴证、债券承销、财务顾问等在内的全方位金融服务。

五、现金收支管理

(一) 现金周转期

确定企业的现金周转期，需要首先了解运营资金的循环过程。企业要购买原材料，但是并不是购买原材料的当天就马上付款，这一延迟的时间段就是应付账款周转期；企业对原材料进行加工最终转变为产成品并将之卖出，这一时间段被称为存货周转期；产品卖出后收到顾客支付的货款，这一时间段被称为应收账款周转期。而现金周转期，是指介于公司支付现金与收到现金之间的时间段，也就是存货周转期与应收账款周转期之和减去应付账款周转期。具体循环过程如图 9-6 所示。

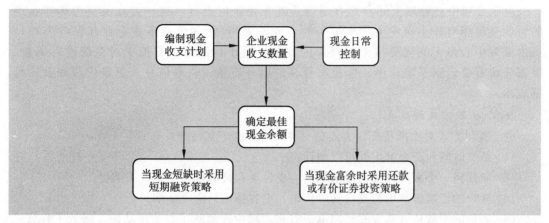

图 9-6 企业现金周转的过程

现金周转期的计算公式如下：

$$现金周转期 = 存货周转期 + 应收账款周转期 - 应付账款周转期 \tag{9-9}$$

$$存货周转期 = 平均存货 \div 每天的销货成本 \tag{9-10}$$

$$应收账款周转期 = 平均应收账款 \div 每天的销货收入 \tag{9-11}$$

$$应付账款周转期 = 平均应付账款 \div 每天的购货成本 \tag{9-12}$$

所以，如果要减少现金周转期，可以从以下几方面着手：加快制造与销售产成品来减少存货周转期；加速应收账款的回收来减少应收账款周转期；减缓支付应付账款来延长应付账款周转期。

(二) 收款管理

▶ **1. 收账的流动时间**

一个高效率的收款系统能够使收款成本和收款浮动期达到最小，同时能够保证与客户汇款及其他现金流入来源相关的信息的质量。收款系统成本包括浮动期成本、管理收款系统的相关费用（如银行手续费）及第三方处理费用或清算相关费用。在获得资金之前，收款在途项目使企业无法利用这些资金，也会产生机会成本。信息的质量包括收款方得到的付款人的姓名、付款的内容和付款时间。信息要求及时、准确地到达收款人一方，以便收款人及时处理资金，安排发货。

收款浮动期是指从支付开始到企业收到资金的时间间隔。收款浮动期主要是纸基（或称纸质）支付工具导致的，有下列三种类型：

(1) 邮寄浮动期：是指从付款人寄出支票到收款人或收款人的处理系统收到支票的时

间间隔。

(2) 处理浮动期：是指支票的接受方处理支票和将支票存入银行到收回现金所花的时间。

(3) 结算浮动期：是指通过银行系统进行支票结算所需的时间。

▶ 2. 邮寄的处理

纸基支付收款系统主要有两大类：一类是柜台存入体系；一类是邮政支付系统。

这里主要讨论企业通过邮政收到顾客或其他商业伙伴支票的支付系统。一家企业可能采用内部清算处理中心或者一个锁箱来接收和处理邮政支付。具体采用哪种方式取决于支付的笔数和金额。

企业处理中心处理支票和做存单准备都在企业内进行。这一方式主要为那些收到的付款金额相对较小而发生频率很高的企业所采用（例如公共事业企业和保险公司）。场内处理中心最大的优势在于对操作的控制。操作控制可以有助于对系统进行调整、根据公司需要定制系统程序、监控掌管客户服务质量、获取信息、更新应收账款、控制成本。

▶ 3. 收款方式的改善

电子支付方式对比纸基支付方式是一种改进。电子支付方式有如下好处：

(1) 结算时间和资金可用性可以预计；

(2) 向任何一个账户或任何金融机构的支付具有灵活性，不受人工干扰；

(3) 客户的汇款信息可与支付同时传送，更容易更新应收账款；

(4) 客户的汇款从纸基方式转向电子方式，减少或消除了收款浮动期，降低了收款成本，收款过程更容易控制，并且提高了预测精度。

(三) 付款管理

现金支出管理的主要任务是尽可能延缓现金的支出时间。当然，这种延缓必须是合理合法的。

▶ 1. 使用现金浮游量

现金浮游量是指由于企业提高收款效率和延长付款时间所产生的企业账户上的现金余额和银行账户上的企业存款余额之间的差额。

▶ 2. 推迟应付款的支付

推迟应付款的支付，是指企业在不影响自己信誉的前提下，充分运用供货方所提供的信用优惠，尽可能地推迟应付款的支付期。

▶ 3. 汇票代替支票

汇票分为商业承兑汇票和银行承兑汇票。与支票不同的是，承兑汇票并不是见票即付。这一方式的优点是推迟了企业调入资金支付汇票的实际所需时间。这样企业就只需在银行中保持较少的现金余额。它的缺点是某些供应商可能并不喜欢用汇票付款，银行也不喜欢处理汇票，它们通常需要耗费更多的人力。同支票相比，银行会收取较高的手续费。

▶ 4. 改进员工工资支付模式

企业可以为支付工资专门设立一个工资账户，通过银行向职工支付工资。为了最大限度地减少工资账户的存款余额，企业要合理预测开出工资的支票到职工去银行兑现的具体时间。

▶ 5. 透支

企业开出支票的金额大于活期存款余额实际上是银行向企业提供的信用。透支的限度由银行和企业共同商定。

▶ 6. 争取现金流出与现金流入同步

企业应尽量使现金流出与现金流入同步,这样就可以降低交易性现金金额,同时可以减少有价证券转换为现金的次数,提高现金的利用效率,节约转换成本。

▶ 7. 使用零余额账户

企业与银行合作,保持一个主账户和一系列子账户。企业只在主账户保持一定的安全储备,而在一系列子账户不需要保持安全储备。当从某个子账户签发的支票需要现金时,所需要的资金立即从主账户划拨过来,从而使更多的资金可以用作他用。

企业若能有效地控制现金支出,同样可带来大量的现金结余。控制现金支出的目标是在不损害企业信誉的条件下,尽可能推迟现金的支出。

第三节 应收账款管理

一、应收账款的功能

这里的应收账款是指因对外销售产品、材料或提供劳务等原因,应向购货单位或接受劳务的单位及其他单位收取的款项,包括应收销售款、其他应收款、应收票据等。

企业通过提供商业信用,采取赊销、分期付款等方式可以扩大销售,增强竞争力,获得利润。应收账款作为企业为扩大销售和盈利的一项投资,也会发生一定的成本。所以企业需要在应收账款所增加的利润和所增加的成本之间加以权衡。应收账款管理就是分析赊销的条件,使赊销带来的盈利增加大于应收账款投资产生的成本增加,最终使企业现金收入增加,企业价值上升。

应收账款的功能指其在生产经营中的作用。

▶ 1. 增加销售功能

在激烈的市场竞争中,通过赊销可有效地促进销售。因为企业赊销不仅向顾客提供了商品,也在一定时间内向顾客提供了购买该商品的资金,顾客将从赊销中得到好处。所以赊销会带来企业销售收入和利润的增加。

▶ 2. 减少存货积压功能

企业持有一定产成品存货时,会相应地占用资金,形成仓储费用、管理费用等,产生成本;而赊销则可避免这些成本的产生。所以当企业的产成品存货较多时,一般会采用优惠的信用条件进行赊销,将存货转化为应收账款,节约支出。

二、应收账款的成本

持有应收账款,也要付出一定的代价。应收账款的成本包括机会成本、管理成本和坏账成本。

1. 应收账款的机会成本

企业资金如果不投放于应收账款，便可用于其他投资并获得收益，如投资于有价证券便会有利息收入。这种因投放于应收账款而放弃的其他收入，即为应收账款的机会成本，这种成本一般按有价证券的利率计算。

2. 应收账款的管理成本

应收账款的管理成本主要是指在进行应收账款管理时所增加的费用，主要包括调查顾客信用情况的费用、收集各种信息的费用、账簿的记录费用、收账费用、其他费用。

3. 应收账款的坏账成本

在赊销交易中，债务人由于种种原因无力偿还债务，债权人就有可能无法收回应收账款而发生损失，这种损失就是坏账成本。可以说，企业发生坏账成本是不可避免的，而此项成本一般与应收账款的数量成正比。

三、信用政策

应收账款赊销的效果好坏，取决于企业的信用政策。为了确保企业能一致性地运用信用和保证公平性，企业必须坚持恰当的信用政策，必须明确规定信用标准、信用条件、信用期间和折扣条件。

（一）信用标准

信用标准代表企业愿意承担的最大的付款风险的金额，也是客户获得企业的交易信用所必须具备的。如果企业执行的信用标准过于严格，可能会降低对不符合可接受信用风险标准客户的赊销额，从而限制企业的销售机会；如果企业执行的信用标准过于宽松，可能会对不符合可接受信用风险标准的客户提供赊销，从而增加随后还款的风险并增加坏账费用。

1. 信息来源

当企业建立分析信用请求的方法时，必须考虑信息的类型、数量和成本。信息既可以从企业内部收集，也可以从企业外部收集。无论信用信息从哪里收集，都必须将成本与预期的收益进行对比。企业内部产生的最重要的信用信息来源是信用申请人执行信用申请（协议）的情况和企业自己保存的有关信用申请人还款历史的记录。

企业可以使用各种外部信息来源来帮助其确定申请人的信誉。申请人的财务报表是该种信息的主要来源之一。无论是经过审计的还是没有经过审计的财务报表，因为可以将这些财务报表及其相关比率与行业平均数进行对比，因此它们都提供了有关信用申请人的重要信息。

获得申请人付款状况的第二个信息来源是一些商业参考资料或申请人过去获得赊销的供货商。另外，银行或其他贷款机构（如商业贷款机构或租赁公司）可以提供申请人财务状况和可使用信息额度方面的标准化信息。最后，一些地方性和国家性的信用评级机构收集、评价和报告有关申请人信用状况的历史信息也是一个重要来源。这些信用报告包括还款历史、财务信息、最高信用额度、可获得的最高信用期限和所有未了结的债务诉讼等。由于还款状况的信息是以自愿为基础提供给评级机构的，因此评级机构所使用的样本量可能较小并且(或)不能准确地反映企业还款历史的整体状况。

2. 5C 信用评价系统

信用评价取决于可以获得的信息类型、信息评价的成本与收益。传统的信用评价主要考虑以下 5 个因素。

（1）品质（character）。品质指顾客愿意履行其付款义务的可能性。顾客是否愿意尽自己最大努力来归还货款，直接决定着账款的回收速度和数量。品质因素在信用评估中是最重要的因素。

（2）能力（capacity）。能力指顾客偿还货款的能力。这主要根据顾客的经营规模和经营状况来判断。

（3）资本（capital）。资本指一个企业的财务状况，主要根据有关的财务比率进行判断。

（4）抵押品（collateral）。抵押品指顾客能否为获取商业信用提供担保资产。如有担保资产，则对顺利收回货款比较有利。

（5）条件（condition）。条件指影响顾客还款能力和还款意愿的经济环境，通过对申请人的这些信用条件进行评价可以决定是否给其提供信用。

▶ 3. 信用的定量分析

进行商业信用的定量分析可以从考虑信用申请人的财务报表开始。通常使用比率分析法评价顾客的财务状况。常用的指标有流动性和营运资本比率（如流动比率、速动比率以及现金对负债总额比率）、债务管理和支付比率（利息保障倍数、长期债务对资本比率、带息债务对资产总额比率，以及负债总额对资产总额比率）和盈利能力指标（销售回报率、总资产回报率和净资产收益率）。将这些指标和信用评级机构及其他协会发布的行业标准进行比较可以洞察申请人的信用状况。信用评分包括以下 4 个步骤：

（1）根据信用申请人的月收入、尚未偿还的债务和过去受雇用的情况将申请人划分为标准的客户和高风险的客户；

（2）对符合某一类型申请人的特征值进行加权平均以确定信用值；

（3）确定明确的同意或拒绝给予信用的门槛值；

（4）对介于同意给予信用的门槛值或拒绝给予信用的门槛值之间的申请人进行进一步分析。

这些定量分析方法符合成本—效益原则，并且也符合消费者信用方面的法律规定。判别分析是一种规范的统计分析方法，可以有效确定和区分违约付款或违约顾客的因素。

（二）信用条件

信用条件是销货企业要求赊购客户支付货款的条件，由信用期限、折扣期限和现金折扣三个要素组成。规定信用条件包括设计销售合同或协议来明确规定在什么情形下可以给予信用。企业必须建立信息系统或购买软件对应收账款进行监控以保证信用条件的执行，并且查明顾客还款方式在总体和个体方面可能发生的变化。

▶ 1. 约束信用政策的因素

有许多因素影响企业的信用政策。在许多行业，信用条件和政策已经成为标准化的惯例，因此某一家企业很难采取与其竞争对手不同的信用条件。企业还必须考虑提供商业信用对现有贷款契约的影响。因为应收账款的变化可能会影响流动比率，导致违反贷款契约中有关流动比率的约定。

▶ 2. 对流动性的影响

公司的信用条件、销售额和收账方式决定了其应收账款的水平。应收账款的占用必须要有相应的资金来源，因此企业为客户提供信用的能力与其自身的借款能力相关。不适当的应收账款可能会导致延期付款进而导致流动性问题。然而，当应收账款用于抵押贷款或作为债务担保工具或出售时，应收账款也可以成为流动性的来源。

▶ 3. 提供信用的收益和成本

一方面，因为提供信用可以增加销售额，所以商业信用可能会增加企业的收益。赊销的另一个潜在的收益来源是从分期收款销售安排中获得利息收益。利息可能是一个很大的利润来源，尤其是零售型企业通过自己私有品牌的信用卡或分期收款合同向顾客提供直接融资时更是如此。

另一方面，提供信用也有成本。应收账款的主要成本是持有成本。一般来说，企业根据借款的边际成本或加权平均成本（WACC）确定应收账款的持有成本。运营和维持企业信用部门的成本也是非常高的，其成本包括人员成本、数据处理成本和还款处理成本、信用评估成本和从第三方购买信用信息的成本。

（三）信用期间

监管逾期账款和催收坏账的成本影响企业的利润。根据相关会计准则的规定，不能收回的应收账款应确认为坏账损失。多数企业根据过去的收款情况来估计坏账损失的数额并建立"坏账准备"账户，同时将坏账费用计入当期损益。信用政策的一个重要方面就是确定确认坏账费用和注销坏账费用的时间和金额。

催收逾期账款的成本可能很高。企业可以通过购买各种类型的补偿坏账损失的保险来降低坏账的影响。在评价赊销潜在的盈利能力时，必须对保险费进行成本—效益分析。

信用期间是企业允许顾客从购货到付款之间的时间，或者说是企业给予顾客的付款期间。例如，某企业允许顾客在购货后的40天内付款，则信用期间为40天。信用期间过短，不足以吸引顾客，在竞争中会使销售额下降；信用期间过长，对销售额增加固然有利，但只顾及销售增长而盲目放宽信用期间，所得到的收益有时会被增长的费用抵消，甚至造成利润减少。因此，企业必须慎重研究，确定恰当的信用期间。

信用期间确定，主要是分析改变现行信用期对收入和成本的影响。延长信用期间，会使销售额增加，产生有利影响；与此同时，应收账款、收账费用和坏账损失增加，会产生不利影响。当前者大于后者时，可以延长信用期间，否则不宜延长。如果缩短信用期间，情况与此相反。

[例 9-2] 某公司目前采用30天按发票金额（即无现金折扣）付款的信用政策，拟将信用期间放宽至60天，仍按发票金额付款。资本成本为10%，其他有关数据如表9-3所示。

表9-3　某公司调整信用期间前后数据对比　　　　　　　　　　　　　　　　单位：元

项　　目	信用期间为30天	信用期间为60天
全年销量（件）	200 000	240 000
全年销售额（单价5元）	1 000 000	1 200 000
全年销售成本		
变动成本（每件4元）	800 000	960 000
固定成本	100 000	100 000
毛利	100 000	140 000
可能发生的收账费用	6 000	8 000
可能发生的坏账损失	10 000	18 000

在分析时,首先计算放宽信用期间得到的收益;其次计算增加的成本;最后根据两者比较的结果做出判断。

解:

(1) 收益增加的计算:

收益的增加=销售量的增加×单位边际贡献

$\qquad$ =(240 000−200 000)×(5−4)=40 000(元)

(2) 应收账款占用资金应计利息增加的计算:

应收账款平均余额=日均销售额×信用期间或平均收现期

应收账款占用资金=应收账款平均余额×变动成本率

应收账款占用资金的"应计利息"=应收账款占用资金×资本成本=日销售额×信用期间或平均收现期×变动成本率×资本成本=全年销售变动成本/360×信用期间或平均收现期×资本成本

改变信用期间导致的应计利息增加=60 天信用期间应计利息−30 天信用期间应计利息 $=\dfrac{960\ 000}{360}\times 60\times 10\% - \dfrac{800\ 000}{360}\times 30\times 10\% \approx 9\ 333$(元)

(3) 收账费用和坏账损失增加:

收账费用增加=8 000−6 000=2 000(元)

坏账损失增加=18 000−10 000=8 000(元)

(4) 改变信用期间的税前损益:

改变信用期间的税前损益=收益增加−成本费用增加

$\qquad$ =40 000−9 333−2 000−8 000=20 667(元)

由于收益的增加大于成本增加,故应采用 60 天信用期间。

(四) 折扣条件

如果公司给客户提供现金折扣,那么客户在折扣期付款少付的金额产生的"成本"将影响公司收益。当客户利用了公司提供的折扣,而折扣又没有促使销售额增长时,公司的净收益则会下降。当然上述收入方面的损失可能会全部或部分地由应收账款持有成本的下降所补偿。宽松的信用政策可能会提高销售收入,但是它也会使应收账款的服务成本、收账成本和坏账损失增加。

现金折扣是企业对客户在商品价格上的扣减。向客户提供这种价格上的优惠,主要目的在于吸引客户为享受优惠而提前付款,缩短企业的平均收款期。另外,现金折扣也能招揽一些视折扣为减价出售的客户前来购货,借此扩大销售量。

折扣常用如"2/10,n/30"这样的形式表示。它代表的是一项信用条件,规定如果在发票开出后 10 天内付款,可享受 2% 的现金折扣,如果不想取得折扣,这笔贷款必须在 30 天内付清。在这里,30 天为信用期间,10 天为折扣期限,2% 为现金折扣。提供比较优惠的信用条件能增加销售量,但也会带来额外的负担,如会增加应收账款的机会成本、坏账成本、现金折扣成本等。

企业采用什么程度的现金折扣,要与信用期间结合起来考虑。比如,要求客户最迟不超过 30 天付款,若希望客户 20 天、10 天付款,能给予多大折扣?或者给予 5%、3% 的折扣,能吸引客户在多少天内付款?不论是信用期间还是现金折扣,都可能给企业带来收益,但也会增加成本。当企业给予客户某种现金折扣时,应当考虑折扣所能带来的收益与成本孰高孰低，权衡利弊。

因为现金折扣是与信用期间结合使用的，所以确定折扣程度的方法与程序实际上与前述确定信用期间的方法与程序一致，只不过要把所提供的延期付款时间和折扣综合起来，计算各方案的延期与折扣能取得多大的收益增量，再计算各方案带来的成本变化，最终确定最佳方案。

[例9-3] 沿用例9-2中信用期间决策的数据，假设该公司在放宽信用期间的同时，为了吸引客户尽早付款，提出"1/30，n/60"的现金折扣，估计会有一半的客户（按60天信用期间所能实现的销售量计算）将享受现金折扣优惠。

(1) 计算收益的增加：

收益的增加＝销售量的增加×单位边际贡献

$$=(240\,000-200\,000)\times(5-4)=40\,000(元)$$

(2) 计算应收账款占用资金的应计利息增加：

$$30\text{ 天信用期间应计利息}=\frac{1\,000\,000}{360}\times30\times\frac{800\,000}{1\,000\,000}\times10\%\approx6\,667(元)$$

$$\text{提供现金折扣的应计利息}=\left(\frac{1\,200\,000\times50\%}{360}\times60\times\frac{960\,000\times50\%}{1\,200\,000\times50\%}\times10\%\right)+$$

$$\left(\frac{1\,200\,000\times50\%}{360}\times30\times\frac{960\,000\times50\%}{1\,200\,000\times50\%}\times10\%\right)$$

$$=8\,000+4\,000=12\,000(元)$$

应收账款占用资金的应计利息增加＝12 000－6 667＝5 333(元)

(3) 计算收账费用和坏账损失增加：

收账费用增加＝8 000－6 000＝2 000(元)

坏账损失增加＝18 000－10 000＝8 000(元)

(4) 估计现金折扣成本的变化：

现金折扣成本增加＝新的销售水平×新的现金折扣率×享受现金折扣的客户比例－

旧的销售水平×旧的现金折扣率×享受现金折扣的客户比例

$$=1\,200\,000\times1\%\times50\%-1\,000\,000\times0\times0=6\,000(元)$$

(5) 提供现金折扣后的税前损益：

收益增加－成本费用增加＝40 000－(8 000＋2 000＋5 333＋6 000)＝18 667(元)

由于可获得税前收益，故应当放宽信用期间，提供现金折扣。

四、应收账款的监控

▶ 1. 监控应收账款的必要性

实施信用政策时，企业应当监督和控制每一笔应收账款，尽量争取按期收回款项。例如，可以运用应收账款周转天数衡量企业需要多长时间收回应收账款，可以通过账龄分析表追踪每一笔应收账款，可以采用ABC分析法来确定重点监控的对象等。

监控每一笔应收账款的理由是：

(1) 在开票或收款过程中可能会发生错误或延迟；

(2) 有些客户可能故意拖欠到企业采取追款行动才付款；

(3) 客户财务状况的变化可能会改变其按时付款的能力，并且需要缩减该客户未来的赊销额度。

企业也必须对应收账款的总体水平加以监管，因为应收账款的增加会影响企业的流动性，还可能导致额外融资的需要。此外，应收账款总体水平的显著变化可能表明业务方面发生了变化，这可能影响公司的融资需要和现金水平。企业管理部门需要分析这些变化以确定其起因并采取纠正措施。可能引起重大变化的事件包括销售量的变化、季节性、信用标准政策的修改、经济状况的波动以及竞争对手采取的促销行动等。最后，对应收账款总额进行分析还有助于预测未来现金流入的金额和时间。

▶ 2. 应收账款周转天数

应收账款周转天数或平均收期是衡量应收账款管理状况的一种方法。应收账款周转天数的计算方法为：将期末在外的应收账款除以该期间的平均日赊销额。应收账款周转天数提供了一个简单的指标，将企业当前的应收账款周转天数与规定的信用期间、历史趋势以及行业正常水平进行比较可以反映企业整体的收款效率。然而，应收账款周转天数可能会被销售量的变动趋势和销售的剧烈波动以及季节性销售所影响。

[例 9-4] 以下提供了一个计算 90 天期应收账款周转天数的基本方法。在没有考虑从该期间销售方式的情况下所计算出的平均日销售额为 3 277.78 元。

假设 2016 年 3 月底的应收账款为 290 000 元，信用条件为在 60 天按全额付清货款，过去 3 个月的赊销情况为 1 月 80 000 元、2 月 110 000 元、3 月 105 000 元。

(1) 应收账款周转天数的计算：

$$\text{平均日销售额} = \frac{80\,000 + 110\,000 + 105\,000}{90} \approx 3\,277.78(\text{元})$$

$$\text{应收账款周转天数} = \frac{\text{期末应收账款}}{\text{平均日销售额}} = \frac{290\,000}{3\,277.78} \approx 88.47(\text{天})$$

(3) 平均逾期天数的计算：

$$\text{平均预期天数} = \text{应收账款周转天数} - \text{平均信用期天数} = 88.47 - 60 = 28.47(\text{天})$$

▶ 3. 账龄分析表

账龄分析表将应收账款划分为未到信用期间的应收账款和以 30 天为间隔的逾期应收账款，这是衡量应收账款管理状况的另外一种方法。企业既可以按照应收账款总额进行账龄分析，也可以分客户进行账龄分析。账龄分析可以确定逾期应收账款，随着逾期时间的增加，应收账款收回的可能性变小。假定信用期间为 30 天，表 9-4 中的账龄分析表反映出 30% 的应收账款为逾期账款。

表 9-4 账龄分析表

账龄（天）	应收账款金额（元）	占应收账款总额的百分比（%）
0~30	185 000	63.79
31~60	47 500	16.38
61~90	35 000	12.07
91 以上	22 500	7.76
合计	290 000	100

账龄分析表比计算应收账款周转天数更能揭示应收账款变化趋势，因为账龄分析表给出了应收账款分布模式，而不仅仅是一个平均数。应收账款周转天数有可能与信用期间相

一致,但是有一些账户可能拖欠很严重。因此应收账款周转天数不能明确地表现出账款拖欠情况。当各个月之间的销售额变化很大时,账龄分析表和应收账款周转天数都可能发出类似的错误信号。

▶ **4. 应收账款账户余额的模式**

账龄分析表可以用于建立应收账款余额的模式,这是重要的现金流预测工具。应收账款余额的模式反映一定期间(如 1 个月)的赊销额在发生赊销的当月月末及随后的各月仍未偿还的百分比。企业收款的历史决定了其正常的应收账款余额的模式。企业管理部门通过将当前的模式和过去的模式进行对比来评价应收账款余额模式的任何变化。企业还可以运用应收账款账户余额的模式来进行应收账款余额水平的计划,衡量应收账款的收账效率以及预测未来的现金流。

[例 9-5] 为了简便,假设没有坏账费用,某公司的收款模式如下:
(1) 销售当月收回销售额的 6%;
(2) 销售后的第一个月收回销售额的 39%;
(3) 销售后的第二个月收回销售额的 30%;
(4) 销售后的第三个月收回销售额的 25%。

该公司的账龄分析表如表 9-5 所示。

表 9-5　某公司账龄分析表

月　份	销售额(元)	月销售中于 3 月底未收回的金额(元)	月销售中于 3 月底仍未收回的百分比(%)
1	200 000	50 000	25
2	350 000	175 000	55
3	450 000	405 000	94
4	500 000		

3 月月末应收账款余额 = 50 000 + 175 000 + 405 000 = 630 000(元)

4 月现金流入 = 4 月销售金额的 6% + 3 月销售额的 39% + 2 月销售额的 30% + 1 月销售额的 25% = 500 000 × 6% + 450 000 × 39% + 350 000 × 30% + 200 000) × 25% = 360 500(元)

▶ **5. ABC 分析法**

ABC 分析法是现代经济管理中广泛应用的一种"抓重点、照顾一般"的管理方法,又称重点管理法。它将企业的所有欠款客户按其金额的多少进行分类排队,然后分别采用不同的收账策略。它一方面能加快应收账款收回;另一方面能将收账费用与预期费用收益联系起来。

五、应收账款日常管理

应收账款的管理难度比较大,在确定合理的信用政策之后,还要做好应收账款的日常管理工作,包括对客户的信用调查和分析评价、应收账款的催收工作等。

(一) 调查客户信息

信用调查是指收集和整理反映客户信用状况有关资料的工作。信用调查是企业应收账款日常管理的基础,是正常评价客户信用的前提条件。企业对客户进行信用调查主要有直接调查和间接调查两种方法。

▶ 1. 直接调查

直接调查是指调查人员通过与被调查单位进行直接接触，通过当面采访、询问、观看等方式获取信用资料的一种方法。直接调查可以保证收集资料的准确性和及时性，但也有一定的局限，即通过直接调查获得的往往是感性资料，若不能得到被调查单位的合作，则会使调查工作难以开展。

▶ 2. 间接调查

间接调查是以被调查单位，以及其他单位保存的有关原始记录和核算资料为基础，通过加工整理获得被调查单位信用资料的一种方法。这些资料主要来自以下几个方面：

（1）财务报表。通过财务报表分析，可以基本掌握一个企业的财务状况和信用状况。

（2）信用评估机构。专门的信用评估部门，因为它们的评估方法先进，评估调查细致，评估程序合理，所以可信度较高。

（3）银行。银行是信用资料的一个重要来源，许多银行都设有信用部，为其客户服务，并负责对其客户信用状况进行记录、评估。但银行的资料一般仅愿意在内部及同行间进行交流，而不愿向其他单位提供。

（4）其他途径，如财税部门、工商管理部门、消费者协会等机构都可能提供相关的信用状况资料。

（二）评估客户信用

收集好信用资料以后，就需要对这些资料进行分析、评价。企业一般采用5C系统来评价，并对客户信用进行等级划分。在信用等级方面，目前主要有两种：一种是三类九等，即将企业的信用状况分为AAA、AA、A、BBB、BB、B、CCC、CC、C九等，其中AAA为信用最优等级，C为信用最低等级；另一种是三级制，即分为AAA、AA、A三个信用等级。

（三）收账的日常管理

应收账款发生后，企业应采取各种措施，尽量争取按期收回款项，否则会因拖欠时间过长而发生坏账，使企业蒙受损失。因此，企业必须在对收账的收益与成本进行比较分析的基础上，制定切实可行的收账政策。通常企业可以采取寄发账单、电话催收、派人上门催收、法律诉讼等方式进行应收账款的催收，然而催收账款要发生费用，某些催款方式的费用还会很高。一般来说，收账的花费越高，收账措施越有力，可收回的账款应越多，坏账损失也就越小。因此制定收账政策，又要在收账费用和所减少坏账损失之间做出权衡。制定有效、得当的收账政策很大程度上靠有关人员的经验；从财务管理的角度讲，也有一些数量化的方法可以参照。根据应收账款总成本最小化的原则，可以通过比较各收账方案成本的大小对其加以选择。

（四）应收账款保理

保理是保付代理的简称，是指保理商与债权人签订协议，转让其对应收账款的部分或全部权利与义务，并收取一定费用的过程。

保理又称托收保付，是指卖方（供应商或出口商）与保理商之间存在的一种契约关系；根据契约，卖方将其现在或将来的基于其与买方（债务人）订立的货物销售（服务）合同所产生的应收账款转让给保理商，由保理商提供下列服务中的至少两项：贸易融资、销售分户账管理、应收账款的催收、信用风险控制与坏账担保。可见，保理是一项综合性的金融服务方式，其同单纯的融资或收账管理有本质区别。

应收账款保理是企业将赊销形成的未到期应收账款在满足一定条件的情况下，转让给保理商，以获得银行的流动资金支持，加快资金的周转。保理可以分为有追索权保理（非买断型）和无追索权保理（买断型）、明保理和暗保理、折扣保理和到期保理。

有追索权保理指供应商将债权转让给保理商，供应商向保理商融通资金后，如果购货商拒绝付款或无力付款，保理商有权向供应商要求偿还预付的现金，如购货商破产或无力支付，只要有关款项到期未能收回，保理商都有权向供应商进行追索，因而保理商具有全部"追索权"，这种保理方式在我国采用较多。

无追索权保理是指保理商将销售合同完全买断，并承担全部的收款风险。

明保理是指保理商和供应商需要将销售合同被转让的情况通知购货商，并签订保理商、供应商、购货商之间的三方合同。

暗保理是指供应商为了避免让客户知道自己因流动资金不足而转让应收账款，并不将债权转让情况通知客户，货款到期时仍由销售商出面催款，再向银行偿还借款。

折扣保理又称为融资保理，即在销售合同到期前，保理商将剩余未收款部分先预付给销售商，一般不超过全部合同的70%~90%。

到期保理是指保理商并不提供预付账款融资，而是在赊销到期时才支付，届时不管货款是否收到，保理商都必须向销售商支付货款。

应收账款保理对于企业而言，其理财作用主要体现在以下几个方面：

(1) 融资功能。应收账款保理，其实质也是一种利用未到期应收账款这种流动资产作为抵押从而获得银行短期借款的一种融资方式。对于那些规模小、销售业务少的公司来说，向银行贷款将会受到很大的限制，而自身的原始积累又不能支撑企业的高速发展，通过保理业务进行融资可能是企业较为明智的选择。

(2) 减轻企业应收账款的管理负担。推行保理行业是市场分工思想的运用，面对市场的激烈竞争，企业可以把应收账款让专门的保理商进行管理，使企业从应收账款的管理之中解脱出来，由专业的保理公司对销售企业的应收账款进行管理，他们具备专业技术人员和业务运行机制，会对销售客户的信用状况进行详细的调查，建立一套有效的收款政策，及时收回账款，使企业减轻财务管理负担，提高财务管理效率。

(3) 减少坏账损失、降低经营风险。企业只要有应收账款就会有发生坏账的可能性，以往应收账款的风险都是由企业单独承担，而采用应收账款保理后，一方面可以提供信用风险控制与坏账担保，帮助企业降低其客户违约的风险；另一方面可以借助专业的保理商去催收账款，能够在很大程度上降低坏账发生的可能性，有效地控制坏账风险。

(4) 改善企业的财务结构。应收账款保理业务是将企业的应收账款与货币资金进行置换。企业通过出售应收账款，将流动性稍弱的应收账款置换为具有高度流动性的货币资金，增强了企业资金的流动性，提高了企业的债务清偿能力和盈利能力。

改革开放以后，我国开始试办保理服务业务，然而从整体上看，应收账款保理业务的发展在我国仍处于起步阶段，目前只有少数银行（如中国银行、交通银行、光大银行及中信银行等商业银行）公开对外宣称提供保理业务。随着市场需要的不断增加和竞争的加剧，保理业务在我国将会得到更好的发展。

第四节 存货管理

一、存货的功能

存货是指企业在生产经营过程中为销售或者耗用而储备的物资,包括材料、燃料、低值易耗品、在产品、半成品、产成品、协作件、商品等。存货管理水平的高低直接影响着企业的生产经营能否顺利进行,并最终影响企业收益、风险等状况。因此,存货管理是财务管理的一项重要内容。

存货管理的目标,就是要尽力在各种存货成本与存货效益之间做出权衡,在充分发挥存货功能的基础上,降低存货成本,实现两者的最佳组合。存货的功能是指存货在企业生产经营过程中起到的作用。具体包括以下几个方面:

(1) 储存必要的原材料和在产品,可以保证生产正常进行。生产过程中所需要的原材料,是生产中必需的原料。为了保证生产顺利进行,必须适当地储备一些材料。尽管有些企业自动化程度很高,并借助电脑加强管理,提出了零存货管理的目标,但要完全达到这一目标并非易事。存货在生产不均衡和商品供求波动时,可起到缓和矛盾的作用。即使生产能按事先规定好的程序来进行,但要每天都采购原材料也不现实,经济上也不一定合算。所以,为了保证生产正常进行,企业必须储存适当的原材料。在产品也因同样原因需要保持一定的储备。

(2) 储备必要的产成品,有利于销售。企业的产品,一般不是生产一件出售一件,而是要组织成批生产、成批销售才经济合算。这是因为:一方面,客户为节约采购成本和其他费用,一般要成批采购;另一方面,为了达到运输商所需要的最低批量也组织成批发运。此外,为了应付市场上突然到来的需求,也应适当储存一些产成品。

(3) 适当储存原材料和产成品,便于组织均衡生产,降低产品成本。有的企业生产的产品属于季节性产品,有的企业产品需求很不稳定。如果根据需求状况时高时低地进行生产,有时生产能力可能得不到充分利用,有时又会超负荷生产,这些情况都会使生产成本提高。为了降低生产成本,实现均衡生产,就要储备一定的产成品存货,也要相应地保持一定的原材料存货。

(4) 降低存货取得成本。一般情况下,当企业进行采购时,进货总成本与采购物资的单价和采购次数有密切关系。而许多供应商为鼓励客户多购买其产品,往往在客户采购量达到一定数量时给予价格折扣,所以企业通过大批量集中进货,既可以享受价格折扣,降低购置成本,也会因减少订货次数而降低订货成本,使总的进货成本降低。

(5) 留有各种存货的保险储备,可以防止意外事件造成的损失。采购、运输、生产和销售过程中,都有可能发生意外事故,保持必要的存货保险储备,可避免或减少损失。

二、存货的持有成本

(一) 取得成本

取得成本是指为是取得某种存货而支出的成本,通常用 TC_a 来表示。其又分为订货成本和购置成本。

1. 订货成本

订货成本是指取得订单的成本，如办公费、差旅费、邮资、电报电话费、运输费等支出。订货成本中有一部分与订货次数无关，如常设采购机构的基本开支等，称为固定的订货成本，用 F_1 表示；另一部分与订货次数有关，如差旅费、邮资等，称为订货的变动成本。每次订货的变动成本用 K 表示；订货次数等于存货年需要量 D 与每次进货量 Q 之商。订货成本的计算公式为

$$\text{订货成本} = F_1 + \frac{D}{Q} \cdot K \tag{9-13}$$

2. 购置成本

购置成本是指为购买存货本身所支出的成本，即存货本身的价值，经常用数量与单价的乘积来确定。年需要量用 D 表示，单价用 U 表示，于是购置成本为 DU。

订货成本加上购置成本，就等于存货的取得成本。其用公式可表示为

取得成本＝订货成本＋购置成本＝订货固定成本＋订货变动成本＋购置成本

$$\text{TC}_a = F_1 + \frac{D}{Q} \cdot K + DU \tag{9-14}$$

（二）储存成本

储存成本是指为保持存货而发生的成本，包括存货占用资金所应计的利息、仓库费用、保险费用、存货破损和变质破损等，通常用 TC_c 来表示。

储存成本分为固定成本和变动成本。固定成本与存货数量多少无关，如仓库折旧、仓库职工的固定工资等，常用 F_2 表示。变动成本与存货数量有关，如存货资金的应计利息、存货的破损和变质损失、存货的保险费等，单位储存变动成本用 K_c 来表示。用公式表达的储存成本为

储存成本＝储存固定成本＋储存变动成本

$$\text{TC}_c = F_2 + K_c \cdot \frac{Q}{2} \tag{9-15}$$

（三）缺货成本

缺货成本是指由于存货供应中断而造成的损失，包括材料供应中断造成的停工损失、产成品库存缺货造成的拖欠发货损失和丧失销售机会的损失及造成的商誉损失等。如果企业已紧急采购代用材料解决库存材料中断之急，那么缺货成本表现为进阶外购入成本。缺货成本用 TC_s 表示。

如果以 TC 来表示储备存货的总成本，它的计算公式为

$$\text{TC} = \text{TC}_a + \text{TC}_c + \text{TC}_s = F_1 + \frac{D}{Q} \cdot K + DU + F_2 + K_c \cdot \frac{Q}{2} + \text{TC}_a \tag{9-16}$$

企业存货的最优化，就是使企业存货总成本即上式中 TC 值最小。

三、最优存货量的确定

1. 经济订货模型

经济批量（economic order quantity，EOQ），又称经济订货量，是指一定时期储存成本和订货成本总和最低的采购批量。

从前述存货成本的构成可以发现，储存成本和订货成本与订货量之间具有相反的关系。订购批量越大，企业储存的存货就越多，这会使存货成本上升；与此同时，由于订货

次数减少,总订货成本将会降低。反之,降低订货批量能够降低储存成本,但由于订货次数增加,订货成本将会上升。图 9-7 对两种成本与订货量之间的关系进行了描述。可见,随着订购批量的变化,这两种成本此消彼长。确定经济批量的目的,就是要寻找使这两种成本之和最小的订购批量,也即图 9-7 中的 Q^*。

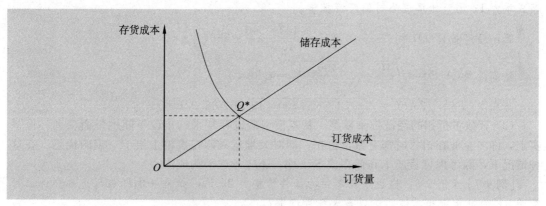

图 9-7 存货成本与订货量之间的关系

(1) 基本模型。基本经济批量模型假设:

① 能够及时补充存货,即企业在有订货需求时能够立即购得足够的存货;
② 所订购的全部存货能够一次到位,不需陆续入库;
③ 没有缺货成本;
④ 没有固定订货成本和固定储存成本;
⑤ 需求量稳定且能准确预测;
⑥ 存货供应稳定且单价不变;
⑦ 企业现金不足,不会因为现金短缺而影响进货。

在上述假设的基础上,令 A 表示全年需求量,Q 表示每批次订货量,F 表示每批次订货成本,C 表示每件存货的年储存成本,则有

订货批数 $= \dfrac{A}{Q}$

平均库存量 $= \dfrac{Q}{2}$

订货成本 $= F \cdot \dfrac{A}{Q}$

储存成本 $= C \cdot \dfrac{Q}{2}$

总成本$(T) = F \cdot \dfrac{A}{Q} + C \cdot \dfrac{Q}{2}$

令储存成本的一阶导数等于 0,即

$$T = \left(F \cdot \dfrac{A}{Q} + C \cdot \dfrac{Q}{2}\right) = \dfrac{C}{2} - \dfrac{AF}{Q^2} = 0$$

可得

$$经济批量 = \sqrt{\dfrac{2AF}{C}} \qquad (9\text{-}17)$$

$$经济批数(N)=\sqrt{\frac{AC}{2F}} \qquad (9\text{-}18)$$

$$总成本(T)=\sqrt{2AFC} \qquad (9\text{-}19)$$

[例9-6] 某公司全年需要甲零件2 400件,每次订货的成本为800元,每件存货的年储存成本为12元。计算该公司的经济批量。

解:经济批量$(Q)=\sqrt{\dfrac{2AF}{C}}=\sqrt{\dfrac{2\times 2\,400\times 800}{12}}=566(件)$

经济批数$(A/Q)=\sqrt{\dfrac{AC}{2F}}=\sqrt{\dfrac{2\,400\times 12}{2\times 800}}=4.3(次)$

总成本$(T)=\sqrt{2AFC}=\sqrt{2\times 2\,400\times 800\times 12}=6\,788.22(元)$

(2) 有数量折扣的经济批量模型。基本模型假设存货采购单位不随批量而变动。但事实上,许多企业在销售时都有数量折扣,即对大批量采购在价格上给予一定的优惠。在这种情况下,除考虑订货成本和储存成本以外,还应考虑采购成本。

[例9-7] 承例9-6,假设所需零件的每件价格为20元,如果一次订购超过800件,可给予3%的批量折扣,请问应以多大批量订货?

解:(1) 按经济批量采购,不取得数量折扣。在不取得数量折扣,按经济批量采购时的总成本合计应为

$$总成本=订货成本+储存成本+采购成本=\frac{2\,400}{566}\times 800+\frac{566}{2}\times 12+2\,400\times 20$$
$$=54\,788(元)$$

(2) 不按经济批量采购,取得数量折扣。如果想取得数量折扣,每批至少应当采购800件,此时三种成本合计为

$$总成本=订货成本+储存成本+采购成本$$
$$=\frac{2\,400}{800}\times 800+\frac{800}{2}\times 12+2\,400\times 20\times(1-3\%)=53\,760(元)$$

将以上两种情况进行对比可知,订购量为800件时成本最低。由此可见,在有数量折扣时,经济批量成本不是最低的。

▶ 2. 再订货点

为了保证生产和销售的正常进行,工业企业必须在材料用完之前订货,商品流通企业必须在商品售完之前订货。那么,究竟在上一批购入的存货还有多少时,订购下一批货物呢?这就是再订货点的控制问题。

所谓再订货点,就是订购下一批存货时本批存货的储存量,图9-8对再订货点的操作进行了直观的反映。

要确定再订货点,必须考虑如下因素:
(1) 平均每天的耗用量,用n表示;
(2) 从发出订单到货物验收完毕所用的时间,用t表示。

$$R=nt \qquad (9\text{-}20)$$

[例9-8] 某公司每天正常耗用乙零件15件,订货的提前期为10天。计算其再订货点。

再订货点 $R=nt=15\times 10=150(件)$

因此,该公司的存货储备量降到150件时,应当开始进行存货采购。

▶ 3. 保险储备

保险储备(safety stock),又称安全储备,是指为防止存货使用量突然增加或者交货期

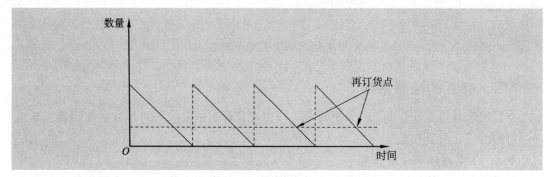

图 9-8 再订货点

延误等不确定情况所持有的存货储备，用 S 来表示。保险储备的作用和意义可以用图 9-9 来说明。

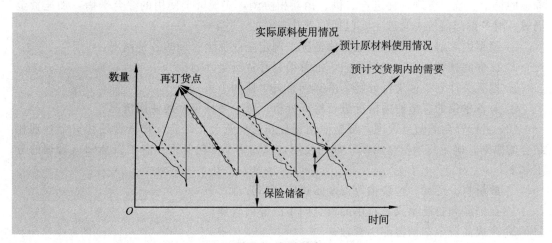

图 9-9 保险储备

保险储备的水平由企业预计的最大日消耗量和最长收货时间所确定，可能的日消耗量越大、收货时间越长，企业应当持有的保险储备水平也就越高。保险储备 S 的计算公式为

$$S=\frac{1}{2}(mr-nt) \tag{9-21}$$

其中：m 表示预计的最大日消耗量；r 表示预计最长收货时间。

保险储备的存在不会影响经济订货批量的计算，但会影响再订货点的确定。考虑保险储备情况的再订货点的计算公式为

$$R=nt+S=nt+\frac{1}{2}(mr-nt)=\frac{1}{2}(mr+nt) \tag{9-22}$$

[**例 9-9**] 某公司每天正常耗用乙零件 15 件，订货的提前期为 10 天。预计该公司的最大日消耗量为 10 件，预计最长收货时间为 25 天，计算该公司的保险储备和再订货点。

解：保险储备为

$$S=\frac{1}{2}(mr-nt)=\frac{1}{2}\times(10\times25-15\times10)=50(件)$$

再订货点为

$$R = nt + S = nt + \frac{1}{2}(mr - nt) = \frac{1}{2}(mr + nt)$$

$$= 15 \times 10 + 50 = \frac{1}{2} \times (10 \times 25 + 15 \times 10) = 200(件)$$

四、存货的控制系统

存货控制是指在日常生产经营过程中，按照存货计划的要求，对存货的使用和周转情况进行的组织、调节和监督。

▶ 1. 存货的归口分级控制

存货的归口分级控制，是加强存货日常管理的一种重要方法。这一管理方法包括如下三项内容：

（1）在企业管理层领导下，财务部门对存货资金实行统一管理。企业必须加强对存货资金的集中、统一管理，促进产、供、销互相协调，实现资金使用的综合平衡，加速资金周转。财务部门的统一管理主要包括如下几方面的工作：

① 根据国家财务制度和企业具体情况，制定企业资金管理的各种制度。
② 认真测算各种资金占用数额，汇总编制存货资金计划。
③ 把有关计划指标进行分解，落实到有关单位和个人。
④ 对各单位的资金使用情况进行检查分析，统一考核资金的使用情况。

（2）实行资金的归口管理。根据使用资金和管理资金相结合、物资管理和资金管理相结合的原则，确定每项资金由哪个部门使用，及归哪个部门管理。各项资金归口管理的分工如下：

① 原材料、燃料、包装物等资金归供应部门管理；
② 在产品和自制半成品占用的资金归生产部门管理；
③ 产成品资金归销售部门管理；
④ 工具用具占用的资金归工具部门管理；
⑤ 修理用备件占用的资金归设备动力部门管理。

（3）实行资金的分级管理。各归口的管理部门要根据具体情况将资金计划指标进行分解，分配给所属单位或个人，层层落实，实行分级管理。具体分解过程如下：

① 原材料资金计划指标可分配给供应计划、材料采购、仓库保管、整理准备各业务组管理；
② 在产品资金计划指标可分配给各车间、半成品库管理；
③ 成品资金计划指标可分配给销售、仓库保管、成品发运各业务组管理。

▶ 2. ABC 分类管理

存货 ABC 分类管理是意大利经济学家巴雷特于 19 世纪首创的，是一种实际应用较多的方法。经过不断发展和完善，ABC 法已经广泛应用于存货管理、成本管理和生产管理。

所谓 ABC 分类管理，就是按照重要性程度，将企业存货划分为 A、B、C 三类，分别实行按品种重点管理、按类别一般控制和按总额灵活掌握的存货管理方法。进行存货分类的标准主要有两个：金额标准和品种数量标准。其中金额标准是基本的，品种数量标准仅供参考。划分时按照企业确定的标准，通过列表、计算、排序等具体步骤确定各种物品所属类别。通过对存货进行这样的分类，可以使企业分清主次，采取相应的对策进行经济有效的管理、控制。

运用 ABC 管理方法一般有如下几个步骤：

（1）计算每一种存货在一定时间内（一般为一年）的资金占用额；

（2）计算每一种存货资金占用额占全部资金额的百分比，并按大小顺序排列，编成表格；

（3）根据事先测定好的标准，把最重要的存货划分为 A 类，把一般存货划分为 B 类，把不重要的存货划分为 C 类，并画图表示出来；

（4）对 A 类存货进行重点规划和控制，对 B 类存货进行次重点管理，对 C 类存货只进行一般管理。

把存货分为 A、B、C 三大类，目的是对存货占用资金进行有效管理。A 类存货种类虽少，但占用的资金多，应集中主要力量管理，对其经济批量要认真规划，对其收入、发出要严格控制；C 类存货虽然种类繁多，但占用的资金不多，不必耗费大量人力、物力、财力去管理；B 类存货介于 A 类和 C 类之间，也应给予相当的重视，但不必像 A 类那样进行非常严格的控制。

▶ 3. 适时制管理

适时制（JIT）起源于 20 世纪 20 年代美国底特律福特汽车公司所推行的集成化生产装配线。后来适时制在日本制造业得到有效的使用，随后又重新在美国推广开来。

适时制的基本原理强调：只有在使用之前才要求供应商送货，从而将存货数量减到最少；公司的物资供应、生产和销售应形成连续的同步运动过程；消除企业内部存在的所有浪费；不间断地提高产品质量和生产效率等。

适时制原本是为了提高生产质量而逐步形成的，其要旨是将原材料的库存量减少到一个生产班次恰好需要的数量。在适时制下，库存是没有替代品的，其所生产的每一个零部件都必须是合格品。适时制在按订单生产的制造业中使用得最广泛。不过，它在零售业中也开始显示其优越性，对零售业者预测消费需求和提高营运效益有一定作用。

适时制的成功取决于以下几个因素：

（1）计划要求。适时制要求具备一份对于整个行业而言协调、完整的计划。通过仔细计划与规划，实施适时制可以使企业不必保有保险储备存货，从而节约成本。同时，适时制完备的运行环境也可以在其他方面产生极大的节约，比如缩短存货在途时间、降低仓储成本等。当然，高度的协调和计划对某些企业是很难实现的，那么适时制也就无法发挥作用。

（2）与供应商的关系。为了使适时制有效运行，企业应与其供应商紧密合作。送货计划、数量、质量和及时联系都是制度的组成部分。该制度要求按所需的数额和订单的要求频繁送货，而且要求仔细标记每项货物（通常采用条形码的形式）。因此，适时制的实行要求企业必须和供应商保持良好的联系。

（3）准备成本。通过降低生产期的长度，重新设计的生产过程更加灵活。在生产中，每一批产品生产前总存在固定的准备成本，生产的最优批量受准备成本的影响（就像存货的订货成本受固定的订货成本影响一样）。通过降低准备成本，企业可以采用更短的生产期，因而获得更大的灵活性。

（4）其他的成本因素。因为适时制要求仔细管理和控制，所以采用适时制的企业常常为了降低成本而限制供应商的数目。为了做到适时制的要求，供应商必须提高质量、经常送货、花费更多成本，所以很多企业在采用适时制降低其存货储存成本的同时，必须承当更高的采购价格。不过，对于很多采用适时制的企业来说，获得的利益远远大于采购价格提高带来的负面影响。

（5）电子数据互换。没有电子数据互换（electronic data interchange，EDI），适时制就不能实施，因为从采购到生产再到销售的过程中，许多环节都是用电子系统处理的，商业信用也自动化了。当采用电子信用条件（举例来说，就是货款不是在发票日的30天后支付，而是在交货和使用材料之后很短的时间内支付），就基本上消除了企业的应付账款，而这是其短期筹资额的主要来源。同时，电子收款也消除了供应商的应收账款。

思考题

1. 在营运资本策略组合中如何进行风险和收益的权衡？
2. 改善营运资本运行管理状况的主要手段有哪些？
3. 进行经营周期分析和现金周转分析的意义何在？
4. 现金管理和存货管理之间有何区别和联系？
5. 主要营运资本各项目管理之间的关系如何？
6. 要维持和建立一个高效率的存货管理体系，要考虑和注意哪些因素？
7. 请对各存货管理方法的利弊、可行性、适用范围进行比较分析。
8. "力争现金流入和现金流出同步"这样的现金管理方法在实务中是否具有可行性和可操作性？

练习题

一、单选题

1. 下列关于储备存货的成本的说法中，不正确的是（   ）。
   A. 取得成本又称购置成本，是指存货本身的价值
   B. 企业为持有存货而发生的费用属于存货的储存成本
   C. 因存货不足而给企业造成的停产损失属于存货的缺货成本
   D. 存货资金的应计利息属于储存成本

2. 根据经济订货批量的基本模型，下列各项中，可能导致经济订货批量提高的是（   ）。
   A. 每期对存货的总需求降低   B. 每次订货费用降低
   C. 每期单位存货存储费降低   D. 存货的采购单价降低

3. 下列各项中，与丧失现金折扣的机会成本呈反向变化的是（   ）。
   A. 现金折扣率   B. 折扣期   C. 信用标准   D. 信用期

4. 下列关于有价证券的表述中，不正确的是（   ）。
   A. 有价证券是企业现金的一种转换形式
   B. 有价证券可以作为现金的替代品
   C. 获取长期投资收益是持有有价证券的原因
   D. 企业有多余现金时，常将现金转换成有价证券

5. 下列关于存货决策的表述中，正确的是（　　）。

　　A. 在计算经济订货批量时，如果考虑订货提前期，则应在按经济订货量基本模型计算出订货批量的基础上，再加上订货提前天数与每日存货消耗量的乘积，才能求出符合实际的最佳订货批量

　　B. 研究存货保险储备量的目的是寻求缺货成本的最小化

　　C. 每次订货的变动成本变动会引起经济订货量占用资金反方向变动

　　D. 存货单位变动储存成本的提高会引起经济订货量占用资金的降低

6. 某零件年需要量为16 200件，日供应量为60件，一次订货成本为25元，单位储存成本为1元/年。假设一年为360天。需求是均匀的，不设置保险库存并且按照经济订货量进货，则下列各项计算结果中错误的是（　　）。

　　A. 经济订货量为1 800件

　　B. 最高库存量为450件

　　C. 平均库存量为220件

　　D. 与进货批量有关的总成本为450元

7. 某公司的最低现金持有量为3 000元，现金余额的最优返回线为10 000元。如果公司现有现金25 000元，根据现金持有量的随机模型，此时应当投资于有价证券的金额是（　　）元。

　　A. 1 000　　　　B. 15 000　　　　C. 2 000　　　　D. 3 000

8. 某公司根据现金持有量的存货模式确定的最佳现金持有量为80 000元，有价证券的年利率为5%。在最佳现金持有量下，该公司与现金持有量相关的现金使用总成本为（　　）元。

　　A. 8 000　　　　B. 4 000　　　　C. 16 000　　　　D. 2 000

9. 应收账款赊销效果的好坏，依赖于企业的信用政策。公司在对是否改变信用期间进行决策时，不需要考虑的因素是（　　）。

　　A. 等风险投资的最低报酬率　　　　B. 产品变动成本率

　　C. 应收账款的坏账损失率　　　　　D. 公司的所得税税率

10. 甲公司是一家生产和销售冷饮的企业，冬季是其生产经营淡季，应收账款、存货和应付账款处于正常状态，根据表9-6所示甲公司的资产负债表，该公司的营运资本筹资策略是（　　）。

　　A. 保守型筹资策略　　　　　　　　B. 适中型筹资策略

　　C. 激进型筹资策略　　　　　　　　D. 无法判断

表9-6　甲公司资产负债表

2016年12月31日　　　　　　　　　　　　　　　　单位：万元

资　产	金　额	负债及所有者权益	金　额
货币资金（经营）	20	短期借款	50
应收账款	80	应付账款	100
存货	100	长期借款	150
固定资产	300	所有者权益	200
资产总计	500	负债及所有者权益总计	500

二、多选题

1. 下列各项中属于变动订货成本的有（　　）。
   A. 每份订单的处理成本 B. 每次订货的差旅费
   C. 采购人员的固定工资 D. 采购部门的管理费

2. F公司2016年流动资产周转次数为2次，2017年拟提高到3次，假定其他因素不变，1年按360天计算，则下列说法中正确的有（　　）。
   A. 与上年相比，流动资产投资政策偏于保守
   B. 与上年相比，流动资产投资政策偏于激进
   C. 总资产周转天数增加60天
   D. 总资产周转天数减少60天

3. 现金收支管理的目的在于提高现金使用效率，为达到这一目的，应当注意做好的工作包括（　　）。
   A. 力争现金流量同步 B. 推迟应付账款的支付
   C. 使用现金浮游量 D. 加速收款

4. C公司生产中使用的甲标准件，全年共需耗用9 000件，该标准件通过自制方式取得。其日产量为50件，单位生产成本为50元；每次生产准备成本为200元，固定生产准备成本为每年10 000元；储存变动成本为每件5元，固定储存成本为每年20 000元。假设一年按360天计算，下列各项中，正确的有（　　）。
   A. 经济生产批量为1 200件
   B. 经济生产批次为每年12次
   C. 经济生产批量占用资金为30 000元
   D. 与经济生产批量相关的总成本是3 000元

5. 某企业现金收支状况比较稳定，预计全年（按360天计算）需要现金400万元，现金与有价证券的转换成本为每次400元，有价证券的年利率为8%，则下列说法正确的有（　　）。
   A. 最佳现金持有量为200 000元
   B. 最低现金管理相关总成本为16 000元
   C. 最佳现金持有量下，持有现金的机会成本＝转换成本＝8 000元
   D. 有价证券交易间隔期为18天

三、判断题

1. 相对地说，资产的流动性越高，偿债能力越强，其获利能力也就越强。（　　）
2. 企业持有营运资本的目的主要是维持较低的运营成本。（　　）
3. 营运资本是企业开展日常生产经营活动的资金保证，它的数量决定着企业资金的整体平衡情况。（　　）
4. 企业流动资产的持有成本和缺货成本呈反向变动关系。（　　）
5. 企业的自发性负债部分用于解决临时性流动资产需求属于配合型融资政策。（　　）
6. 从订货开始到销售产成品为止的时间周期称为存货周期（存货周转期）。（　　）
7. 现金预算是短期财务规划的基本工具，是一种在现金流量时间线上确定现金流缺口的方法。（　　）
8. 企业使用周转信贷协定或补偿性余额借款，都会提高借款的实际利率。（　　）
9. 持有现金的机会成本为平均现金持有量与机会成本率的乘积。（　　）

10. 应收账款的坏账成本等于赊销收入乘以机会成本率。（　　）

四、计算题

1. 某公司按"1/10，n/20"的条件购进一批商品，请计算该公司在第 20 天付款的机会成本率。

2. 某公司现金收支平稳，预计全年（按 360 天计算）现金需要量为 660 000 元，现金与有价证券每次转换的交易成本为 220 元，企业过去两年总资产的平均收益率为 10%。请计算该公司的最佳现金持有量。

3. 某公司当前年度销售收入（全部为赊销）为 5 000 万元，信用条件为"n/30"，坏账损失率为 2.5%，变动成本率为 60%，收账费用为 55 万元，资金成本率为 10%。该公司为扩大销售，拟订了两个备选方案：

A 方案：将信用条件放宽到"n/45"，预计销售收入（全部为赊销）能够达到 6 000 万元，预计坏账损失率为 3%，收账费用为 60 万元。

B 方案：将信用条件改为"2/10，1/30，n/45"，预计销售收入（全部为赊销）能够达到 6 000 万元，估计约有 70% 的客户（按赊销额计算）会利用 2% 的现金折扣，15% 的客户会利用 1% 的现金折扣，坏账损失率为 2%，收账费用为 55 万元。

要求：根据上述资料，计算填列表 9-7，并就是否改变原方案及选用哪种方案做出决策。

表 9-7　A、B 两种方案对比金额　　　　　　　　　　　　　　　　单位：万元

项　　目	原　方　案	A(n/45)	B(2/10，1/30，n/45)
年赊销额	5 000	6 000	6 000
现金折扣	0	0	93
年赊销净额			
变动成本			
信用成本前收益			
平均收账期			
应收账款周转率/次			
应收账款平均余额			
应收账款机会成本			
坏账损失			
收账费用			
信用成本			
信用成本后收益			

4. A 公司预计产品年销量为 1 080 件，一年按照 360 天计算，平均日销售量为 3 台；固定的储存成本为 2 000 元/年，变动储存成本为 100 元/台（一年），固定订货成本为 1 000 元/年，变动的订货成本为 74.08 元/次；公司进货价格为每台 500 元，售价为每台 580 元；如果供应中断，单位缺货成本为 80 元，订货至到货的时间为 4 天。在此期间销售需

求概率分布如表 9-8 所示。

表 9-8 A 公司销售需求概率分布

需求量（台）	9	10	11	12	13	14	15
概率	0.04	0.08	0.18	0.4	0.18	0.08	0.04

在假设可以忽略各种税金影响的情况下，计算下列各项：
(1) 该商品的经济进货批量；
(2) 该商品按照经济进货批量进货时平均存货占用的资金（不含保险储备资金）；
(3) 该商品按照经济进货批量进货的全年存货取得成本和储存成本（不含保险储备成本）；
(4) 该商品含有保险储备的再订货点。

5. C 公司生产和销售甲、乙两种产品。目前的信用政策为"2/15，n/30"，占销售额 60% 的客户在折扣期内付款并享受公司提供的折扣；不享受折扣的应收账款中，有 80% 可以在信用期内收回，另外 20% 在信用期满后 10 天（平均数）收回。逾期账款的收回，需要支出占逾期账款额 10% 的收账费用。如果明年继续保持目前的信用政策，预计甲产品销售量为 4 万件，单价为 100 元，单位变动成本为 60 元，平均每件存货的变动成本为 50 元；乙产品销售量为 2 万件，单价为 300 元，单位变动成本为 240 元。平均每件存货的变动成本为 200 元。固定成本总额为 120 万元，平均库存量为销售量的 20%，平均应付账款为存货平均占用资金的 30%。

如果明年将信用政策改为"5/10，n/20"，预计不会影响坏账损失、产品的单价、单位变动成本、每件存货的平均变动成本和销售的品种结构，而销售额将增加到 1 200 万元。与此同时，享受折扣的比例将上升至销售额的 70%；不享受折扣的应收账款中，有 50% 可以在信用期内收回，另外 50% 可以在信用期满后 20 天（平均数）收回。这些逾期账款的收回，需要支出占逾期账款额 10% 的收账费用。固定成本总额为 130 万元，平均库存量为销售量的 25%，平均应付账款为存货平均占用资金的 40%。该公司应收账款的资金成本为 12%。

要求：
(1) 假设公司继续保持目前的信用政策，计算其平均收现期和应收账款应计利息，以及存货占用资金的应计利息和平均应付账款的应计利息（一年按 360 天计算，计算结果以万元为单位）。
(2) 假设公司采用新的信用政策，计算其平均收现期和应收账款应计利息，以及存货占用资金的应计利息和平均应付账款的应计利息。
(3) 计算改变信用政策引起的损益变动净额，并据此说明公司是否应改变信用政策。

案例分析

全程公司成立于 1993 年，总部位于北京，致力于为油气公司在勘探、开发和生产的过程中，提供产品与技术服务。截至 2007 年 10 月底，公司拥有中外籍员工近 800 人，公司已通过 ISO 9001—2000 国际认证，同时致力于达到 ISO 14000 环境管理标准。公司采用事业部组织形式。公司在国内外设有西部分公司、东部分公司、哈萨克分公司、北美公司，并在天津设有制造中心。主要服务市场覆盖国内各主要油气田和以哈萨克斯坦为中心的中亚市场。全程公司的相关资料如表 9-9、表 9-10 所示。

表 9-9 2012 年全程公司与主要竞争对手盈利能力比率

公司 \ 盈利能力		营业收入	营业成本	营业利润	税前利润	净利润
中海油服	金额（亿元）	90.08	62.19	28.27	28.67	22.38
	比例（%）	100	69	31	32	25
安东石油	金额（亿元）	4.93	3.61	1.33	1.27	1.13
	比例（%）	100	73	27	26	23
准油股份	金额（亿元）	2.54	2.21	0.32	0.33	0.27
	比例（%）	100	87	13	13	11
全程公司	金额（亿元）	4.88	3.31	1.56	1.56	1.23
	比例（%）	100	68	32	32	25

表 9-10 2010—2012 年全程公司营运资金数据

指标 \ 年份	2010	2011	2012
流动比率	1.70	1.78	2.42
资本负债比率	0.48	0.45	0.34
流动资产占资产比	0.81	0.80	0.82
货币资金占资产比	0.14	0.16	0.19
净营运资金占收入比	0.31	0.35	0.47
存货周转天数	40.57	80.70	133.35
应收账款周转天数	176.15	153.86	127.69
应付账款周转天数	129.04	119.17	91.77
现金周转期	87.69	119.86	169.27

全程公司营运资金管理现状分析：
(1) 存货积压逐年增多；
(2) 上游供应链薄弱，信用期缩短；
(3) 年末货币资金多，中期营运资金短缺；
(4) 负债比率低，净营运资金存量大；
(5) 营运资金生产率低，收益指标逐年下降。

全程公司处于供应链的中间段，上端受制于哈里伯顿公司，下端受制于中石油、中石化和中海油等主要油气勘探开采公司。2007 年年末，虽然应收账款高达 1.68 亿元，但第二年第一季度就能收回。关键的问题是应收账款的回收缺乏均衡性，下游客户能拖则拖，一般总要拖到年底或年初才能集中结算。资金的集中结算导致了每年 6—8 月营运资金的短缺。此外，全程公司的存货采备又受制于哈里伯顿公司。为加强公司在供应链上的话语权，全程公司于 2004 年设立了自己的筛管制造中心。在技术方面没有问题，但哈里伯顿不批准全程公司的生产计划,因为哈里伯顿希望自己是唯一的供应商。上市公司安东石油与哈里伯顿也结成战略合作伙伴关系,业已收购海能海特——中国的筛管制造商,与全程公司竞争。

问题:

(1) 全程公司财务方面存在着哪些问题?

(2) 面对如此态势,全程公司可以采取的措施有哪些?

(3) 你认为缓解企业资金紧张的措施有哪些?

第十章 利润分配及股利政策

> **学习目标**
>
> 了解利润分配的原则,掌握利润分配的顺序;熟悉影响利润分配的因素;了解股利的概念,掌握利润分配过程中股利的分配程序;了解股利理论和政策,重点掌握剩余股利政策、固定股利支付率政策,以及低正常股利加额外股利政策;掌握股票分割与股票回购的概念,结合实际,加深对这两种资产运作的理解。

第一节 利润及其分配程序

一、利润概述

利润是企业在一定时期内生产经营成果的最终体现,在数额上表现为各项收入与支出相抵后的余额,是衡量企业经营管理水平的最重要的指标之一。其组成包括主营业务收入、其他业务收入、营业外收入及一系列相关费用与成本。

▶ 1. 本年利润

本年利润是指企业某个会计年度净利润(或净亏损),它是由企业利润组成内容计算确定的,是企业从公历年1月至12月逐步累计而形成的一个动态指标。其计算公式如下:

$$
\begin{aligned}
\text{本年利润} = &\text{主营业务收入} + \text{其他业务收入} - \text{主营业务成本} - \\
&\text{其他业务成本} - \text{期间费用} - (+) \text{投资损失(投资收益)} - \\
&\text{资产减值损失} + (-) \text{公允价值变动收益(变动损失)}
\end{aligned} \quad (10\text{-}1)
$$

▶ 2. 利润总额

利润总额是企业在一定时期内实现盈亏的总额,是企业最终的财务成果,正数表示盈利,负数表示亏损。利润总额集中反映了企业生产经营活动的成果,是衡量企业生产经营管理的重要综合指标。企业利润总额包括销售利润、投资收益(减投资损失)及营业外收支

净额。其计算公式如下:

$$利润总额＝本年利润＋营业外收入－营业外支出 \tag{10-2}$$

▶ 3. 净利润

净利润(收益)是指在利润总额中按规定缴纳了企业所得税后公司的利润留存,一般也称为税后利润。净利润的计算公式为:净利润＝利润总额－所得税费用。净利润是一个企业经营的最终成果,净利润多,企业的经营效益就好;净利润少,企业的经营效益就差。它是衡量一个企业经营效益的主要指标。

二、利润分配原则

利润分配是企业的一项重要工作,它关系到企业、投资者等有关各方的利益,在分配过程中,要正确处理好各方的经济利益关系。企业在利润分配过程中应当按照国家相关法律、法规及企业规章制度的规定,兼顾投资者与债权人等利益相关者的利益,对企业实现的利润进行分配。

▶ 1. 依法分配原则

企业利润分配的对象是企业缴纳所得税后的净利润,这些利润是企业的权益,企业有权自主分配。由于利润分配涉及多方经济利益,因此,利润分配一定要遵守国家的有关法律、法规和制度。收益分配属于企业内部重大事项,企业必须在不违背国家相关规定的条件下进行利润分配。国家的有关法律、法规对企业利润分配的基本原则、一般次序和重大比例都做了较为明确的规定,其目的就是保障企业利润分配的有序进行,维护各方的合法权益,促使企业增加积累,增强风险防范能力。

▶ 2. 资本保全原则

资本保全是责任有限的现代企业制度的基础性原则之一,企业在分配中不能侵蚀资本。按照这一原则,一般情况下,企业如果存在尚未弥补的亏损,应首先弥补亏损,然后再进行其他分配。

▶ 3. 投资与收益对等原则

在利润分配中,要保证分配的公平,同时体现收益大小与投资比例相对等的原则,这是正确处理投资者利益关系的关键所在。企业在向投资者分配利润时,应按照投资者投资额的比例进行分配,不允许任何一方随意多分多占,从根本上实现利润分配中的公平、公正、公开,保护投资者的利益。

▶ 4. 力求兼顾各方利益原则

企业的收益归投资者所有是企业的基本制度,也是企业的所有者投资于企业的根本动力所在。企业是经济社会的基本单元,企业的利润分配涉及国家、企业股东、债权人、职工等多方面,因此利润分配必须兼顾各方的利益,正确处理各方面之间的关系,协调各方面的矛盾,统筹兼顾,维护各方利益相关者的合法权益,这些对企业的生存、发展至关重要。

▶ 5. 坚持积累与分配并重的原则

企业的利润分配必须坚持积累与分配并重的原则。企业通过经营活动赚取利益,既要保证企业扩大再生产的不断进行,为投资者提供稳定的投资回报,又要保证扩大再生产的财力基础。首先,国家强制性规定企业必须按一定比例提取法定盈余公积。对于剩余的部分,一方面,给投资者分配利润,这是企业的法定义务,也是稳定与投资者关系、取得投资者支持的重要手段；另一方面，企业可以根据自身情况依法提取任意盈余公积，或者将其中一部分收益以未分配利润的形式保留在企业内部，这一部分与留存企业提取的法定盈余公积可以参与企业的经营周转，为企业扩大自身规模提供资金基础，同时还可以用于以后年度的分配。恰当处理分配与积累之间的关系，留存一部分净收益以供未来分配之需，既要防止片面强调积累而不顾消费的行为，又要纠正片面强调消费而挤掉积累的行为，从而在增强企业抵抗风险能力的同时，提高企业经营的稳定性与安全性。

三、利润分配项目

按照我国公司法的规定，公司利润分配的项目包括法定公积金和股利两部分。

1. 法定公积金

法定公积金从净利润中提取形成，用于弥补公司亏损、扩大公司生产经营或者转为增加公司资本。公司分配当年税后利润时，应当提取利润的10%列入公司法定公积金。公司法定公积金累计额为公司注册资本的50%以上的，可不再提取。任意公积金的提取由股东大会根据需要决定。

2. 股利

公司向股东（投资者）支付股利（分配利润），要在提取公积金之后。利润的分配应以各股东持有股份的数额为依据，每一个股东取得的股利与其持有的股份数成正比。股份有限公司原则上应该从累计盈利中分派股利，无盈利不得支付股利，即所谓"无利不分"的原则。但在公司用公积金抵补亏损后，为维护其股票信誉，经股东大会特别决议，也可用公积金支付股利。

四、利润分配顺序

本章所指利润分配是指对净利润的分配。根据我国公司法及相关法律制度的规定，在利润分配之前，首先要将企业的本年税后净利润与企业年初未分配利润（亏损）相合并，即得出本年可供分配的利润数额。若该数额为负数，则不能进行后续利润的分配；若该数额为正，则应该按照下列顺序进行。

1. 弥补以前年度亏损

企业在提取法定公积金之前，应先用当年利润弥补亏损。按我国财务和税务制度的规定，企业年度亏损，可以用下一年度的税前利润弥补，下一年度税前利润不足以弥补的，可以用以后年度的税前利润继续弥补，但用税前利润弥补以前年度亏损的连续期限不超过5年，5年内弥补不足的，用本年税后利润弥补。其中，税后利润弥补亏损可以用当年实现的净利润，也可以用盈余公积转入。

2. 提取法定盈余公积金

根据我国公司法的规定，在本年的净利润抵减年初累计亏损后，将该数额作为提取法定盈余公积金的基数。提取公积金的基数不一定是可供分配的利润，也不一定是本年的税后利润，只有在不存在年初累计亏损时，才能按本年税后利润计算应计提数。法定盈余公积金累计提取额未达到注册资本的50%时，均按税后利润的10%提取，达到注册资本的50%以后，可以不再提取。企业提取的法定盈余公积金可以根据企业的需要，用于弥补亏损或转增资本，用以增加企业内部积累，以利于企业扩大再生产。在弥补亏损后，如果当年实现的利润及以前年度累积未分配利润不够向股东支付股利，经股东会议特别决议，企业可以用盈余公积金向股东支付股利,但其支付额不得超过股票面值的6%,且在支付股利后企业法定盈余公积金的余额仍不得低于转增前公司注册资本的25%。

▶ 3. 提取任意盈余公积金

对于任意盈余公积金的提取,企业有较大的自主权。根据公司法的规定,公司从税后利润中提取法定公积金后,经企业权力机构股东大会决议,还可以根据自身情况、经营战略从税后利润中提取任意盈余公积,这是为了满足企业经营管理的需要,控制向投资者分配利润水平,以及调整各年度利润分配的波动。

▶ 4. 向投资者(股东)分配利润或股利

向投资者分配利润是利润分配的主要环节,根据我国公司法的规定,公司弥补亏损和提取公积金后所余的税后利润,可以向股东分配股利。其中,有限责任公司股东按照实缴的出资比例分取红利,股份有限公司按股东持有的股份比例分配(公司章程规定不按持股比例分配的除外)。向投资者分配利润是税后利润分配的最后一项程序,但这并不意味着向投资者分配利润不重要。企业以前年度未分配的利润,可以并入本年度向投资者分配;企业当年无利润则不得向投资者分配利润。

另外,我国公司法规定股东会、股东大会或者董事会违反相关规定,在公司弥补亏损和提取法定盈余公积之前向股东分配利润的,股东必须将违反规定所得的利润退还公司。再者,公司持有的本公司股份不得分配利润。

第二节 股利及其分配

由于优先股股利是固定的,已经在公司的章程中做了明确的规定,因此,股利政策仅指普通股股利的各项政策。

普通股股利是利润分配的一部分,是普通股股东按其出资额享有的投资收益额。股利政策是指在法律允许的范围内,企业是否发放股利、发放多少股利及何时发放股利的方针及政策。我国法律对公司在一个会计年度内是否发放股利有明确的规定。

一、股利及其种类

股利是股份制企业从公司利润中以现金、股票的形式或以其他形式支付给公司投资者的报酬,是利润分配的一种形式。股利按其支付方式的不同可分为现金股利、股票股利、实物股利和负债股利等。

▶ 1. 现金股利

现金股利是用货币资金支付股利的形式。这种支付方式是公司在分配股利时常用的方式,也是投资者最容易接受的方式。这种方式能满足大多数投资者希望得到一定数量的现金作为投资收益的愿望,但这种分配方式无疑会大量增加公司的现金流出量,给公司形成支付压力。如果公司现金比较充足,可以考虑采用这种方式。如果公司可以筹集到大量短期资金,也可以采用暂时筹集短期资金解决股利支付的现金问题。但当公司目前现金不足,而外部筹集又受到限制时,就只能采取其他方式支付股利。具体方案要根据公司的实力来决定。

由于支付现金股利会减少公司现金,影响资产流动性,所以公司在发放现金股利时,应该采取措施吸引投资者将其获得的股利再投资到企业中去。通常的做法是,说服股东将分得的现金股利购买公司新股,用于公司再投资。

现金股利按发放的稳定性和规律性,可分为正常股利、额外股利、清算股利三种形式。

(1) 正常股利。正常股利是指公司根据自身经营状况和盈利能力,在未来一定时期按时、按量支付的股利。这部分股利因其稳定性与债券的利息相似,也被称为股息。

(2) 额外股利。由于某种原因,公司不愿意对某些股利定期支付做出保证,或者没有能力做出保证,因而称为额外股利,又称分红,以此与股息相区别。额外股利发放与否以及发放多少与公司当期的收益状况和投资决策密切相关。正常股利与额外股利都是对股东权益和税后利润的分配。

(3) 清算股利。清算股利是指公司清算资产时,将偿付债权人之后的剩余部分在股东之间进行分配后由投资企业所享有的数额。清算股利不是来源于公司的现金和留存收益,而是来源于公司资产的减少。

▶ 2. 股票股利

股票股利是指公司以增发新股票的形式支付给股东的股利,即公司通常是按现有股东持有股份的比例来分配每个股东应得到的新股的数量,其实质是增发股票。增发新股票的形式有两种:一是公司以新发行的股票分配给股东;二是当企业注册资本尚未足额时,以其未被认购的股票作为股利分配给股东。在具体操作时,公司可以在增发新股时,预先扣除当年应分配的股利,再配售给老股东;也可以在发行新股时增资配股,即股东在不用支付现金及资产的情况下就能得到公司新发行的股票。

股票股利主要有以下优点:

(1) 公司分配股票股利可以降低股利支付率,在不影响股东心理状态的情况下,可将大量股利作为公司留存收益用于企业发展及扩大再生产。

(2) 股票股利能够沟通股东和公司决策层之间的思想。发放股票股利的目的是促进公司的发展和进一步扩大再生产,不是因为公司无力发放。这就使得股东理解而不感到失望,从而维持股票市场价格的稳定。

(3) 如果企业能够做到在保持每股现金股利不变的情况下,同时分配股票股利,还可以达到增加现金股利的目的。

(4) 如果公司股票的市场信誉较高,股东往往也乐意以股票股利分配股利的形式,使股票市场维持在合乎交易需要的范围内。尤其当公司不希望由于股票价格过高而失去一些投资者购买热情时,利用股票股利通常能达到目的。

[例10-1] 某上市公司在2016年发放股票股利前,其资产负债表上的股东权益账户情况如表10-1所示。

表10-1 某上市公司2016年股东权益账户情况　　　　单位:万元

项　目	金　额
普通股(面值1元,发行在外40万股)	40
资本公积	60
盈余公积	40
未分配利润	60
股东权益合计	200

假设该公司宣布发放10%的股票股利,现有股东每持有10股,即可获赠1股普通股,若该股票当时市价为5元,那么随着股票股利的发放,需从"未分配利润"项目划出的资金应为多少?

解:随着股票股利发放的资金=40×10%×5=20(万元)。

由于股票面值(1元)不变,发放4万股,"普通股"项目应只增加4万元,其余的16万元应该作为股票溢价转至"资本公积"项目。而公司的股东权益总额并未发生改变,仍是200万元,股票股利发放后,资产负债表上的股东权益部分如表10-2所示。

表10-2 某上市公司股票股利发放后股东权益账户情况　　单位:万元

项　目	金　额
普通股(面值1元,发行在外44万股)	44
资本公积	76
盈余公积	40
未分配利润	40
股东权益合计	200

假设某股东在公司派发股票股利之前持有公司的普通股2 000股,那么,他拥有的股权比例为

2 000÷400 000×100%=0.5%

派发股利之后,他拥有的股票数量和股份比例分别为

2 000×(1+10%)=2 200(股)

2 200÷440 000×100%=0.5%

由该例可见,发放股票股利,不会对公司股东权益总额产生影响,但会引起资金在各股东权益项目之间的再分配。而股票股利派发前后,每一位股东的持股比例也不会发生变化。

▶ 3. 实物股利

实物股利是指公司以现金以外的资产(如公司实物资产、实物产品、其他公司有价证券等)发放给股东支付股利。这种情况一般适用于支付额外股利。由于这种形式不会增加公司的现金流出,所以当公司资产变现能力较弱时,这是可取的一种股利支付方式。但是这种方式支付有很明显的缺点:一是不为广大股东所乐意接受,因为股东持有股票的目的是获取现金收入,而不是分得实物;二是以实物支付股利会严重影响公司形象,使公众认为公司财务状况不佳、变现能力下降、资金流转不畅,对公司发展失去信心,由此导致股票市价大跌。因此,这种支付方式非到不得已的情况不宜采用。

▶ 4. 负债股利

负债股利是指企业以负债形式发放的股利,这种发放形式通常是公司以应付票据或公司债券抵付股利。由于票据和债券都是带息的,所以这会使公司支付利息的压力增大,但另一方面它可以缓解企业资金不足的情况。这种股利发放方式只是公司的一种权宜之计,股东往往也不喜欢这种股利支付方式。

另外,当企业受到各方面的限制而不能发放更多的现金股利时,公司可以用现金收回已经发放的股票,这就是股票的回购。这种方式有时也被认为是间接支付股利的一种形

式。公司将流转在外的股票重新购回，会减少在外的股票数，从而引起每股收益的增加，导致股票市价上升，进而使股东由股价上涨而得到的资本收入替代了股利收入。当企业经营状况良好，而且有很多空置资金时，可以采取这种形式。

二、股利分配程序

对于流通股份，其现金股利由上市公司于股权登记日前划入证券交易账户，再由交易所于登记日后第3个工作日划入各托管证券经营机构账户，托管证券经营机构于登记日后第5个工作日划入股东资金账户。

股利支付过程中涉及以下几个非常重要的日期。

▶ 1. 股利宣告日

股利宣告日，即公司董事会将股东大会通过本年度利润分配方案的情况，以及股利支付情况予以公告的日期。公告中将宣布每股派发股利、股权登记日、除息日、股利支付日，以及派发对象等事项。

▶ 2. 股权登记日

股权登记日，即有权领取本期股利的股东资格登记截止日期。只有在股权登记日这一天登记在册的股东（即在此日及之前持有或买入股票的股东）才有资格领取本期股利，而在这一天后登记在册的股东，即使是在股利支付日之前买入的股票，也无权领取本期分配的股利。此外，我国部分上市公司在进行利润分配时除了分派现金股利以外，还伴随了送股或转增股。在股权登记日这一天仍持有或买进该公司的股票的投资者是可以享有此次分红、送股或转增股的股东，这部分股东名册由证券登记公司统计在案，届时将所应支付的现金红利、应送的红股或转增股划到这部分股东的账上。

▶ 3. 除息日

除息日，也称除权日，是指股利所有权与股票本身分离的日期。将股票中含有的股利分配权利予以解除，即在除息日当日及以后买入的股票不再享有本次股利分配的权利。我国上市公司的除息日通常是在登记日的下一个交易日。由于在除息日之前的股票价格中包含了本次派发的股利，而自除息日起的股票价格中则不包含本次派发的股利，通常经过除权来调整上市公司每股股票对应的价值，以便投资者对股价进行对比分析。

▶ 4. 股利支付日

股利支付日是公司确定的向股东正式发放股利的日期。公司通过资金清算系统或其他方式将股利支付给股东。

第三节 股利政策

一、股利理论

股利分配的核心问题是如何权衡公司股利支付政策与未来长期增长之间的关系，以实现公司价值最大化的财务管理目标。围绕着公司股利政策是否影响公司价值这一问题，主要有两类不同的股利理论：股利无关论和股利相关论。

1. 股利无关论

股利无关论认为股利分配对公司的市场价值（或股票价格）不会产生影响。这一理论是基于一系列假设提出的：第一，公司的投资政策已经确定并且已经为投资者所理解；第二，不存在股票的发行和交易费用；第三，不存在个人或公司所得税；第四，不存在信息不对称；第五，经理与外部投资者之间不存在代理成本。上述假设描述的是一种完美资本市场，因而股利无关论又被称为完全市场理论。

股利无关论持有以下观点：

（1）投资者并不关心公司股利的分配。若公司留存较多的利润用于再投资，会导致公司股票价格上升；此时尽管股利较低，但需要用现金的投资者可以通过出售股票换取现金。若公司发放较多的股利，投资者又可以利用现金再买入一些股票以扩大投资。也就是说，投资者对股利和资本利得并无偏好。

（2）股利的支付比率不影响公司的价值。既然投资者不关心股利的分配，公司的价值就完全由其投资政策及其获利能力所决定，公司的盈余在股利和保留盈余之间的分配并不影响公司的价值，既不会使公司价值增加，也不会使公司价值降低（即使公司有理想的投资机会而又支付了高额股利，也可以募集新股，新投资者会认可公司的投资机会）。

2. 股利相关论

股利无关论是在完美资本市场的一系列假设下提出的，如果放宽这些假设条件，股利政策就会显现出对公司价值（或股票价格）产生的影响，股利相关论便是在这种情况下产生的。以下是几种典型的股利相关论观点：

（1）税差理论。股利无关论假设不存在税收，但在现实条件下，现金股利税与资本利得税不仅是存在的，而且表现出了差异性。税差理论强调了税收在股利分配中对股东财富的重要作用。股利收益纳税是发生在收取股利时，而资本利得纳税只是在股票出售时才发生，显然通过继续持有股票来延迟资本利得的纳税时间，可以体现递延纳税的时间价值。

因此，税差理论认为，如果不考虑股票交易成本，分配股利的比率越高，股东的股利收益纳税负担会明显高于资本利得纳税负担，企业应采取低现金股利比率的分配政策，以提高留存收益再投资的比率，使股东在实现未来的资本利得中享有税收节省。

（2）客户效应理论。客户效应理论是对税差效应理论的进一步扩展，研究处于不同税收等级的投资者对待股利分配态度的差异。该理论认为投资者不仅仅是对资本利得和股利收益有偏好，即使是投资者本身，因其所处不同等级的边际税率，对企业股利政策的偏好也是不同的。收入高的投资者因其拥有较高的税率而表现出偏好低股利支付率的股票，希望少分现金股利或不分现金股利，以更多的留存收益进行再投资，从而提高所持有的股票价格。而收入低者则相反。

（3）"一鸟在手"理论。股东的投资收益来自于当期股利和资本利得两方面，利润分配决策的核心问题是在当期股利收益与未来预期资本利得之间进行权衡。企业的当期股利支付率升高时，企业盈余用于未来发展的留存资金会减少，虽然股东在当期获得了较高的股利，但未来的资本利得则有可能降低。

由于企业在经营过程中存在着许许多多不确定因素，股东会认为现实的现金股利要比未来的资本利得更为可靠，会更偏好于确定的股利收益。股东在对待股利分配政策态度上表现出来的这种宁愿现在取得确定的股利收益，而不愿将同等的资金放在未来价值不确定性投资上的态度偏好，就被称为"一鸟在手，强于二鸟在林"。

(4) 代理理论。代理理论认为，股利政策有助于缓解管理者与股东之间的代理冲突，即股利政策是协调股东与管理者之间代理关系的一种约束机制，股利的支付能够有效地降低代理成本。例如，股利的支付减少了管理者对自由现金流量的支配权，这在一定程度上可以抑制公司管理者的过度投资或在职消费行为，从而保护外部投资者的利益。除此之外，较多的现金股利发放，减少了内部融资，导致公司进入资本市场寻求外部融资，从而公司将接受资本市场上更多的、更严格的监督，这样便通过资本市场的监督减少了代理成本。因此，高水平的复利政策降低了企业的代理成本，但同时增加了外部融资成本，理想的股利政策应当使两种成本之和最小。

(5) 信号理论。股利无关论假设不存在信息不对称，即外部投资者与内部经理人员拥有企业投资机会与收益能力的相同信息。但在现实条件下，企业经理人员比外部投资者拥有更多的企业经营状况与发展前景的信息，这说明在内部经理人员与外部投资者之间存在信息不对称。

信号理论认为股利向市场传递企业信息可以表现为两个方面：一是股利增长的信号作用，即如果企业股利支付率提高，这会被认为是经理人员对企业发展前景做出良好预期的结果，表明企业未来业绩将大幅度增长。这种增长发放股利的方式便向股东与投资者传递了这一信息；二是股利减少的信号作用，即如果企业股利支付率下降，股东与投资者会认为这是企业经理人员对未来发展前景做出无法避免衰退预期的结果。

股利信号理论为解释股利是否具有信息含量提供了一个基本分析逻辑，鉴于股东与投资者对股利信号信息的理解不同，所做出的对企业价值的判断也是不同的。

二、股利政策类型

▶ 1. 剩余股利政策

剩余股利政策是指公司在有良好的投资机会时，根据一定的目标资本结构（最佳资本结构）测算出投资所需的权益资本额，先从盈余中留用，然后将剩余的盈余作为股利来分配。剩余股利政策一般适用于公司的初级阶段，这类公司有良好的投资机会，利用公司内部资金节约对外筹资的资金成本，从而使企业保持理想的资本结构，使综合成本最低。

[例10-2] 某公司2015年税后净利润为800万元，2016年的投资计划需要资金1 000万元，公司的目标资本结构为权益资本占60%、债务资本占40%，要求计算2015年公司可以发放的股利额。

解：按照目前资本结构的要求，公司投资方案所需的权益资本数额为

$1\,000 \times 60\% = 600$（万元）

公司当年全部可用于分派的盈利为800万元，除了满足上述投资方案所需的权益资本数额外，还有剩余可用于发放股利。

即2015年，公司可以发放的股利额为

$800 - 600 = 200$（万元）

假设该公司当年流通在外的普通股为1 000万股，那么，每股股利为

$200 \div 1\,000 = 0.20$（元/股）

剩余股利政策的优点是：留存收益优先保证再投资的需要，有助于降低再投资的资金成本，保持最佳的资本结构，实现企业价值的长期最大化。

剩余股利政策的缺陷是：若完全执行剩余股利政策，股利发放额就会每年随着投资机

会和盈利水平的变化而波动，不利于投资者安排收入与支出，也不利于公司树立良好的形象。

▶ 2. 固定或稳定增长的股利政策

固定或稳定增长的股利政策是为了维持稳定的股利支付而采用的一种政策模式，其基本要点是，公司将每年派发的股利额固定在某一特定水平或是在此基础上维持某一固定比率逐年稳定增长。公司只有在确信未来不会发生逆转时才会宣布实施固定或稳定增长的股利政策。

固定或稳定增长的股利政策的优点：第一，股利政策本身传递着公司正常发展的信息，有利于树立公司的良好形象，增强投资者对公司的信心，稳定股票的价格；第二，稳定的股利额有助于投资者安排股利收入和支出，特别是那些对股利有着很强依赖性的股东尤为如此；第三，稳定的股利政策可能会不符合剩余股利理论，但考虑到股票市场会受多种因素影响（包括股东的心理状态和其他要求），为了将股利维持在稳定的水平上，即使推迟某些投资方案或暂时偏离目标资本结构，也可能比降低股利更为有利。

固定或稳定增长的股利政策的缺点：第一，股利的支付与企业的盈利相脱节，即不论公司盈利多少，均要支付固定的或按固定比率增长的股利，这可能导致企业资金紧缺，财务状况恶化。第二，在企业无利可分的情况下，若依然实施固定或稳定增长的股利政策，会违反公司法。一般来说，公司确定的固定股利额不宜太高，以免陷入无力支付的被动局面。固定或稳定增长的股利政策通常适用于经营比较稳定或正处于成长期的企业，且很难被长期采用。

▶ 3. 固定股利支付率政策

固定股利支付率政策是指公司将每年净利润的某一固定百分比作为股利分派给股东，这一百分比通常称为股利支付率。股利支付率一经确定，一般不得随意变更。在这一股利政策下，各年股利额将随企业经营的好坏而上下波动，获利多的年份，支付的股利额较多；反之，则支付的股利额较少。

主张该政策的理由是：它能体现股利与盈余关系，即多盈多分、少盈少分、不盈不分，这就有利于公平地对待每一位股东。该股利政策的缺陷是：当企业盈余在各个期间波动不定时，其支付的股利也将随之波动，不利于树立公司良好的形象。

公司每年面临的投资机会、筹资渠道都不同，而这些都可以影响到公司的股利分派，所以一成不变的奉行固定股利政策的公司在实际中并不多见，这一政策比较适合那些处于稳定发展且财务状况稳定的公司。

[例 10-3] 某公司长期以来用固定股利支付率政策进行股利分配，确定的股利支付率为 30%，2016 年税后净利润为 2 000 万元，如果仍然继续执行固定股利支付率政策，公司本年度将要支付的股利是多少？

解：如果继续执行固定股利支付率政策，那么，公司本年度将要支付的股利为

2 000×30%＝600（万元）

但是公司下一年度有较大的投资需求，因此，准备本年度采用剩余股利政策。如果公司下一年度的投资预算为 2 400 万元，目标资本为权益资本占 60%。按照目标资本结构的要求，公司投资方案所需的权益资本额为

2 400×60%＝1 440（万元）

公司 2016 年度可以发放的股利为

2 000－1 440＝560(万元)

4. 低正常股利加额外股利政策

低正常股利加额外股利政策的基本要点是：在一般情况下，企业每年只支付某一固定、数额较低的股利，在盈余多的年份，再根据情况向股东发放额外股利。但是额外股利并不固定，不意味着公司永久地提高了股利支付率。可以用以下公式表示：

$$Y=a+bx \tag{10-3}$$

其中：Y 为每股股利；x 为每股收益；a 为低正常股利；b 为额外股利支付比率。

低正常股利加额外股利政策的优点：第一，赋予公司较大的灵活性，使公司在股利发放上有余地；第二，使那些依靠股利度日的股东每年至少可以得到虽然较低但比较稳定的股利收入，从而留住这部分股东。

低正常股利加额外股利政策的缺点：第一，由于年份之间公司盈利的波动使得额外股利不断变化，造成分派的股利不同，容易给投资者收益不稳定的感觉；第二，当公司在较长时期内持续发放额外股利后，可能会被股东误认为是"正常股利"，一旦取消，传递出的信号可能会使股东认为这是公司财务状况恶化的表现，进而导致股价下降。

三、制定股利分配政策应考虑的因素

在现实生活中，公司的股利分配是在种种制约因素下进行的。取何种股利政策虽然是由管理层决定的，但是实际上在其决策过程中会受到诸多主观因素与客观因素的影响。

1. 法律限制

为了保护债权人和股东的利益，有关法律、法规对公司的股利分配经常做如下限制：

(1) 资本保全的限制。按照规定，公司不能用资本(包括股本和资本公积)发放股利。股利的支付不能减少法定资本，如果一个公司的资本已经减少或因支付股利而引起资本减少，则不能支付股利。

(2) 企业积累的限制。为了制约公司支付股利的任意性，按照法律规定，公司税后利润必须先提取法定公积金。此外法律还鼓励公司提取任意公积金，只有当提取的法定公积金达到了注册资本的 50% 时，才可以不再提取，剩余的利润净额才可以用于支付股利。

(3) 净利润的限制。按照规定，公司年度累计净利润必须为正数时才可以发放股利，以前年度亏损必须足额弥补。

(4) 超额累积利润的限制。由于股东接受股利缴纳的所得税高于其进行股票交易的资本利得税，于是许多国家规定公司不得超额累积利润。一旦公司的保留盈余超过法律认可的水平，将被加征额外税额。

(5) 无力偿付的限制。基于对债权人的利益保护，如果一个公司已经无力偿付债务，或股利支付会导致公司失去偿债能力，则不能支付股利。

2. 股东因素

公司的股利政策最终由代表股东利益的股东大会决定。因此，股东的要求不可忽视。股东从自身经济利益角度出发，对公司的股利分配往往产生以下一些影响：

(1) 稳定的收入和避税。一些股东的主要收入来源是股利，他们往往要求公司支付稳定的股利。他们认为通过保留盈余引起股价上涨而获得资本利得是有风险的。若公司留存较多的利润，将受到这部分股东的反对。另外，一些股利收入较多的股东处于避税的考虑(股利收入的所得税高于股票交易的资本利得税)，往往反对公司发放较多的股利。

(2) 控制权的稀释。公司支付较高的股利，就会导致留存盈余减少，这又意味着将来发行新股的可能性加大，而发行新股必然稀释公司的控制权，这是公司拥有控制权的股东们所不愿意看到的局面。因此，若他们拿不出更多的资金购买新股，宁肯不分配股利。

3. 公司因素

公司的经营情况和经营能力会影响其股利政策。

(1) 盈余的稳定性。公司是否能获得长期稳定的盈余，是其股利政策的重要基础。盈余相对稳定的公司其股利支付能力要高于盈余不稳定的公司。收益稳定的公司面临的经营风险和财务风险较小，筹资能力较强，这些都是其股利支付能力的保证。

(2) 公司的流动性。较多地支付现金股利将会导致公司的现金持有量减少，这会使公司的流动性降低，也就是说公司满足财务应付义务的能力下降。

(3) 举债能力。具有较强举债能力的公司因为能够及时地筹措到所需的现金，有可能采取高股利分配的政策。而举债能力较弱的公司为了能多滞留盈余，进而会采取低股利政策。

(4) 投资机会。有着良好投资机会的公司需要有强大的资金支持，它们往往少发股利，多用于留存以再投资；而缺乏良好投资机会的公司，保留大量股利会导致资金闲置，倾向于支付较高股利。因此，处于成长期的公司大多采取低股利政策；处于经营收缩期的公司多采取高股利政策。

(5) 资本成本。与发行新股相比，保留盈余不需花费筹资费用，是一种比较经济的筹资渠道。所以，如果公司有扩大资金的需要，也应该采取低股利政策。

(6) 债务需要。具有较高债务偿还需求的公司，可以通过举借新债、发行新股筹集资金偿还债务，也可直接用经营积累偿还债务。如果公司认为后者更为适当的话(例如，前者资本成本高或受其他限制难以进入资本市场)，将会减少股利的支付。

4. 其他限制

除了上述一些因素外，还有其他因素也会影响到公司的股利政策选择。

(1) 债务合同约束。公司的债务合同，特别是长期债务合同，往往有限制公司现金支付程度的条款限制，这使得公司不得不采取低股利政策。

(2) 通货膨胀。在通货膨胀的情况下，由于货币购买力下降，公司计提的折旧不能满足重置固定资产的需要，需要动用盈余补足重置固定资产的需要。因此，在通货膨胀时期公司股利政策往往偏紧。

四、股利分配方案

企业的股利分配方案一般包括以下几个方面：

(1) 股利支付形式。即企业决定是以现金股利、股票股利还是其他形式来支付股利。

(2) 股利支付率。股利支付率是指股利与净利润的比率。由于按年度计算的股利支付率非常不可靠，而且累计的以前年度盈余也可以用于股利分配，有时股利支付率会大于100%。作为一种财务政策，股利支付率应当是若干年度的平均值。

(3) 股利政策的类型，即采取固定股利政策，还是稳定增长股利政策，或者是剩余股利政策等。

(4) 股利支付程序，包括股利宣告日、股权登记日、除权除息日和股利支付日等具体事项。

第四节 股票分割与回购

一、股票分割

股票分割是指将面额较高的股票交换成面额较低的股票的行为。例如,将原来的一股股票交换成两股股票。股票分割与股票股利的相似之处是在不增加股东权益的情况下增加了股份的数量。它们所不同的是会计处理方法不同,并且股东权益总额及其内部结构都不会发生任何变化,变化的只是股票的面值。

股票分割有以下两点意义。

▶ 1. 降低股票价格

股票分割会使每股市价降低,买卖该股票所需资金量减少,从而可以吸引更多的中小投资者。流通性和股东数量的增加,会在一定程度上加大对公司股票恶意收购的难度。此外,降低股票价格还可以为公司发行新股做准备,因为股价太高会使许多潜在投资者不敢轻易对公司股票进行投资。

▶ 2. 传递利好信号

这里需要强调的是,无论是股票股利还是股票分割,其对企业和股东的利益是建立在企业持续发展的基础上的。因此,要稳定资本市场,关键是不断持续发展,给股民以良好的回报和信心。

[例 10-4] 某上市公司在 2016 年年末资产负债表上的股东权益账户情况如表 10-3 所示。

(1) 假设股票市价为 20 元,该公司宣布发放 10% 的股票股利,即现有股东每持有 10 股即可获赠 1 股普通股,发放股票股利后,股东权益有何变化?每股净资产是多少?

(2) 假设该公司按照 1∶2 的比例进行股票分割,股票分割后,股东权益有何变化?每股净资产是多少?

表 10-3 某上市公司 2016 年股东权益账户情况   单位:万元

项目	金额
普通股(面值 10 元,发行在外 2 000 万股)	20 000
资本公积	20 000
盈余公积	10 000
未分配利润	16 000
股东权益合计	66 000

解:根据上述资料,分析计算如下:

(1) 发放股票股利后股东权益情况如表 10-4 所示,每股净资产为

66 000÷(2 000+200)=30(元/股)

表 10-4　某上市公司发放股票股利后的股东权益账户情况　　　单位：万元

项　目	金　额
普通股(面值 10 元，发行在外 2 200 万股)	22 000
资本公积	22 000
盈余公积	10 000
未分配利润	12 000
股东权益合计	66 000

（2）股票分割后股东权益情况如表 10-5 所示，每股净资产为 66 000÷(2 000×2)＝16.5(元/股)。

表 10-5　某上市公司进行股票分割后股东权益账户情况　　　单位：万元

项　目	金　额
普通股(面值 5 元，发行在外 4 000 万股)	20 000
资本公积	20 000
盈余公积	10 000
未分配利润	16 000
股东权益合计	66 000

二、股票回购

股票回购是指上市公司出资将其发行在外的普通股以一定价格购买回来予以注销或作为库存股的一种资本运作方式。公司不得随意收购本公司的股份，只有在满足相关法律规定的情形下才能进行股票回购。

▶ 1. 股票回购的意义

股票回购是指公司出资购回自身发行在外的股票。公司以多余现金购回股东所持有的股份。这样，流通在外的股份减少，每股股利增加，从而使股价上升，股东能因此获得资本利得，这就相当于公司支付给股东现金股利。所以，股票回购可以看成是一种现金股利的替代方式，它与现金股利对股东起到了同等作用。但股票回购与发放现金股利有着不同的意义。

对股东而言，股票回购后股东得到的资本利得需缴纳资本利得税，发放现金股利股东则需要缴纳股息税。这些因素可能因为股票回购而发生变化，股票回购对股东利益具有不确定的影响。

对公司而言，股票回购有利于公司价值的增加。

（1）公司进行股票回购的目的之一是向市场传递股价被低估的信号。股票回购有着与股票发行相反的作用。股票回购的市场反应通常是股价提升，有利于稳定公司股票价格。如果股票依然被低估，剩余股东也可以从低价回购中获利。

（2）当公司可支配的现金流明显超过投资项目所需的现金流时，可以用自由现金流进行股票回购，有助于增加每股盈利水平，又起到了降低管理层代理成本的作用。

（3）避免股利波动带来的负面影响。当公司剩余现金流是暂时的或者是不稳定的，没有把握能够长期维持高股利政策时，可以在维持一个相对稳定的股利支付率基础上，通过股票回购发放股利。

（4）发挥财务杠杆的作用。如果公司认为资本结构中权益资本的比例较高，可以通过股票回购提高负债比率，改变公司的资本结构，并有助于降低加权平均资本成本。虽然发放现金股利也可以减少股东权益，增加财务杠杆，但两者在收益相同时的每股收益是不同的。

（5）通过股票回购，可以减少外部流通股的数量，提高股票价格，在一定程度上降低了公司被恶意收购的风险。

（6）调节所有权结构。公司拥有回购的股票，可以用来交换被收购或被兼并公司的股票，也可以用来满足认股权证持有者认购公司股票或可转换债券持有人转换公司普通股的需要，还可以在执行管理层与员工股票期权时使用，避免发行新股而稀释了收益。

另外，我国公司法规定，公司只有在以下几种情形下才可以回购本公司的股份：一是减少公司注册资本；二是与持有本公司股份的其他公司合并；三是将股份奖励给本公司职工；四是股东因对股东大会做出的合并、分立决议持有异议，要求公司收购其股份。

▶ 2. 股票回购的方式

股票回购的方式按照不同的分类标准主要有以下几种。

（1）按股票回购的地点分。按股票回购的地点不同，股票回购可分为场内公开收购和场外协议收购两种。场内公开收购是指公司把自己等同于任何潜在的投资者，委托证券公司代自己按照公司股票当前市价回购。场外协议收购是指公司与某一类或某几类投资者直接见面，通过协商来回购股票的一种方式。

（2）按股票回购的对象分。按股票回购的对象不同，股票回购可分为在资本市场上进行随机回购、向全体股东招标回购和向个别股东协商回购。在资本市场上随机收购的方式最为普遍，但往往受到监管机构的严格监控。向全体股东招标回购的方式，回购价格通常高于当时的股价，具体回购工作一般要委托金融中介机构进行，成本费用高。向个别股东协商回购由于不是面向全体股东，所以必须保持回购价格的公正合理，以免损害其他股东利益。

（3）按筹资方式分。按筹资方式不同，股票回购可分为举债回购、现金回购和混合回购。举债回购是指企业通过向银行等金融机构借款的办法来回购本公司的股份。其目的无非是防御其他公司的恶意收购与兼并。现金回购是指企业利用剩余资金来回购本公司的股票。如果企业既动用了剩余资金，又向银行借款来回购本公司股份，就成为混合回购。

（4）按回购价格的确定方式分。按回购价格的确定方式不同，股票回购可分为固定价格邀约回购和拍卖回购。固定价格邀约回购是指企业在特定时间发出的以某一高出股票当前市价的价格水平回购既定数量股票的卖出报价。为了在短时间内回购数量相对较多的股票，公司可以宣布固定价格邀约回购。其优点是赋予所有股东向公司出售所持股票的机会。拍卖回购在回购价格确定方面给予公司更大的灵活性。首先，公司指定回购价格的范围通常较宽并且计划回购的股票数量可以以上下限的形式表示。其次，股东进行投标，说明愿意以某价格出售股票的数量。最后，公司汇总所有股东提交的价格和数量，确定此次股票回购的"价格—数量曲线"，并根据实际回购数量确定最终回购价格。

▶ 3. 股票回购的不利影响

（1）股票回购需要大量资金支付回购成本，容易造成资金紧张，降低资产流动性，影响公司后续发展。

（2）股票回购无异于股东退股和公司资本的减少，也可能会使公司的发起人股东更注重创业利润的实现。这不仅在一定程度上削弱了对债权人利益的保护，而且忽视了公司的长远发展，损害了公司的根本利益。

（3）股票回购容易导致公司操纵股价。公司回购自己的股票容易导致其利用内部信息进行炒作，加剧公司行为的非规模化，损害投资者的利益。

思考题

1. 简述企业税后利润分配的基本程序。
2. 影响利润分配政策的因素有哪些？
3. 如何正确处理投资与积累的关系？
4. 股利支付方式的一般程序是怎样的？
5. 股利的种类有哪些？它们各自有哪些优缺点？
7. 简述股利分配政策的种类。
8. 制定股利分配政策应考虑的因素有哪些？
9. 什么是股票分割、股票回购？比较股票分割、股票回购与股票股利的异同点，并结合实际简述它们在财务管理中的意义。

练习题

一、单选题

1. 利润分配是财务管理的重要内容，有广义和狭义的利润分配两种，其中狭义的利润分配是指（　　）。
   A. 对企业收入的分配　　　　　　　B. 对企业营业利润的分配
   C. 对企业利润总额的分配　　　　　D. 对企业净利润的分配

2. 正确处理投资者利益关系的关键原则是（　　）。
   A. 依法分配原则　　　　　　　　　B. 兼顾各方面利益原则
   C. 投资与收益对等原则　　　　　　D. 分配与积累并重原则

3. 下列因素中，（　　）不是影响利润分配政策的法律因素。
   A. 偿债能力约束　　　　　　　　　B. 公司举债能力约束
   C. 资本积累约束　　　　　　　　　D. 超额累积利润约束

4. 一般来说，如果一个公司的举债能力较弱，往往采取（　　）的利润分配政策。
   A. 宽松　　　　B. 较紧　　　　C. 固定　　　　D. 变动

5. 容易造成公司股利支付与公司盈利相脱离的股利分配政策是（　　）。
   A. 剩余股利政策　　　　　　　　　B. 固定股利政策
   C. 固定股利支付率政策　　　　　　D. 低正常股利加额外股利政策

6. 某公司于2014年度实现净利润100万元，2015年计划所需50万元的投资，公司的目标结构为自有资金40％，借入资金60％，公司采用剩余股利政策，该公司于2014年可向投资者发放股利的数额为（　　）万元。
   A. 20　　　　B. 80　　　　C. 100　　　　D. 30

7. 剩余股利政策一般适用于公司的（　　）阶段。
   A. 初创　　　　　　B. 高速发展　　　　C. 稳定增长　　　　D. 成熟
8. 采用固定股利支付率政策的原因主要是（　　）。
   A. 降低企业加权平均资本成本　　　　B. 使公司利润分配有较大灵活性
   C. 使利润分配与企业盈余紧密结合　　D. 出于避税考虑
9. 领取股利的权利与股票相分离的日期是（　　）。
   A. 股利宣告日　　　B. 股权登记日　　　C. 除息日　　　　　D. 股利支付日
10. 某公司所有者权益结构为：发行在外的普通股500万股，其面额为每股1元，资本公积4 000万元，未分配利润8 000万元。股票市价为25元/股；该公司若按10%的比例发放股票股利，发放股票股利后的资本公积为（　　）万元。
    A. 5 200　　　　　B. 4 000　　　　　C. 5 250　　　　　D. 4 100
11. 股份有限公司为了使已发行的可转换债券尽快地实现转换，或者为了达到反兼并、反收购的目的，应采用的策略是（　　）。
    A. 不支付股利　　　　　　　　　　　B. 支付较低的股利
    C. 支付固定股利　　　　　　　　　　D. 支付较高的股利
12. 下列股票回购方式中在回购价格确定方面给予公司更大灵活性的是（　　）。
    A. 荷兰式拍卖回购　　　　　　　　　B. 举债回购
    C. 固定价格邀约回购　　　　　　　　D. 场内公开收购

二、多选题
1. 上市公司发放股票股利可能导致的结果有（　　）。
   A. 公司股东权益内部结构发生变化　　B. 公司股东权益总额发生变化
   C. 公司每股收益下降　　　　　　　　D. 公司股份总额发生变化
2. 采用固定股利政策的理由包括（　　）。
   A. 有利于投资者安排收入与支出　　　B. 有利于稳定股票价格
   C. 有利于公司树立良好的形象　　　　D. 有利于保持理想的资本结构
3. 股利无关论的假设条件包括（　　）。
   A. 市场具有强式效率
   B. 不存在任何公司或个人所得税
   C. 不存在任何筹资费用
   D. 公司的投资决策与股利决策彼此独立
4. 下列关于除息日的表述正确的有（　　）。
   A. 除息日，股利权利从属于股票
   B. 除息日购入公司股票的投资者不能享有已宣告发放的股利
   C. 除息日的股价会下跌
   D. 除息日，领取股利的权利与股票分离
5. 在下列各项中，能够增加普通股股票发行在外股数，但不改变公司资本结构的行为是（　　）。
   A. 股票股利　　　　B. 增发普通股　　　C. 股票分割　　　　D. 股票回购
6. 下列关于股票回购的表述中，正确的是（　　）。
   A. 股票回购会使公司资产负债率上升　　B. 股票回购会使每股收益提高

C. 股票回购会使公司股本减少　　　　　　D. 股票回购会使流动比率下降

7. 下列各项中，会导致企业采用低股利政策的有（　　）。

A. 陷于经营收缩的公司　　　　　　　　　B. 企业盈余不稳定

C. 企业资产流动性较强　　　　　　　　　D. 物价持续上升

三、判断题

1. 在通货膨胀时期，企业一般采取较为宽松的利润分配政策。（　　）
2. 固定股利支付率政策只能适用于稳定发展的公司和公司财务状况较稳定的阶段。（　　）
3. 只要公司有足够的现金，就可以采用现金股利形式发放股利。（　　）
4. 股票股利不会引起公司资产的流出或负债的增加，但会引起股东权益总额的变化。（　　）
5. 股份有限公司支付股利的形式只有现金股利和股票股利两种。（　　）
6. 只有在股利支付日前在公司股东名册上有名的股东，才有权分享股利。（　　）
7. 处于成长期的企业多采取多分少留的股利政策，而处于经营收缩期的企业多采取少分多留的股利政策。（　　）
8. 法律规定公司不得超额累积利润的主要目的是维护债权人的利益。（　　）
9. 与其他收益分配政策相比，剩余政策能使公司在股利支付上具有较大的灵活性。（　　）
10. 企业以前年度未分配的利润，不得并入本年度的利润内向投资者分配，以免企业过度分利。（　　）
11. 在除息日前，股利权从属于股票；从除息日开始，股利权与股票相分离。（　　）
12. 负债资金较多，资金结构不健全的企业在选择筹资渠道时，往往将其净利润作为首选，以降低筹资的外在成本。（　　）

四、计算题

1. 某股份制企业2016年利润总额为2 000万元，企业所得税税率为25%，法定盈余公积、任意盈余公积的提取比例分别为10%、15%，支付普通股股利为800万元，企业的未分配利润还剩多少？

2. 某公司2016年实现的税后净利润为1 000万元，法定盈余公积、公益金提取比例为15%，若2017年的投资计划所需资金为800万元，公司的目标资金结构为自有资金占60%。

要求：

(1) 若公司采用剩余股利政策，则2016年年末可发放多少股利？

(2) 若公司发行在外的股数为1 000万股，计算每股利润及每股股利？

案例分析

1. 某公司目标资产负债率为50%，当年税后净利为900万元，按10%分别提取盈余公积与公益金，下年度计划投资2 000万元。

问题：案例中的公司是否应该发放股利？

2. 某网络上市公司现有资产总额2 000万元，企业已连续亏损两年；权益乘数为2，该公司目前的资本结构为最佳资本结构，权益资本均为普通股，每股面值10元，负债的年平均利率为10%。该公司年初未分配利润为258万元,当年实现营业收入8 000万元,固定成本700万元,变动成本率为60%,所得税税率为33%。该公司按10%和5%提取盈余公积金和公益金。预计下一年度投资计划需要资金4 000万元。

问题:

(1) 案例中的公司采用何种股利政策为佳?请说明理由。

(2) 如果该公司采取剩余股利政策,其当年盈余能否满足下一年度投资对权益资本的需要?若不能满足,应增发多少普通股?

(3) 如果上述投资所需资金,或者通过发行长期债券(债券年利率为12%)取得,或者通过发行普通股(新发行股票的面值保持10元不变)取得,当预计息税前利润为2 800万元时,你认为哪种筹资方式对公司更有利(以每股收益为标准)。

第十一章 预算管理

> **学习目标**
>
> 了解企业的全面预算体系，以及全面预算的内容、特点、作用和依据等；掌握增量预算和零基预算的优缺点；熟悉固定预算和弹性预算的区别与运用；掌握财务预算、现金预算和财务报表预算的编制方法。

第一节 全面预算体系

一、全面预算的含义

全面预算（overall budget）是企业根据战略规划、经营目标和资源状况，运用系统方法编制的企业经营、资本、财务等一系列业务管理标准和行动计划，据以进行控制、监督、考核和激励。

企业的全面预算一般包括营业预算、资本预算和财务预算三大类。其中，营业预算和财务预算主要为预算期在一年以内的短期预算，如年度预算、季度预算和月度预算；资本预算主要为预算期在一年以上的长期预算。

二、全面预算的内容

全面预算是一系列预算构成的体系，各项预算之间相互联系，关系比较复杂，很难用一个简单的办法准确描述。全面预算是根据企业目标所编制的经营、资本、财务等年度收支计划，即以货币及其他数量形式反映的有关企业未来一段期间内全部经营活动各项目标的行动计划与相应措施的数量说明。

企业应根据长期市场预测和生产能力，编制长期销售预算，并以此确定本年度的销售预算。销售预算是年度预算的编制起点，根据"以销定产"的原则确定生产预算，同时确定需要的销售费用。生产预算的编制，除了考虑计划销售量外，还要考虑现有存货和年末存货。然后要根据生产预算来确定直接材料、直接人工和制造费用预算。产品成本预算和现金预算是有关预算的汇总。利润表预算和资产负债表预算是全部预算的综合。

全面预算根据其涉及的预算期分为长期预算和短期预算。长期预算包括长期销售预算和资本支出预算，有时还包括长期资金筹措预算和研究与开发预算。短期预算是指年度预算，或是时间更短的季度或月度预算，如直接材料预算、现金预算等。

全面预算按其涉及的内容分为总预算和专门预算。总预算是指利润表预算和资产负债表预算，它们反映企业的总体状况，是各种专门预算的综合。专门预算是指其他反映企业某一方面经济活动的预算。

全面预算按其涉及的业务活动领域分为销售预算、生产预算和财务预算。前两个预算统称业务预算，用于计划企业的基本经济业务。财务预算是关于资金筹措和使用的预算，包括短期的现金收支预算和信贷预算，以及长期的资本支出预算和长期资金筹措预算。

根据全面预算的体系分为特种决策预算、日常业务预算与财务预算。特种决策预算是指企业不经常发生的、需要根据特定决策临时编制的一次性预算。特种决策预算包括经营决策预算和投资决策预算两种类型。日常业务预算是指与企业日常经营活动直接相关的经营业务的各项预算。财务预算是企业的综合性预算，包括现金预算、利润表预算和资产负债表预算。

三、全面预算的特点

全面预算是企业的总体计划，涉及企业的方方面面，具体有如下特点。

（1）以战略规划和经营目标为导向。全面预算应体现企业长期发展的阶段性，围绕企业不同发展阶段的经营目标，设计资产、负债、收入、成本、费用、利润、投资、筹资等核心指标。

（2）以业务活动环节及部门为依托。全面预算必须结合企业的业务活动，落实到企业业务活动的各个环节和各个部门。

（3）以人、财、物等资源要素为基础。全面预算是对企业全部资源要素的合理有效的匹配。

（4）与管理控制相衔接。全面预算实际上是系统的管理控制制度和过程。一方面，全面预算为管理控制制定行为标准；另一方面，全面预算的目标需要通过有效的管理控制来实现。

四、全面预算的作用

全面预算是企业未来的系统规划，对企业的未来发展和业务工作具有重要的作用，主要表现为以下几个方面。

（1）用于落实企业长期战略目标及规划。企业的全面预算要与长期战略目标及规划相衔接，企业长期战略目标及规划需要通过各期的全面预算予以分期落实和分步实现。

（2）用于明确业务环节和部门的目标。全面预算是企业未来的总体计划。企业通过全面预算，分期落实企业的总体和综合目标，为其业务活动的各个环节和部门规定预期目标和责任，为各个业务环节和部门开展业务工作指明方向。

（3）用于协调业务环节和部门的行动。全面预算是企业未来的行动计划，企业通过全面预算，合理设计预算指标体系，注重预算指标之间的相互衔接，整合规划企业各种资源，协调业务活动的各个环节和部门的工作计划和职责，指导各个业务环节和部门开展业务工作的行动。

（4）用于控制业务环节和部门的业务。全面预算为企业各个业务环节和部门设定了一系列的管理标准，用于对业务过程的实际结果与预算标准进行比较分析。

（5）用于考核业务环节和部门的业务。全面预算是企业各个业务环节和部门以及全体员工业绩考核的基本标准，也是实施激励的重要依据。

五、全面预算的依据

企业在全面预算的过程中，需要分析研究全面预算企业内部和外部的各种情况和因素，充分考虑全面预算的有效依据，主要有宏观经济周期、企业发展阶段、企业战略规划、企业经营目标、企业资源状况、企业组织结构。

（1）宏观经济周期。实践表明，宏观经济周期对企业具有重大的影响。宏观周期包括经济周期、产业周期、消费周期、利率周期等，这些周期均有各种波动变化，企业必须研究各种周期波动状态，在全面预算，尤其是资本预算中采取有效的应对措施。

（2）企业发展阶段。一个企业往往经历一定的发展历程，在一定时期处于一定的发展阶段。企业必须准确把握所处的具体发展阶段，在全面预算尤其是资本预算中密切结合本身的发展阶段，制定科学合理的全面预算。

（3）企业战略规划。全面预算应围绕企业战略规划，分期落实企业战略目标，逐步实现企业的长期发展。

（4）企业经营目标。全面预算必须以企业经营目标为直接和主要的指导依据，将企业预算期的总体经营目标予以具体化和系统化的分解和落实。

（5）企业资源状况。企业的资源状况是全面预算的客观依据。企业制定全面预算必须分析企业内部现有的人、财、物等各种资源的规模及分布状况，研究企业从外部市场获取资源的潜力，保证全面预算具备可获得和可使用的资源支撑。

（6）企业组织结构。企业内部的组织结构是全面预算的基本依托，科学合理的组织结构是落实预算目标、明确管理责任、协调业务工作的重要保障。为有效地实施全面预算，在必要时，企业可以改进内部组织结构的设计。

六、全面预算的编制程序

企业预算的编制，涉及经营管理的各个部门，只有执行人参与预算的编制，才能使预算成为他们自愿努力完成的目标，而不是外界强加于他们的枷锁。企业在编制预算的时候，一般遵循"上下结合、分级编制、逐级汇总"的原则。

▶ 1. 下达目标

企业董事会或总经理办公室根据企业发展战略和预算期经济形势的初步预测，在决策的基础上提出下一年度企业财务预算目标，包括销售目标、成本费用目标、利润目标和现金流量目标，并确定财务预算编制的政策，由预算管理层下达各部门。

▶ 2. 编制上报

各部门按照预算管理层下达的财务预算目标和政策，先安排最基层成本控制人员自行草编预算，再结合部门自身特点及预测的执行条件，编制出销售、生产、财务等部门财务预算方案，上报财务管理部门。

▶ 3. 审查平衡

企业财务管理部门对各部门上交的财务预算方案进行审查、汇总，提出综合平衡的建议。在审查、平衡过程中，预算管理层应当进行充分的协调，对发现的问题提出初步调整意见，并反馈给有关部门予以修正。

▶ 4. 审议批准

企业财务管理部门在各部门修正调整的基础上，编制出企业财务预算方案，报预算管理层讨论。对于不符合企业发展战略或者财务目标的事项，企业预算管理层应当责成有关部门进一步修正、调整。在讨论、调整的基础上，企业财务管理部门正式编制企业年度财务预算草案，提交董事会或总经理办公室审议批准。

▶ 5. 下达执行

企业财务管理部门对董事会或总经理办公室审议批准的年度总预算，分解成一系列的指标体系，由财务预算管理部门逐级下达各部门执行。

第二节 财务预算的编制方法

财务预算是一系列专门反映企业未来一定预算期内预计财务状况、经营成果以及现金收支等价值指标的各种预算的总称。本节介绍预算编制的主要方法。

一、增量预算法与零基预算法

编制预算的方法按其出发点的特征不同，可分为增量预算法和零基预算法两大类。

▶ 1. 增量预算法

增量预算法又称调整预算法，是指以基期水平为基础，分析预算期业务量水平及有关因素的变动情况，通过调整基期项目及数额，编制相关预算的方法。

增量预算法的前提条件是：现有的业务活动是企业所必需的；原有的各项业务都是合理的。

增量预算法的缺点是当预算期的情况发生变化时，预算数额会受到基期不合理因素的干扰，可能导致预算的不准确，不利于调动各部门达到预算目标的积极性。

▶ 2. 零基预算法

零基预算法是"以零为基础编制预算"的方法，它不考虑以往会计期间所发生的费用项目或费用数额，而是一切以零为出发点，根据需求逐项审议预算期内各项费用的内容及开支标准是否合理，在综合平衡的基础上编制费用预算。零基预算法编制的基本步骤如下：

（1）根据企业预算期利润目标、销售目标和生产指标等，分析预算期各项费用项目，并预测费用水平。

（2）拟订预算期各项费用的预算方案，权衡轻重缓急，划分费用支出的等级并排列先后顺序。

（3）根据企业预算期预算费用控制总额目标，按照费用支出等级及顺序，分解落实相应的费用控制目标，编制相应的费用预算。

零基预算法的优点是不受前期费用项目和费用水平的制约，能够调动各部门降低费用的积极性，但其缺点是编制预算的工作量大。

二、固定预算法与弹性预算法

编制预算的方法按其业务量基础的数量特征的不同，可分为固定预算法和弹性预算法两大类。

（一）固定预算法

固定预算（fixed budget）法简称固定预算，又可称为静态预算，是指在编制预算时，只根据预算期内正常的、可实现的某一固定业务量（如生产量、销售量）水平作为唯一基础来编制预算的一种方法。

[例11-1] 某公司采用完全成本法，其预算期生产的某种产品的预计产量为1 000件，按固定预算法编制的该产品成本预算如表11-1所示。

该产品预算期的实际产量为1 400件，实际发生总成本为11 000元，其中直接材料为7 500元，直接人工为1 200元，制造费用为2 300元，单位成本为7.86元。

该企业根据实际成本资料和预算成本资料编制的成本业绩报告如表11-2所示。

表11-1 某公司产品成本预算（按固定预算法编制）

预计产量：1 000件　　　　　　　　　　　　　　　　　单位：元

成本项目	总成本	单位成本
直接材料	5 000	5
直接人工	1 000	1
制造费用	2 000	2
合计	8 000	8

表11-2 某公司成本业绩报告　　　　　　　　　　　　　　　　单位：元

成本项目	实际成本	预算成本		差异	
		未按产量调整	按产量调整	未按产量调整	按产量调整
直接材料	7 500	5 000	7 000	+2 500	+500
直接人工	1 200	1 000	1 400	+200	-200
制造费用	2 300	2 000	2 800	+300	-500
合计	11 000	8 000	11 200	+3 000	-200

从表11-2可以看出：实际成本与未按产量调整的预算成本相比，超支较多；实际成本与按产量调整的预算成本相比，又节约了不少。

在产量从1 000件增加到了1 400件的情况下，如果不按变动后的产量对预算成本进行调整，就会因业务量不一致而导致所计算的差异缺乏可比性；但是，如果所有的成本项目都按实际产量进行调整，也不够科学。因为制造费用中包括一部分固定制造费用，它们是不随产量变动的，即使按产量调整了固定预算，也不能准确说明企业预算的执行情况。

由此可以看出固定预算法的缺点：一是适应性差。因为编制预算的业务量基础是事先假设的某个业务量，在这种方法下，不论预算期内业务量水平实际可能发生哪些变动，都只按事先确定的某一个业务量水平作为编制预算的基础。二是可比性差。当实际的业务量与编制预算所依据的业务量发生较大差异时，有关预算指标的实际数与预算数就会因业务量基础不同而失去可比性。

（二）弹性预算法

▶ 1. 弹性预算法的含义

弹性预算(flexible budget)法简称弹性预算，又称为变动预算或滑动预算，是指为克服固定预算法的缺点而设计的，以业务量、成本和利润之间的依存关系为依据，以预算期可预见的各种业务量水平为基础，编制能够适应多种情况预算的一种方法。

编制弹性预算所依据的业务量可以是产量、销售量、直接人工工时、机器工时、材料消耗量或直接人工工资等。

▶ 2. 弹性预算法的优点与使用范围

与固定预算法相比，弹性预算法具有预算范围宽和可比性强的优点。

理论上，该方法适用于编制全面预算中所有与业务量有关的预算，但实务中，主要用于编制弹性成本费用预算和弹性利润预算，尤其是编制费用预算。

▶ 3. 弹性预算的编制

（1）弹性成本预算的基本公式。编制弹性成本预算，关键是进行成本性态分析，将全部成本最终区分为变动成本和固定成本两大类。变动成本主要根据单位业务量来控制，固定成本则按总额控制。其成本的预算公式如下：

$$成本的弹性预算 = 固定成本预算数 + \sum（单位变动成本预算 \times 预计业务量） \quad (11-1)$$

在此基础上，按事先选择的业务量计量单位和确定的有效变动范围，根据该业务量与有关成本费用项目之间的内在关系即可编制弹性成本预算。

（2）业务量的选择。选择业务量包括选择业务量计量单位和业务量变动范围两部分内容。业务量计量单位应根据企业的具体情况进行选择。业务量变动范围是弹性预算所适用的业务量变动区间。业务量变动范围的选择应根据企业的具体情况而定。一般来讲，可定在正常生产能力的 70%～120% 之间，或以历史上最高业务量或最低业务量为其上下限。

（3）弹性成本预算的具体编制方法。

① 公式法。公式法是指通过确定成本公式 $Y_i = a_i + b_i X_i$ 中的 a_i 和 b_i 来编制弹性预算的方法。在成本习性分析的基础上，可将任何成本近似地表示为 $Y_i = a_i + b_i X_i$ [$b_i = 0$ 时，Y_i 为固定成本项目；$a_i = 0$ 时，Y_i 为变动成本项目，当 a_i 和 b_i 都不为零时，Y_i 为混合成本。X_i 可以为多种业务量指标（如产量、直接人工工时等）]

在公式法下，如果事先确定了有关业务量 X_i 的变动范围，只要根据有关成本项目的 a（固定成本）和 b（变动成本的变动率）参数，就可以很方便地推算出业务量在允许范围内任何水平上的各项预算成本。

[例 11-2] M 公司按公式法编制的制造费用弹性预算如表 11-3 所示。其中较大的混合成本项目已经被分解。

表 11-3　M 公司预算期制造费用弹性预算(公式法)

直接人工工时变动范围：70 000～120 000 小时　　　　　　　单位：元

项　　目	a	b
管理人员工资	15 500	—
保险费	5 500	—
设备租金	7 000	—
维修费	6 000	0.25
水电费	500	0.15
辅助材料	4 000	0.30
辅助工人工资	—	0.45
检验员工资	—	0.35
合计	38 500	1.50

根据表 11-3 可利用 $y=38\,500+1.5x$，计算出人工工时的变动范围是 70 000～120 000 小时，任一业务量基础上的制造费用预算总额；也可以计算出在该人工小时变动范围内，任一业务量的制造费用中某一费用项目的预算额，如维修费 $y=6\,000+0.25x$、检验员工资 $y=0.35x$ 等。

这种方法的优点是便于在一定范围内计算任何业务量的预算成本，可比性和适应性强，编制预算的工作量较小；缺点是在进行预算控制和考核时，不能直接查出特定业务量下的总成本预算额，而且按项目分解成本比较麻烦，同时又有一定的误差。

②　列表法(多水平法)。列表法是指通过列表的方式，在相关范围内每隔一定业务量间隔计算相关数值预算，来编制弹性成本预算的方法。

此方法在一定程度上能克服公式法无法直接查到不同业务量下总成本预算的弱点。即不管实际业务量多少，不必经过计算即可找到与实际业务量相近的预算成本，控制成本比较方便；混合成本中的阶梯成本和曲线成本可按其性态直接在预算中反映；评价和考核实际成本时往往需要使用补差法计算实物量的预算成本。例 11-2 中 M 公司按列表法编制的制造费用弹性预算如表 11-4 所示。

表 11-4　M 公司预算期制造费用弹性预算(列表法)　　　　　　　　单位：元

直接人工工时(小时)	70 000	80 000	90 000	100 000	110 000	120 000
生产能力利用(%)	70	80	90	100	110	120
1. 变动成本项目	56 000	64 000	72 000	80 000	88 000	96 000
辅助工人工资	31 500	36 000	40 500	45 000	49 500	54 000
检验员工资	24 500	28 000	31 500	35 000	38 500	42 000
2. 混合成本项目	59 000	66 500	73 500	80 500	87 500	94 500
维修费	23 500	26 000	28 500	31 000	33 500	36 000
水电费	11 000	12 500	14 000	15 500	17 000	18 500

续表

辅助材料	25 000	28 000	31 000	34 000	37 000	40 000
3. 固定成本项目	28 000	28 000	28 000	28 000	28 000	28 000
管理人员工资	15 500	15 500	15 500	15 500	15 500	15 500
保险费	5 500	5 500	5 500	5 500	5 500	5 500
设备租金	7 000	7 000	7 000	7 000	7 000	7 000
制造费用预算	143 500	158 500	173 500	188 500	203 500	218 500

表11-4以5%为业务量间距，实际上可再大些或再小些，但必须注意，阶段的划分必须适当。间距过大，不能适应业务量变动的需要；间距过小，阶段太多，虽对控制有力，但编制预算太烦琐。总的来看，这种方法工作量较大，但结果会比公式法更精确些。

列表法的主要优点是：不管实际业务量多少，不必经过计算即可找到与业务量相近的预算成本，便于预算的控制和考核；但这种方法工作量较大，且不能包括所有业务量条件下的费用预算，故而使用面较窄。

（4）弹性利润预算的编制。弹性利润预算是根据成本、业务量和利润之间的依存关系，为适应多种业务量变化而编制的利润预算。弹性利润预算是以弹性成本预算为基础编制的，其主要内容包括销售量、价格、单位变动成本、贡献边际和固定成本。

① 因素法。该方法是指根据受业务量变动影响的有关收入、成本等因素与利润的关系，列表反映这些因素分别变动时相应的预算利润水平的预算方法。

利润＝单价×销量－单位变动成本×销量－固定成本

[例11-3] 预计M公司预算年度某产品的销售量在7 000～12 000件之间变动，销售单价为100元，单位变动成本为86元，固定成本总额为80 000元。

要求：根据上述资料以1 000件为销售量的间隔单位编制该产品的弹性利润预算。

解：如果销售价格、单位变动成本、固定成本发生变动，也可参照此方法，分别编制在不同销售价格、不同单位变动成本、不同固定成本水平下的弹性预算，从而形成一个完整的弹性利润预算体系。依照题意编制的弹性利润预算如表11-5所示。

表11-5 M公司弹性利润预算（因素法）　　　　　单位：元

销售量（件）	7 000	8 000	9 000	10 000	11 000	12 000
单价	100	100	100	100	100	100
单位变动成本	85	85	85	85	85	85
销售收入	700 000	800 000	900 000	1 000 000	1 100 000	1 200 000
减：变动成本	595 000	680 000	765 000	850 000	935 000	1 020 000
贡献边际	105 000	120 000	135 000	150 000	165 000	180 000
减：固定成本	80 000	80 000	80 000	80 000	80 000	80 000
营业利润	25 000	40 000	55 000	70 000	85 000	100 000

② 百分比法，又称为销售额百分比法，即按不同销售额的百分比编制弹性预算的

方法。

[例 11-4] M 公司预算年度的销售业务量达到 100%时的销售收入为 1 000 000 元，变动成本为 860 000 元，固定成本为 70 000 元。

要求：根据上述资料以 10%的间隔为 M 公司按百分比法编制弹性利润预算。

解：根据题意编制的弹性利润预算如表 11-6 所示。

表 11-6　M 公司弹性利润预算（百分比法）　　　　　　　　　单位：元

销售收入百分比（%）(1)	80	90	100	110	120
销售收入(2)=1 000 000×(1)	800 000	900 000	10 000 000	1 100 000	1 200 000
变动成本(3)=860 000×(1)	688 000	774 000	860 000	946 000	1 032 000
贡献边际(4)=(2)-(3)	112 000	126 000	140 000	154 000	168 000
固定成本(5)	70 000	70 000	70 000	70 000	70 000
利润总额(6)=(4)-(5)	42 000	56 000	70 000	84 000	98 000

此种方法适用于多品种经营的企业，比较简单，但必须假定销售收入百分比的上下限均不突破相关范围，即固定成本在固定预算的基础上不变动和变动成本随销售收入变动百分比而同比例变动。

第三节　现金预算的编制

一、现金预算的概念

现金预算（cash budget）亦称现金收支预算，就是在企业的长期发展战略的基础上，以现金管理的目标为指导，充分调查和分析各种现金收支影响因素，运用一定的方法合理估测企业未来一定时期的现金收支状况，并对预期差异采取相应对策的活动。

现金预算可按月、周或日进行编制，也可以覆盖几个月甚至一年。这主要根据企业生产经营特点与管理要求而定。

二、现金预算的作用

企业现金持有量不足或过多，都说明现金管理不力，所以对现金的流入和流出进行有效设计和管理，使现金持有量接近最优水平，就显得尤为重要。为了使企业能够实现并保持已确定的最佳现金水平，需要对未来可能的现金收支数量和时间进行预测，编制现金预算。

现金预算在现金管理上的作用表现在以下几个方面：

（1）可以揭示现金过剩或现金短缺的时期，是资金管理部门能够将暂时过剩的现金转入投资或在短缺时期来临之前安排筹资，以避免不必要的资金闲置或不足，减少机会成本。

（2）可以在实际收支实现以前了解经营计划的财务结果，预测未来时期企业对到期债务的直接偿付能力。

（3）可以对其他财务计划提出改进建议。企业应当保持一定的现金来防止可能的现金短缺，但又不能把过多的现金置于没有收益的用途上。通过编制现金预算可以较为有效地预计未来现金流量，是现金收支动态管理的一种有效方法。

三、现金预算的编制方法

▶ 1. 编制现金预算的依据

现金预算需要根据经营现金收入预算表、直接材料采购现金支出预算、应交税金及附加预算、直接人工预算、制造费用现金支出预算、销售费用现金支出预算和管理费用现金支出预算等相关数据进行编制。需要熟练掌握下面两个重要关系式：

$$某期现金余缺＝该期可运用现金合计－该期现金支出 \quad (11-2)$$

$$期末现金余额＝现金余缺\pm现金的筹集与运用 \quad (11-3)$$

现金收支差额与期末余额均要通过协调资金筹措及运用来调整。应当在保证各项支出所需资金供应的前提下，注意保持期末现金余额在合理的上下限度内波动。因为现金储备过少会影响周转，现金过多又会造成浪费，所以现金余额既不是越大越好，也不是越小越好。因此，企业不仅要定期筹措到抵补收支差额的现金，而且必须保证有一定现金储备。

▶ 2. 编制现金预算的流程

为了说明现金预算的编制依据，先介绍一部分日常业务预算和特种决策预算的编制方法。

（1）销售预算的编制。销售预算是指在销售预测的基础上根据企业年度目标利润确定的预计销售量、销售单价和销售收入等参数编制的用于规划预算期销售活动的一种业务预算。销售预算是编制全面预算的出发点，也是日常业务预算的基础。其主要内容是销量、单价和销售收入。销售预算中通常还包括预计现金收入的计算，其目的是为编制现金预算提供必要的资料。例 11-2 中 M 公司的销售预算及预计现金收入如表 11-7 和表 11-8 所示。

表 11-7　M 公司销售预算　　　　　　　　　　　　单位：元

项　　目	第一季度	第二季度	第三季度	第四季度	全　　年
预计销售量（件）	100	150	200	180	630
预计单位售价	200	200	200	200	200
销售收入	20 000	30 000	40 000	36 000	126 000

表 11-8　M 公司预计现金收入　　　　　　　　　　单位：元

项　　目	第一季度	第二季度	第三季度	第四季度	全　　年
上年应收账款	6 200				6 200
第一季度（销货 20 000）	12 000	8 000			20 000
第二季度（销货 30 000）		18 000	12 000		30 000
第三季度（销货 40 000）			24 000	16 000	40 000
第四季度（销货 36 000）				21 600	21 600
现金收入合计	18 200	26 000	36 000	37 600	117 800

（2）生产预算。生产预算是为规划预算期生产规模而编制的一种业务预算。它是在销售预算的基础上编制的，并可以为下一步编制成本和费用预算提供依据。

通常，生产和销售无法同步，需要一定的存货以保证均衡生产，防止意外事件的发生。存货数量通常按下期销售量的一定百分比确定。例 11-2 中 M 公司按 10% 安排期末存货，表 11-9 是 M 公司的生产预算。

表 11-9 M 公司生产预算   单位：件

项　　目	第一季度	第二季度	第三季度	第四季度	全　　年
预计销售量	100	150	200	180	630
加：预计期末存货	15	20	18	20	20
合计	115	170	218	200	650
减：预计期初存货	10	15	20	18	10
预计生产量	105	155	198	182	640

生产预算的"预计销售量"，依据来自销售预算。其他数据在表 11-9 中计算得出

$$预计期末存货＝下季度销量×10\%$$

$$预计期初存货＝上季度期末存货$$

$$预计生产量＝（预计销售量＋预计期末存货）－预计期初存货$$

由于预计销售量可以直接从销售预算中查到，预计期初存货量等于上季期末存货量，因此编制生产预算的关键是正确地确定本季度预计期末存货量。在实践中可以按照事先估计的期末存货量占一定时期销售量的比例进行估计，当然还要考虑季节性因素的影响。生产预算在实际编制时是比较复杂的，产量受到生产能力的限制，存货数量受到仓库容量的限制，只能在此范围内来安排存货数量和各期生产量。

（3）直接材料预算。直接材料预算是以生产预算为基础来编制的，同时还要考虑原材料存货水平。例 11-2 中 M 公司的直接材料预算和预计现金支出如表 11-10 和表 11-11 所示。

表 11-10 M 公司直接材料预算

项　　目	第一季度	第二季度	第三季度	第四季度	全　　年
预计生产量（件）	105	155	198	182	640
单位产品材料用量（千克/件）	10	10	10	10	10
生产需用量（千克）	1 050	1 550	1 980	1 820	6 400
加：预计期末存量（千克）	310	396	364	400	400
合计（千克）	1 360	1 946	2 344	2 220	6 800
减：预计期初存量（千克）	300	310	396	364	300
预计采购量（千克）	1 060	1 636	1 948	1 856	6 500
预计采购金额（每千克 5 元）	5 300	8 180	9 740	9 280	32 500

表 11-11　M 公司预计现金支出　　　　　　　　　　　　　　单位：元

项　　目	第一季度	第二季度	第三季度	第四季度	全　　年
上年应付账款	2 350				2 350
第一季度(采购5 300元)	2 650	2 650			5 300
第二季度(采购8 180元)		4 090	4 090		8 180
第三季度(采购9 740元)			4 870	4 870	9 740
第四季度(采购9 280元)				4 640	4 640
合计	5 000	6 740	8 960	9 510	30 210

表 11-10 的主要内容有直接材料的单位产品材料用量、生产需用量、期初和期末存量等。"预计生产量"的数据来自生产预算，"单位产品材料用量"的数据来自目标成本资料或消耗定额资料，"生产需用量"是上述两项的乘积。期初和期末的材料存货量是根据当前情况和长期销售预算估计的。各季度的期初存量是上季度的期末存货量。预计各季度采购量根据下列公式计算确定：

$$预计采购量＝(生产需用量＋期末存量)－期初存量 \qquad (11\text{-}4)$$

为了便于以后编制现金预算，通常要预计材料采购各季度的现金支出。

(4) 直接人工预算。直接人工预算也是以生产预算为基础编制的。其主要内容有预计产量、单位产品工时、人工总工时、每小时人工成本和人工总成本。"预计产量"数据来自生产预算，单位产品人工工时和每小时人工成本数据来自标准成本资料。人工总工时和人工总成本是在直接人工预算中计算出来的。例 11-2 中 M 公司的直接人工预算见表 11-12 所示。由于人工工资都需要使用现金支付，所以，不需要另外预计现金支出，直接参加现金预算的汇总即可。

表 11-12　M 公司直接人工预算

项　　目	第一季度	第二季度	第三季度	第四季度	全　　年
预计产量(件)	105	155	198	182	640
单位产品人工工时(小时/件)	10	10	10	10	10
人工总工时(小时)	1 050	155	1 980	1 820	6 400
每小时人工成本(元/小时)	2	2	2	2	2
人工总成本(元)	2 100	3 100	3 960	3 640	12 800

(5) 制造费用预算。制造费用预算通常分为变动制造费用预算和固定制造费用预算两部分。变动制造费用预算以生产预算为基础来编制。如果有完善的标准成本资料，用单位产品的标准成本与产量相乘，即可得到相应的预算金额。如果没有标准成本资料，就需要逐项预计计划产量需要的各项制造费用。固定制造费用预算需要逐项进行预计，通常与本期产量无关，按每季度实际需要的支付预计，然后求出全年数，表 11-13 是例 11-2 中 M 公司的制造费用预算。

为了便于后面更好地制作产品成本预算，需要计算小时费用率。

变动制造费用分配率 $=\dfrac{3\,200}{6\,400}=0.5(元/小时)$

固定制造费用分配率 $=\dfrac{9\,600}{6\,400}=1.5(元/小时)$

为了便于以后编制现金预算，需要预计现金支出。制造费用中，除了折旧费外都需要支付现金，所以，根据每个季度制造费用数额扣除折旧费后，即可得出"现金支出的费用"。

表11-13 M公司制造费用预算   单位：元

项目	第一季度	第二季度	第三季度	第四季度	全年
变动制造费用					
间接人工(1元/件)	105	155	198	182	640
间接材料(1元/件)	105	155	198	182	640
修理费(2元/件)	210	310	396	364	1 280
水电费(1元/件)	105	155	198	182	640
合计	525	775	990	910	3 200
固定费用					
修理费	1 000	1 140	900	900	3 940
折旧	1 000	1 000	1 000	1 000	4 000
管理人员工资	200	200	200	200	800
保险费	75	85	110	190	460
财产税	100	100	100	100	400
小计	2 375	2 525	2 310	2 390	9 600
合计	2 900	3 300	3 300	3 300	12 800
减：折旧	1 000	1 000	1 000	1 000	4 000
现金支出的费用	1 900	2 300	2 300	2 300	8 800

（6）产品成本预算。产品成本预算可以计算出单位产品成本和产品总成本。单位产品成本的数据来自生产预算、直接材料预算和直接人工预算。生产量、存货量来自"生产预算"，销售量来自"销售预算"。生产成本、存货成本和销货成本等数据，根据单位成本和有关数据计算得出。表11-14是M公司的成本预算。

表11-14 M公司成本预算   单位：元

成本项目	单位成本			生产成本（640件）	存货成本（20件）	销货成本（630件）
	每小时或每千克	投入量	成本			
直接材料	5	10千克	50	32 000	1 000	31 500
直接人工	2	10小时	20	12 800	400	12 600
变动制造费用	0.50	10小时	5	3 200	100	3 150
固定制造费用	1.50	10小时	15	9 600	300	9 450
合计			90	57 600	1 800	56 700

(7) 经营及管理费用预算。经营费用预算是指为了实现销售预算所需支付的费用预算。它以销售预算为基础,要分析销售收入、销售利润和经营费用的关系,力求实现经营费用的最有效使用。在安排经营费用时,要利用本量利分析方法,费用的支出应该能获得更多的收益。在草拟经营费用预算时,要对过去的经营费用进行分析,考察过去经营费用支出的必要性和效果。经营费用预算应和销售预算相配合,应该有按品种、按地区、按用途的具体预算数额。M 公司的经营及管理费用预算如表 11-15 所示。

表 11-15　经营及管理费用预算　　　　　　　　　　　单位:元

项　　目	金　　额
经营费用	
销售人员工资	2 000
广告费	5 500
包装、运输费	3 000
保管费	2 700
管理费用	
管理人员薪金	4 000
福利费	800
保险费	600
办公费	1 400
合计	20 000
每季度支付现金(20 000/4)	5 000

管理费用是企业一般管理业务所必要的费用,多属于固定费用。编制管理费用预算,一般以历史数据为基础,结合企业业务成绩和经济状况的变动,按预算期的可预见变化来调整。随着企业规模的扩大,一般管理职能日益显得重要,从而其费用也相应增加。在编制管理费用预算时,要分析企业的业务成绩和一般经济状况,务必做到费用合理化。

(8) 特种决策预算。特种决策预算包括短期决策预算和长期决策预算两类。前者往往被纳入业务预算体系,如零部件取得方式决策方案一旦确定,就要相应地调整材料采购或生产成本预算;后者又称资本支出预算,往往涉及长期项目的资金投放与筹措等,并经常跨年度,因此除了个别项目外一般不纳入业务预算,但应计入与此有关的现金收支预算与预计资产负债表预算。

(9) 现金预算。现金预算由现金收入、现金支出、现金多余或不足、资金的筹集和运用组成。现金预算的编制,以各项营业预算和资本预算为基础。它反映了各项预算期的收入款项和支出款项,并作了对比说明。其目的在于资金不足时筹措资金,资金多余时及时处理现金余额,并且提供现金收支的控制限额,可以发挥现金管理的作用。M 公司的现金预算如表 11-16 所示。

表 11-16　M 公司现金预算　　　　　　　　　　　　　　　　　单位：元

项　目	第一季度	第二季度	第三季度	第四季度	全　年
期初现金余额	8 000	8 200	6 060	6 290	8 000
加：销货现金收入（表 11-8）	18 200	26 000	36 000	37 600	117 800
可供使用现金	26 200	34 200	42 060	43 890	125 800
减各项支出：					
直接材料（表 11-11）	5 000	6 740	8 960	9 510	30 210
直接人工（表 11-12）	2 100	3 100	3 960	3 640	12 800
制造费用（表 11-13）	1 900	2 300	2 300	2 300	8 800
经营及管理费用（表 11-15）	5 000	5 000	5 000	5 000	20 000
所得税	4 000	4 000	4 000	4 000	16 000
购买设备		10 000			10 000
股利		8 000		8 000	16 000
支出合计	18 000	39 140	24 220	32 450	113 810
现金多余或不足	8 200	−4 940	17 840	11 440	11 990
向银行借款		11 000			11 000
还银行借款			11 000		11 000
借款利息（年利率以 10% 计）			550		550
合计			6 290		11 440
期末现金余额	8 200	6 060	6 290	11 440	11 440

现金收入部分包括期初资金余额和预算期现金收入，销货取得的现金收入是其主要来源。年初的"现金余额"是在编制预算时预计的；"销货现金收入"的数据来自销售预算；"可供使用现金"是期初余额与本期现金收入之和。

现金支出部分包括预算期的各项现金支出。"直接材料""直接人工""制造费用""经营及管理费用"的数据，分别来自前述有关预算。此外，现金支出还包括所得税、购置设备、股利分配等现金支出，有关的数据分别来自另行编制的专门预算。

"现金多余或不足"部分列示现金收入合计与现金支出合计的差额。差额为正，说明收入大于支出，现金有多余，可用于偿还过去向银行取得的借款，或者用于短期投资；差额为负，说明支出大于收入，现金不足，要向银行取得新的借款。

第 四 节　财务报表预算的编制

财务预算中的预计财务报表包括预计利润表和预计资产负债表。预计财务报表的作用与历史实际财务报表不同。所有企业都要在年终编制历史实际的财务报表，这是有关法律的强制性规定，其主要目的是向外部报表使用人提供财务信息。当然，这并不是表明常规财务报表对企业经理人员没有价值。预计财务报表主要为企业财务管理服务，是控制企业资金、成本和利润总量的重要手段。因其可以从总体上反映一定期间企业经营的全局状况，通常称为企业的"总预算"。

一、预计利润表的编制

预计利润表是指以货币形式综合反映预算期内企业经营活动成果（包括利润总额、净利润）计划水平的一种财务预算。

该预算需要在销售预算、产品成本预算、应交税金及附加预算、制造费用预算、销售费用预算、管理费用预算和财务费用预算等日常业务预算的基础上编制。

M公司的预计利润表如表11-17所示。

表11-17　预计利润表　　　　　　　　　　　　　　单位：元

项　　目	金　　额
销售收入（表11-7）	126 000
销货成本（表11-14）	56 700
毛利	69 300
经营及管理费用（表11-15）	20 000
利息（表11-16）	550
利润总额	48 750
所得税（估计）	16 000
税后净利益	32 750

其中，"销售收入"项目的数据，来自销售收入预算；"销货成本"项目的数据，来自销售成本预算；"毛利"项目的数据是前两项的差额；"经营及管理费用"项目数据，来自经营费用和管理费用预算；"利息"项目的数据，来自现金预算。"所得税"项目是在利润规划时估计的，并已经列入现金预算。它通常不是根据利润和所得税税率计算出来的，因为有诸多纳税调整事项存在。此外，从预算编制程序上看，如果根据本年利润和税率重新计算所得税，就需要修改现金预算，引起信贷计划修改，进而改变利息，最终又要修改本年利润，从而陷入数据的循环修改。

预计利润表与实际的利润表内容、格式相同，只不过数字是面向预算期的。该表又称为损益表预算。它是在汇总销售、成本、销售及管理费用、营业外收支、资本支出等预算的基础上加以编制的。通过编制预计利润表可以了解企业预期的盈利水平。

二、预计资产负债表的编制

预计资产负债表是指用于总括反映企业预算期末财务状况的一种财务预算，与实际的资产负债表内容、格式相同，只不过数据反映的是预算期末的财务状况。该表是利用本期期初资产负债表，根据销售、生产、资本的预算的有关数据加以调整编制的。

表11-18就是M公司的预计资产负债表。大部分项目的数据来源已经注明在表中。

"土地""普通股""长期借款"三项本年度没有变化。其中：

未分配利润＝期初未分配利润＋本期利润－本期股利
$$=16\ 250+32\ 750-16\ 000=33\ 000(元)$$

应收账款＝本期销售额×(1－本期收现率)
$$=360\ 000×(1-60\%)=14\ 400(元)$$

应付账款＝本期采购额×(1－本期付现率)
$$=9\ 280×(1-50\%)=4\ 640(元)$$

如果通过预计资产负债表的分析，发现某些财务比率不佳，必要时可修改有关预算，以改善财务状况。

表 11-18 M公司预计资产负债表   单位：元

资产			权益		
项目	年初	年末	项目	年初	年末
现金(表 11-16)	8 000	11 440	应付账款(表 11-11)	2 350	4 640
应收账款(表 11-8)	6 200	14 400	长期借款	9 000	9 000
直接材料(表 11-10)	1 500	2 000	普通股	20 000	20 000
产成品(表 11-14)	900	1 800	未分配利润(表 11-17)	16 250	33 000
土地	15 000	15 000			
房屋及设备(表 11-16)	20 000	30 000			
累计折旧(表 11-13)	4 000	8 000			
资产总额	47 600	66 640	权益总额	47 600	66 640

思考题

1. 全面预算包括哪些内容？
2. 编制全面预算的根据有哪些？
3. 全面预算诸表之间是孤立的吗？为什么？
4. 全面预算有什么作用？
5. 固定预算与弹性预算有何差异？
6. 简述零基预算的编制方法。
7. 简述固定预算的缺点。
8. 简述现金预算的编制依据。

练习题

一、单选题

1. 下列各项费用预算项目中，最适宜采用零基预算编制方法的是(　　)。
   A. 人工费　　　B. 培训费　　　C. 材料费　　　D. 折旧费

2. 下列关于生产预算的表述中,错误的是( )。
   A. 生产预算是一种业务预算　　　　B. 生产预算不涉及实物量指标
   C. 生产预算以销售预算为基础编制　　D. 生产预算是直接材料预算的编制依据
3. 下列预算编制方法中,不受现行预算的束缚,有助于保证各项预算开支合理性的是( )。
   A. 零基预算法　　B. 滚动预算法　　C. 弹性预算法　　D. 增量预算法
4. 下列预算中,不直接涉及现金收支的是( )。
   A. 销售预算　　　　　　　　　　　B. 产品成本预算
   C. 直接材料预算　　　　　　　　　D. 经营及管理费用预算
5. 专门反映企业未来一定预算期内财务状况、经营成果和现金收支的一系列计划,如预计资产负债表、预计利润表和现金收支预算等,是指( )。
   A. 全面预算　　B. 经营预算　　C. 资本预算　　D. 财务预算
6. 某企业制造费中油料费用与机器工时密切相关,预计预算期固定油料费用为10 000元,单位工时的变动油料费用为10元,预算期机器总工时为3 000小时,则预算期油料费用预算总额为( )元。
   A. 10 000　　B. 20 000　　C. 30 000　　D. 40 000
7. 运用弹性预算法编制成本费用预算包括以下步骤:①确定适用的业务量范围;②确定各项成本与业务量的数量关系;③选择业务量计量单位;④计算各项预算成本。这四个步骤的正确顺序是( )。
   A. ①-②-③-④　B. ③-②-①-④　C. ③-①-②-④　D. ①-③-②-④
8. 随着预算执行不断补充预算,但始终保持一个固定预算期长度的预算编制方法是( )。
   A. 滚动预算法　　B. 弹性预算法　　C. 零基预算法　　D. 定期预算法
9. 可供使用现金与现金支出合计的差额指的是( )。
   A. 现金支出　　B. 现金余缺　　C. 可供使用现金　　D. 现金筹措与运用
10. 在直接人工预算的编制中,单位产品人工工时和每小时人工成本数据来源于( )。
    A. 生产预算　　B. 标准成本资料　　C. 销售预算　　D. 行业平均水平

二、多选题
1. 下列各项中,属于业务预算的有( )。
   A. 资本支出预算　　　　　　　　　B. 生产预算
   C. 管理费用预算　　　　　　　　　D. 销售预算
2. 下列关于财务预算的表述中,正确的有( )。
   A. 财务预算多为长期预算
   B. 财务预算又被称作总预算
   C. 财务预算是全面预算体系的最后环节
   D. 财务预算主要包括现金预算和预计财务报表
3. 编制资产负债表预算时,下列预算中可以直接为"存货"项目提供数据来源的有( )。
   A. 销售预算　　　　　　　　　　　B. 生产预算
   C. 直接材料预算　　　　　　　　　D. 产品成本预算

4. 下列各项预算中，与编制利润表预算直接相关的有（　　）。
   A. 销售预算   B. 生产预算
   C. 产品成本预算   D. 销售及管理费用预算

5. 下列关于实体现金流量计算的公式中正确的有（　　）。
   A. 实体现金流量＝税后经营净利润－净经营资产－净投资
   B. 实体现金流量＝税后经营净利润－经营性营运资本增加－资本支出
   C. 实体现金流量＝税后经营净利润－经营性资产增加－经营性负债增加
   D. 实体现金流量＝税后经营净利润－经营性营运资本增加－净经营性长期资产增加

6. 编制生产预算中的"预计生产量"项目时，需要考虑的因素有（　　）。
   A. 预计销售量   B. 预计期初产成品存货
   C. 预计材料采购量   D. 预计期末产成品存货

7. 下列营业预算中，通常需要预计现金支出的预算有（　　）。
   A. 生产预算   B. 销售费用预算   C. 直接材料预算   D. 制造费用预算

8. 下列关于全面预算中的利润表预算编制的说法中，正确的有（　　）。
   A. "销售收入"项目的数据，来自销售预算
   B. "销货成本"项目的数据，来自生产预算
   C. "经营及管理费用"项目的数据，来自经营及管理费用预算
   D. "所得税费用"项目的数据，通常是根据利润表预算中的"利润"项目金额和本企业适用的法定所得税税率计算出来的

9. 相对于固定预算，弹性预算的特点包括（　　）。
   A. 预算范围宽   B. 过于呆板   C. 可比性差   D. 可比性强

10. 在进行弹性预算编制时，可以采用的方法有（　　）。
    A. 公式法   B. 因素分析法   C. 销售百分比法   D. 列表法

三、判断题

1. 企业财务管理部门应当利用报表监控预算执行情况，及时提供预算执行进度、执行差异信息。（　　）

2. 专门决策预算主要反映项目投资与筹资计划，是编制现金预算和预计资产负债表的依据之一。（　　）

3. 在产品成本预算中，产品成本总预算金额是将直接材料、直接人工、制造费用以及销售与管理费用的预算金额汇总相加而得到的。（　　）

4. 采用弹性预算法编制成本费用预算时，业务量计量单位的选择非常关键，自动化生产车间适合用机器工时作为业务量的计量单位。（　　）

5. 企业编制预算，一般应按照"上下结合，分级编制，逐级汇总"的程序进行。（　　）

6. 零基预算的最大特点是避免了把过去的不合理的开支项目和开支额度，延续到下一个会计期间，从而使预算更具有科学性和先进性。（　　）

7. 编制弹性预算，要选用一个最能代表生产经营活动水平的业务量计量单位。（　　）

8. 现金预算主要反映日常生产经营活动对现金的需求，因此，企业在预算期内预期购入一项固定资产，其数据在现金预算中不进行反映。（　　）

9. 销售预算指在销售预测的基础上编制的，用于规划预算期销售活动的一种业务预算。（　　）

10. 一般情况下，企业的业务预算和财务预算多为一年期的短期预算。（   ）

四、计算题

1. 甲公司是一个生产番茄酱的公司。该公司每年都要在12月份编制下一年度的分季度现金预算。有关资料如下：

（1）该公司只生产一种50千克桶装番茄酱。由于原料采购具有季节性，只在第二季度进行生产，而销售全年都会发生。

（2）每季度的销售收入预计如下：第一季度750万元；第二季度1 800万元；第三季度750万元；第四季度750万元。

（3）所有销售均为赊销。应收账款期初余额为250万元，预计可以在第一季度收回。每个季度的销售有2/3在本季度内收到现金，另外1/3于下一个季度收回。

（4）采购番茄原料预计支出912万元，第一季度需要预付50%，第二季度支付剩余的款项。

（5）直接人工费用预计发生880万元，于第二季度支付。

（6）付现的制造费用第二季度发生850万元，其他季度均发生150万元。付现制造费用均在发生的季度支付。

（7）每季度发生并支付销售和管理费用100万元。

（8）全年预计所得税160万元，分四个季度预交，每季度支付40万元。

（9）公司计划在下半年安装一条新的生产线，第三季度、第四季度各支付设备款200万元。

（10）期初现金余额为15万元，没有银行借款和其他负债。公司需要保留的最低现金余额为10万元。现金不足最低现金余额时需向银行借款，超过最低现金余额时需偿还借款，借款和还款数额均为5万元的倍数。借款年利率为8%，每季度支付一次利息，计算借款利息时，假定借款均在季度初发生，还款均在季度末发生。

要求：请根据上述资料，为甲公司编制现金预算（编制结果填入表11-19中，不必列出计算过程）。

表11-19 甲公司现金预算   单位：万元

项　　目	第一季度	第二季度	第三季度	第四季度	合　　计
期初现金余额					
现金收入：					
本期销售本期收款					
上期销售本期收款					
现金收入合计					
现金支出：					
直接材料					
直接人工					
制造费用					
经营及管理费用					
所得税费用					

项　　目	第一季度	第二季度	第三季度	第四季度	合　　计
购买设备支出					
现金支出合计					
现金多余或不足					
向银行借款					
归还银行借款					
支付借款利息					
期末现金余额					

2. 乙公司采用逐季滚动预算和零基预算相结合的方法编制制造费用预算，相关资料如下：

资料一：2016年分季度的制造费用预算如表11-20所示。

表11-20　乙公司2016年制造费用预算　　　　　金额单位：元

项　　目	第一季度	第二季度	第三季度	第四季度	合　　计
直接人工预算总工时（小时）	11 400	12 060	12 360	12 600	48 420
变动制造费用	91 200	*	*	*	387 360
其中：间接人工费用	50 160	53 064	54 384	55 440	213 048
固定制造费用	56 000	56 000	56 000	56 000	224 000
其中：设备租金	48 500	48 500	48 500	48 500	194 000
生产准备与车间管理费用	*	*	*	*	*

注："*"表示省略的数据。

资料二：2016年第二季度至2017年第一季度滚动预算期间将发生如下变动：

（1）直接人工预算总工时为50 000小时；

（2）间接人工费用预算工时分配率将提高10%；

（3）2016年第一季度末重新签订设备租赁合同，新租赁合同中设备年租金将降低20%。

资料三：2016年第二季度至2017年第一季度，公司管理层决定将固定制造费用总额控制在185 200元以内，固定制造费用由设备租金、生产准备费和车间管理费组成，其中设备租金属于约束性固定成本，生产准备费和车间管理费属于酌量性固定成本，根据历史资料分析，生产准备费的成本效益远高于车间管理费。为满足生产经营需要，车间管理费总预算额的控制区间为12 000~15 000元。

要求：

（1）根据资料一和资料二，计算2016年第二季度至2017年第一季度滚动期间的间接人工费用预算工时分配率、间接人工费用总预算额、设备租金总预算额。

（2）根据资料二和资料三，在综合平衡基础上根据成本效益分析原则，完成2016年第二季度至2017年第一季度滚动期间的下列事项：

① 确定车间管理费用总预算额；
② 计算生产准备费总预算额。

案例分析

W公司自上市以后，对其信息披露和加强内部管理提出了新的挑战，因此W公司必须以全新的经营理念、经营机制、管理模式、运作方式进行操作，逐步与国际接轨。作为企业管理的核心，也对进一步提升财务管理的水平提出了更高的要求。因此，W公司开始进行信息化建设的实践。

W公司的信息化建设于2012年上市后大规模展开，并与咨询公司进行ERP建设的规划。针对财务部门而言，W公司为了实现建立成本控制体系的目标，主要做了以下工作：一是对成本核算进行统一和规范，确保同类企业的核算口径相同；二是将收入、成本（费用）的预算落在实处；三是选择Hyperion Essbase产品，建立先进的、系统的、与国际初步接轨的财务分析体系。截至目前，W公司所进行的各相关项目基本完成，运行情况良好，基本实现了项目的预期目标。

事实上，W公司在很早之前便有财务预算管理的意识，不过W公司也意识到进行财务预算管理离不开强大的系统支持，否则将流于形式。在这种情况下，W公司在启动ERP项目建设的同时，2012年开始实施财务管理信息系统，同年推广完成账务和报表系统，2013年推广炼化企业成本核算和固定资产系统，然后逐步向企业应用靠拢，并与ERP的应用结合。

从管理的角度来看，预算管理相当重要，要实现真正的预算管理首先必须在思想上意识到预算管理的重要性和必要性，并通过循序渐进的方式逐步完善财务预算体系，同时要有良好的业务解决方案和优秀的工具支持。这是W公司在提高财务预算管理过程中所获得的经验。

问题：
(1) W公司为什么要进行信息化建设？
(2) W公司进行财务预算管理体系的改革，对促进其上市有什么作用？
(3) W公司的财务预算管理在企业的管理中起到怎样的核心作用？

第十二章 财务控制

学习目标

了解财务控制的概念及方法；了解责任中心的含义；掌握并理解成本中心、利润中心和投资中心及其计算；了解责任报告；掌握责任报告的编制过程。

第一节 财务控制概述

一、财务控制的概念

控制是对客观事物进行约束的调节，使之按照设定的目标和轨迹运行的过程。财务控制是按照一定的程序和方法，确保企业及其内部结构和人员全面落实并实现财务预算的过程。

财务控制是对企业的资金投入及收益过程和结果进行衡量与校正，目的是确保企业目标以及为达到此目标所制订的财务计划得以实现。现代财务理论认为企业理财的目标以及它所反映的企业目标是股东财富最大化（在一定条件下也就是企业价值最大化）。财务控制总体目标是在确保按照法律法规和规章制度的规定贯彻执行的基础上，优化企业整体资源综合配置效益，拟定资本保值和增值的委托责任目标与其他各项绩效考核标准，以此来制定财务控制目标。这是企业理财活动的关键环节，也是确保实现理财目标的根本保证，所以财务控制将服务于企业的理财目标。

二、财务控制的种类

（1）财务控制按其内容分为一般控制和应用控制两类。一般控制是按企业财务活动赖以进行的内部环境所实施的总体控制，包括组织控制、人员控制、财务预算、业绩评价、财务记录等内容。应用控制是直接作用于企业财务活动的具体控制，包括业务处理程序中的批准与授权、审查及复核以及为保证资产安全而采取的限制措施等控制。

(2) 财务控制按功能可以分为预防性控制、侦查性控制、纠正性控制、指导性控制和补偿性控制。预防性控制是企业为防范风险、错弊和非法行为的发生，或减少其发生机会所进行的控制。侦查性控制是为了及时识别已存在的风险、已发生的错弊和非法行为，或增强识别风险能力所进行的控制。纠正性控制是对那些由侦查性控制查出来的问题所进行的调整和纠正。指导性控制是为了实现有利结果而进行的控制。补偿性控制是针对某些环节的不足或缺陷而采取的控制措施。

(3) 财务控制按时序分为事前控制、事中控制和事后控制三类。事前控制是为防止财务资源在质和量上发生偏差，而在行为发生前所实施的控制。事中控制是财务收支发生过程中所进行的控制。事后控制则是对财务收支活动的结果进行分析、评价和考核。

三、财务控制的特征

财务控制的特征主要归结为三方面：第一，财务控制以价值形式为控制手段；第二，财务控制以不同岗位、部门、层次的不同经济业务为综合控制对象；第三，财务控制主要以控制日常现金流量为主要内容。

财务控制是内部控制的一个重要组成部分，是内部控制的核心，是内部控制在资金和价值方面的体现。从工业化国家发展的经验来看，企业的财务控制存在着宏观和微观两种不同模式。其中，财务的宏观控制主要借助于金融、证券或资本市场对被投资企业直接实施影响来完成，或者通过委托注册会计师对企业实施审计来进行。前者主要反映公司的治理制度、资本结构以及市场竞争等对企业的影响；后者实际是外部审计控制。两者都必须以确保单位经营的效率和效果、资产的安全性、经济信息和财务报告的可靠性为目的。它们的作用主要有以下三方面：一是有助于实现公司经营方针和目标，这既是工作中的实时监控手段，也是评价标准；二是保护单位各项资产的安全和完整，防止资产流失；三是保证业务经营信息和财务会计资料的真实性和完整性。

四、财务控制的原则

财务控制的基本原则包括有：第一，目的性原则；第二，充分性原则；第三，及时性原则；第四，客观性原则；第五，灵活性原则；第六，全面性原则，即财务控制应当涵盖企业内部设计业务工作的机构、岗位、人员以及各项经济业务，并应针对业务处理过程中的关键控制点，落实到决策、执行、监督、反馈等各个环节；第七，成本效益原则，即财务控制要以合理的控制成本达到最佳的控制效果。

五、财务控制的方法

▶ 1. 建立有效的组织机构

建立有效的组织机构是财务控制运行得以保证的首要条件。没有有效的组织机构来管理和协调，财务控制就会无处下手，就会出现孤军奋战、孤立无援的局面，进而导致失控。但如果就被控主体而言，为了确定财务预算便建立相应的监督、协调、仲裁机构，为了便于内部结算又建立相应的内部结算组织，为了考评预算的执行结果再建立相应的考评机构。这样不但会使机构臃肿，人浮于事，浪费人力，而且机构众多，相互之间的协调与配合就必然会增加一定的难度。因此，可根据控制主体单位的大小、任务量的多少，根据相同或相近的职能进行合理合并，充分地精简机构，从而做到建立有效的组织机构与合理节约人力资源相统一。

而就被控制对象而言，最有效的方法就是建立能够将财务预算层层分解、层层落实的责任中心，其目的是实行有效的内部协调与控制。该责任中心是一个企业内部的组织体系，它是自上而下地逐级分解，逐级明确目标和任务的责任主体，它既可以是单独的组织机构，也可以是包含在其他组织机构中的承担特定目标和任务的责任岗位。只有将财务预算通过建立责任中心来分解落实企业内部的各个部门、各个层次、各个岗位、各个责任人，使企业的每一个职工都能够明确自己的职责和任务，才能实现最有效的财务控制。

▶ 2. 健全和完善内部控制制度

建立组织机构，明确责任主体和责任人，其目的是进行协调与管理。而有效的协调与管理是不能通过人治来实现的，必须依靠法治来完成。就企业的财务控制而言，就是必须依靠完善的内部控制制度来完成，而不是靠人的权力。内控制度包括组织机构的设计和企业内部采取的所有相互之间协调与管理的方法和措施。采用这些方法和措施的目的是保证企业财产的保值和增值，检查企业会计信息的准确性、可靠性，提高经营效率，促使有关人员遵循既定的管理方针。

内控制度的建立必须在广泛调研的基础上进行，建立后的内控制度必须在试行的过程中不断修订和完善，这样的内控制度才能具有实用性和可操作性，才能发挥应有的效能。

▶ 3. 创建良好的内控环境

建立有效的内控制度，还必须创建一个良好的内控环境。因为控制环境是推动控制工作的发动机，是所有内控组成部分的基础。它决定着组织的风纪和结构，并且涉及所有活动的核心——人，特别是人的控制觉悟。

内控环境的要素有价值观、激励与诱导机制、精神指导、个人能力、管理哲学与组织结构、规章制度和人事政策等。

欲创建良好的内控环境，首先，管理层必须让企业的每一个组成人员都能够明确内控制度的目的和意义，使每一个人都能够具有充分的控制觉悟和自主的控制态度；其次，高级管理层对内部控制的态度一定要积极主动；另外，必须充分考虑员工的能力与责任要相匹配。

▶ 4. 建立反应灵敏的信息反馈系统

财务控制是一个动态的控制过程，要确保财务预算的贯彻落实，就必须对预算的执行情况进行跟踪监控，及时发现问题，及时调整执行偏差。为此，就必须建立一个反应灵敏的信息反馈系统。该系统应具备以下特征：

（1）它不仅能自下而上地反馈财务预算的执行情况，也能自上而下地传递调整预算偏差的要求。

（2）它既要求信息传递及时、快捷，也要求确保信息内容真实、可靠，并配备相应的信息审查机构，制定相应的责任制。

▶ 5. 制定奖罚制度并严格执行

财务控制的最终效率取决于是否有切实可行的奖罚制度，以及是否严格执行奖罚制度。

奖罚制度的制定必须结合责任中心的预算责任目标，充分体现公平、合理、有效的原则。

奖罚制度的执行依赖于考评机制，考评结果正确与否直接影响到奖罚制度的效力。严格执行奖罚制度就必须有严格的考评机制。严格的考评机制包括建立考评机构、确定考评程序，审查考评数据，依据制度考评和执行考评结果等一系列事项。奖罚的目的是实现有效的财务控制，财务控制是一个动态的过程，因此，奖罚的方式、方法不能太单一，可以是及时奖罚，也可以是期间奖罚，还可以是两者的有机结合。

及时奖罚就是在财务控制过程中随时考核责任目标完成的情况，并根据考核结果当即奖罚；而期间奖罚则是在一个时期终了时（如一个季度、一个年度），全面考核评比，并根据考核结果进行相应的奖罚。

▶ 6. 控制必须严格按照步骤进行

财务控制是在财务管理过程中，运用有关的信息和特定的手段对企业财务活动所施加的影响或进行的调节。这种控制是一个动态的过程，这个过程不是杂乱无章的，是有一定的程序和步骤的。如果步骤乱了，那么控制就会失效。因此，财务控制必须严格按照步骤进行。财务控制一般分为以下三步：首先，合理制定控制标准，层层分解，落实责任；其次，实施追踪控制，及时调整误差；最后，认真分析执行情况，努力搞好考核奖惩。

▶ 7. 授权书控制

这里的授权书控制是指在某项财务活动发生之前，按照既定的程序对其正确性、合理性、合法性加以核准并确定是否让其发生所进行的控制。这种控制是一种事前控制。授权管理的方法是通过授权通知书来明确授权事项和使用资金的限额。授权管理的原则是对在授权范围内的行为给予充分信任，但对授权之外的行为不予认可。授权通知书由授权人持有，并且公司的各相关部门需一律在授权范围内严格执行。

从理论上分析，授权可以分为一般授权和特别授权。一般授权是指企业内部较低层次的管理人员根据既定的预算、计划、制度等标准，在其权限范围之内对正当的经济行为进行的授权。一般授权在企业大量存在。特别授权是指对非经常经济行为进行专门研究进行的授权。与一般授权不同，特别授权的对象是某些例外的经济业务。这些例外的经济业务往往是个别的、特殊的，一般没有既定的预算、计划等标准可依，它们需要根据具体情况进行具体的分析和研究。例如，授权购买一件重要设备、授权降价出售商品等，这些事例就属于特别授权。

一个企业的授权控制应做到以下几点：

（1）企业所有人员不经合法授权，不能行使相应权力。这是最基本的要求。不经合法授权，任何人不能审批；有权授权的人则应在规定的权限范围内行事，不得越权授权。

（2）企业的所有业务不经授权不能执行。

（3）财务业务一经授权必须予以执行。

▶ 8. 正确处理好各责任中心之间的关系

财务控制虽然是企业财务管理中的一种手段，但并不说明它仅仅是企业财务部门的事情，它涉及企业内部的各级组织机构，只是由于各自承担的责任不同，所尽的义务也就存在着一定的差异。也正是因为这一点，在涉及某一具体责任的承担问题时，各组织机构之间极易产生矛盾。这些矛盾将严重阻碍财务预算的贯彻执行。因此，正确处理好各组织机构之间的关系十分必要。

财务部门是财务控制工作的主导和核心，正确处理好各组织机构之间的关系，责无旁贷。首先，应广泛地进行宣传和讲解，使其他各部门、各责任中心能够深刻领会预算目标，充分明确各自的职责和任务，避免相互侵占、相互推诿等现象。其次，当内部各组织机构之间产生矛盾时，财务部门应积极主动地进行协调与协商，尽最大努力去解决矛盾。再次，财务部门要想真正担当起控制与协调的重任，财会人员的自身素质十分关键。最后，控制主要是做人的思想工作，矫正人的不当行为。这就需要财务人员有相应的组织、指挥和协调工作能力，需要不断地更新知识，提高其操作能力。

▶ 9. 正确处理好控面与控点的关系

严谨的财务控制制度不仅要对企业财务管理的各个方面实行全方位的有效控制，而且要对企业财务管理的重要方面、重要环节实行重点控制。只有实现控面与控点的有机结合，财务控制才能发挥良好的效益。但如何找到控制点，然后通过点的控制起到牵一发而动全身的作用是十分关键的。

总的来说，财务控制的方法和技巧有很多，这些方法和技巧在实践中也不断被完善、探索和创新。但无论是哪一种，其目的都是便于贯彻和落实财务预算，使得财务预算能够在财务控制下有条不紊地进行，继而实现公司的预算目标。

第二节 责任中心的财务控制

一、责任中心的概念与特征

▶ 1. 责任中心的概念

在现代企业财务管理中，财务控制作为财务管理循环的关键环节，对实现财务管理目标具有决定性作用。没有控制，任何预测、决策和预算都是徒劳无功的。由于财务控制是借助货币手段对生产经营活动所实施的控制，它在企业经济控制系统中处于一种特殊地位，起着保证、促进、监督和协调等重要作用。企业为了实行有效的内部协调与控制，通常按照统一领导、分级管理的原则，在内部合理划分责任单位，明确各责任单位应承担的经济责任、应有的权力和利益，促使各责任单位尽其责任协同配合。

责任中心就是承担一定经济责任并享有一定权力和利益的企业内部单位(或责任单位)。企业为了保证预算的贯彻落实和最终实现，必须明确总预算中确定的目标和任务。责任预算执行情况的揭示和考评可以通过责任会计来进行。责任会计围绕各个责任中心，把衡量工作成果的会计同企业生产经营的责任制紧密结合起来，成为企业内部控制体系的组成部分。因此，建立责任中心是实行责任预算和责任会计的基础。

划分责任中心的目的是充分调动一切积极因素，使各中心在其权责范围内恪尽职守，努力工作，然后按成绩优劣进行奖惩，以免"在一个大锅里吃饭"，功过难分。

▶ 2. 责任中心的特征

责任中心有如下特征：

(1) 责任中心是一个责权结合的实体。它意味着每个责任中心都要对一定的财务指标的完成负责任。同时，企业应赋予责任中心与其所承担责任的范围和大小相适应的权力，并规定出详细的业绩考核标准和利益分配标准。

(2) 责任中心具有承担经济责任的条件。责任中心既具有履行经济责任中各条款的行为能力,同时,一旦不能履行经济责任,能对其后果承担责任。

(3) 责任中心所承担的责任和行使的权力都应该是可控的。每个责任中心只能对其责权范围内可控的成本、收入、利润和投资负责。一般而言,责任层次越高,其可控范围就越大。

(4) 责任中心具有相对独立的经营业务和财务收支活动。它是确定经济责任的客观对象,是责任中心得以存在的前提条件。

(5) 责任中心便于进行责任会计核算和单独核算。责任中心不仅要划清责任,而且要单独核算。划清责任是前提,单独核算是保证。只有既能划清责任又能进行单独核算的企业内部单位,才能作为一个责任中心。

二、责任中心的分类

根据企业内部责任单位的权限范围及业务活动的不同特点,责任中心一般分为成本中心、利润中心和投资中心三类。

▶ 1. 成本中心

成本中心是对成本或费用承担责任的责任中心。它不会形成可以用货币计量的收入,因而不对收入、利润或投资负责。成本中心的范围最广,只要有成本费用发生的地方,都可以建立成本中心,从而在企业形成逐级控制、层层负责的成本中心体系。

成本中心包括技术性成本中心和酌量性成本中心。

技术性成本是指发生的数额通过技术分析可以相对可靠地估算出来的成本。如产品生产过程中发生的直接材料、直接人工、间接制造费用等。技术性成本在投入量与产出量之间有着密切联系,可以通过弹性预算予以控制。

酌量性成本是否发生以及发生数额的多少是由管理人员的决策所决定的,主要包括各种管理费用和某些间接成本项目,如研究开发费用、广告宣传费用、职工培训费等。酌量性成本在投入量与产出量之间没有直接关系,其控制应着重于预算总额的审批上。

成本中心具有如下的特点:第一,成本中心只考虑成本费用而不考评收益;第二,成本中心只对可控成本承担责任;第三,成本中心只对责任成本进行考核和控制。其中,可控成本具备四个条件,即可以预计、可以计量、可以施加影响、可以落实责任。

成本中心的考核指标包括成本(费用)变动额和成本(费用)变动率两项。

$$\text{成本(费用)变动额} = \text{实际责任成本(费用)} - \text{预算责任成本(费用)} \quad (12\text{-}1)$$

$$\text{成本(费用)变动率} = \text{成本(费用)变动额} / \text{预算责任成本(费用)} \times 100\% \quad (12\text{-}2)$$

▶ 2. 利润中心

(1) 利润中心的概念。利润中心是指既对成本负责又对收入和利润负责的责任中心,它有独立或相对独立的收入和生产经营决策权。

(2) 利润中心的类型。利润中心包括自然利润中心和人为利润中心两种。自然利润中心指可以对外销售产品并取得收入的利润中心,本身直接面向市场,具有全面的产品销售权、价格制定权、材料采购权及生产决策权。人为利润中心指对内部责任单位提供产品或劳务而取得"内部销售收入"的利润中心,一般不直接对外销售产品,仅具有部分的经营权,能自主决定本利润中心的产品品种(含劳务)、产品产量、作业方法、人员调配、资金使用等。一般而言,只要能够制定出合理的内部转移价格,就可以将企业大多数生产半成品或提供劳务的成本中心改造成人为利润中心。

(3) 利润中心的成本计算。在共同成本难以合理分摊或无须共同分摊的情况下，人为利润中心通常只计算可控成本，而不分担不可控成本；在共同成本易于合理分摊或者不存在共同成本分摊的情况下，自然利润中心不仅计算可控成本，也应计算不可控成本。

(4) 利润中心的考核指标如下。

① 当利润中心不计算共同成本或不可控成本时，其考核指标为

利润中心边际贡献总额＝利润中心销售收入总额

－可控成本总额(或变动成本总额)　　(12-3)

② 当利润中心计算共同成本或不可控成本，并采取变动成本法计算成本时，其考核指标包括以下几个：

利润中心边际贡献总额＝收入总利润中心销售收入总额－该利润中心变动成本总额

(12-4)

利润中心负责人可控利润总额＝该利润中心边际贡献总额－

该利润中心负责人不可控固定成本　　(12-5)

利润中心可控利润总额＝该利润中心负责人可控利润总额－

该利润中心负责人不可控固定成本　　(12-6)

公司利润＝各利润中心可控利润总额－不可分摊的各种管理费用、财务费用(12-7)

[例12-1] 某企业的甲车间是一个人为利润中心。本期实现内部产值收入160 000元，产值变动成本为120 000元，该中心负责人可控固定成本为12 000元，中心负责人不可控应由该中心负担的固定成本为11 000元，试计算该利润中心各项指标。

利润中心边际贡献总额＝160 000－120 000＝40 000(元)

利润中心负责人不可控利润总额＝40 000－12 000＝28 000(元)

利润中心可控利润总额＝28 000－11 000＝17 000(元)

▶ 3. 投资中心

(1) 投资中心的概念。投资中心是指既对成本、收入和利润负责，又对投资效果负责的责任中心。投资中心是最高层次的责任中心，它拥有最大的决策权，也承担最大的责任。投资中心必然是利润中心，但利润中心并不都是投资中心。利润中心没有投资决策权，而且在考核利润时也不考虑所占用的资产。

(2) 投资中心的考核指标。除考核利润指标外，投资中心主要考核能集中反映利润与投资额之间关系的指标，包括投资利润率和剩余收益。

① 投资利润率。投资利润率又称投资收益率，是指投资中心所获得的利润与投资额之间的比率，可用于评价和考核由投资中心掌握、使用的全部净资产的盈利能力。其计算公式为

投资利润率＝利润÷投资额×100%

＝资本周转率×销售成本率×成本费用利润率　　(12-8)

其中，投资额是指投资中心的总资产扣除对外负债后的余额，即投资中心的净资产。为了评价和考核由投资中心掌握、使用的全部资产的总体盈利能力，还可以使用总资产息税前利润率指标。其计算公式为

总资产息税前利润率＝息税前利润÷总资产×100%　　(12-9)

投资利润率指标的优点有：能反映投资中心的综合盈利能力；具有横向可比性；可以作为选择投资机会的依据；可以正确引导投资中心的经营管理行为，使其长期化。该指标

的最大局限性在于会造成投资中心与整个企业利益的不一致。

② 剩余收益。剩余收益是指投资中心获得的利润,扣减其投资额(或净资产占用额)按规定(或预期)的最低收益率计算的投资收益后的余额。其计算公式为

$$剩余收益＝利润－投资额(或净资产占用额)\times 规定或预期的最低投资收益率 \tag{12-10}$$

或

$$剩余收益＝息税前利润－总资产占用额\times 规定或预期的总资产息税前利润率 \tag{12-11}$$

剩余收益指标能够反映投入与产出的关系,避免本位主义,使个别投资中心的利益与整个企业的利益统一起来。

成本中心、利润中心和投资中心之间有着密切的关系。最基层的成本中心应就经营的可控成本向其上层成本中心负责;上层成本中心应就其本身的可控成本和下层转来的责任成本一并向利润中心负责;利润中心应就其本身的经营收入、成本(含下层转来的成本)和利润(或边际贡献)向投资中心负责;投资中心最终就其经管的投资利润和剩余收益向总经理和董事会负责。

第三节 责任报告与业绩考核

一、责任预算及其编制

责任预算是以责任中心为主体,以其可控的成本、收入、利润和投资等为对象所编制的预算。

责任预算由各种责任指标组成,这些指标可分为主要责任指标和其他责任指标。

在集权管理制度下,企业通常采用自上而下的预算编制方式;在分权管理制度下,企业则往往采用自下而上的预算编制方式。

二、责任报告及其编制

▶ 1. 责任报告的概念

责任报告是指根据责任会计记录编制的反映责任预算的实际执行情况,揭示责任预算与实际执行差异的内部会计报告。

责任报告主要有报表、数据分析和文字说明等几种形式。将责任预算、实际执行结果及其差异用报表予以列示是责任报告的基本形式。

最低层次的责任中心责任报告应当最详细,随着层次的提高,责任报告的内容应以更为概括的形式表现。责任报告必须逐级编制,通常只采用自下而上的程序逐级编报。

▶ 2. 责任报告的目的

(1) 形成一个正式的报告制度,使人们知道他们的业绩将被衡量、报告和考核,会使他们的行为与没有考核时大不一样。当人们明确知道考核标准并知道面临考核时,会尽力为达到标准而努力。

（2）责任报告显示过去工作的状况，提供改进工作的线索，指明方向。

（3）责任报告向各级主管部门报告下属的业绩，为他们采取措施纠正偏差和实施奖惩提供依据。

3. 责任报告的内容

（1）业绩实际完成的资料。它回答"完成了多少"，例如部门的可控成本、收入、利润和投资报酬率等。实际资料可以通过账簿系统提供，也可以在账簿之外搜集加工。

（2）责任目标的资料。它回答"应该完成多少"。一般都根据预算和实际业务量进行调整。

（3）两者之间的差异和原因。它回答"完成得好不好，是谁的责任"。

4. 良好的控制报告应满足的要求

（1）报告的内容应与其责任范围一致。

（2）报告的信息要满足使用人的需要。

（3）报告的时间要符合控制的要求。

（4）报告的列示要简明、清晰、实用。

三、业绩考核

业绩考核是指以责任报告为依据，分析和评价各责任中心责任预算的实际执行情况。业绩考核有狭义的业绩考核和广义的业绩考核、年终的业绩考核与日常的业绩考核之分。

四、差异调查

责任报告将使人们注意到偏离目标的表现，但它只是提出问题的线索。只有通过调查研究，找到原因，分析责任，才能采取纠正行动，收到降低成本的成效。

发生偏差的原因很多，主要包括三类：

（1）执行人的原因。包括过错、没经验、技术水平低、责任心差和不协作等。

（2）目标不合理。包括原来制定的目标过高或过低，或者情况变化使目标不再适用等。

（3）核算过程有问题。包括数据的记录、加工和汇总存在错误，故意造假等。

只有通过调查研究，才能找到具体原因，并针对原因采取纠正行动。

五、奖励与惩罚

奖励是对超额完成目标成本行为的回报，是表示赞许的一种方式。目前奖励的方式主要是奖金，也会涉及加薪和提升等。奖励的原则是：奖励的对象必须是符合公司目标、值得提倡的行为；要让职工事先知道成本达到何种水平将会得到何种奖励；避免奖励华而不实的行为和侥幸取得好成绩的人，奖励要尽可能前后一致。

惩罚是对不符合期望的行为的回报。惩罚的作用在于维持公司运转所要求的最低标准，包括产量、质量、成本、安全、出勤和接受上级领导等。如果达不到最低要求，公司将无法正常运转。达不到成本要求的惩罚手段主要是批评和扣发奖金，有时涉及降级、停止提升和免职等。惩罚的目的是避免类似的行为重复出现，包括被处罚人的行为和公司里其他人的行为。惩罚的原则是：在调查研究的基础上，尽快采取行动，拖延会减弱惩罚的效力；预先要有警告，只有重犯者和违反人尽皆知的准则的人才受惩罚；惩罚要一视同仁，前后一致。

六、纠正偏差

纠正偏差是业绩报告和评价的目的。如果一个业绩评价系统不能揭示差异及其产生原因，以及应由谁对差异负责从而保证采取某种纠正措施，那么这种评价系统仅仅是一种数字游戏，白白浪费了职能人员的时间。

纠正偏差是各责任中心主管人员的主要职责。如果业绩评价的标准是健全的并且是适当的，评价和考核也是按这些标准进行的，则产生偏差的操作环节和责任人即已指明。具有责任心和管理才能的、称职的主管人员就能够通过调查研究找出具体原因，并有针对性地采取纠正措施。

纠正偏差的措施通常包括：第一，重新制订计划或修改目标；第二，采取组织手段重新委派任务或明确职责；第三，采取人事管理手段增加人员，选拔和培训主管人员或者撤换主管人员；第四，改进指导和领导工作，给下属以更具体的指导和实施更有效的领导。

业绩评价的财务指标具有很强的综合性，无论哪一项生产作业或管理作业出了问题，都会引起财务指标的失控。因此，纠正偏差的措施必须与其他管理职能结合在一起才能发挥作用，包括计划、组织、人事及指导与领导。

纠正偏差最重要的原则是采取行动，不采取行动就不可能纠正偏差，这是一个显而易见的道理。由于管理过程的复杂性和人们认识上的局限性，纠正行动不一定会产生预期的效果，从而会出现新的偏差。这种现象不是拒绝采取行动的理由，反而表明需要不断地采取行动。这就如同在高速公路上驾车，要不断调整方向盘，才能确保汽车顺利前进，把定方向盘不动的后果是显而易见的。

思考题

1. 财务控制的定义是什么？它有哪些类型？
2. 简述财务控制的方法。
3. 简述责任中心的概念及种类。
4. 怎么计算投资利润率和剩余收益？
5. 简述责任报告的目的和内容。

练习题

一、单选题

1. 下列关于成本中心的说法中错误的是（　　）。
   A. 成本中心是不存在收入的
   B. 对于费用中心，唯一可以准确计量的是实际费用
   C. 任何发生成本的领域都可以确定为成本中心
   D. 成本中心的职责是用一定的成本去完成规定的具体任务

2. 某生产车间是一个标准成本中心，下列各项中可以由其决定的是（　　）。
   A. 每件产品的价格　　　　　　　　　　B. 产品的生产数量

C. 生产的产品种类　　　　　　　　D. 工人的工作时间

3. 某企业以产品为成本计算的对象，主要是为了经营决策，则应该采用的成本计算方法是（　　）。

A. 责任成本计算方法　　　　　　　B. 制造成本计算方法
C. 变动成本计算方法　　　　　　　D. 局部吸收成本法

4. 纠正偏差是（　　）的主要职责。

A. 各责任中心主管人员　　　　　　B. 各部门员工
C. 集团总部管理层　　　　　　　　D. 股东大会

5. 关于惩罚，下列说法中不正确的是（　　）。

A. 惩罚是对不符合期望的行为的回报
B. 惩罚的作用在于达到公司运转所要求的最高标准
C. 达不到成本要求的惩罚手段主要是批评和扣发奖金
D. 惩罚的目的是避免类似的行为重复出现

6. 下列有关可控成本的表述不正确的是（　　）。

A. 从整个公司的空间范围和时间范围来看，所有成本都是可控的
B. 变动成本大多是可控成本，固定成本都是不可控成本
C. 不直接决定某项成本的人员，若对该项成本的支出施加了重要影响，也应对该项成本承担责任
D. 某责任中心有权决定是否使用某种资产，该责任中心就应对这种资产的成本负责

7. 甲部门是一个利润中心。下列财务指标中，最适合用来评价该部门经理业绩的是（　　）。

A. 边际贡献　　　　　　　　　　　B. 可控边际贡献
C. 部门税前经营利润　　　　　　　D. 部门投资报酬率

8. 以下考核指标中，既可以使投资中心业绩评价与公司目标协调一致，又可考虑管理要求以及部门个别风险的高低的指标是（　　）。

A. 部门剩余收益　　　　　　　　　B. 部门边际贡献
C. 部门投资报酬率　　　　　　　　D. 部门经济增加值

9. 某投资中心的平均净经营资产为200 000元，该部门要求的最低税前报酬率为10%，剩余收益为20 000元，则该中心的部门投资报酬率为（　　）。

A. 10%　　　　B. 20%　　　　C. 30%　　　　D. 60%

10. 以市场为基础的协商价格要成功，依赖的条件不包括（　　）。

A. 某种形式的外部市场
B. 各组织单位之间共享所有的信息资源
C. 拥有完全竞争的外部市场
D. 最高管理层的必要干预

二、多选题

1. 下列属于财务控制的功能的有（　　）。

A. 预防性控制　　　　　　　　　　B. 侦查性控制
C. 指导性控制　　　　　　　　　　D. 补偿性控制

2. 根据责任成本管理基本原理，成本中心只对可控成本负责。可控成本应具备的条

件有（　　）。
　　A. 该成本是成本中心可计量的
　　B. 该成本的发生是成本中心可预见的
　　C. 该成本是成本中心可调节和控制的
　　D. 该成本是为成本中心取得收入而发生的
3. 财务控制的基本原则有（　　）。
　　A. 目的性原则　　　B. 及时性原则　　　C. 客观性原则　　　D. 全面性原则
4. 下列关于成本中心、利润中心和投资中心的说法中，不正确的有（　　）。
　　A. 在中间产品存在完全竞争市场时，市场价格减去对外销售费用是理想的转移价格
　　B. 在使用剩余收益指标时，不同的部门的资本成本必须是统一的
　　C. 标准成本中心不对生产能力的利用程度负责
　　D. 如果采用全额成本法，标准成本中心需要对固定制造费用的全部差异承担责任

三、判断题

1. 预防性控制是为了及时识别已存在的风险、已发生的错弊和非法行为，或增强识别风险能力所进行的控制。（　　）
2. 财务控制与内部控制有很多的共通性，是内部控制的一个重要组成部分，是内部控制的核心。（　　）
3. 健全和完善内部控制制度主要通过人治来实现。（　　）
4. 责任中心的经营业务和财务收支活动相互并不独立，责任层次越高，交互的财务活动越多。（　　）
5. 任何发生成本的责任领域，都可以确定为成本中心。（　　）
6. 费用中心包括行政管理部门、研究开发部门及某些销售部门。（　　）
7. 对于一个利润中心部门，可以用可控边际贡献来评价该部门的经理业绩。（　　）
8. 剩余收益指标不便于直接用于不同部门之间的业绩比较。（　　）
9. 责任报告必须逐级编制，通常只采用自上而下的程序逐级编报。（　　）
10. 业绩评价的财务指标具有很强的综合性，必须与其他管理职能结合在一起才能发挥作用。（　　）

四、计算题

某集团下设 A 事业部，2016 年实现销售收入 3 000 万元，变动成本率为 70%，固定成本为 400 万元，其中，折旧费为 200 万元。

1. 若该事业部为利润中心，固定成本中只有折旧费是部门经理不可控而应该由事业部负担的，折旧费以外的固定成本为部门经理的可控成本。要求计算：
　　(1) 边际贡献；
　　(2) 部门可控边际贡献；
　　(3) 部门税前经营利润。
2. 若该事业部为投资中心，其所占用的平均净经营资产为 2 000 万元，其中平均净负债为 800 万元，平均利率为 5%。若该部门要求的税前报酬率为 10%，资本市场上加权平均税前资本成本为 9%，假设没有需要调整的项目，要求计算：
　　(1) 该投资中心的投资报酬率；
　　(2) 该投资中心的剩余收益。

案例分析

中国华能集团财务控制、业绩考评和激励制度研究

一、华能集团简介

中国华能集团是在执行国家以煤代油的产业政策,依托国家以煤代油专用资金创立发展起来的一个以电力为中心、综合发展的国有大型企业集团。

目前,中国华能集团由核心企业(中国华能集团公司)和9个成员公司及其下属分布在全国各地的400多家子公司组成,同时还直接控股多家海外分支机构和海外公司。其中,华能国际电力开发公司和山东华能电力开发公司两家子公司先后于1994年在纽约证券交易所挂牌上市。

二、中国华能集团的财务控制

中国华能集团从建立之初就建立了比较清晰的产权关系。目前华能集团内部可以分为三个层次:中国华能集团公司(母公司)、成员公司(子公司)和下设的生产经营单位。华能集团公司从1997年年初由国家电力公司组建后,成为国家电力公司的全资子公司;华能集团各专业成员公司和各地分公司所属的地方实业公司是华能集团公司的全资子公司;集团公司和各成员公司向下投资设立了一些全资、控股和参股的直接生产经营企业。第一层次的集团公司是华能集团的决策中心和资产运作中心;第二层次的成员和各地实业公司起着专业化发展、职能化经营和对生产经营企业进行监督管理的作用,并且有一定的投资功能;第三层次的企业是直接生产经营单位,不具有对外投资功能,只能从事生产经营业务。在20世纪80年代的经济过热期,华能集团曾经还有过第四层和第五层。但是,经过几年重组和改进,华能集团现在只有三个层次。

以前,母公司对子公司只考评"两张表"(资产负债表和利润表)和"一个人"(总经理),对子公司监管不严。这种模式存在很大弊端,因为它无法控制子公司的决策错误及其由此所产生的巨大损失,而且这类损失常常是不可逆转的。"事后控制"的风险相当大。

目前,中国华能集团对其子公司既给予一定的灵活性,又实行必要的监控。母公司对子公司的财务控制主要体现在以下三个领域:

(1) 筹资控制。集团各成员企业的筹资由集团母公司统一规划,子公司筹集的资金金额较大时必须经母公司审批。

(2) 投资控制。现有规定是,投资金额超过一定限额就需母公司批准。如对一些大的子公司,自主投资限额为3 000万元人民币,小公司则为500万元。

(3) 财务业绩控制。每年的财务目标即为上一年的实际经营成果。财务业绩从三个方面来评价:利润、净资产收益率和经营活动中产生的现金流量。从结果看,几乎哪家子公司都能达到它们的目标。期望的净资产收益率(ROE)是15%,但电力业务由于政策性补贴等因素,其净资产收益率可以稍低,为10%左右。

三、华能集团的业绩考评制度

1. 业绩考评范围及分级分类制度

由中国华能集团进行业绩考评的企业有三类:一是集团公司各全资成员公司和控股成员公司;二是集团公司各分公司(办事处)及其管理的事业公司和其他全资、控股企业;三是集团公司直接管理的控股电力公司和其他全资、控股企业。华能集团对各企业的业绩考评采用分级分类制度。

集团公司直接考评的单位为全资成员公司，集团公司的分公司（办事处），集团公司直接管理的控股电力公司和其他全资、控股企业。集团公司各分公司（办事处）对由其管理的实业公司和其他全资、控股企业的业绩经营指标进行汇总。集团公司对汇总指标进行考评后，再由各分公司（办事处）考评所汇总的公司。控股成员公司和控股电力公司及其他列入考评范围的控股企业，由股东会或董事会参照集团公司的业绩经营考评办法对企业进行考评。工资关系纳入华能系统管理的控股企业，其考评标准和考评结果由集团公司提出建议，由股东会或董事会确定。

华能集团根据各公司不同的经营特点和经营状况将考评单位分成四类：电力公司、非电力公司、分公司（办事处）和实行资产经营承包的公司。对不同类型的公司设置不同的考评内容。

2. 业绩考评指标、考评方法和考评标准

对于不同类型的考评单位，华能集团制定了不同的业绩考评指标，如表12-1所示。

表12-1 华能集团业绩考评指标

被考评单位	财务指标	经营指标
电力公司	实现利润、还贷	发电量、安全生产
非电力公司	净资产收益率、总资产报酬率	归还贷款、上缴利润
分公司（办事处）	地区资金收回	地区发电量、安全生产

其中，净资产收益率＝（税后净利润/平均净资产）×100％

总资产报酬率＝［（利润总额＋利息支出）/平均资产总额］×100％

需要说明的是，电力公司之所以不直接使用资产收益率指标，是因为电力项目目前尚不能在完全自主经营决策领域，而是与电价、电量政策有关，而且电力资产流动性极差，一个电厂一旦投资建设，其固定成本就确定下来了，主观经营努力只在于变动成本的控制。此外，实行资产经营承包的公司按承包协议进行考评，因而没有包括在此表之内。

考虑到各公司的经营规模和行业差别很大，资产质量起点也有很大差距，在净资产收益率、总资产报酬率指标中，分别设置了"计划值"和"标准值"。"计划值"是集团公司根据被考评公司的现状和基础，于每年年初对各公司分别下达的计划指标，计划指标实行一户一率；"标准值"是集团公司对所有被考评公司下达的统一考评标准，基本上按照集团所属公司的平均水平确定。

考评采用记分方法。把指标分为记分指标和扣分指标两类，经济效益指标为记分指标，设基本分为100分，其中净资产收益率基本分为60分，总资产报酬率基本分为40分。经营结果完成指标时得基本分，超过指标时加分，完不成指标时扣分。归还贷款、上缴利润和重点工作为扣分指标，完成指标不扣分。对计划值指标低于标准值的企业，完成计划值时得基本分，完不成计划值时扣分，超过计划值但低于标准值时不加分，超过标准值时加分。对于计划值高于标准值的企业，完成计划值加分，完不成计划值但不低于标准值时不扣分，只有低于标准值才扣分。

四、华能集团的激励制度

华能集团的激励制度是建立在上述业绩考评制度基础上的。集团公司给予各公司的年度奖金额根据以下规则计算：

如果某个公司业绩考评为100分,那么总的奖金额为整个公司核定工资和薪水总额的50%;如果业绩考评总得分超过100分,则每超出1分,总奖金额中增加核定工资和薪水总额的0.5%;如果业绩考评总得分低于100分,则每下降1分,总奖金额中扣去核定工资和薪水总额的0.5%。根据这个公式,一个子公司所能获得的最大奖金额是该公司核定工资和薪水总额的65%。

通过上面的计算,形成每个公司的奖励基金。各公司内部的分配则取决于其所在的组织层面和业绩等级。每个组织层面给予一定的分数,例如,高层管理人员为4分,中级管理人员为3分,监督人员为2分。将奖励基金在所有满足条件的人员所得的总分中进行分摊,从而得出每1分可以获得的奖金额。

公司经营发生重大失误和出现重大违法违纪行为及特大生产、基建责任事故的,集团公司将根据情况扣减公司奖金总额和总经理应得的奖金额。考评后如发现公司指标不实、弄虚作假等问题,集团公司将根据情况在下一年度工资总额中扣减公司奖金和总经理奖金。

五、华能集团的财务控制、业绩考评和激励制度所产生的积极作用

(1)对子公司的经营行为产生了影响。尤其像总资产收益率和净资产收益率这样的指标,有助于子公司将注意力集中到财务运营效果上来,同时提高它们的风险意识。

(2)能够反映出各子公司之间不同的业绩水平。以1997年度业绩考评结果划分,非电力生产子公司可分为四类。第一类公司最高分为106.1分,最后一类公司最低分为50分。而电力生产子公司则可分为三类,最高分为114分,最低分为99分。分支机构和办事处也可分为三类,最高分为121.5分,最低分为98.5分。这些数据有助于管理层客观评价不同子公司的经营业绩。

(3)为考评子公司管理人员提供了客观评价标准。对管理人员的考评制度,华能集团有四项标准,即道德品质、努力程度、个人能力和工作业绩。其中,工作业绩标准所占权重最大,也是评价其管理人员胜任情况的一条重要标准。

问题:

(1)试综述集团公司财务控制的主要模式,并分析华能集团财务控制制度所存在的缺陷及改进办法。

(2)试分析华能集团对所属公司的业绩考评采用分级分类方法的合理性,并思考如何改进这一方法。

(3)你认为财务控制、业绩考评和激励制度设计的关键是什么?对华能集团的做法有何改进建议?

第十三章 企业价值评估

> **学习目标**
>
> 了解公司价值评估的目的与对象;掌握折现现金流量模型估价的基本原理和种类及其应用;掌握相关估价法的原理和应用。

企业价值评估简称企业估值,它是指通过运用一定的价值评估方法来确定企业的价值,以帮助企业进行决策。价值评估是在特定的基本假设下,运用一定的方法来确定的,在这一过程中不可避免地掺杂着一定的主观因素,所以价值评估并非完全客观和科学的。

第一节 企业价值评估概述

一、企业价值评估的目的

企业价值评估的目的是分析与衡量一个企业或一个经营单位在特定时点上的公平市场价值,并提供有关信息,以帮助投资人或管理者做出决策。企业的各项决策是否可行,取决于这一决策是否有利于增加企业价值。企业价值评估的主要作用表现为以下几个方面。

▶ 1. 价值评估可以用于投资决策

在进行证券投资决策时,投资者通常会进行技术分析和基本分析。价值评估是基本分析的一个组成部分,相信基本分析的人会认为企业价值与财务数据存在一定的关系,而证券价格在偏离价值一段时间后总会回归价值。基于此,企业价值评估可以用于寻找价值被低估的证券,并帮助投资者进行投资决策。

▶ 2. 价值评估可以用于企业并购

在现实经济生活中,往往会出现把企业作为一个整体进行转让或合并的情况,如企业兼并、购买等,这其中都会涉及企业整体价值评估的问题。在这种情况下,要对整个企业的价值进行评估,以便确定合资或转卖的价格。

▶ 3. 价值评估可以用于以价值为基础的管理

不了解一项决策对企业价值的影响,就无法对决策进行评价。从某种意义上说,价值评估是改进企业一切重大决策的手段。企业可将价值评估用于以价值为基础的管理,根据价值最大化原则制订和执行经营计划,通过度量价值的增加来监控经营业绩并确定相应报酬。

二、企业价值评估的对象

企业价值评估的首要问题是明确"要评估什么",也就是价值评估的对象是什么。价值评估的一般对象是企业整体的经济价值,也就是企业作为一个整体的公平市场价值。企业的整体经济价值可以分为实体价值和股权价值、持续经营价值和清算价值、少数股权价值和控股权价值等类别。

▶ 1. 实体价值和股权价值

企业全部资产的总体价值称为"企业实体价值"。企业实体价值是股权价值与净债务价值之和。

$$企业实体价值=股权价值+净债务价值 \tag{13-1}$$

股权价值在这里不是指所有者权益的会计价值(账面价值),而是股权的公平市场价值。净债务价值也不是指它们的会计价值(账面价值),而是净债务的公平市场价值。

▶ 2. 持续经营价值和清算价值

企业能够给所有者提供价值的方式有两种:一种是持续经营价值;另一种是清算价值。

持续经营价值:指企业在持续的生产经营活动中所产生的未来现金流量的现值。

清算价值:指企业出现财务危机而破产或停业歇算时,变卖资产所获得的现金流。

企业价值评估前,应明确拟评估的企业是一个持续经营的企业还是一个清算的企业,从而确定评估的价值是持续经营价值还是清算价值。

$$一个企业的公平市场价值=\text{Max}\{持续经营价值,清算价值\} \tag{13-2}$$

▶ 3. 少数股权价值和控股权价值

在股票市场上交易的一般都是少数股权,股价通常只是少数交易的股票价格,它们衡量的只是少数股票的价值,而大多数拥有控股权的股票并没有参加日常交易。少数股权与控股股权的价值差异往往在收购交易中体现得较为明显。一旦控股权参加交易,股价会迅速飙升,甚至会达到少数股权价值的数倍。

少数股权价值(当前价值)是指现有管理和战略条件下企业能够给股票投资人带来的未来现金流量的现值。

控股权价值(新的价值)是指企业进行重组,改进管理和经营战略后可以为投资人带来的未来现金流量的现值。

新的价值与当前价值的差价为控股权溢价,它是由于转变控股权而增加的价值。

总之,在进行企业价值评估时,首先要明确拟评估的对象是什么。搞清楚是企业价值还是股权价值,是持续经营价值还是清算价值,是少数股权价值还是控股权价值。要针对不同的评估对象,运用不同的方法进行企业价值评估。

第二节　折现现金流量模型估价

折现现金流量模型也就是现金流量折现法，是一种公司价值评估使用最广泛、理论上最健全的估价方法。该方法建立在这样的分析思路上：企业的价值是由产生现金流量的长期驱动因素所决定的。其使用的前提条件是企业未来的现金流量可以预测。

一、折现现金流量模型估价的基本原理

采用折现现金流量模型估价是基于这样一个观点，即任何资产的价值都等于其未来期望现金净流量的贴现值。企业也是一种资产，也就是说企业的价值表现为三个变量的函数：相应的现金净流量的多少、时间以及与现金流量相关的不确定性。

$$价值 = \sum_{t=1}^{n} \frac{CF_t}{(1+r)^t} \tag{13-3}$$

其中：n 表示资产的年限；CF_t 表示第 t 期的现金流量；r 表示反映预计现金流量风险度的折现率。

二、折现现金流量模型的种类

根据现金流量的不同种类，企业估值的现金流量折现模型也可分为股利现金流量折现模型、股权现金流量折现模型、实体现金流量折现模型三种。

▶ 1. 股利现金流量折现模型

$$股权价值 = \sum_{t=1}^{\infty} \frac{股利现金流量_t}{(1+股权资本成本)^t} \tag{13-4}$$

股利现金流量是企业分配给股权投资者的现金流量。

▶ 2. 股权现金流量折现模型

$$股权价值 = \sum_{t=1}^{\infty} \frac{股权现金流量_t}{(1+股权资本成本)^t} \tag{13-5}$$

股权现金流量是一定期间企业可以提供给股权投资人的现金流量，它等于企业实体现金流量扣除对债权人支付后剩余的部分，也可以称为"股权自由现金流量"。

$$股权现金流量 = 实体现金流量 - 债务现金流量 \tag{13-6}$$

或

$$\begin{aligned}股权现金流量 &= 股利分配 - 股票发行(或+股票回购) \\ &= 股利 - 股权资本发行 + 股份回购\end{aligned} \tag{13-7}$$

$$债务现金流量 = 税后利息 - 净负债增加 = 税后利息 - 新借债务(或+归还债务) \tag{13-8}$$

企业有多少现金流量分给股东，取决于企业的筹资和股利分配政策，如果把股权现金流量全部作为股利分配，则上述两个模型相同。

▶ 3. 实体现金流量折现模型

$$股权价值 = \sum_{t=1}^{\infty} \frac{实体自由现金流量_t}{(1+加权平均资本)^t} \tag{13-9}$$

$$股权价值 = 实体价值 - 净债务价值 \tag{13-10}$$

$$净债务价值 = \sum_{t=1}^{\infty} \frac{偿还债务现金流量_t}{(1+等风险债务成本)^t} \tag{13-11}$$

实体现金流量是企业全部现金流入扣除成本费用和必要的投资后剩余的部分,它是企业一定期间内可以提供给所有投资人(包括股权投资人和债权投资人)的税后现金流量。

$$企业实体现金流量 = 税后经营利润 + 折旧与摊销 - 经营营运资本增加 -$$
$$(净经营性长期资产增加 + 折旧与摊销) \tag{13-12}$$

$$经营营运资本增加 = 本年经营营运资本 - 上年经营营运资本 \tag{13-13}$$

$$经营营运资本 = 经营性流动资产 - 经营性流动负债 \tag{13-14}$$

$$资本支出 = 净经营性长期资产增加 + 折旧与摊销 \tag{13-15}$$

在数据假设相同的情况下,三种模型的评估结果是相同的。如果把股权现金流量全部作为股利分配,则股利现金流量折现模型与股权现金流量折现模型是相同的。股利现金流量折现模型受股利政策的影响,估计起来比较麻烦,因此现实中用的多是股权现金流量折现模型和实体现金流量折现模型。

三、折现现金流量模型的应用

▶ 1. 股权现金流量模型

(1) 永续增长模型。永续增长模型的一般表达式为

$$股权价值 = \frac{下期股权现金流量}{股权资本成本 - 永续增长率} \tag{13-16}$$

永续增长模型的假设条件:企业必须处于永续状态,企业未来长期稳定、可持续地增长。

(2) 两阶段增长模型。两阶段增长模型的一般表达式为

$$股权价值 = 预测期股权现金流量现值 + 后续期价值的现值 \tag{13-17}$$

假设预测期为 n,则

$$股权价值 = \sum_{t=1}^{n} \frac{股权现金流量_t}{(1+股权资本成本)^t}$$
$$+ \frac{股权现金流量_{n+1}/(股权资本成本 - 永续增长率)}{(1+股权资本成本)^n} \tag{13-18}$$

两阶段增长模型的适用条件:增长呈现两个阶段的企业。第一阶段为超常增长阶段,增长率明显快于永续增长阶段;第二阶段具有永续增长的特征,增长率比较低,是正常的增长率。

▶ 2. 实体现金流量模型

实体现金流量模型,如同股权现金流量模型一样,也可以分为以下两种:

(1) 永续增长模型。

$$实体价值 = \frac{下期实体现金流量}{加权平均资本成本 - 永续增长率} \tag{13-19}$$

(2) 两阶段增长模型。

$$实体价值 = 预测期实体现金流量现值 + 后续期价值的现值 \tag{13-20}$$

假设预测期为 n,则

$$实体价值 = \sum_{t=1}^{n} \frac{实体现金流量_t}{(1+加权平均资本成本)^t}$$

$$+\frac{\text{实体现金流量}_{n+1}/(\text{加权平均资本成本}-\text{永续增长率})}{(1+\text{加权平均资本成本})^n} \tag{13-21}$$

[例13-1] 甲公司是一家从事生物制药的上市公司,2014年12月31日的股票价格为每股60元。为了对当前股价是否偏离价值进行判断,公司拟采用股权现金流量法评估每股股权价值,相关资料如下:

(1) 2014年每股净经营资产30元,每股税后经营净利润6元,预计未来保持不变。

(2) 公司当前的资本结构(净负债/净经营资产)为60%,为降低财务风险,公司拟调整资本结构并已做出公告,目标资本结构为50%,目标资本结构高于50%不分配股利,多余现金首先用于归还借款,企业采用剩余股利政策分配股利,未来不打算增发或回购股票。

(3) 净负债的税前资本成本为6%,未来保持不变,财务费用按期初净负债计算。

(4) 股权资本成本2015年为12%,2016年及以后年度为10%。

(5) 公司适用的企业所得税税率为25%。

要求:

(1) 计算2015年度每股实体现金流量、每股债务现金流量、每股股权现金流量。

(2) 计算2016年每股实体现金流量、每股债务现金流量、每股股权现金流量。

(3) 计算2014年12月31日每股股权价值,判断甲公司的股价是被高估还是低估。

解:

(1) 2014年每股净负债=30×60%=18(元)

2014年每股股东权益=30-18=12(元)

2015年每股实体现金流量=每股税后经营净利润-每股净经营资产增加=6-0=6(元)

按照目标资本结构,

2015年每股净负债=30×50%=15(元)

2015年每股股东权益=30-15=15(元)

每股债务现金流量=每股税后利息-每股净负债的增加=18×6%×(1-25%)-(15-18)=3.81(元)

每股股权现金流量=6-3.81=2.19(元)

(2) 2016年每股实体现金流量=6元

2016年每股债务现金流量=每股税后利息-每股净负债增加=15×6%×(1-25%)-0=0.68(元)

2016年每股股权现金流量=6-0.68=5.32(元)

(3) 每股股权价值=2.19×(P/F,12%,1)+(5.32/10%)×(P/F,12%,1)
=(2.19+53.2)×0.8929=49.5(元)

第三节 相关估价法

折现现金流量模型是通过假定现金流量、增长率和风险来估计资产的价值,可看成是绝对估价；相关估价法（相对价值评估方法）则是通过将某个资产与目前市场上的其他类似资产相比较来估计资产的价值，可看成是相对估价。

一、相关估价法的原理

所谓相关估价法就是根据可比较资产的价值来确定待估资产的价值。按照这种估价方法，一项资产的价值源自于另一项可比较资产的定价，这种定价是运用一个共同变化量，比如收入、现金流量或账面价值等予以标准化。相关估价法因其使用简便而受到价值评估人员的广泛采用。对于未公开化企业或者刚刚开始向公众发行股票的企业通常都使用相关估价法进行价值评估。

使用相关估价法来估算企业的价值主要有两种方式：一是分析公司的基本面。也就是将相关估价比率与公司基本信息联系在一起，从而推断出相关比率与企业基本特征的关系，比如企业增长率的变化对市盈率的影响是什么。二是运用可比较的企业。这种方式是通过对可比较企业的分析来确定被评估企业的相关比率。这种方式的关键在于可比较企业的选择。

二、相关估价法在企业价值评估中的应用

▶ 1. 市盈率模型

（1）基本模型。市盈率是指普通股每股市价与每股收益的比率。

$$市盈率 = \frac{每股市价}{每股收益} \qquad (13\text{-}22)$$

运用市盈率估值的模型如下：

$$目标企业每股价值 = 可比企业平均市盈率 \times 目标企业的每股收益 \qquad (13\text{-}23)$$

该模型假设影响企业价值的关键变量是净利润，股票市价是每股收益的函数。每股收益的变化将导致企业的股票价值按相应的比例变化。股票市价是每股收益的一定倍数。每股收益越大，则股票价值越大。同类企业有类似的市盈率，所以目标企业的股权价值可以用每股收益乘以可比企业的市盈率计算。

（2）模型原理。一个公司的市盈率可以通过以下两种途径来获得：

① 通过对基本参数的分析得到企业的市盈率。

$$本期市盈率 = \frac{P_0}{EPS_0} = \frac{D_1/(R_s-g)}{EPS_0} = \frac{D_0(1+g)/(R_s-g)}{EPS_0} = \frac{股利支付率_0(1+g)}{R_s-g}$$

$$(13\text{-}24)$$

其中：EPS_0 代表当期每股收益；P_0 代表当期每股价值；g 代表增长率；D_0 代表当期每股股利；D_1 代表预期每股股利；R_s 代表股权成本。

基本参数包括预期的增长率、股利支付率以及风险（股权资本成本的高低与其风险有关）。

② 通过与类似的企业比较得到的市盈率。

[例 13-2] A 公司 2016 年的每股收益为 3.82 元，同一年公司将收益的 74% 作为股息支付出去，收益和股息的长期增长率预期为 6%，A 公司的 β 为 0.75，市场风险溢价 5.5%。估计稳定 A 公司的市盈率。

解：现在的股息支付比率为 74%，收益和股息的预期增长率为 6%，则

股权的成本＝7％＋(0.75×5.5％)＝11.13％

根据基本数据所得的市盈率 $=\dfrac{0.74\times 1.06}{0.1113-0.06}=15.29$

若 B 公司和 A 公司是类似企业，今年实际每股收益为 1 元，根据 A 公司的本期市盈率对 B 公司进行估值，其股票价值是多少？

解：B 公司股票价值＝目标公司本期每股收益×可比企业本期市盈率
＝1×15.29＝15.29(元/股)

▶ 2. 市净率模型

(1) 基本模型。市净率是指每股市价与每股净资产的比率。

$$市净率=\dfrac{每股市价}{每股净资产} \tag{13-25}$$

运用市净率估值的模型如下：

$$股权价值=可比企业平均市净率\times 目标企业净资产 \tag{13-26}$$

该模型假设影响企业价值的关键变量是净资产，股权价值是净资产的函数，每股净资产的变化将导致企业的股票价值按相应的比例变化。股权价值是净资产的一定倍数。净资产越大，则股权价值越大。并且同类企业有着相似的市净率，所以目标企业的股权价值可以用每股净资产乘以可比企业的平均市净率计算。

(2) 模型原理。市净率的计算有以下两种方法：

① 根据企业自身的基本参数进行估计。

$$\begin{aligned}本期市净率&=\dfrac{每股市价}{每股净资产}=\dfrac{每股市价}{每股收益}\times\dfrac{每股收益}{每股净资产}\\&=市盈率\times 权益净利率\\&=\dfrac{股利支付率_0\times(1+g)\times 权益净利率_0}{R_s-g}\end{aligned} \tag{13-27}$$

式 13-27 表明，驱动市净率的因素有权益净利率、增长率、股利支付率以及风险。其中权益净利率是关键因素。这四个比率类似的企业，会有相似的市净率。

② 通过类似企业的比较得到市净率。这种方法主要是确认类似企业，也就是要控制影响参数变量的问题。控制的方法比较多，一般利用行业平均水平来控制。

[例 13-3] 表 13-1 列出了 2016 年汽车制造业 6 家上市公司的市盈率和市净率，以及全年平均股价。请你用这 6 家公司的平均市盈率和市净率评价江铃汽车的股价，判断哪一个更接近实际价格并说明原因。

表 13-1　2016 年 6 家上市汽车公司的平均市盈率和市净率

公司名称	每股收益(元)	每股净资产(元)	平均价格(元)	市盈率	市净率
A	0.53	3.43	11.98	22.6	3.49
B	0.37	2.69	6.26	16.92	2.33
C	0.52	4.75	15.4	29.62	3.24
D	0.23	2.34	6.1	26.52	2.61

续表

公司名称	每股收益（元）	每股净资产（元）	平均价格（元）	市　盈　率	市　净　率
E	0.19	2.54	6.8	35.79	2.68
F	0.12	2.01	5.99	49.92	2.98
平均				30.23	2.89
江铃汽车	0.06	1.92	6.03		

按市盈率估值江铃汽车的股价为

$0.06 \times 30.23 = 1.81$（元/股）

按市净率估值江铃汽车的股价为

$1.92 \times 2.89 = 5.55$（元/股）

市净率的评价更接近实际价格。因为汽车制造业是一个需要大量资产的行业。由此可见合理选择模型对于估值也是很重要的。

▶ 3. 市销率模型

（1）基本模型。市销率是指每股市价与每股销售收入的比率。

$$市销率 = \frac{每股市价}{每股销售收入} \tag{13-28}$$

运用市销率估值的模型如下：

$$目标企业股权价值 = 可比企业平均市销率 \times 目标企业的销售收入 \tag{13-29}$$

该模型假设影响企业价值的关键变量是销售收入，每股价值是每股销售收入的函数。企业价值是销售收入的一定倍数，销售收入越大，则企业价值越大。

（2）模型原理。市销率的计算公式如下：

$$市销率 = \frac{每股市价}{每股销售收入} = \frac{每股市价}{每股收益} \times \frac{每股收益}{每股销售收入}$$

$$= 市盈率 \times 销售净利率$$

$$= \frac{股利支付率_0 \times (1+g) \times 销售净利率_0}{R_s - g} \tag{13-30}$$

式（13-30）表明，驱动市销率的因素有销售净利率、增长率、股利支付率以及风险。其中销售净利率是关键因素。这四个比率类似的企业会有相似的市销率。

[例 13-4] A 公司 2016 年的每股销售收入为 83.06 元，每股的收益为 3.82 元，利润的股息支付比率为 74%，从长期来看，利润和股息的增长率期望值为 6%。2015 年 A 公司的净利润率为 4.7%，A 公司的 β 为 0.75，对应时期的政府债券利率为 7%，市场风险溢价为 5.5%。目前股息支付比率为 74%。利润和股息期望增长率为 6%。估计稳定 A 公司的市销率。

解：销售净利率 $= \dfrac{净利润}{销售收入} = \dfrac{3.82}{83.06} \approx 4.6\%$

股权资本成本 $= 7\% + (0.75 \times 5.5\%) = 11.13\%$

市销率 $= \dfrac{74\% \times 4.7\% \times (1+6\%)}{11.13\% - 6\%} \approx 0.7187$

若 B 公司和 A 公司是类似企业，今年实际每股收入为 1 元，根据 A 公司的本期市盈率对 B 公司进行估值，其股票价值是多少？

解：B 公司股票价值＝目标公司本期每股收入×可比企业本期市盈率＝1×0.718 7＝0.718 7(元/股)

思考题

1. 公司价值有哪些表现形式？公司价值评估的目的是什么？
2. 哪些情况需要对公司价值进行评估？
3. 说明现金流量折现模型的种类与主要参数。
4. 如何运用现金流量折现模型评价公司价值？
5. 简述相关估价法的基本原理和常用参数。
6. 简述实体价值和股权价值的含义与区别。
7. 企业的整体价值观念体现在哪些方面？
8. 少数股权价值与控股权价值的区别是什么？

练习题

一、单选题

1. 甲公司 2016 年每股收益 0.8 元，每股分配现金股利 0.4 元。如果公司每股收益增长率预计为 6％，股权资本成本为 10％，股利支付率不变，公司的预期市盈率是（　　）。
   A. 8.33　　　　　　B. 11.79　　　　　　C. 12.50　　　　　　D. 13.25

2. 在对企业价值进行评估时，下列说法中不正确的是（　　）。
   A. 实体现金流量是企业可提供给全部投资人的税后现金流量之和
   B. 实体现金流量＝税后经营净利润＋折旧与摊销－经营性营运资本增加－资本支出
   C. 实体现金流量＝营业现金净流量－资本支出
   D. 实体现金流量＝股权现金流量＋税后利息支出

3. 下列关于相对价值估值模型适用性的说法中，错误的是（　　）。
   A. 市盈率估值模型不适用于亏损的企业
   B. 市净率估值模型不适用于资不抵债的企业
   C. 市净率估值模型不适用于固定资产较少的企业
   D. 市销率估值模型不适用于销售成本率较低的企业

4. 甲公司采用固定股利支付率政策，股利支付率为 60％，2016 年甲公司每股收益 3 元，预期可持续增长率为 5％，股权资本成本为 13％，期末每股净资产为 20 元，没有优先股，2016 年年末甲公司的本期市净率为（　　）。
   A. 1.12　　　　　　B. 1.08　　　　　　C. 1.18　　　　　　D. 1.24

5. 下列有关企业公平市场价值的表述不正确的是（　　）。
   A. 企业的公平市场价值应当是续营价值与清算价值中较高的一个
   B. 一个企业持续经营的基本条件，是其持续经营价值超过清算价值
   C. 依据理财的"自利原则"，当未来现金流量的现值大于清算价值时，投资人通常会

选择持续经营

D. 如果现金流量下降，或者资本成本提高，使得未来现金流量现值低于清算价值，则企业必然要进行清算

6. 使用股票市价模型进行企业价值评估时，通常需要确定一个关键因素，并用此因素的可比企业平均值对可比企业的平均市价比率进行修正。下列说法中正确的是（　　）。

A. 修正市盈率的关键因素是每股收益
B. 修正市盈率的关键因素是股利支付率
C. 修正市净率的关键因素是权益净利率
D. 修正市销率的关键因素是增长率

7. 市净率的关键驱动因素是（　　）。

A. 增长潜力　　　　B. 销售净利率　　　　C. 权益净利率　　　　D. 股利支付率

8. 如果企业停止运营，此时企业的清算价值是（　　）。

A. 财产的变现价值
B. 财产的账面价值
C. 财产的未来现金流量的现值
D. 财产的相对价值

9. 利用市盈率模型所确定的企业价值是企业的（　　）。

A. 账面价值　　　　B. 内在价值　　　　C. 相对价值　　　　D. 清算价值

10. 甲股票当前的市场价格是 40 元，最近一期每股收益为 2 元，预期每股收益增长率为 5%，则该股票的内在市盈率为（　　）。

A. 19.05　　　　B. 20　　　　C. 21　　　　D. 21.05

二、多选题

1. 下列关于企业价值的说法中，错误的有（　　）。

A. 企业的实体价值等于各单项资产价值的总和
B. 企业的实体价值等于企业的现时市场价格
C. 企业的实体价值等于股权价值和净债务价值之和
D. 企业的股权价值等于少数股权价值和控股权价值之和

2. 以下关于企业公平市场价值的表述中，正确的有（　　）。

A. 公平市场价值就是未来现金流量的现值
B. 公平市场价值就是股票的市场价格
C. 公平市场价值是股权的公平市场价值与净债务的公平市场价值之和
D. 公平市场价值应该是持续经营价值与清算价值中的较高者

3. 利用市净率模型估计企业价值，在考虑可比企业时，相比市销率模型共同应考虑的因素包括（　　）。

A. 销售净利率　　　　　　　　B. 股利支付率
C. 风险　　　　　　　　　　　D. 权益净利率

4. 价值评估的一般对象是企业整体的经济价值，而企业整体的经济价值具备的特征有（　　）。

A. 整体价值是企业各项资产价值的汇总
B. 整体价值来源于企业各要素的有机结合
C. 可以单独存在的部分，其单独价值不同于作为整体一部分的价值
D. 如果企业停止运营，不再具有整体价值

5. 企业预期收益的预测应与企业适用的（　　）保持一致。
   A. 会计政策　　　　B. 管理政策　　　　C. 利润分配政策　　　　D. 税收政策

三、判断题

1. 进行企业价值评估时，按照市价/净利比率模型可以得出目标企业的内在价值。（　　）
2. 从企业价值评估的角度来看，非上市公司与上市公司的差别主要体现在变现能力。（　　）
3. 由于价值评估具有科学性和客观性，所以其结论对企业来讲具有长远意义。（　　）
4. 企业价值评估的一般对象是企业的持续经营价值。资产负债表的"资产总计"是单项资产价值的合计，即企业作为整体的价值。（　　）
5. 即使在稳定状态下，实体现金流量、股权现金流量和销售收入的增长率也可能不同。（　　）
6. "经营现金毛流量"是指在没有资本支出和经营营运资本的情况下，企业可以提供给投资人的现金流量总和。（　　）
7. 企业的公平市场价值就是股票的市场价格。（　　）
8. 利用市净率模型和市销率模型估计企业价值时，应共同考虑的因素包括股利支付率和风险。（　　）
9. 如果企业停止运营，此时企业的清算价值是财产的变现价值。（　　）
10. 利用市盈率模型所确定的企业价值是企业的账面价值。（　　）

四、计算题

1. A公司是一家制造医疗设备的上市公司，每股净资产是4.6元，预期股东权益净利率是16%，当前股票价格是48元。为了对A公司当前股价是否偏离价值进行判断，投资者收集了以下4个可比公司的有关数据如表13-2所示。

表13-2　4家可比公司的相关数据

可比公司名称	市　净　率	预期股东权益净利率（%）
甲	8	15
乙	6	13
丙	5	11
丁	9	17

要求：
(1) 使用市净率（市价/净资产比率）模型估计目标企业股票价值时，如何选择可比企业？
(2) 使用修正市净率的股价平均法计算A公司的每股价值。
(3) 分析市净率估价模型的优点和局限性。

2. B公司是一个规模较大的跨国公司，目前处于稳定增长状态。2016年每股净利润为13.7元。根据全球经济预期，长期增长率为6%，预计该公司的长期增长率与宏观经济相同，为维持每年6%的增长率，需要每股股权本年净投资11.2元。据估计，该企业的股权资本成本为10%。请计算该企业2016年每股股权现金流量和每股股权价值。

3. 假定社会平均资金收益率为 12%，无风险报酬率为 10%，被评估企业所在行业的平均风险与社会平均风险的比率为 1.5，求被评估企业适用的折现率。

4. 甲企业今年的每股净利是 0.5 元，分配股利 0.35 元/股，该企业净利润和股利的增长率都是 6%，β 值为 0.75。政府长期债券利率为 7%，股票市场的平均风险附加率为 5.5%。

要求：

(1) 计算该企业的本期市盈率和预期市盈率。

(2) 如果乙企业与甲企业是类似企业，今年的实际每股收益为 1 元，未来每股收益增长率为 6%，分别采用本期市盈率和预期市盈率计算乙企业的股票价值。

案例分析

2012 年年底，国内某乳品公司为了快速发展，与一国际投资银行签订了融资协议，具体内容包括：2013 年 1 月 1 日，该投资银行出资 2 亿元人民币，其中 1 亿元以 2 元每股的价格认购乳品公司的普通股股票，另外 1 亿元购买乳品公司的特种债券，该债券期限为 6 年，年利率为 2%，不计复利，每年付息，到期还本。同时投资银行与乳品公司签订了有关企业经营的协议：融资开始后的三年中的每一年，乳品企业的净利润要比上一年增长 15%，每一个不能达到增长要求的年份，投资银行都会将 20% 的特种债券以对应 2 元每股的价格转换为普通股股票。2016 年年初，该投资银行计划将其持有的乳品公司的所有权益（包括股权和债权）一次性转让，某评估机构对这部分权益进行了评估，以下是该评估机构收集和测算的部分数据：

(1) 评估基准日：2016 年 1 月 1 日，评估基准日之前产生的股权及债权收益已经结清；

(2) 乳品公司 2012 年、2013 年、2014 年、2015 年的净利润分别为 5 000 万元、6 000 万元、7 000 万元、8 000 万元，2015 年的每股收益是 0.8 元；

(3) 预测评估基准日后前三年每股收益保持每年 10% 的增长，之后进入平稳发展时期，每股年金收益为评估基准日后第三年的每股收益；

(4) 考虑风险报酬率的差异，债权和股权使用折现率分别为 5% 和 10%。

问题：请通过分析得出权益最后的估值。

第十四章 国际财务管理

> **学习目标**
>
> 掌握外汇市场和外汇风险的概念及构成；了解国际融资管理、国际投资管理、国际营运资本的概念和主要内容；了解国际财务管理的特定目标及国际财务管理的重要性。

第一节 外汇市场和外汇风险

一、外汇市场

▶ **1. 外汇市场及外汇交易**

由于各国货币制度不同，所以，为了使不同货币间的清算得以顺利进行，就必须解决各国货币之间的兑换问题，即买卖不同的货币，也就是进行外汇买卖。进行外汇买卖要有一定的场所，这就形成了外汇市场。

狭义的外汇市场是指银行间的外汇买卖。外汇银行与客户之间的交易所产生的结果必然有买卖差额，银行本身经过抵冲，其结果可能出现头寸过剩或头寸不足，根据不同的差额，银行就可以在外汇市场上进行抛售或买进，以避免汇率变化所带来的损失。

外汇交易按有无固定场所分为两种形式：一是定点交易，指凡是参加外汇交易的代表，在一定时期内集中于外汇交易场所进行交易。外汇交易就是在交易所内通过公开喊价、拍卖的方式进行的。外汇市场的首创者是美国芝加哥商品交易所的国际货币市场，它成立于1972年5月。此外，有固定场所的外汇市场还有法国的巴黎、德国的法兰克福、比利时的布鲁塞尔等。二是非定点交易，即买卖双方通过电话、电传等通信手段进行交易，如伦敦外汇市场采用的就是这种交易方式。这种交易一般能在1~2分钟内结束讨价还价，达成口头协议。目前，除德国、法国等少数国家的外汇市场外，多数国家的外汇市场都脱离了交易所，成为没有固定场所的无形市场。

2. 外汇市场的组成部分

(1) 外汇银行。通常包括专营或兼营外汇业务的本国银行、外汇银行分行或代办处，以及其他金融机构。外汇银行不仅是外汇供求的主要中介人，而且它们自己也向客户买卖外汇，外汇银行在外汇市场中占据着主要地位。

(2) 外汇经纪商。在外汇市场上进行买卖的主要是商业银行，不仅交易额大，且交易频繁。为了促进它们之间的交易，出现了专门从事介绍成交的外汇经纪人。外汇经纪人自己不买卖外汇，而是通过同外汇银行的密切联系了解外汇供求情况，促进供需双方成交，从中收取手续费。

(3) 中央银行。各国政府为了防止国际短期资金的大量流动对外汇市场的猛烈冲击，往往由中央银行对外汇市场加以干预，即在市场外汇短缺时大量抛售，在外汇过多时大量买进，从而使本国货币的汇率不会发生剧烈的变动。因此，中央银行不仅是外汇市场的成员，而且还是外汇市场的实际操纵者。

此外，还有外汇的实际需求者和供应者，以及外汇投机者参与外汇市场。

3. 外汇市场的作用

(1) 清算作用。国际间的政治、经济、文化往来都会产生国际间的货币支付行为。为实现国际间债权债务关系的清偿与支付，必须借助于外汇和外汇市场。外汇本身就是国际间经济往来的支付手段和清算手段，所以，清算作用是外汇市场的基本作用。

(2) 授信作用。外汇银行是外汇市场的主要参与者，由于银行经营外汇业务，这就可能利用外汇收支的时间差，为进出口商提供贷款。

(3) 套期保值作用。套期保值就是保值性的期货买卖，即为使一项外汇收入不会因为今后汇率的变动而遭受损失而进行的期货买卖。套期保值对进口商来说非常必要。例如，某出口商有一笔远期外汇收入，为了避开汇率变化可能导致的风险，可将该笔外汇进行期货买卖；反之，进口商可在外汇市场购入外汇期货，以备将来支付之需。

(4) 抵税作用。所谓投机，即预测外汇价格变动而买卖的行为。在外汇期货市场上，投资者利用汇价的变动来牟利，便产生了"多头"和"空头"。"多头"就是预计某种外汇的价格将上涨，即按当时的价格买入，而使远期交易到期，该种外汇价格上涨时，再按"即期"价格立即卖出，就可牟取差额。"空头"就是预计某种外汇的价格将下跌，即按"即期"价格买进补入。这种投机活动，是以不同时间外汇行情的波动为前提而进行的。

二、外汇风险

(一) 外汇风险的概念和构成

1. 外汇风险的概念

外汇风险，也称汇率风险或外汇暴露，是指在一定时期的经济交往中，经济实体或个人以外币计价的资产或负债由于汇率变动而引起的价值变动。外汇风险有广义和狭义之分：广义的外汇风险包括汇率风险、国家风险、制度风险和信用风险等；狭义的外汇风险仅指汇率风险。这里讨论的外汇风险主要是指狭义的外汇风险。

2. 外汇风险的构成

(1) 外汇风险的对象。需要指出的是，不是所有的个人或经济实体所持有的外币资产和负债都要承担外汇风险。从国际外汇市场的业务来看，只有买卖盈亏未能抵消的那部分资产或负债，才面临着汇率波动的风险。人们将这部分承受外汇风险的外币金额称为外币敞口或受险部分。具体地说,风险头寸就是外汇持有头寸中的"超卖"或"超买"的部分,在企业经营中表现为外币资产不相符的部分,例如,外币资产不等于外币负债,或者虽然外币的资产或负债相等,但是期限的长短不同。

(2) 外汇风险的构成因素。外汇风险有三个构成因素:本币、外币和时间。一个经济实体在开展国际业务时所发生的业务包括外币应收和应付账款、外币资本的借出和借入等,都需要使用本币进行结算,以便考核其经营成果。通常情况下,上述业务的最后偿付都有一个期限。一般来说,外币账款的时间因素与外汇风险之间存在正相关关系,即时间越长,汇率在此期间波动的可能性越大,外汇风险就相对越大;时间越短,汇率在此期间波动的可能性越小,外汇风险就越小。缩短一笔外汇业务的收付时间可以减缓外汇风险,但不能消除外汇风险,因为本币和外币之间兑换的汇率波动的风险(价值风险)还存在。要想消除外汇风险,就意味着既要消除价值风险,又要消除时间风险。

(二) 外汇风险的类型

涉及国际化经营的企业与单纯经营国内市场的企业相比,要面临很多不确定的因素,其中汇率变动的风险就是国际企业经常面临的金融风险之一。汇率风险可以分为交易风险、折算风险和经济风险。

▶ 1. 交易风险

交易风险是指在以外币计价的交易中,由于外币和本币之间汇率的波动使交易者蒙受损失的可能性,也就是应收账款与应付账款价值变化的风险。交易风险可分为外汇买卖风险和交易结算风险。

(1) 外汇买卖风险。外汇买卖风险又称金融性风险,产生于本币和外币之间的反复兑换。这种风险产生的前提条件是交易者一度买进或卖出外汇,后来又反过来卖出或买进外汇。银行的外汇风险主要是外汇买卖风险,因为外汇银行的交易几乎都是外汇买卖,即外币现金债券的买卖。银行以外的企业有时也面临外汇买卖风险,它主要存在于以外币进行借贷款或伴随外币借贷而进行外币交易的情况。

(2) 交易结算风险。交易结算风险又称为商业性风险,是指以商业信用的方式购买或销售以外币计价的商品或劳务时,在货物装运或劳务提供之后,而贷款或劳务费用尚未收支期间外汇汇率变化所发生的风险。

▶ 2. 折算风险

折算风险,又称会计风险或转换风险,是指企业在会计处理和外币债权、债务结算时,将必须转换成本币的各种外币计价项目加以折算时所产生的风险。企业会计通常是以本国货币表示一定时期的营业状况和财务内容,企业的外币资产、负债、收益和支出,都需要按一定的会计准则换算成本国货币来表示,折算风险就是将外币债权、债务折算成本币时,由于使用的汇率与当初入账时的汇率不同而产生的账面上损益方面的差异。虽然折算风险所产生的损益并不是实际损失,但它会影响到企业向股东和社会所公布的营业报告书的结果。

▶ 3. 经济风险

经济风险又称经营风险,是指由于意料之外的汇率变动,使企业在将来特定时期的收益发生变化的一种潜在的可能性。经济风险是因为汇率变动而产生的,这种潜在的风险会直接关系到企业在海外的经营成果。公司的价值主要取决于它能带来的现金流量,而汇率的变动又通过影响企业的生产成本、销售价格,进而引起产销数量的变化,并由此最终带来获利状况的变化。汇率的波动不但会影响外币现金流兑换为本币之后的价值幅度，还会影响到外币现金流本身的价值幅度。

第二节 国际融资管理

一、国际融资的定义

融资指资金在不同持有者之间的融通，目的在于调剂余缺。经济个体为了满足本身的发展需求，往往需要融资。融资可以以各种形式存在：货币资金与货币资金之间的融通、实物资金与货币资金之间的融通、实物货币与实物货币之间的融通。资金的融通发生在不同国家的持有者之间，就变成了国际融资。

对国际融资概念的理解，应包括以下几个方面。

▶ 1. 国际融资的发生是围绕国际金融市场的一种筹资行为

国际金融市场是在资本主义向垄断阶段发展的过程中，根据资本主义经济发展的需要，在具备一定条件的国内金融市场的基础上形成和发展起来的。国际金融市场由于具有庞大的资金吸引力和比较完善的组织力，因此能够大量集中国际上的可用资金，同时为国际范围的融资提供成熟的规则制裁和结算信贷等业务流程，提高国际融资的效率，带动融资的国际化进程。从国际融资的角度来看，比较重要的国际金融市场包括以下几个方面。

（1）国际货币市场。国际货币市场主要针对的是短期资金借贷的市场，短期资金借贷是指一年之内的所有融资活动，包括短期信贷、贴现、短期票据等。其中欧洲货币市场是国际融资活动最活跃的市场，这个市场没有政府干预，不受任何一国政府或国际机构的法规政策的绝对约束，因而形成了较大的规模。欧洲货币市场的主要融资方式是银行间短期资金拆借，其中美元占了 50%，它可以迅速地把资金吸引到全球需求最旺盛的地方。

（2）国际资本市场。国际资本市场是指经营期限在一年以上的资金借贷市场，包括银行中长期贷款市场和证券市场。资金需求者通过发行证券（股票、长期债权、衍生证券等）在证券市场上进行融资。规模最大的证券市场是欧洲证券市场，它的市场容量大、发行费用低、程序简易、安全性和流动性高、管制性低，因而是企业、政府进行长期融资的较好选择。

（3）国际外汇市场。国际外汇市场是各个外汇经营机构、企业和个人进行外汇买卖与调剂的市场，它不是融资市场，只通过银行系统从事不同货币的兑换和支付手段的交易，受国际货币制度和各国汇率的支配和制约。随着经济的发展，各国之间的贸易投资等活动对外汇需求的极大增长促进了这个市场的形成。虽然也有一些外汇市场是有形的交易所（如巴黎外汇市场），但大部分外汇市场还是以无形的形式存在的，通过电话等通信方式来进行交易。其中，纽约外汇市场是最活跃的国际外汇市场，主要是因为美国没有外汇管制，且有最大的进出口贸易量。

▶ 2. 国际融资、跨国机构、国际贸易

从国际融资的发展历史来看，早期的国际融资与早期的跨国银行几乎同时产生，它们的起源可以追溯到 12 世纪。国际融资伴随着国际贸易的发展而发展，和现代银行有着同样悠久的历史。

纵观从12世纪到18世纪国际银行业发展的初级阶段，国际贸易与跨国银行相互依靠、共同发展，并培育和壮大了国际贸易融资这一当时国际融资的主要形式。

从现代来看，跨国机构里面的跨国银行依旧是国际融资的行为主体。国际贸易的扩大与国际融资息息相关。

▶ 3. 国际融资同样具有成本和风险

国际融资与国内融资相比更具有优势，体现在融资量、融资方式、融资成本等方面。但是，国际融资的成本和风险也是很明显的，包括以下几个方面：

(1) 由于各国政府采用不同的政策干预以及不同的经济、社会、技术等因素的影响，国际资本市场被细分为诸多有差异的市场，一次不同来源的资金，由于不同的税制、补贴、配额等造成了差异成本，而预估这些成本的费用也要比一般的国内融资多。

(2) 任何一笔国际融资针对特定的企业都会产生其特定的风险，因此必须做到风险防范和控制以及风险管理，才能减少损失。

外汇风险是国际融资中最基本的一种风险，是指由于汇率发生意料之外的变动而导致风险损失的可能性。外汇风险主要有交易风险、折算风险和经营风险。融资主体通过对本币、外币或时间的控制可以减少这种风险。

政治风险是指本国或其他相关国家的政治、社会等因素发生意外变动而导致经济损失的可能性。这就要求融资主体要对不同的国家有不同理解，做出合适的融资选择。

二、国际融资的分类

根据不同的标准，国际融资可以进行不同的分类。

▶ 1. 按融资方式划分

(1) 直接融资。直接融资是指资金融通是由资金供应者与资金需求者直接协商，或通过经纪人(只收取佣金)把双方结合起来进行的融资。前一种的局限性很大，受融资的时间、地点、范围、融资双方信贷方向和财资数量的限制，主要发生在进出口贸易中的T/T、最终借款人和最终贷款人之间的货币借贷等；后一种主要是通过证券公司发行或经销企业证券实现的。

(2) 间接融资。间接融资是指通过金融中介(银行或保险公司、投资公司等非银行金融机构等)进行的资金融通。金融中介主要通过吸收存款、保险金或信托投资金等方式从资金供给方汇集资金，同时通过发放贷款或购买原始有价证券等方式将所汇集的资金转移到资金需求方。金融中介尤其是银行，能够在很大程度上克服直接融资中产生的各种限制，使资金突破了数量、时间、期限、信贷方向等方面的局限。

▶ 2. 按融资期限划分

(1) 短期融资，指期限在1年之内的资金融通，这种融资的周转期较短，如银行同业拆借、短期证券等。

(2) 中期融资，指期限在1~5年之间的资金融通。

(3) 长期融资，指期限在5年以上的资金融通，最长可达50年。

▶ 3. 按融资目的划分

(1) 贸易融资。贸易融资是指与国际贸易有直接关系的融资。出口商和进口商在整个进出口过程中都想获得风险小、成本低的资金融通。这种融资行为可以看作对国际贸易的金融支持,其短期行为表现为对进出口商的短期资金融通,如商业信用、银行信用;其长期行为表现为对进出口商的长期资金融通,时间一般在一年以上,最典型的是出口信贷。出口国银行向本国出口商、外国进口商或进口国银行提供利率较低的贷款,以满足外国进口商支付从贷款国进口机器设备、技术和劳务等款项的需要,如出口国向本国银行申请获得买方信贷、进口商从出口方获得买方信贷等。

(2) 项目融资。项目融资是指为特定的工程项目融通资金。项目融资的资金需求量最大,风险也很大,因此一般是中长期融资,且需成立一个项目公司,具有独立的法人资格,称为项目贷款的直接债务人。项目所需资金大部分来自项目贷款,项目贷款的偿还资金来自项目收入和项目本身的资产。

(3) 一般融资。一般融资泛指既不与进出口贸易、又不与特定工程项目直接联系的融资,往往是出于克服资金短缺、调剂外汇资金、弥补国际收支逆差、维持货币汇率等原因,其主体可以是国家政府、国际金融机构或企业。

▶ 4. 按融资资金来源划分

(1) 政府融资。政府融资是指融资的资金来自各国政府的财政预算,如某国政府利用本国财政预算资金向另一国政府提供长期优惠贷款。政府融资主要是发达国家向发展中国家提供贷款,在很大程度上受到两国之间政治关系的影响。这种贷款可能与商品采购或指定工程项目有关。

(2) 国际金融机构融资。国际金融机构融资是指融资资金来自国际金融机构,如国际货币基金组织、世界银行、国际开发协会、亚洲开发银行等,由它们向成员国提供贷款,促进成员国经济的发展。

(3) 国际商业银行融资。国际商业银行融资是指资金来自国际商业银行。这种贷款一般不指定贷款用途,期限比较灵活,贷款成本较高,多为浮动利率。

(4) 国际租赁融资。国际租赁融资是指融通资金来自国际租赁公司,由它向承租人提供融资性租赁。

国际融资方式往往随着经济的发展和需求不断地发生创新和变化,从而产生新的融资方式和融资工具。

三、国际融资的特点

经过近百年的发展,国际融资已经形成了比较完善的体系,也具有了自身的特点和趋势。除了具有一般融资的基本特征——偿还性和生息性以外,随着世界经济一体化的发展,国际融资也产生了一些新的特征。充分认识这些特征,对于我们在国际金融市场上进行融资有很大的指导作用。

▶ 1. 国际融资的管制逐渐放松,为国际融资提供了宽松的环境

由于国际融资的主体分属于不同的国家,不同的国家会出于本国的政治、经济利益考虑,为了平衡国内的国际收支,贯彻执行本国的货币政策,以及管理本国金融机构,对本国融资主体对外从事的融资行为在法律上、政治上或措施上加以干预和管制,包括对融资主体的管制、对融资客体的管制和对融资条件的管制。我国对国际融资的管制主要体现在利用国外借款方面,措施包括国家授权制度、计划与审批制度、登记管理制度、税收制度等。然而近年来随着国际经济的发展和中国加入WTO,管制逐渐放松,这与世界总体趋势是一样的。

第二次世界大战后不久,主要西方国家就逐步放松了对资本流动的管制,使资本在国际间自由流动的程度得到提高。从20世纪80年代起,西方国家再次出现了放松对金融和外汇的管制的浪潮。同时WTO的成立也对服务贸易中的金融业发展和国际融资方式的发展产生了很大的影响。自由化的影响使得国际融资发生了激烈的斗争,国际融资得到了极大的发展。逐渐放松的管制有力地促进了国际融资的进步,形成了现在的国际融资。

▶ **2. 国际融资的风险要大于国内融资的风险**

国际融资的风险要大于国内融资的风险,这些风险主要源于国际融资主客体的复杂性。国际融资主体涉及别的国家中的融资主体,主要包括居民、非居民、金融机构和非金融机构。国际融资的客体可以是融资需求方所在国的货币、融资供给方所在国的货币、第三国货币,甚至是国际性综合货币单位(如 SDRS、ECU),但必须是可兑换货币。这些都会带来新的风险。

国家风险包括两个方面:国家从其自身利益出发,实行国家管制,如资金冻结、外汇管制等;融资相关国家发生国家危机,如政变、天灾等。这些都会使国际融资的供给方蒙受巨大的损失。国家风险具有很大的随机性,一般很难估计。虽然现在每年都会对各个国家进行风险评估,但是到现在为止,这个问题还很难解决。

无论是选择第三国货币还是相关国货币,总有至少一方是外汇风险承受方。一旦汇价发生变动,就会对借款人的偿债负担和能力及贷款人按期收回贷款和债券收益产生影响。

▶ **3. 融资工具和方式发生变化**

20世纪80年代以来,世界经济发生了深刻的变化,科技的高速发展,信息时代的到来,使得世界经济迅速向一体化、自由化的方向发展。经济的国际化要求国际融资机制不断创新,追求更好的融资工具和融资服务。同时,20世纪70年代的国际经济处于一个国际金融市场汇率频繁动荡、利率起伏不定的环境,80年代的全球债务危机、1997年的东南亚经济危机,使得国际融资的风险增大。资金供给方还要另外承担各种波动风险,因此,对国际融资过程中资金安全性的追求成为融资工具创新的巨大动力。另外,国家管制的放松导致了国际金融机构之间的激烈竞争,为了争夺客户和市场,新的金融融资工具也随之产生。多方面的原因导致融资工具发生变化:新的融资工具和融资方式大量产生,并且逐渐替代传统的融资工具和融资方式。

20世纪80年代末之前,跨国银行、跨国公司都曾进行大量的国际信贷融资,但随着发达国家经济衰退导致信贷泡沫的产生,同时巴塞尔协议对银行信贷做出了间接的要求,各方面导致国际融资中国际信贷不断衰退,其在国际融资中的比重逐渐下降。而与之相反的是,国际证券融资却在近年来迅速崛起,成为一种主要的国际融资方式。

国际证券融资包括债券融资和股票融资两大类。国际证券化融资迅速发展的原因主要有三个:一是新的融资工具和融资方式产生,如零息无息债券、浮动利率票据等;二是全球的私有化浪潮,如国有企业私有化,导致了大量证券发行权的产生;三是发展中国家经济有了很大发展,其金融市场的国际化程度和自由化程度有了很大的提高。国际融资证券化是国际融资方式的一个较大转变,这一变化对国际融资产生了深刻的影响,改变了原本的单一化格局,开创了证券买卖,加速了资金的周转,使资金流向更有利的方向,大大地提高了国际融资的效率和规模。

▶ **4. 国际融资是范围更广、规模更大的融资**

与国内融资相比,国际融资的融资规模和范围要广得多。国际融资通过各种方式聚集了国际范围内的大量融通资金，并且在国际融资行为中活动的主体也更多。

20 世纪 90 年代以来，国际融资的一个重要特征就是一些作为机构投资者的银行机构和非银行金融机构在国际融资中的作用显著增强。这些跨国机构长期从事国际融资活动，形成了成熟的操作流程和大量的国际融通资本，成为一种基层融资主体。同时，经济全球化也产生了大批的跨国公司，这些跨国公司有着强大的资金需求量，也能提供大量的闲余资金。跨国机构和跨国公司单单在国内融资是难以达到其本身的要求的，它们只有在国际融资市场上才能找到与其规模相匹配的资源。甚至国家也可以作为融资方在国际融资中出现，而这在国内融资中都只是有限存在。

第三节 国际投资管理

一、国际投资的定义及分类

1. 国际投资的定义

国际投资指政府、企业、机构或个人为获取各种收益而进行的跨国投资。从国际投资的内容来看，国际投资的内容不仅包括金融资产，还有实物资产和无形资产。

2. 国际投资的分类

按投资期限，国际投资可分为 5 年以上的长期投资和 5 年以下的短期投资。

按资本来源和用途，国际投资可分为由政府或国际组织用于社会公共利益的公共投资和个人或经济组织出于盈利目的而进行的私人投资。

按投资方式，国际投资可分为国际合资投资、国际合作投资、国际独资投资、国际证券投资等。

除此之外，第二世界大战后又出现了一些新型的、比较灵活的国际投资方式，主要有国际风险投资、国际租赁、国际加工装配贸易、国际补偿贸易等形式。这些新型的投资方式，在当今的国际投资领域中同样占有重要地位，属产业资本的国际间流动。

二、国际投资与国内投资的不同

1. 投资主体不同

国内投资主体间的规模、资金实力、技术水平、管理经验有很大差异，而国际投资主体一般都是大型企业或跨国公司，从事国际投资的企业中虽然也有中型甚至小型企业，但它们在生产技术、经营管理和资金筹集等方面都具有较强的国际竞争力。一般来说，国际投资主体有以下特点：生产经营规模巨大，资金实力雄厚；技术先进；管理现代化；经营战略、运行机制和经营方式独特；经营活动对世界经济政治局势产生巨大影响。

2. 投资环境不同

国内投资面临的环境比较易于了解和适应，国际投资的环境则更加复杂和陌生。东道国的政治环境、经济环境、法律环境、文化环境、自然环境与国内环境相比，都可能存在明显差异，并对投资产生重大影响。

3. 生产要素流动的条件不同

在国际上生产要素的流动会遇到很多困难。例如，金融资产的流动性最好，却受到国家对外经济政策、国际货币供求关系的影响；原材料、机器设备的流动受到投资国和东道国外贸政策与运输条件等因素的制约；科学技术的流动，特别是当代一流的先进技术的流动，要受到技术输出国对外经济政策的影响；劳动力的流动受到国家法律的限制；土地则完全没有流动性。

4. 投资目的有所不同

国内投资的主要目的是通过投资活动增加资本投入，促进本国国民经济的发展和人民生活水平的提高；而国际投资的目的是多样性的，虽然通常是为了获得显著的经济效益，但也不排除国际投资的其他非经济性目的，如通过国际投资建立和改善双边或多边经贸关系，有的甚至带有很明显的政治目的。

5. 国际投资体现着一定的民族、国家的利益

虽然进行国际投资的主体往往是自然人或者法人，但对投资对象而言，却是来自不同的民族或国家。所以不论国际投资项目本身的动机是否带有政治目的，对于投资者和东道国来说，都或多或少地代表了本民族或本国家的利益，也就包括了双方利益的矛盾和冲突。

三、国际投资方式

国际投资方式是企业进行国际投资时所采用的具体形式，目前主要有国际合资投资、国际合作投资、国际独资投资、国际证券投资等。

1. 国际合资投资

国际合资投资是指某国投资者与另一国投资者通过组建合资经营企业的形式所进行的投资。合资经营企业通常是指两个或两个以上的不同国家或地区的投资者按照共同投资、共同经营、共负盈亏、共担风险的原则所建立的企业。

国际合资投资是国际投资的一种主要方式，其主要优点是：

（1）进行国际合资投资可减少企业的投资风险。进行合资经营，由东道国企业参加投资，东道国投资者毕竟对自己国家的经济情况了解得比较多，因而，能减少经营上的风险。

（2）由于与东道国投资者合资经营，共负盈亏，外国投资者除可享受特别优惠外，还可获得东道国对本国企业的优惠政策。

（3）通过进行合资投资，能迅速了解东道国的政治、社会、经济、文化等情况，并能学习当地投资者的先进管理经验，有利于加强企业管理，提高经济效益。

国际合资投资的缺点主要有两点：一是进行国际合资投资所需时间比较长。一般来说，进行合资投资必须寻找合适的投资伙伴，但这比较困难，需要较长时间。另外，在国外设立合资企业，审批手续比较复杂，需要的时间也比较长。二是很多国家都规定，外资股权不能超过50%，所以，国外投资者往往不能对合资企业进行完全控制。

2. 国际合作投资

国际合作投资是指通过组建合作经营企业的形式所进行的投资。合作经营企业又称契约式的合营企业，是指国外投资者与东道国投资者通过签订合同、协议等形式来规定各方的责任、权利、义务而组建的企业。

合作投资的优点：一是所需时间较短。兴办合作企业的申请、审批程序比较简便，合作经营的内容与方式没有固定格式，便于双方协商，容易达成协议。二是比较灵活。合作企业的合作条件、管理形式、收益分配方法以及合作各方的责任、权利、义务都比较灵活，均可根据不同情况，由合作各方协商，并在合同中加以规定。

合作投资的缺点主要是企业组织形式不像合资企业那样规范，合作者在合作过程中容易对合同中的条款发生争议，这都会影响合作企业的正常发展。

▶ 3. 国际独资投资

国际独资投资是指通过在国外设立独资企业的形式所进行的投资。独资企业是指根据某国的法律，经过该国政府批准，在其境内兴办的全部为外国资本的企业。

进行国际独资投资的优点：一是这种投资由投资者自己提供全部资本，独立经营管理，因而在资金的筹集、运用和分配上，都拥有自主权，不会受到其他干涉。二是有利于学习所在国的先进技术和管理经验，有利于使投资者在更广大的范围内来配置资源和生产能力。三是可利用各国税率的不同，通过内部转移价格的形式，进行合理避税。

进行国际独资投资的主要缺点：一是进行国际独资投资，对东道国的投资环境调查起来比较困难，不太容易获得详细的资料，因而，投资者承担的风险较大。二是在很多国家，独资企业设立的条件都比合资企业和合作企业要严格，特别是有些行业根本不允许独资企业进行经营，这也是独资企业的不利之处。

▶ 4. 国际证券投资

国际证券投资是指一国投资者，将其资金投资于其他国家的公司、企业或其他经济组织发行的证券上，以期在未来获得收益。对外证券投资是企业从事国际经营活动的起点之一。应当说，整个20世纪80年代，证券投资呈现一派繁荣景象，特别是1983—1987年之间，证券投资更是达到了前所未有的高潮。尽管1987年10月19日股票价格的猛跌给全球性的证券投资泼了冷水，但证券投资对国际企业仍具有很大的吸引力。

证券投资的优点：一是比较灵活方便。证券投资不像进行合资经营那样要经过谈判、协商和复杂的审批手续，只要有合适的证券，几乎可以立即进行投资。二是可以降低风险。国际证券在发行时一般要经过国际公认的资信评估机构确认发行人的资信等级，有的还需经过发行人所在国家的政府担保，因而，证券投资的风险一般要比合资、合作、独资投资的风险低。三是可增加企业资金的流动性和变现能力。企业持有国际证券，随时可将其转让出售变成现金，因而，投资于证券比投资于实物资产更具有流动性。

进行证券投资的缺点是，证券投资只能作为一种获得股利或利息的手段，而不能达到学习国外先进的科学技术和管理经验的目的。

第四节　国际营运资本管理

国内企业营运资本管理的基本原理，国际企业也适用，但因国际营运资本管理涉及外汇问题，所以更加复杂，决策时所需考虑的因素更多。为了降低资金流动的风险，节约资金转移成本和利息支出，国际企业应当充分利用其跨国经营的有利条件，实现营运资本管理的最优策略。这里介绍的主要是国际企业的现金管理、应收账款管理和存货管理的基本内容。

一、现金管理

▶ 1. 现金的集中管理

国际企业的现金管理方式,通常有分散管理和集中管理两种。由于国际企业跨国经营的特征和风险,大多数国际企业采用集中管理的方式。现金的集中管理是指国际企业的现金由一个财务中心实施统一管理与控制。现金集中地点通常是主要的金融中心或避税港国家。现金集中管理的好处主要有以下几点:

(1) 能将现金占有量压缩至最低限度,从而节约资金使用,加速资金周转。

(2) 便于集中进行短期投资,增加企业收益。

(3) 有利于从全局上考虑问题,防止各子公司出现次优化的决策。

(4) 有利于避免外汇风险。各国货币币值高低起伏,汇率波动很大,利率动荡不定,只有集中管理,从整体上考虑问题,才能尽量避免外汇风险。

▶ 2. 现金的组合管理

现金的组合管理是指国际企业的现金如何分配于各种可能性之间,这主要包括以下三个方面:

(1) 现金存在的形式。现金可以分配于备用金、活期存款、定期存款、有价证券等。它们各有利弊,应合理分配。

(2) 现金持有的币种。每个子公司的现金余额通常以所在地国家的货币形式持有,但由于通货膨胀或货币贬值,持有当地货币可能会遭受损失,为此,要兑换成其他币种。

(3) 现金持有的时间。有时现金持有的时间可能长达数月,有时可能只有几天或1天。

▶ 3. 差额结算管理

差额结算是指国际企业内部各子公司之间或总公司与子公司之间的往来项目,把各自的应收应付款相抵,用其净差额来进行实际结算的一种方法。这种方法可以减少往来结算中的资金流动,降低资金转移成本,同时避免不必要的币种转换,减少各个子公司对各种外币的需求。

二、应收账款管理

国内企业应收账款管理的基本原则在国际企业也适用,但国际企业在管理应收账款时,应特别注意以下问题。

▶ 1. 货币支付币种的选择

在国际销售中,支付货币的币种一般有三种:一是出口商货币;二是进口商货币;三是第三国货币。一般来说,出口商愿意采用强币进行结算,进口商愿意采用弱币结算。通常,经过双方协商,用软货币出口要适当提价,而用硬货币出口可适当压价。有时为了使双方减少风险,也可用软硬货币搭配成交。

▶ 2. 收账时间的选择

收账时间的选择与支付货款的币种的强度有关,支付是以弱币进行的,那么应在尽量短的时间内收回账款,以便减少外汇损失;反之,如果支付是以强币进行的,则收账时间可适当延长。

▶ 3. 利用政府代理避免坏账损失

政府代理是国家对出口信贷实行的一种担保制度。一个国家为扩大本国出口，对于出口企业赊销商品时，由国家设立的代理机构出面担保，当外国债务人拒绝付款时，国家有关机构要按承保的数额给予补偿。国际企业可以利用这些担保制度减少应收账款的坏账损失。

三、存货管理

国际企业也应利用其跨国经营的优势，合理安排存货的采购、存储，提高存货管理的效率。

▶ 1. 根据存货价格的变动趋势采取相应的对策

如果预测到某种存货的价格将要上涨，应提前进货，超额储备；反之，如果预测到某种存货的价格将要下降，则应推迟采购时间，减少储存数量。

▶ 2. 根据货币币值的变化趋势采取相应的对策

如果存货主要是进口商品，在预计到本国货币将要贬值时，应当增加零部件、材料的存量。因为如果本国货币贬值，会大大增加进口货物的成本，从而提高产品成本，削弱产品的价格竞争优势。

▶ 3. 根据不同国家成本差异的程度采取相应的对策

由于各国经营环境不同，不同国家存货的生产成本、储存成本、订货成本都有一定差异，这就要求国际企业必须实行灵活的存货管理政策。例如，国际企业可以利用某一特定国家低成本的好处，在一定期间内将其生产过程、储存过程乃至订货过程转移到那个国家去。

思考题

1. 对外直接投资决策分析包括哪些内容？
2. 企业进行国际证券投资的目的有哪些？
3. 简述出口信贷的特点与形式。
4. 企业从国外筹资有哪些方式？
5. 国际财务管理与世界财务管理有什么关系？

练习题

一、单选题

1. 国际证券组合投资可以降低(　　)。
   A. 系统风险　　　B. 非系统风险　　　C. 市场风险　　　D. 不可分散风险
2. 如果票面利率小于市场利率，此时债券应该(　　)发行。
   A. 溢价　　　　　B. 折价　　　　　　C. 平价　　　　　D. 以上答案都可以
3. 以下风险中最重要的是(　　)。
   A. 商品交易风险　B. 外汇借款风险　　C. 会计折算风险　D. 经济风险

4. 如果某项借款名义贷款期为 10 年，而实际贷款期只有 5 年，则这项借款最有可能采用的偿还方式是(　　)。
   A. 到期一次偿还　　　　　　　　B. 分期等额偿还
   C. 逐年分次等额还本　　　　　　D. 以上三种都可以

5. 一国政府、金融机构、公司等在某一外国债券市场上发行的不是以该外国的货币为面值的债券是(　　)。
   A. 普通债券　　B. 国内债券　　C. 欧洲债券　　D. 外国债券

6. 在对国外投资的子公司进行财务评价时，应扣除的子公司不可控因素不包括(　　)。
   A. 转移价格　　B. 利率波动　　C. 通货膨胀　　D. 汇率波动

7. 在国际技术转让中，利润分享率一般认为应是(　　)。
   A. 1/2　　B. 1/3　　C. 1/4　　D. 1/5

8. 美国 A 公司预测美元对英镑美元升值，美元对马克美元贬值，则 A 公司(　　)。
   A. 从英国的进口，应加快支付　　　B. 对英国的出口，应推迟收汇
   C. 从德国的进口，应推迟支付　　　D. 对德国的出口，应推迟收汇

9. "使用外资收益率"这一指标等于 1 减去(　　)。
   A. 可偿还期　　　　　　　　B. 外资偿还率
   C. 补偿贸易换汇率　　　　　D. 补偿贸易利润率

10. 国际商业银行贷款中不属于短期的是(　　)。
    A. 同业拆放　　B. 授信额度　　C. 流动资金贷款　　D. 国际银团贷款

11. 外汇风险的构成因素不包括(　　)。
    A. 外币　　B. 本币　　C. 时间　　D. 汇率变动

12. 进口商对出口商采用即期付款的方式发生在(　　)中。
    A. 买方信贷　　B. 卖方信贷　　C. 出口信贷　　D. 福费廷

13. 一国政府、金融机构、公司等在某一外国债券市场上发行的，以该外国的货币为面值的债券是(　　)。
    A. 普通债券　　B. 国内债券　　C. 欧洲债券　　D. 外国债券

14. 布雷顿森林体系可以概括为(　　)。
    A. 国际金本位制
    B. 黄金—美元本位制
    C. 以美元为中心的国际储备多元化和实行浮动汇率制的国际货币制度
    D. 以上三者都可以

15. 相当于出口商从出口国银行取得中长期贷款后，再向进口商提供延期付款商业信用的是(　　)。
    A. 买方信贷　　B. 卖方信贷　　C. 出口信贷　　D. 福费廷

16. 设某一国某一时期股票市场的月平均收益率为 0.57%，标准离差率为 4.84%，无风险利率(年利率)为 5%，则 SHP 指标的值为(　　)。
    A. 0.028　　B. 0.030　　C. 0.032　　D. 0.034

17. 在取得外汇借款时，最为合算的是(　　)。
    A. 利息率最低的货币　　　　B. 软货币
    C. 硬货币　　　　　　　　　D. 资金成本率最低的货币

二、判断题
1. 在国外办的子公司和分公司的主要区别是分公司具有东道国国籍，而子公司不具有。（　）
2. 国际财务管理学是着重研究企业如何进行国际财务决策，使所有者权益最大化的一门科学。（　）
3. 对于贷款银行来说，发放贷款时使用硬货币比较有利。（　）
4. 在对子公司的经济效益进行评价时，按剩余收益作为评价指标可以保持各子公司经营目标和公司总体目标相一致。（　）
5. 在国际技术转让价格的支付中，入门费必须一次付清。（　）
6. 我国人民币与外币的汇率采用间接标价法。（　）
7. 在国际融资租赁中，承租人有租赁设备采购的选择权。（　）
8. 国际财务管理是对企业跨国的财务活动进行的管理。（　）
9. 相同条件下，融资租赁中若在期初支付租金，数额会比期末支付租金大。（　）
10. 外国政府贷款利率较高，但可自由使用。（　）
11. 国际租赁对于承租人的缺点之一就是在租赁期内，租赁物仍属于出租人所有，所以要承担风险。（　）
12. 国际补偿贸易的偿还能力是指从事补偿贸易的企业对外资的还本付息能力，可以用偿还期这个指标来表示。（　）
13. 出口换汇成本是指每出口一元人民币成本的商品能换回多少外汇。（　）
14. 国际补偿贸易的形式中，直接产品补偿方式又可以称为"产品回购"。（　）
15. 在各种技术转让的方式中，普通许可的价格比独占性许可的价格要低。（　）
16. 国际财务管理与国际金融在研究角度上来说是相同的。（　）

三、计算题
我国甲公司在 B 国投资办一子公司，2016 年税前利润为 1 000 万 B 元，B 国所得税税率为 20%，子公司将税后利润的 60% 汇给甲公司作为股利。B 国对该子公司汇出的股利要征收 5% 的预扣税。甲公司还在 A 国办一分公司，该分公司 2016 年税前利润为 100 万 A 元，A 国所得税税率为 30%，我国所得税税率为 33%。汇率为 1B 元=5 元人民币，1A 元=2 元人民币。

要求：计算甲公司应向我国缴纳的所得税数额。

附　录

附录 A　复利现值系数表（PVIF 表）

期 数	1%	2%	3%	4%	5%	6%	8%	10%	12%
1	0.99	0.98	0.97	0.961	0.952	0.943	0.925	0.909	0.892
2	0.98	0.961	0.942	0.924	0.907	0.889	0.857	0.826	0.797
3	0.97	0.942	0.915	0.888	0.863	0.839	0.793	0.751	0.711
4	0.96	0.923	0.888	0.854	0.822	0.792	0.735	0.683	0.635
5	0.951	0.905	0.862	0.821	0.783	0.747	0.68	0.62	0.567
6	0.942	0.887	0.837	0.79	0.746	0.704	0.63	0.564	0.506
7	0.932	0.87	0.813	0.759	0.71	0.665	0.583	0.513	0.452
8	0.923	0.853	0.789	0.73	0.676	0.627	0.54	0.466	0.403
9	0.914	0.836	0.766	0.702	0.644	0.591	0.5	0.424	0.36
10	0.905	0.82	0.744	0.675	0.613	0.558	0.463	0.385	0.321
11	0.896	0.804	0.722	0.649	0.584	0.526	0.428	0.35	0.287
12	0.887	0.788	0.701	0.624	0.556	0.496	0.397	0.318	0.256
13	0.878	0.773	0.68	0.6	0.53	0.468	0.367	0.289	0.229
14	0.869	0.757	0.661	0.577	0.505	0.442	0.34	0.263	0.204
15	0.861	0.743	0.641	0.555	0.481	0.417	0.315	0.239	0.182
16	0.852	0.728	0.623	0.533	0.458	0.393	0.291	0.217	0.163
17	0.844	0.714	0.605	0.513	0.436	0.371	0.27	0.197	0.145
18	0.836	0.7	0.587	0.493	0.415	0.35	0.25	0.179	0.13

续表

期 数	1%	2%	3%	4%	5%	6%	8%	10%	12%
19	0.827	0.686	0.57	0.474	0.395	0.33	0.231	0.163	0.116
20	0.819	0.672	0.553	0.456	0.376	0.311	0.214	0.148	0.103
21	0.811	0.659	0.537	0.438	0.358	0.294	0.198	0.135	0.092
22	0.803	0.646	0.521	0.421	0.341	0.277	0.183	0.122	0.082
23	0.795	0.634	0.506	0.405	0.325	0.261	0.17	0.111	0.073
24	0.787	0.621	0.491	0.39	0.31	0.246	0.157	0.101	0.065
25	0.779	0.609	0.477	0.375	0.295	0.232	0.146	0.092	0.058
26	0.772	0.597	0.463	0.36	0.281	0.219	0.135	0.083	0.052
27	0.764	0.585	0.45	0.346	0.267	0.207	0.125	0.076	0.046
28	0.756	0.574	0.437	0.333	0.255	0.195	0.115	0.069	0.041
29	0.749	0.563	0.424	0.32	0.242	0.184	0.107	0.063	0.037
30	0.741	0.552	0.411	0.308	0.231	0.174	0.099	0.057	0.033
35	0.705	0.5	0.355	0.253	0.181	0.13	0.067	0.035	0.018
40	0.671	0.452	0.306	0.208	0.142	0.097	0.046	0.022	0.01
45	0.639	0.41	0.264	0.171	0.111	0.072	0.031	0.013	0.006
50	0.608	0.371	0.228	0.14	0.087	0.054	0.021	0.008	0.003

期 数	14%	15%	16%	18%	20%	25%	30%	35%	40%
1	0.877	0.869	0.862	0.847	0.833	0.8	0.769	0.74	0.714
2	0.769	0.756	0.743	0.718	0.694	0.64	0.591	0.548	0.51
3	0.674	0.657	0.64	0.608	0.578	0.512	0.455	0.406	0.364
4	0.592	0.571	0.552	0.515	0.482	0.409	0.35	0.301	0.26
5	0.519	0.497	0.476	0.437	0.401	0.327	0.269	0.223	0.185
6	0.455	0.432	0.41	0.37	0.334	0.262	0.207	0.165	0.132
7	0.399	0.375	0.353	0.313	0.279	0.209	0.159	0.122	0.094
8	0.35	0.326	0.305	0.266	0.232	0.167	0.122	0.09	0.067
9	0.307	0.284	0.262	0.225	0.193	0.134	0.094	0.067	0.048
10	0.269	0.247	0.226	0.191	0.161	0.107	0.072	0.049	0.034
11	0.236	0.214	0.195	0.161	0.134	0.085	0.055	0.036	0.024
12	0.207	0.186	0.168	0.137	0.112	0.068	0.042	0.027	0.017
13	0.182	0.162	0.145	0.116	0.093	0.054	0.033	0.02	0.012
14	0.159	0.141	0.125	0.098	0.077	0.043	0.025	0.014	0.008
15	0.14	0.122	0.107	0.083	0.064	0.035	0.019	0.011	0.006

续表

期 数	14%	15%	16%	18%	20%	25%	30%	35%	40%
16	0.122	0.106	0.093	0.07	0.054	0.028	0.015	0.008	0.004
17	0.107	0.092	0.08	0.059	0.045	0.022	0.011	0.006	0.003
18	0.094	0.08	0.069	0.05	0.037	0.018	0.008	0.004	0.002
19	0.082	0.07	0.059	0.043	0.031	0.014	0.006	0.003	0.001
20	0.072	0.061	0.051	0.036	0.026	0.011	0.005	0.002	0.001
21	0.063	0.053	0.044	0.03	0.021	0.009	0.004	0.001	0
22	0.055	0.046	0.038	0.026	0.018	0.007	0.003	0.001	0
23	0.049	0.04	0.032	0.022	0.015	0.005	0.002	0.001	0
24	0.043	0.034	0.028	0.018	0.012	0.004	0.001	0	0
25	0.037	0.03	0.024	0.015	0.01	0.003	0.001	0	0
26	0.033	0.026	0.021	0.013	0.008	0.003	0.001	0	0
27	0.029	0.022	0.018	0.011	0.007	0.002	0	0	0
28	0.025	0.019	0.015	0.009	0.006	0.001	0	0	0
29	0.022	0.017	0.013	0.008	0.005	0.001	0	0	0
30	0.019	0.015	0.011	0.006	0.004	0.001	0	0	0
35	0.01	0.007	0.005	0.003	0.001	0	0	0	0
40	0.005	0.003	0.002	0.001	0	0	0	0	0
45	0.002	0.001	0.001	0	0	0	0	0	0
50	0.001	0	0	0	0	0	0	0	0

附录 B 复利终值系数表（FVIF 表）

期数	1%	2%	3%	4%	5%	6%	8%	9%	10%
1	1.01	1.02	1.03	1.04	1.05	1.06	1.08	1.09	1.1
2	1.02	1.04	1.061	1.082	1.103	1.124	1.166	1.188	1.21
3	1.03	1.061	1.093	1.125	1.158	1.191	1.26	1.295	1.331
4	1.041	1.082	1.126	1.17	1.216	1.262	1.36	1.412	1.464
5	1.051	1.104	1.159	1.217	1.276	1.338	1.469	1.539	1.611
6	1.062	1.126	1.194	1.265	1.34	1.419	1.587	1.677	1.772
7	1.072	1.149	1.23	1.316	1.407	1.504	1.714	1.828	1.949
8	1.083	1.172	1.267	1.369	1.477	1.594	1.851	1.993	2.144
9	1.094	1.195	1.305	1.423	1.551	1.689	1.999	2.172	2.358
10	1.105	1.219	1.344	1.48	1.629	1.791	2.159	2.367	2.594
11	1.116	1.243	1.384	1.539	1.71	1.898	2.332	2.58	2.853
12	1.127	1.268	1.426	1.601	1.796	2.012	2.518	2.813	3.138
13	1.138	1.294	1.469	1.665	1.886	2.133	2.72	3.066	3.452
14	1.149	1.319	1.513	1.732	1.98	2.261	2.937	3.342	3.797
15	1.161	1.346	1.558	1.801	2.079	2.397	3.172	3.642	4.177
16	1.173	1.373	1.605	1.873	2.183	2.54	3.426	3.97	4.595
17	1.184	1.4	1.653	1.948	2.292	2.693	3.7	4.328	5.054
18	1.196	1.428	1.702	2.026	2.407	2.854	3.996	4.717	5.56
19	1.208	1.457	1.754	2.107	2.527	3.026	4.316	5.142	6.116
20	1.22	1.486	1.806	2.191	2.653	3.207	4.661	5.604	6.727
21	1.232	1.516	1.86	2.279	2.786	3.4	5.034	6.109	7.4
22	1.245	1.546	1.916	2.37	2.925	3.604	5.437	6.659	8.14
23	1.257	1.577	1.974	2.465	3.072	3.82	5.871	7.258	8.954
24	1.27	1.608	2.033	2.563	3.225	4.049	6.341	7.911	9.85
25	1.282	1.641	2.094	2.666	3.386	4.292	6.848	8.623	10.835
26	1.295	1.673	2.157	2.772	3.556	4.549	7.396	9.399	11.918
27	1.308	1.707	2.221	2.883	3.733	4.822	7.988	10.245	13.11
28	1.321	1.741	2.288	2.999	3.92	5.112	8.627	11.167	14.421
29	1.335	1.776	2.357	3.119	4.116	5.418	9.317	12.172	15.863
30	1.348	1.811	2.427	3.243	4.322	5.743	10.063	13.268	17.449
40	1.489	2.208	3.262	4.801	7.04	10.286	21.725	31.409	45.259
50	1.654	2.692	4.384	7.107	11.467	18.42	46.902	74.358	117.39

续表

期 数	12%	14%	16%	17%	18%	19%	20%	25%	30%
1	1.12	1.14	1.16	1.17	1.18	1.19	1.2	1.25	1.3
2	1.254	1.3	1.346	1.369	1.392	1.416	1.44	1.563	1.69
3	1.405	1.482	1.561	1.602	1.643	1.685	1.728	1.953	2.197
4	1.574	1.689	1.811	1.874	1.939	2.005	2.074	2.441	2.856
5	1.762	1.925	2.1	2.192	2.288	2.386	2.488	3.052	3.713
6	1.974	2.195	2.436	2.565	2.7	2.84	2.986	3.815	4.827
7	2.211	2.502	2.826	3.001	3.185	3.379	3.583	4.768	6.275
8	2.476	2.853	3.278	3.511	3.759	4.021	4.3	5.96	8.157
9	2.773	3.252	3.803	4.108	4.435	4.785	5.16	7.451	10.604
10	3.106	3.707	4.411	4.807	5.234	5.695	6.192	9.313	13.786
11	3.479	4.226	5.117	5.624	6.176	6.777	7.43	11.642	17.922
12	3.896	4.818	5.936	6.58	7.288	8.064	8.916	14.552	23.298
13	4.363	5.492	6.886	7.699	8.599	9.596	10.699	18.19	30.288
14	4.887	6.261	7.988	9.007	10.147	11.42	12.839	22.737	39.374
15	5.474	7.138	9.266	10.539	11.974	13.59	15.407	28.422	51.186
16	6.13	8.137	10.748	12.33	14.129	16.172	18.488	35.527	66.542
17	6.866	9.276	12.468	14.426	16.672	19.244	22.186	44.409	86.504
18	7.69	10.575	14.463	16.879	19.673	22.901	26.623	55.511	112.46
19	8.613	12.056	16.777	19.748	23.214	27.252	31.948	69.389	146.19
20	9.646	13.743	19.461	23.106	27.393	32.429	38.338	86.736	190.05
21	10.804	15.668	22.574	27.034	32.324	38.591	46.005	108.42	247.07
22	12.1	17.861	26.186	31.629	38.142	45.923	55.206	135.53	321.18
23	13.552	20.362	30.376	37.006	45.008	54.649	66.247	169.41	417.54
24	15.179	23.212	35.236	43.297	53.109	65.032	79.497	211.76	542.8
25	17	26.462	40.874	50.658	62.669	77.388	95.396	264.7	705.64
26	19.04	30.167	47.414	59.27	73.949	92.092	114.48	330.87	917.33
27	21.325	34.39	55.00	69.345	87.26	109.59	137.37	413.59	1 192.5
28	23.884	39.204	63.8	81.134	102.97	130.41	164.85	516.99	1 550.3
29	26.75	44.693	74.009	94.927	121.5	155.19	197.81	646.24	2 015.4
30	29.96	50.95	85.85	111.07	143.37	184.68	237.38	807.79	2 620
40	93.051	188.88	378.72	533.87	750.38	1 051.7	1 469.8	7 523.2	36 119
50	289	700.23	1 670.7	2 566.2	3 927.4	5 988.9	9 100.4	70 065	497 929

附录 C 年金现值系数表（PVIFA 表）

期 数	1%	2%	3%	4%	5%	6%	8%	10%	12%
1	0.99	0.98	0.97	0.961	0.952	0.943	0.925	0.909	0.892
2	1.97	1.941	1.913	1.886	1.859	1.833	1.783	1.735	1.69
3	2.94	2.883	2.828	2.775	2.723	2.673	2.577	2.486	2.401
4	3.901	3.807	3.717	3.629	3.545	3.465	3.312	3.169	3.037
5	4.853	4.713	4.579	4.451	4.329	4.212	3.992	3.79	3.604
6	5.795	5.601	5.417	5.242	5.075	4.917	4.622	4.355	4.111
7	6.728	6.471	6.23	6.002	5.786	5.582	5.206	4.868	4.563
8	7.651	7.325	7.019	6.732	6.463	6.209	5.746	5.334	4.967
9	8.566	8.162	7.786	7.435	7.107	6.801	6.246	5.759	5.328
10	9.471	8.982	8.53	8.11	7.721	7.36	6.71	6.144	5.65
11	10.367	9.786	9.252	8.76	8.306	7.886	7.138	6.495	5.937
12	11.255	10.575	9.954	9.385	8.863	8.383	7.536	6.813	6.194
13	12.133	11.348	10.634	9.985	9.393	8.852	7.903	7.103	6.423
14	13.003	12.106	11.296	10.563	9.898	9.294	8.244	7.366	6.628
15	13.865	12.849	11.937	11.118	10.379	9.712	8.559	7.606	6.81
16	14.717	13.577	12.561	11.652	10.837	10.105	8.851	7.823	6.973
17	15.562	14.291	13.166	12.165	11.274	10.477	9.121	8.021	7.119
18	16.398	14.992	13.753	12.659	11.689	10.827	9.371	8.201	7.249
19	17.226	15.678	14.323	13.133	12.085	11.158	9.603	8.364	7.365
20	18.045	16.351	14.877	13.59	12.462	11.469	9.818	8.513	7.469
21	18.856	17.011	15.415	14.029	12.821	11.764	10.016	8.648	7.562
22	19.66	17.658	15.936	14.451	13.163	12.041	10.2	8.771	7.644
23	20.455	18.292	16.443	14.856	13.488	12.303	10.371	8.883	7.718
24	21.243	18.913	16.935	15.246	13.798	12.55	10.528	8.984	7.784
25	22.023	19.523	17.413	15.622	14.093	12.783	10.674	9.077	7.843
26	22.795	20.121	17.876	15.982	14.375	13.003	10.809	9.16	7.895
27	23.559	20.706	18.327	16.329	14.643	13.21	10.935	9.237	7.942
28	24.316	21.281	18.764	16.663	14.898	13.406	11.051	9.306	7.984
29	25.065	21.844	19.188	16.983	15.141	13.59	11.158	9.369	8.021
30	25.807	22.396	19.6	17.292	15.372	13.764	11.257	9.426	8.055
40	32.834	27.355	23.114	19.792	17.159	15.046	11.924	9.779	8.243
50	39.196	31.423	25.729	21.482	18.255	15.761	12.233	9.914	8.304

续表

期 数	15%	16%	18%	20%	22%	24%	25%	30%	35%
1	0.869	0.862	0.847	0.833	0.819	0.806	0.799	0.769	0.74
2	1.625	1.605	1.565	1.527	1.491	1.456	1.44	1.36	1.289
3	2.283	2.245	2.174	2.106	2.042	1.981	1.952	1.816	1.695
4	2.854	2.798	2.69	2.588	2.493	2.404	2.361	2.166	1.996
5	3.352	3.274	3.127	2.99	2.863	2.745	2.689	2.435	2.219
6	3.784	3.684	3.497	3.325	3.166	3.02	2.951	2.642	2.385
7	4.16	4.038	3.811	3.604	3.415	3.242	3.161	2.802	2.507
8	4.487	4.343	4.077	3.837	3.619	3.421	3.328	2.924	2.598
9	4.771	4.606	4.303	4.03	3.786	3.565	3.463	3.019	2.665
10	5.018	4.833	4.494	4.192	3.923	3.681	3.57	3.091	2.715
11	5.233	5.028	4.656	4.327	4.035	3.775	3.656	3.147	2.751
12	5.42	5.197	4.793	4.439	4.127	3.851	3.725	3.19	2.779
13	5.583	5.342	4.909	4.532	4.202	3.912	3.78	3.223	2.799
14	5.724	5.467	5.008	4.61	4.264	3.961	3.824	3.248	2.814
15	5.847	5.575	5.091	4.675	4.315	4.001	3.859	3.268	2.825
16	5.954	5.668	5.162	4.729	4.356	4.033	3.887	3.283	2.833
17	6.047	5.748	5.222	4.774	4.39	4.059	3.909	3.294	2.839
18	6.127	5.817	5.273	4.812	4.418	4.079	3.927	3.303	2.844
19	6.198	5.877	5.316	4.843	4.441	4.096	3.942	3.31	2.847
20	6.259	5.928	5.352	4.869	4.46	4.11	3.953	3.315	2.85
21	6.312	5.973	5.383	4.891	4.475	4.121	3.963	3.319	2.851
22	6.358	6.011	5.409	4.909	4.488	4.129	3.97	3.322	2.853
23	6.398	6.044	5.432	4.924	4.498	4.137	3.976	3.325	2.854
24	6.433	6.072	5.45	4.937	4.507	4.142	3.981	3.327	2.855
25	6.464	6.097	5.466	4.947	4.513	4.147	3.984	3.328	2.855
26	6.49	6.118	5.48	4.956	4.519	4.151	3.987	3.329	2.855
27	6.513	6.136	5.491	4.963	4.524	4.154	3.99	3.33	2.856
28	6.533	6.152	5.501	4.969	4.528	4.156	3.992	3.331	2.856
29	6.55	6.165	5.509	4.974	4.531	4.158	3.993	3.331	2.856
30	6.565	6.177	5.516	4.978	4.533	4.16	3.995	3.332	2.856
40	6.641	6.233	5.548	4.996	4.543	4.165	3.999	3.333	2.857
50	6.66	6.246	5.554	4.999	4.545	4.166	3.999	3.333	2.857

附录 D 年金终值系数表（FVIFA 表）

期数	1%	2%	3%	4%	5%	6%	8%	9%	10%
1	1.000	1.000	1.000	1.000	1.000	1.000	1.000	1.000	1.000
2	2.010	2.020	2.030	2.040	2.050	2.060	2.080	2.090	2.100
3	3.030	3.060	3.091	3.122	3.153	3.184	3.246	3.278	3.31
4	4.060	4.122	4.184	4.246	4.31	4.375	4.506	4.573	4.641
5	5.101	5.204	5.309	5.416	5.526	5.637	5.867	5.985	6.105
6	6.152	6.308	6.468	6.633	6.802	6.975	7.336	7.523	7.716
7	7.214	7.434	7.662	7.898	8.142	8.394	8.923	9.2	9.487
8	8.286	8.583	8.892	9.214	9.549	9.879	10.637	11.028	11.436
9	9.369	9.755	10.159	10.583	11.027	11.491	12.488	13.021	13.579
10	10.462	10.95	11.464	12.006	12.578	13.181	14.487	15.913	15.937
11	11.567	12.169	12.808	13.486	14.207	14.972	16.645	17.56	18.531
12	12.683	13.412	14.192	15.026	16.917	16.87	18.977	20.141	21.384
13	13.809	14.68	15.618	16.627	17.713	18.882	21.495	22.953	24.523
14	14.947	15.974	17.086	18.292	19.599	21.015	24.215	26.019	27.975
15	16.097	17.293	18.599	20.024	21.579	23.276	27.152	29.361	31.772
16	17.258	18.639	20.157	21.825	23.657	25.673	30.324	33.003	35.95
17	18.43	20.012	21.762	23.698	25.84	28.213	33.75	36.974	40.545
18	19.615	21.412	23.414	25.645	28.132	30.906	37.45	41.301	45.599
19	20.811	22.841	25.117	27.671	30.539	33.76	41.446	46.018	51.159
20	22.019	24.297	26.87	29.778	33.066	36.786	45.762	51.16	57.275
21	23.239	25.783	28.677	31.969	35.719	39.993	50.423	56.765	64.003
22	24.472	27.299	30.537	34.248	38.505	43.392	55.457	62.873	71.403
23	25.716	28.845	32.453	36.618	41.431	46.996	60.893	69.532	79.543
24	26.974	30.422	34.427	39.083	44.502	50.816	66.765	76.79	88.497
25	28.243	32.03	36.459	41.646	47.727	54.865	73.106	84.701	98.347
26	29.526	33.671	38.553	44.312	51.114	59.156	79.954	93.324	109.18
27	30.821	35.344	40.71	47.084	54.669	63.706	87.351	102.72	121.1
28	32.129	37.051	42.931	49.968	58.403	68.528	95.339	112.97	134.21
29	33.45	38.792	45.219	52.966	62.323	73.64	103.97	124.14	148.63
30	34.785	40.588	47.575	56.085	66.439	79.058	113.28	136.31	164.49
40	48.886	60.402	75.401	95.026	120.8	154.76	259.06	337.89	442.59
50	64.463	84.579	112.8	152.67	209.35	290.34	573.77	815.08	1 163.9

续表

期 数	12%	14%	15%	16%	18%	19%	20%	25%	30%
1	1.000	1.000	1.000	1.000	1.000	1.000	1.000	1.000	1.000
2	2.120	2.140	2.150	2.160	2.180	2.190	2.200	2.25	2.300
3	3.374	3.44	3.473	3.506	3.572	3.606	3.64	3.813	3.99
4	4.779	4.921	4.993	5.066	5.215	5.291	5.368	5.766	6.187
5	6.353	6.61	6.742	6.877	7.154	7.297	7.442	8.207	9.043
6	8.115	8.536	8.754	8.977	9.442	9.683	9.93	11.259	12.756
7	10.089	10.73	11.067	11.414	12.142	12.523	12.916	15.073	17.583
8	12.3	13.233	13.727	14.24	15.327	15.902	16.499	19.842	23.858
9	14.776	16.085	16.786	17.519	19.086	19.923	20.799	25.802	32.015
10	17.549	19.337	20.304	21.321	23.521	24.701	25.959	33.253	42.619
11	20.655	23.045	24.349	25.733	28.755	30.404	32.15	42.566	56.405
12	24.133	27.271	29.002	30.85	34.931	37.18	39.581	54.208	74.327
13	28.029	32.089	34.352	36.786	42.219	45.244	48.497	68.76	97.625
14	32.393	37.581	40.505	43.672	50.818	54.841	54.196	86.949	127.91
15	37.28	43.842	47.58	51.66	6.965	66.261	72.035	109.69	167.29
16	42.753	50.98	55.717	60.925	72.939	79.85	87.442	138.11	218.47
17	48.884	59.118	65.075	71.673	87.068	96.022	105.93	173.64	285.01
18	55.75	68.394	75.836	84.141	103.74	115.27	128.12	218.05	371.52
19	63.44	79.969	88.212	98.603	123.41	138.17	154.74	273.56	483.97
20	72.052	91.025	120.44	115.38	146.63	165.42	186.69	342.95	630.17
21	81.699	104.77	118.81	134.84	174.02	197.85	225.03	429.68	820.22
22	92.503	120.44	137.63	157.41	206.34	236.44	271.03	538.1	1 067.3
23	104.6	138.3	159.28	183.6	244.49	282.36	326.24	673.63	1 388.5
24	118.16	185.66	184.17	213.98	289.49	337.01	392.48	843.03	1 806
25	133.33	181.87	212.79	249.21	342.6	402.04	471.98	1 054.8	2 348.8
26	150.33	208.33	245.71	290.09	405.27	479.43	567.38	1 319.5	3 054.4
27	169.37	238.5	283.57	337.5	479.22	571.52	681.85	1 650.4	3 971.8
28	190.7	272.89	327.1	392.5	566.48	681.11	819.22	2 064	5 164.3
29	214.58	312.09	377.17	456.3	669.45	811.52	984.07	2 580.9	6 714.6
30	241.33	356.79	434.75	530.31	790.95	966.71	1 181.9	3 227.2	8 730
40	767.09	1 342	1 779.1	2 360.8	4 163.2	5 519.8	7 343.9	30 089	120 393
50	24 000	4 991.5	7 217.7	10 436	21 813	31 515	45 497	280 256	165 976

参 考 文 献

[1] 荆新，王化成，刘俊彦. 财务管理学(第七版)[M]. 北京：中国人民大学出版社，2015.
[2] 宋传联，陆丝，于蕾. 财务管理[M]. 北京：机械工业出版社，2013.
[3] 马忠. 公司财务管理(第2版)[M]. 北京：机械工业出版社，2016.
[4] 财政部会计资格评价中心. 财务管理[M]. 北京：中国财政经济出版社，2016.
[5] 刘淑莲. 财务管理(第三版)[M]. 大连：东北财经大学出版社，2013.
[6] 姚海鑫. 财务管理(第2版)[M]. 北京：清华大学出版社，2013.
[7] 吴晓求. 证券投资学(第四版)[M]. 北京：中国人民大学出版社，2014.
[8] 张先治，陈友邦. 财务分析(第6版)[M]. 大连. 东北财经大学出版社，2013.
[9] 肖翔. 企业融资学[M]. 北京：交通大学出版社，2011.
[10] 陆正飞. 财务管理(第三版)[M]. 大连：东北财经大学出版社，2010.
[11] 王化成. 财务管理(第四版)[M]. 北京：中国人民大学出版社，2013.
[12] 陈玉菁. 财务管理实务与案例(第三版)[M]. 北京：中国人民大学出版社，2015.
[13] 宋秋萍. 财务管理(第三版)[M]. 北京：高等教育出版社，2014.
[14] (美)詹姆斯·C. 范霍恩(James C. Van)，小约翰·M. 瓦霍维奇(John M. Wachowicz. Jr). 财务管理基础(第13版)[M]. 刘曙光，译. 北京：清华大学出版社，2009.
[15] 斯坦利·B. 布洛克，杰弗里·A. 赫特，巴特利·R. 丹尼尔森. 财务管理基础(第14版)[M]. 王静，译. 北京：中国人民大学出版社，2014.
[16] (美)斯蒂芬·A. 罗斯，伦道夫·W. 威斯特菲尔德，布拉德福德·D. 乔丹. 公司理财(原书第10版)[M]. 谭跃，周卉，丰丹，译. 北京：机械工业出版社，2014.
[17] 中国注册会计师协会. 财务成本管理[M]. 北京：中国财政经济出版社，2016.
[18] 王化成，支晓强，王建英. 财务报表分析(第七版)[M]. 北京：中国人民大学出版社，2014.
[19] 袁振兴. 经典财务管理案例分析教程(第二版)[M]. 上海：立信会计出版社，2015.
[20] (美)罗伯特·希金斯. 财务管理分析(第10版)[M]. 沈艺峰，译. 北京：北京大学出版社，2015.